思
问
siwen

爱智·包容·笃行

思问文库
编委会

四川大学哲学系

陈志远	郭立东
韩　刚	韩　媚
黄路苹	李　裴
刘　娟	史冰川
熊　林	杨顺利
余　玥	

Eine Studie über die Normativen
Grundlagen der Kritischen Theorie

批判理论的规范基础研究

陈波 著

目　录

导论　何谓"批判理论"？何种"规范基础"？ 1

一　现代性难题凸显批判理论之正当性　1
二　批判理论问题框架表明规范基础之重要性　2
三　理论范式转变的内在要求　14

第一编　实践哲学的经典建构

第一章　马克思理论的哲学向度 21

一　马克思的实践唯物主义：一种社会批判理论　21
二　马克思理论的问题意识和理论逻辑　27
三　马克思哲学的规范基础　60
四　思辨性或实证性：实践哲学的内部张力　66
五　对实践哲学的一种诠释学解读　76

第二章　卢卡奇对马克思哲学基础的重建 94

一　概览：从总体到本体　94
二　总体辩证法：《历史与阶级意识》的基本逻辑　105

三　评论和影响　137

第三章　普殊同：一种劳动批判的探索　141

一　动机和主题　141

二　劳动范式批判　146

三　交往范式批判　151

四　批评和质疑　155

第二编　批判理论的拓展与困境

第四章　新的时代意识和意识形态批判旨趣的转换　165

一　悲观的历史诊断　165

二　黑暗时代的道德问题　180

三　否定的辩证法：同一性批判的方法论原则　187

第五章　规范基础的不同面相　218

一　传统理性向度　218

二　心理学（本能）向度　239

三　宗教（超越）向度　259

第六章　规范基础的审美向度　270

一　本雅明：审美的认知潜能　270

二　阿多诺：非同一性的象征　280
三　审美范式的限度　307

第三编　后形而上学的范式转向

第七章　哈贝马斯对批判理论之规范基础的重建　327
一　思想和理论背景：现代性哲学话语的批判　327
二　哈贝马斯对现代性规范基础的重建　347
三　"生活世界"的语用学概念　375

第八章　阿佩尔：作为意识形态批判的先验语用学　396
一　当代哲学的解释学重构　396
二　主体间性的先验维度　400
三　伦理共同体的"先验奠基"　404
四　作为规范基础的理性奠基　411

第九章　韦尔默：主体间性的内部辩论　417
一　传统范式批判　418
二　范式转变的必要性　425
三　家族的内部争论　429
四　后理性主义的理性观念　447
五　伦理学的认知内涵　455
六　哈贝马斯的一种回应　461

第十章 霍耐特承认理论：主体间性的内容拓展 468

　　一　既有理论范式批判　469

　　二　"为承认而斗争"：批判理论的"伦理转向"　477

尾声　批判理论的规范基础与理性的重建 499

　　一　现代性的理性主义奠基　499

　　二　主体哲学"内在批判"的困境　504

　　三　主体间性范式与规范基础的重建　511

导论 何谓"批判理论"？何种"规范基础"？

一 现代性难题凸显批判理论之正当性

可以对批判理论作广义和狭义的理解和运用，广义指对现代社会的任何批判，它可以基于各种立场和前提，比如古代的或前现代的以及非现代的。狭义的当然指法兰克福学派的社会历史理论，法兰克福学派是这个概念的提出者并且自我命名。然而，法兰克福学派批判理论的思想资源可以直接追溯到黑格尔－马克思传统，而这一传统的批判原则是由现代社会本身提供的，即所谓"内部批判"，可一般性地称为现代性批判。

现代性是以启蒙为名的社会进化，这个过程的基础是理性，韦伯因此把现代世界的历史进程称为理性化。在实际的现代历史进程中，理性至少从 18 世纪进入工业生产活动，原先那种形而上学理性概念逐渐转变为工具合理性这样的具体概念。于是，社会理论在反思现实时会遇到由此带来的各种社会问题，黑格尔－马克思传统给出了一种主体辩证法的论证和解决方案，而这个方案试图使现实社会历史重新回到理性的即启蒙现代性的轨道上。然而，事情的发展似乎并不如此，启蒙的工具合理性继续前行，而且逐步壮大为一个逐渐不受人控制的自我持存的系统。这就是新时代批判理论面临的对象：面对这样一种力量强大而又危险的对象，我们怎么办？应该怎样看待这个现实对象？我们应该改变它吗？何以改变？理论而言，这里的问题是对待工具合理性的态度：实证的态度和批判的态度。前者是肯定性的，而这种肯定正是当今技术理性本身的运作机制和效果；而后者是否定性的，诉诸批判理性，这种理性要求辩证思维。

20世纪以来，各种基于"陌生立场"的批判层出不穷，哈贝马斯区分为"新保守主义"和"无政府主义"，我们通称为后现代批判。本书考察的理论对象集中于现代性批判理论，这是"内在批判"，因为它仍然坚守现代性本身的基本价值理念，以这些理念本身作为现实的批判标准。我们主要关注当代的批判理论，特别是20世纪以来批判理论的理论范式的演变和发展，其"理论内核"构成理论的"规范基础"。本书并非通常意义上历时性的理论史，而是特指并突出一种理论基本范式的转变，我指的是从形而上学范式到后形而上学范式的转变。前者由黑格尔著名公式"实体即主体"提供方法论的源泉，而后者不再设置一种形而上学本体论的实体，它诉诸现代生活现实本身具有并显现的理性知识库存，它基于一种形式的、程序性的合理性观念。

二 批判理论问题框架表明规范基础之重要性

胡塞尔在其《第一哲学》中明确谈到"哲学的理念"，这就是与后来诸种"形而上学"有所区分的"第一哲学"。对于这样一种处于最高阶段或深层根基的哲学，无论胡塞尔本人的现象学方法是否是合适的，他的确深入了西方哲学的深层动机之中，那就是揭示和论证人的生存（无论是认识还是行动）是有绝对根据的，这个根据就是理性。在名为"哲学理念及其历史起源"的第一部分的第一章，胡塞尔考察了关于西方哲学原始动机（哲学的理念）的希腊渊源。他认为首先是苏格拉底，"他第一个看到作为纯粹本质直观之绝对自身给予性的纯粹的和普遍的本质东西的自在存在。与这种发现相关联，由苏格拉底为伦理生活所普遍要求的彻底说明，当然获得一种具有深刻意义的形态，即按照必须由纯粹本质直观突显出来的理性的普遍理念而对积极生活进行原则性规范的或正当性证明的形态"①。人的生活（生存）的能动性（积极生活）奠基于理性，理性生活要求的就是规范正当性的普遍理念——哲学的理念。由此形成一种基本的理论逻辑结构：理性批判。这样一种理性的规范正当性构成人的能动生存的基础和评判准则，是为规范基础。

柏拉图把生活的理性理念引入认识、引入真正的科学即哲学。一种新的哲学理念出现了，它决定了整个以后的发展。胡塞尔指出："它应该是这样一种科学，它在每一个步骤和每一个方面都力求达到最终的有效性，并且根据实际实现了的正当性证明而力求达到这种最终有效性，这种正当性证明可以被认识者（以及每一个共同进行认识的人）在任何时候当作绝对正当性证明以已完成的洞察加以辩护。"② 显然，胡塞尔本人就是柏拉图这种哲学理念的继承者和辩护者。当然，柏拉图开创的这个科学和哲学的绝对理念思路，对于人的能动生存的正当性也有着直接的奠基意义："即人的每一个理性活动最终有效的论证、保证、

---

① 〔德〕胡塞尔《第一哲学》上卷，王炳文译，商务印书馆2006年版，第40页。
② 〔德〕胡塞尔《第一哲学》上卷，王炳文译，商务印书馆2006年版，第43页。

正当性证明，都是以进行述谓判断的理论理性的形式并以此理论理性为媒介进行的，——并且最终是借助哲学进行的。"① 这里似乎是强调了伦理学的认知主义内涵，但我们更应该进一步理解这里表达出的基本观念，即人生的正当性建基于最终得以确证的理念之上，理论理性的绝对正当性观念必然指向实践理性观念的确立。"将人教化为真正的和'纯粹的'人的文化之最高可能性条件，是获得真正的科学。"② 这样一来，"哲学就变成了合理的基础，变成了真正的、确实合理的共同体及其确实合理的生活之可能性的根本条件"③。这样一条独具特色的理性主义文化道路构成西方文明的内核。④

霍克海默显然也注意到了这种关于科学和哲学的概念，在《哲学的社会功能》一文中他指出："很多把柏拉图和康德看作权威的思想家，把哲学看作是在自己的公理领域和主题方面的一门严密的科学。在我们这个时代，这一看法主要由已故的埃德蒙·胡塞尔提出。"⑤ 当然，这种知识和哲学观念可以追溯到古希腊，"就柏拉图来说，哲学意味着把多种多样的能力和知识分

---

① 〔德〕胡塞尔《第一哲学》上卷，王炳文译，商务印书馆2006年版，第44页。
② "无疑，这种主要表明欧洲文化特征的普遍合理化趋向，通过首先自身合理形成的科学，而最先在柏拉图这个天才人物那里出现了。仅仅作为他的影响的结果，这种趋向具有在一般文化意识本身中被承认了的规范之越来越有力地形成着的形式，最后（在启蒙运动时期）具有也有意识地指导文化发展的目的理念的形式。"〔德〕胡塞尔《第一哲学》上卷，王炳文译，商务印书馆2006年版，第45页。
③ 〔德〕胡塞尔《第一哲学》上卷，王炳文译，商务印书馆2006年版，第46页。
④ 参见哈贝马斯《交往行动理论》第一卷第二章对"现代意识结构"的讨论。而海德格尔则以"第一开端"命名了这条理性道路并加以批判。参见海德格尔《哲学论稿——从本有而来》。
⑤ 〔德〕霍克海默《批判理论》，李小兵等译，重庆出版社1989年版，第239页。

支引导到并保持在一个统一体中,这个统一体将把这些具有部分破坏性的因素转化成最完美的理性中的建设性成分"①。这是一种真正的理性概念,在德国观念论那里得到了集中而充分的阐发。思辨哲学认为:"理性存在于观念的系统中,存在于从一个观念发展到另一个观念的历程中,所以每一观念都在它的真实含义上被理解和运用,这就是说,在其存在于知识的整体中的意义上被理解和运用。只有这样的思想才是理性的思想。"② 这是一种黑格尔式的即辩证的理性观念,其中充满着否定的批判精神,后来,由马克思开创的社会批判理论深刻地体现了这种精神。基于它,哲学的理论思维就呈现为对现实的批判思维,霍克海默指出:"对人类生存进行合乎理性的组织,是他们哲学的真正目的。"③ 这也成为哲学的社会功能:不仅呈现真理,而且实现真理。这种实现只有经过社会批判才得以可能,霍克海默在这里实际上是把理性看成是批判理论的规范基础,他明确指出:"哲学是一种试图把理性引入世界的有组织的、坚定的企图。"④

另有一些人(包括哲学家和诗人)则认为"哲学的目的是把美的秩序带进我们的思想与行动中"。霍克海默列举出席勒、荷尔德林、诺瓦利斯等诗人,以及谢林、伯格森等哲人。当然还有其他关于哲学的说法,但霍克海默持有的是一种批判的哲学观念,是一种"介于科学和哲学之间"(哈贝马斯语)的社会批判理论。这种观念重在揭露把现实存在秩序加以理想化和永恒化的

---

① 〔德〕霍克海默《批判理论》,李小兵等译,重庆出版社1989年版,第251页。
② 〔德〕霍克海默《批判理论》,李小兵等译,重庆出版社1989年版,第252页。
③ 〔德〕霍克海默《批判理论》,李小兵等译,重庆出版社1989年版,第252页。
④ 〔德〕霍克海默《批判理论》,李小兵等译,重庆出版社1989年版,第253页。

各种"肯定性"的理论,而且,"现实的社会生活实践并不为哲学提供任何评判标准"①。这构成第一代批判理论家方法论的基本意向:规范基础并不存在于现实之中。这和后来哈贝马斯有很大不同,因为交往合理性虽是在"理想的言语情境"中被考虑的,但它本身存在于日常生活世界的实际交往活动中。早期批判理论的这种考虑是有前提的,一个基本前提是对现实的评判,现实被看成是启蒙理性化的必然的极端化即工具理性化。于是人的自主和自由的生存被物化、异化了,总之,被彻底剥夺了,整个社会成为一个被宰制的专制秩序,甚至达到这种程度:理论和实践完全没有突破它的可能性。这是人的社会生存的全面"降维",马尔库塞准确地用"单向度"表达了这种状态。这就是说,"无论是科学的成就,还是工业技术的进步都不直接等同于真正的人类进步……甚至社会整体本身可能都正在倒退"②。卢卡奇在《历史与阶级意识》中已经用某种新康德主义的概念表达了这种作为物化的"对象性形式"和"主体性形式",只不过他把这种状况的原因追溯到资本主义商品生产的结构逻辑中。于是,哲学只能是与现实对立的批判,霍克海默指出:"哲学与现实的对抗源于其原则。"③ 而批判的规范观念虽来自启蒙理性,但并不落实在现存事物中,规范基础是现实的某种张力因素:重新理解的哲学、艺术和宗教,甚至是本能和灵魂这样一些被理性(工具理性)抛弃的观念。这是一些对抗工具理性的"非理性"观念,但是,它们仍然植根于启蒙的理性传统中。新一代批判理

---

① 〔德〕霍克海默《批判理论》,李小兵等译,重庆出版社1989年版,第242页。
② 〔德〕霍克海默《批判理论》,李小兵等译,重庆出版社1989年版,第245页。
③ 〔德〕霍克海默《批判理论》,李小兵等译,重庆出版社1989年版,第243页。

论家韦尔默指出:"作为是个人的又是集体的自决观念,自由观念具有一种不可化约的观范性维度,因为从概念上说,它是与理性(rationality)的观念联系在一起的。"① 所以广义而言,所谓批判理论的规范基础(normative foundation)指的正是启蒙现代性的理性观念。

哲学不是众多科学中的一种,这种理论是在既定的现实秩序中被定位和发展的,哲学是对现实本身的深层原则进行批判性反思,这是真正的理论思维和意识之光。霍克海默总结性指出:"哲学的真正社会功能在于它对流行的东西进行批判……这种批判的主要目的在于,防止人类在现存社会组织慢慢灌输给它的成员的观点和行为中迷失方向。"② 这里出现了一种对纯粹观念上的乌托邦思辨的批判,这源于社会批判观念的马克思传统。在实践哲学那里,"作为哲学体系的花冠的乌托邦,被关于实际关系和倾向的科学说明所取代了,这些关系和倾向是可以导向人类生活的改善的。这一变化,对哲学理论的结构和内涵有着极为深远的意义"③。这就是哲学理论的"批判理论转向"。它既有真正理性理念的规范维度,又有通过批判而促使世界变化的实践维度,这是社会批判理论的内在结构逻辑:"对最高的理念的忠诚,已经在一个与之相对峙的世界中与那种想知道这些理念怎样在世界上实现的真诚的希望联结在一起。"④ 现实的批判与未来的展望

---

① 〔德〕韦尔默《后形而上学现代性》,应奇、罗亚玲编译,上海译文出版社2007年版,第192页。
② 〔德〕霍克海默《批判理论》,李小兵等译,重庆出版社1989年版,第250页。
③ 〔德〕霍克海默《批判理论》,李小兵等译,重庆出版社1989年版,第254页。
④ 〔德〕霍克海默《批判理论》,李小兵等译,重庆出版社1989年版,第255页。

内在地联系在一起。

这样一种执行社会批判功能的哲学显然不再是传统意义上的形而上学的哲学（"第一哲学"意义上的哲学是用来实质性地呈现"绝对真理"的），它将是与"传统理论"相区别的"批判理论"。这个说法并不主要指内容上而言，即并非传统理论在内容上都是错的，而是指理论的旨趣和倾向性，即对现实的态度，对现实如何评判，对现实的实质作了怎样的揭示。正如马克思在《巴黎手稿》中评论国民经济学时所指出的那样：它只是呈现了现实而没有说明现实。由此，马克思对现实的"说明"就展现为"政治经济学批判"，这一批判针对的是作为"物质生活关系"领域的市民社会。批判理论由此承继了马克思理论的批判态度和姿态，只不过这种批判拓展到社会现实的各个层面，而这些层面在20世纪的实际呈现以及各自的功能都发生了变化。

《传统理论和批判理论》是霍克海默于1937年发表的关于拓展的批判理论的纲领性文件。"传统理论"或霍克海默论述的理论的传统观念是这样的："理论乃是积累起来的知识，它表现为这样一种形式，以便尽可能地接近事实、有效地描述事实。"[①]理论的内容是事实，而事实通过理论呈现在我们面前，这是通过理论的形式把握的事实，这种理论形式的目的是了解事实的本质，通过理论中介的事实即为真相，这也是事实一词的本来应有的涵义。经验是另一种事实呈现的方式，这是经验事实，其目的仍是真相。然而，无论是通过理论方式还是经验方式，我们获得

[①] 《法兰克福学派论著选辑》上卷，上海社会科学院哲学研究所外国哲学研究室编，商务印书馆1998年版，第39页。

的"事实"有可能并非真相而是"假象",即没有达成获得事实真相的目的,经验直观或流于表面而错失真相,而理论本身又各有不同而相互矛盾。由此看来,把握事实获得真相还不是一件轻易就能成功的事情。前述理论的方法是把理论理解为由众多命题构成的体系,这个命题体系的构成原则是由基本命题演绎推出其他命题的逻辑程序,这样构成的理论体系是一个演绎的逻辑系统。"任何人,一旦掌握了演绎规则、符号以及比较被推导出来的命题与可观察的事实的过程,就能随时运用这一概念结构。"[①]广义上说,这就是普遍为人们所接受的有关理论的想法,这种"传统的"理论观念基于现代自然科学的发展,并在现代哲学中被阐释和论证。霍克海默例举了笛卡尔,认为他明确提出了这种演绎的方法论原则,而在胡塞尔那里,这个原则有更明确的表达,"从最完整的意义上来说,理论是'一整套系统的相互联连的命题,它采取系统的、统一的演绎形式'"[②]。总之,理论的这一传统观念要求建立一个"纯数学的符号体系"。这当然首先是从自然科学的研究实践中总结出来的理论的普遍观念,而且这种普遍性包含着"有关人和社会的科学"。最终的结果是"理论的概念被绝对化了,好像理论置根于知识的内在本质中,或者通过某种别的非历史方式得到了证明,因此,理论就成了一个物化的、意识形态的范畴"[③]。理论的本来意义是揭示事实本身的真

[①] 《法兰克福学派论著选辑》上卷,上海社会科学院哲学研究所外国哲学研究室编,商务印书馆1998年版,第40页。
[②] 《法兰克福学派论著选辑》上卷,上海社会科学院哲学研究所外国哲学研究室编,商务印书馆1998年版,第41页。
[③] 《法兰克福学派论著选辑》上卷,上海社会科学院哲学研究所外国哲学研究室编,商务印书馆1998年版,第45页。

理，然而，传统理论掩盖了真理，"理论以其传统的形式起着一种肯定的社会作用"①。这是霍克海默对传统理论本质的批判性揭示。

霍克海默诉诸理论的历史性和社会性，理论作为社会劳动的一个部分本身是随历史而发展，对社会整体发挥独特的功能，"它们是社会把握自然界和维持自身形式所使用的方法的具体体现，是社会生产过程中的环节，尽管从狭义上来讲，这些部分几乎是或完全是非生产性的"②。在这种背景性认识基础上，霍克海默明确提出一种与传统理论观念极为不同的观点："事实上，当今人的自我认识并不是声称为永恒的逻各斯的数学自然知识，而是一种批判的社会理论，这一理论时时受到对合理生活方式的关心的制约。"③ "社会批判理论"随后成为法兰克福学派突出的标签。这个理论是关于人的，关注人的生存方式，这种生存方式包含合理性的理想，它本质上是人的自由生存本质的理论自觉，并通过这种自觉形成现实的批判，批判理论成为人类走向真正人类自由历史的内在能动机制。它本身不是直接的物质实践，它是实践的"头脑"（马克思语），它以人真正的自由生存为目标，而这一目标基于人的本质性生存方式所要求的理性原则，这个原则成为现实社会历史批判的前提和准则，它是批判理论的"规范基础"。根据这个基础，一切现实的现存之物的本质得到批判

---

① 《法兰克福学派论著选辑》上卷，上海社会科学院哲学研究所外国哲学研究室编，商务印书馆1998年版，第54页。
② 《法兰克福学派论著选辑》上卷，上海社会科学院哲学研究所外国哲学研究室编，商务印书馆1998年版，第47页。
③ 《法兰克福学派论著选辑》上卷，上海社会科学院哲学研究所外国哲学研究室编，商务印书馆1998年版，第49页。

性的揭示，而无论现存之物头上被肯定性地带上怎样的意识形态花冠。

霍克海默认为批判理论是"辩证的社会理论"的"一个基本方面"，它以整个社会作为自己的对象，这即是说以社会性的人的生存方式为对象，人的本质的实现方式是通过社会关系中介的，对"社会结构的组织方式"的考察，就不是简单的呈现，而是批判性的揭示："它怀疑现存秩序下人们所理解的更好的、有用的、合适的、具有创造力的、有价值的范畴，并拒绝承认这些范畴是人们对之无能为力的非科学的前提。"① 质言之，批判地考察这些关系、结构和秩序下的人的生存本质，这直接承接了马克思政治经济学批判的辩证方法。这种批判并非仅仅停留于纯理论方面，因为作为人的活动的产物或功能的这些结构关系是可以改变的，"采取以这样一种解放和改造社会为宗旨的态度有利于在现存秩序的现实中进行的理论工作"②，批判理论带有"实践倾向"。这个现实世界与人是什么关系呢？作为人的活动的产物，"这是人自己的世界"，但是，人生活于其中的世界对人而言是异己的，"社会相当于非人的自然过程，相当于纯粹的机械装置"，用马克思的话说是"异化"世界，卢卡奇称之为"物化"，总之，"那个世界不是人自己的世界，而是资本的世界"。

这种批判理论需要一种批判的思维，它体现了主体对现实的态度（姿态和立场）。而能够承担起理论批判思维的主体虽然被

---

① 《法兰克福学派论著选辑》上卷，上海社会科学院哲学研究所外国哲学研究室编，商务印书馆1998年版，第56页。
② 《法兰克福学派论著选辑》上卷，上海社会科学院哲学研究所外国哲学研究室编，商务印书馆1998年版，第57页。

认为来自无产阶级的立场，这种立场是由无产阶级在现代社会中的地位决定的，但是，理论家或知识分子应该超越无产阶级的直接意识并上升到"自为"的状态。霍克海默认为："事实上，知识分子的思维应成为群众发展中的一个批判的、进步的因素。"① 卢卡奇早年依据黑格尔的辩证法框架极力强调无产阶级的阶级意识，使之作为一个主动的、主导的因素而发挥实践力量，由此，无产阶级就成为一个能动的共同体。然而，进入20世纪，无产阶级的直接的阶级意识有可能与其社会存在的实情不对称。与卢卡奇不同，霍克海默基于新的历史条件明确指出："对无产阶级意识内容的系统描述也不可能为我们提供一幅无产阶级生存和利益的真实图景。"② 因为在他看来，意识和存在是辩证的、充满矛盾的而不是直接的统一，所以"这种统一只能作为一种冲突而存在"。而传统理论的实际功能却是力图使现实秩序存在下去，它发挥的是肯定的社会功能。相反，"在批判思维影响下出现的概念是对现存秩序的批判。马克思的阶级、剥削、剩余价值、利润、贫困化、崩溃等范畴都是这一概念整体的基本要素，而所有这些概念的意义并不是对当代社会的维护，而是将社会改造成一个合理社会"③。这个合理的社会在霍克海默看来就是马克思曾经表述过的：自由人联合体，"这样一种联合体并不是一个抽象的乌托邦，因为在生产力发展的现阶段已完全可以证明这

---

① 《法兰克福学派论著选辑》上卷，上海社会科学院哲学研究所外国哲学研究室编，商务印书馆1998年版，第63页。
② 《法兰克福学派论著选辑》上卷，上海社会科学院哲学研究所外国哲学研究室编，商务印书馆1998年版，第63页。
③ 《法兰克福学派论著选辑》上卷，上海社会科学院哲学研究所外国哲学研究室编，商务印书馆1998年版，第66页。

种可能性是现实的"①。

于是，批判理论就成为社会历史本身中的能动因素，理论的主体和客体的关系不再是观察者的客观立场，而是参与客体建构的主动立场。霍克海默指出："有意识的批判态度却是社会发展的一部分：历史过程的构成乃是经济机制的必然产物，它同时既包括了对现存秩序的反抗（这一反抗是由秩序本身引起的），又包括了人类自我决定的思想，也即是关于人的这一状况的思想——人的行动不再取决于一种机制，而是取决于自己的决定。"② 用马克思的话说这不是一种"直观"的立场（参见《关于费尔巴哈的提纲》第一条），社会历史是人的现实的能动的活动的产物，而批判理论充当了这一历史向理性的、自由人联合体方向发展的内在反馈调节机制。因而，这个机制得以达成的内在条件，除了主体间相互作用的实践途径外，在理论上论证关于合理社会的规范观念尤为重要，它不仅仅是观念的乌托邦希望的目标。这是基于苦难现实的批判观念："它以自由为前提，即使这种自由至今尚未存在。但是，甚至当人遭受奴役的时候，作为一种纯粹内在的现实的自由的思想始终存在着，它是唯心主义精神的典型特征。"由此，霍克海默引证了费希特的说法："现在，我完全相信，人的意志是自由的，我们生存的目的不是获得幸福，而仅仅是应该配得上幸福。"③ 这些规范不能仅仅停留在观念的层面，

---

① 《法兰克福学派论著选辑》上卷，上海社会科学院哲学研究所外国哲学研究室编，商务印书馆1998年版，第68页。
② 《法兰克福学派论著选辑》上卷，上海社会科学院哲学研究所外国哲学研究室编，商务印书馆1998年版，第77页。
③ 《法兰克福学派论著选辑》上卷，上海社会科学院哲学研究所外国哲学研究室编，商务印书馆1998年版，第78页。

重要的是理论的确证,作为规范基础成为批判理论的内核。

三 理论范式转变的内在要求

这个内核无疑是围绕"理性"展开的,而社会批判理论也就是近代理性主义哲学的最终形态:哲学转变为批判的社会理论。依据马尔库塞的看法,黑格尔成为这一转变的"唯一纽带":"黑格尔的体系结束了始于笛卡尔的整个近代哲学,并体现了近代社会的本质思想。黑格尔是最后一个将世界解释成理性,使自然和历史服从于思维和自由标准的哲学家。同时,他认为,人们所确立的社会和政治秩序乃是理性必须实现的基础。黑格尔的体系将哲学引向对自身否定的开端,从而成为批判理论的新旧形式之间、哲学和社会理论之间的唯一纽带。"[①] 马克思实现了哲学的批判的社会理论的转向,他不是依据思辨的理性逻辑来论述世界,而是试图从现实世界本身的存在揭示这种逻辑,理性体现在社会历史本身的存在之中。[②] 但无论如何,理论中的理性是一个关键概念,它构成了现代性思想的基础与核心。

马尔库塞于是论述了现代"理性哲学"的发展和转变。17世纪初开始,随着新兴中产阶级的发展,近现代哲学也相应发展起来,"在科学和哲学反对宗教的战斗中,在法国启蒙运动对专制主义的攻击中,在自由主义和重商主义之间的辩论中,理性这个概念均做出了贡献。但是,贯穿于这些时期的理性并没有一个

---

① 转引自《法兰克福学派论著选辑》上卷,上海社会科学院哲学研究所外国哲学研究室编,商务印书馆1998年版,第368页。

② 所谓理性的语境还原,参见哈贝马斯《后形而上学思想》。

明确的定义和含义。理性的含义随着中产阶级地位的变化而改变"①。但马尔库塞还是概括了理性概念的一些基本含义，诸如理性体现为人的活动能力。通过这种能力建构的世界即人的现实世界，理性是人的现实世界的准则，是人类追求的目标。"理性的实现，意味着诸如使人的生存与自由思维标准不一致的一切外在权威的结束。"② 理性是人类思维探寻世界本质的能力，得到的本质成为普遍规律从而指导人们的实践。马尔库塞特别谈到了理性思维主体的重要性，因为正是理性主体的认识和实践，能够引领人类走向一个合理的社会的未来。

然而，在理性的实践或实现活动中采取的方式又是历史特定的，马尔库塞认为在资本主义时代，"现代理性主义产生了这样一种倾向，即按照这种自然模式仿照社会生活以及个人生活的趋向"③。韦伯对现代性历史进程的分析和描述不具有马克思的乌托邦向度，但是，对韦伯来说，"合理化"概念仍然具有一种规范的内涵。根据他的用法，合理化的概念仍然是由一种欧洲的传统确定的，按照这种传统，"合理的"指的是人之所以为人的一个基本条件和任务。这一点主要体现在"世界的祛魅"的观念上。韦尔默指出："当韦伯使用'世界的祛魅'这个术语时，它也是指他自己的认识论和道德立场的规范内核；这在他的方法论

---

① 《法兰克福学派论著选辑》上卷，上海社会科学院哲学研究所外国哲学研究室编，商务印书馆1998年版，第368页。
② 《法兰克福学派论著选辑》上卷，上海社会科学院哲学研究所外国哲学研究室编，商务印书馆1998年版，第369页。
③ 《法兰克福学派论著选辑》上卷，上海社会科学院哲学研究所外国哲学研究室编，商务印书馆1998年版，第370页。

反思中表现得最为清楚。"①

在马克思那里，解放的规范维度体现在共产主义的观念中，这个维度被理解为是由生产力和劳动的进步机制带来的一种"客观的"结果。韦伯理论实际上质疑的就是这点，在韦伯看来，马克思描述的劳动进步当然是一种合理化过程，但这个过程实际上只是合理化的一个方面即目的理性或工具理性的合理化，它不能直接地实现"强有力的合理性"。对韦伯而言，现实中的合理化过程是悖论性的，问题是本真的合理性或欧洲启蒙传统理解的合理性（包含自由、正义和幸福等规范内涵）如何可能？这就成为韦伯历史哲学的问题。所以，对法兰克福学派理论家而言，如何解决韦伯的悖论就成为一个时代课题，实质是：在启蒙倒退为神话（由于工具理性的增长）的时代，解放或理性是否仍然可能？合理性在现实中意味着什么？或我们现今应该持有一种怎样的合理性概念？韦尔默就此写道："这种批判理论试图捍卫一种严格说来不再能够通过推论思维得到辩护的理性观念。对于阿多诺来说，艺术作品，即本真的、前卫的艺术作品，事实上成了一个合理化世界中的理性的最后残余。"②

所以，对于社会批判理论而言，理性的规范基础的理论论证仍然是个问题，而且是根本性的问题，已有的批判传统尚未很好地加以解决。韦尔默指出："马克思和批判理论（家）都试图根据一种解放社会的规范基础的观念分析现代社会。但是他们都没

---

① 〔德〕韦尔默《后形而上学现代性》，应奇、罗亚玲编译，上海译文出版社2007年版，第69~70页。
② 〔德〕韦尔默《后形而上学现代性》，应奇、罗亚玲编译，上海译文出版社2007年版，第76页。

有成功地在他们对现代社会的分析与他们的理论的乌托邦视界之间建立一种合理的联系……看起来，这种范畴框架最终只允许在对于工具理性的非批判的肯定（马克思）和彻底的否定（批判理论）之间做出选择。马克思和批判理论家共同具有的批判的和乌托邦的冲动不可能在一种适合于单维合理性观念的概念框架中得到充分表达：在这种框架内部，解放的观点只能要么通过对形式的和技术的合理化趋势的一种非批判的肯定（马克思），要么通过对合理性的历史存在形式的抽象否定（批判理论）得到阐述。"①

这是一些概念策略和深度语法问题，是元理论问题。"为了拯救伟大理论的真理内容，一种修正的概念策略有时就显得是必要的。"不同的深层合理性概念构成不同的规范基础，也成为批判理论不同范式的区分标准，我们将追踪和考察这些理论形态，在充分揭示不同范式之本质的基础上，充分理解理论的内在发展逻辑。

---

① 〔德〕韦尔默《后形而上学现代性》，应奇、罗亚玲编译，上海译文出版社2007年版，第78~79页。

第一编

实践哲学的经典建构

第一章 马克思理论的哲学向度

一 马克思的实践唯物主义：一种社会批判理论

马克思的理论到底是什么？经过一百多年的各种解释，今天我们回答这个问题颇不容易，马克思的理论本身已被各种关于马克思理论的话语所遮蔽，由于解释者视界和马克思文本发表的变化，形成了对马克思理论的各种解释。

力求与传统哲学的理论形态相区分，马克思本人曾经把自己的哲学革命称为新的、实践的唯物主义；恩格斯总结马克思毕生的两大理论贡献为唯物主义历史观和剩余价值学说；列宁认为马克思主义是"一整块钢铁"，但有三个组成部分，即完备的哲学唯物主义、马克思经济理论、社会主义学说。这些说法是在马克思青年时期重要著作未出版的情况下做出的，比如列宁认为了解马克思主义学说最重要或最完整的著作除了马克思、恩格斯合著的《共产党宣言》，就算恩格斯的《路德维希·费尔巴哈和德国古典哲学的终结》和《反杜林论》。

传统的正统看法①认为，马克思主义是无产阶级的、完整的、科学的世界观，是关于自然、社会和人类思维发展普遍规律的科学，特别是关于资本主义发展和转变为社会主义，以及社会主义和共产主义发展普遍规律的科学。其哲学基础被称为"辩证唯物主义和历史唯物主义"，即一种体系性的世界观。雷蒙·阿隆认为马克思主义是一种关于资本主义的社会、经济理论。弗洛姆认为，马克思的理论是一种人道主义。哈贝马斯认为马克思主义不是以说明宇宙整体为目标，而应作为使历史哲学与革命理论合二为一。也有学者明确把马克思主义看成社会批判理论，认为在《德意志意识形态》中表述了批判理论的基本主题：社会理论即关于人的生存状态的学说，它必须批判压迫性的社会现存体制并为世界提供一种全人类解放的主题。还有人甚至认为："我们越来越倾向于把马克思看作一位道德家、或许甚至看作一位宗教道德家。"②

由于马克思哲学在理论上和实践上持续的影响力，对马克思及其主义的解说和谈论，从各种立场在各个层面上持续着，一个多世纪以来一如既往，或坚持、或发展、或修正、或反对，形成一种多元的、内部异质以至相互无法沟通的巨大知识传统——马克思主义传统。在这一传统中，任何人都可以谈论马克思，但任何谈论都会受到反驳。现今，人们还能谈论一种统一的马克思主义吗？马克思在《〈黑格尔法哲学批判〉导言》中批判了传统的

---

① 始于斯大林，后经毛泽东等人阐释而成为社会主义国家的官方意识形态。当然，更早可以追溯到列宁的《唯物主义和经验批判主义》，第二国际教条主义的马克思主义，甚至恩格斯和马克思的部分思想。

② 〔美〕宾克莱《理想的冲突》，马元德等译，商务印书馆1983年版，第150页。

"作为哲学的哲学"，认为哲学追求的目标只能通过实践才能"成为现实"；① 在《关于费尔巴哈的提纲》中又明确指出："哲学家们只是用不同的方式解释世界，而问题在于改变世界。"② 的确，马克思正是以这一名言，表述了自己的理论与传统西方哲学的区别，同时也刻画出马克思理论创新的、实践的和革命的批判性本质。因而，人们对于马克思理论到底是什么这一基本问题，便出现了不同的理解和看法。

在马克思主义阵营之外，起初人们并不把马克思看成一位哲学家，而是认为马克思只不过是一位过时的政治经济学史专家，认为他在哲学上并没有什么地位。在19世纪下半叶出版的一些哲学史中，马克思和恩格斯根本没有地位。③ 直到二战之前，马克思主义在西方学术界一直受冷落和被禁止。二战后至今，情况有了变化，马克思主义研究在西方学术界掀起了几次高潮。就是在工人运动和马克思主义阵营内部，马克思的理论也往往被认为缺乏哲学基础，弗兰尼茨基就此写道："直到19世纪80年代，人们还无法更多地了解他们（马、恩）的哲学观点。"④ 卢卡奇晚年在重建马克思主义哲学基础（社会存在本体论）时，就马克思主义发展史上许多人对作为哲学家的马克思产生的深刻误解进行了分析。他认为，19世纪下半叶兴起的新康德主义和实证

---

① 参见《马克思恩格斯文集》第一卷，中共中央马克思恩格斯列宁斯大林著作编译局编译，人民出版社2009年版，第10页。
② 《马克思恩格斯文集》第一卷，中共中央马克思恩格斯列宁斯大林著作编译局编译，人民出版社2009年版，第506页。
③ 参见杜章智《"马克思学"不是马克思主义》，见《马列主义研究资料》第2辑，人民出版社1982年，第235页。
④〔南〕弗兰尼茨基《马克思主义史》第一卷，人民出版社1986年版，第281页。

主义使哲学中的本体论问题的探讨成了形而上学的多余物，这导致对马克思的方法论本质（辩证法）的遗忘，严重的理论后果就是看不到马克思政治经济学批判的哲学基础。于是，诸如考茨基（正统马克思主义）、伯恩斯坦（修正主义）、卢森堡和梅林等人，"对马克思生平事业的这种基本哲学倾向几乎没有理解"；伯恩斯坦、阿德勒等人要用马赫主义等新康德主义来"补充"马克思的哲学；精通黑格尔哲学的普列汉诺夫也未能理解马克思理论的辩证法本质；甚至恩格斯在对黑格尔辩证法的批判中，与马克思相比也"缺少原则性和深度"；只是到了《哲学笔记》时期的列宁，才开始了一种真正的马克思的复兴；后来，葛兰西、考德威尔，包括卢卡奇青年时代的名著《历史与阶级意识》等，也是一种想真正恢复马克思主义的尝试，当然，这些尝试在"成熟和正确性"上是不相同的；后来的斯大林主义更是对马克思的哲学传统的公开抛弃。于是，卢卡奇自己的伟大抱负就呼之欲出了："如果今天马克思主义要再次成为一种哲学发展的活力，那么必须在所有问题上返回到马克思自身。"①

我们将看到，随着马克思不同时期文本的不断发表，随着无产阶级革命和现实社会主义的实践进程，作为马克思批判对象的资本主义的新发展以及20世纪以来世界历史大量出现的新情况、新问题，马克思以及马克思理论的形象也在不断变化。就目前而言，我们注意到，经过19世纪的传播，② 直至20世纪以来，马

---

① 〔匈〕卢卡奇《关于社会存在的本体论》上卷，白锡堃、张西平、李秋零等译，重庆出版社1993年版，第656~659页。
② 到马克思写《哥达纲领批判》的1875年，特别是到1889年第二国际成立时，马克思主义才在欧洲工人运动中处于主流地位，其中心当然是德国社会民主党。

克思主义已成为：社会主义劳工运动和社会民主主义运动的理论基础和行动指南；各国共产主义政党的理论基础；共产党执政的现实社会主义国家的意识形态基础。除此之外，马克思主义在西方已经成为20世纪以来主要的哲学思潮之一。哈贝马斯在分析20世纪西方哲学时归纳出四种主流哲学思潮，即分析哲学、现象学、西方马克思主义和结构主义。① 他这里指的西方马克思主义是始于卢卡奇等人对马克思理论的黑格尔根源的揭示，后来由诸如法兰克福学派加以拓展（比如与弗洛伊德元心理学结合）的那种马克思主义传统。哈贝马斯特别指出，西方马克思主义的特点是"把马克思的思想从政治经济学恢复成反思哲学"②。的确，马克思理论作为哲学或马克思理论的哲学基础常常受到来自内部和外部的双重曲解，而揭示和重建马克思理论的哲学基础的确是西方马克思主义的一大成就。我国当代学者也有把"西方马克思主义哲学"与"当代知识论哲学""欧陆人本主义哲学"并列为20世纪西方哲学的三大思潮。③

马克思的理论作为一种带有"解放旨趣"（哈贝马斯语）的

---

① 〔德〕哈贝马斯《后形而上学思想》，曹卫东、付德根译，译林出版社2001年版，第4页。

② 〔德〕哈贝马斯《后形而上学思想》，曹卫东、付德根译，译林出版社2001年版，第5页。

③ 陈学明认为，西方马克思主义作为一种"哲学的"马克思主义在马克思主义哲学诸多流派中是独树一帜的："在所有的马克思主义哲学流派中，最有影响最富代表性数'西方马克思主义'哲学了……从第二国际、第三国际、第四国际的理论演化而来的各种马克思主义流派，大都按照为马克思主义哲学所扬弃的近代哲学的思维方式去解释它……唯有'西方马克思主义者'才真正把马克思主义当作现代哲学加以理解、研究和宣扬。所以，在各种马克思主义哲学流派中，也唯有它的代表作最有资格代表马克思主义哲学编入《二十世纪哲学经典文本》。"参见陈学明主编《二十世纪哲学经典文本·西方马克思主义卷》，复旦大学出版社1999年版，第2~3页。

社会批判理论,在人类的现实异化未被消除之前是不会过时的。马克思在《论犹太人问题》中明确提出了"人类解放"的命题,因而这一目标未实现之前,马克思的思想将是那些追求自由、解放的人们永远的旗帜。萨特在晚年的《辩证理性批判》中分析了西方17—20世纪的哲学发展,认为笛卡尔和洛克、康德和黑格尔以及马克思分别代表三种里程碑式的哲学,"这三种哲学依次成为任何特殊思想的土壤和任何文化的前景,只要它们表达的历史时代未被超越,它们就不会被超越"①。所以,"马克思主义非但没有衰竭,而且还十分年轻,几乎是处于童年时代:它才刚刚开始发展。因此,它仍然是我们时代的哲学:它是不可超越的,因为产生它的情势还没有被超越"②。

实际上,马克思主义在当代西方已是一种广泛的文化现象,一股有影响的社会思潮。马克思主义与诸如亚里士多德主义、理性主义、自由主义、启蒙精神一样,已经成为西方文化重要的知识背景:左翼的批判理论以马克思主义为力量来源;右翼的自由主义和保守主义以马克思主义为主要对手。无论怎样的意识形态都要与马克思主义进行对话,马克思主义的问题意识和问题框架已成为当代西方人文社会科学一种重要的思想平台,马克思关于消除异化、实现解放的论断正是人类永恒的时代课题。正因为如此,后现代思想家德里达认为,马克思对资本主义的意识形态批判和政治经济学批判才成为当代众多"解构"学说的灵感来源,

---

① 〔法〕萨特《辩证理性批判》上卷,林骧华等译,安徽文艺出版社1998年版,第10页。
② 〔法〕萨特《辩证理性批判》上卷,林骧华等译,安徽文艺出版社1998年版,第28页。

诸如福柯话语－权力分析、利奥塔元叙事批判、波德里亚消费社会分析、拉克劳和墨菲的反政治霸权理论、萨义德的东方主义和文化帝国主义批判、杰姆逊的文化政治诗学等，其中都可以看到马克思的幽灵，它以复数形式出现而成为"幽灵们"。所以，"不能没有马克思，没有马克思，没有对马克思的记忆，没有马克思的遗产，也就没有将来：无论如何得有某个马克思，得有他的才华，至少得有他的某种精神"①。著名历史学家费弗尔说："任何一个历史学家，即使他从来没有读过一行马克思的著作，或者他认为除了在科学领域之外自己在各方面都是'狂热的反马克思主义者'，也不可避免地要用马克思主义的哲学方法来思考和了解事实和例证。马克思表达得那么充实的许多思想早已成为我们这一时代精神宝库的共同储蓄的一部分了。"② 这种"幽灵""遗产""储蓄"等词汇，不外表达了一个共同的意思，即马克思主义作为对资本主义进行批判，对人类自由解放不断追求的批判性革命理论，在历史的灾难、人类的苦难没有完全消除的"此岸世界"和受必然性支配的历史时期，将永远是面向未来的人类希望之所在，是激励现代人的永远的乌托邦希望。

二 马克思理论的问题意识和理论逻辑

马克思理论是在西方文化传统中成长起来的。虽然西方文化传统的源在古希腊，但这里我们主要指的是随资本主义兴起而产生的那种名之为现代性的文化传统。从 15 世纪开始，"在新制

---

① 〔法〕德里达《马克思的幽灵》，何一译，中国人民大学出版社 2008 年版，第 21 页。
② 转引自陈学明、马拥军《走近马克思》，东方出版社 2002 年版，第 550 页。

度逐渐导致社会和经济解放的同时,出现了精神解放"①。政治、经济、宗教和文化中都产生了自由的要求,"这种要求一部分在文艺复兴和宗教改革中得到实现,以后又表现在近代哲学中,表现在为人类自由和文明而奋斗的一切活动的力量中"②。贝斯特和凯尔纳指出:"从笛卡尔起,贯穿着整个启蒙运动及其后继者,所有关于现代性的理论话语都推崇理性,把它视为知识与社会进步的源泉,视为真理之所在和系统性知识之基础。人们深信理性有能力发现适当的理论与实践规范,依据这些规范,思想体系和行动体系就会建立,社会就会得以重建。这种启蒙运动的设计也在美国、法国以及其他一些国家的民主革命中发挥了作用,这些革命旨在推翻封建社会,建立一种体现理性和社会进步的、公正平等的社会秩序。"③ 哈贝马斯也指出:"1500年前后发生的三件大事,即新大陆的发现、文艺复兴和宗教改革,则构成了现代与中世纪之间的时代分水岭。"④ 发现新大陆,拓展了欧洲人的地理空间概念,其社会政治意义在此不作讨论。而文艺复兴、宗教改革则是两个对西方现代性文明至关重要的文化事件,其中突显的价值观念和精神气质,在启蒙运动中凝聚成一股强大的历史洪流,时至今日仍势不可挡。康德在《什么是启蒙》一文中指出:"对这种启蒙来说,所需要的就是自由。这里所谓的

---

① 〔法〕科尔纽《马克思的思想起源》,王瑾译,中国人民大学出版社1987年版,第1页。
② 〔美〕梯利《西方哲学史》,葛力译,商务印书馆1995年版,第252页。
③ 〔美〕凯尔纳、贝斯特《后现代理论:批判性的质疑》,张志斌译,中央编译出版社2011年版,第3页。
④ 〔德〕哈贝马斯《现代性的哲学话语》,曹卫东等译,译林出版社2004年版,第6页。

自由——即在一切事物中公开运用个人理性的自由。"① 18 世纪是对理性、进步、自由、解放等价值进一步弘扬并加以世俗化的世纪。② 被称为 18 世纪法国最后一位启蒙哲学家的孔多塞，在《人类精神进步史表纲要》③ 中表明了启蒙历史观：历史乃是人类理性发展过程，进步是理性发展因而是人类解放的过程。随着大革命的胜利，理性、自由、平等、公正、博爱、解放，部分地达到了目的。

启蒙精神以理性之名许诺了人类美好的前景，然而，正如马克思在《论犹太人问题》中深刻揭示的那样，启蒙的解放诺言不过是资产阶级政治解放的意识形态呼声，在理论上发展成了德国浪漫唯心主义。

哈贝马斯认为，虽然黑格尔不是第一个阐述和论证现代性观念的人，但他是明确意识到现代性问题并自觉为现代性奠定基础的第一个人。用黑格尔自己的话说就是要把握"时代精神"这一世界历史课题，并对此充满信心。在黑格尔那里，理性的自由原则通过纯粹理念的自我展示，在绝对精神中得到实现，但这只不过是浪漫的幻想式表达，马尔库塞在《理性和革命》中深刻揭示了黑格尔思辨哲学的社会人类学本质。费尔巴哈的宗教批判揭穿了唯心的思辨哲学的异化本质，所以，"天国的批判必须转向尘世的批判"（马克思语）。宗教批判的结果是确立了人是人

---

① 参见《哲学译丛》1991 年第 4 期。
② 较为详细的论述参见〔德〕卡西勒《启蒙哲学》第一章，顾伟铭等译，山东人民出版社 1988 年版。
③ 〔法〕孔多塞《人类精神进步史表纲要》，何兆武、何冰译，北京大学出版社 2013 年版。

的最高本质这样一个绝对律令。

启蒙精神内含的理性、自由原则怎样得到实现的问题，在康德那里以先验理性二律背反的形式明确提出，黑格尔以唯心思辨形式加以解决，其辩证法的批判因素只能是隐藏的，宗教批判使得黑格尔的解决只能是一种天国幻想。因而，对青年马克思而言，关键要使现实的"世界历史革命化"，德国观念论的核心问题被重新表述为绝对精神中包含的价值目标怎样在人的现实世界中实现的问题，即如何实现人类解放的问题。马克思超越青年黑格尔派的地方并不主要表现在解放论题的口号上，关键却在如何理解现实人类生存状态上。而要完成这个任务，马克思认为只有通过批判黑格尔才能发展一套新的哲学，因为黑格尔的辩证法和整个德国古典哲学才是"批判"的真正诞生地。

在创立新哲学的这段时间，马克思关注的中心问题当然是人的解放和人道主义，这是所有自由主义和启蒙精神的前设。但我们也不能简单化地认为马克思仅仅普遍地强调了人，因为可能很少有人像青年黑格尔派那么强调人的解放了，马克思正是在强调和关注人的解放的同时同青年黑格尔派展开论战以至决裂，其结果必将促使马克思抛弃唯心主义思辨的空洞抽象。现实上关注实际问题产生的"苦恼"，[①] 促使马克思转向费尔巴哈的唯物主义，但费尔巴哈的影响无论如何不能夸大，这种影响并非关于"现实的人"的实际理论内容，而是对"现实的人"的理论要求。所以，如果要在当时复杂的理论脉络中清理马克思的思想成长的

---

① 参见《马克思恩格斯文集》第二卷，中共中央马克思恩格斯列宁斯大林著作编译局编译，人民出版社2009年版，第591页。

各种动因的话，那么可以说，青年黑格尔派给予问题意识（人道主义和人的解放），费尔巴哈给予转向现实人的唯物论指引，黑格尔给予现实人的内容上的引导。总之，马克思要创立的是关于真正现实的人的唯物主义理论，即人之现实生存的实践哲学。

马克思的思想发展，作为一种历史进程已被划分为不同的阶段，每一阶段又被贴上了不同的标签，① 这种方法有一定合理性，但也有其限度。我们这里的方法是把马克思理论看成是成长中的整体，在不断的自我否定中的完成和具体化，用黑格尔的话说就是，先前的阶段作为被扬弃了的环节包含在后来的具体的整体中。所以，我们考察和关注的马克思的文本，并非后期的一定比前期的"科学"，阿尔都塞在《保卫马克思》中提出的马克思思想史的"认识论断裂"的说法，并不能给我们提供不重视马克思前期思想的理由。我们认为，马克思前期的某些关于人的哲学文本，正是为后期对资本主义的政治经济学批判提供了问题框架和哲学前设。所以，马尔库塞研究《巴黎手稿》文章的标题"历史唯物主义的基础"，最能说明马克思理论的结构层次关系，哲学始终是基础的层面，是对各种具体研究的前提的反思。

《黑格尔法哲学批判》写于1843年3～9月，1927年第一次发表。马克思在1859年对这段时期自己的思想状况回顾道："1842—1843年间，我作为《莱茵报》的编辑，第一次遇到要对所谓物质利益发表意见的难事……为了解决使我苦恼的疑问，我写的第一部著作是对黑格尔法哲学的批判性的分析，这部著作的

---

① 参见〔法〕科尔纽《马克思恩格斯传》第一卷，管士滨译，生活·读书·新知三联书店1980年版，第498页。

导言曾发表在 1844 年巴黎出版的《德法年鉴》上。我的研究得出这样一个结果：法的关系正像国家的形式一样，既不能从它们本身来理解，也不能从所谓人类精神的一般发展来理解，相反，它们根源于物质的生活关系，这种物质的生活关系的总和，黑格尔按照 18 世纪的英国人和法国人的先例，概括为'市民社会'，而对市民社会的解剖应该到政治经济学中去寻求。"① 马克思用"物质的生活关系"概念达到了对"现实的人"的存在的唯物主义理解，这种唯物主义存在于现实社会世界，对人而言表现为客观的社会关系，其方法论意义在于，马克思开创了从人的现实生存实践所涉的客观的社会关系领域来理解人的先河。当然，这时费尔巴哈的唯物主义作为方法论原则影响了马克思，但这种影响是在什么意义上而言呢？马克思读到费尔巴哈发表在《德国现代哲学和政论界轶文集》上的《关于哲学改造的临时纲要》，唯物主义的引导使马克思意识到，回到或寻求人类现实生活世界是理论创新的前提和基础，不能从思辨的思维推出现实存在。"市民社会"才是人的社会存在的基础，由此马克思在理论上开始了"意识形态批判"的方法。就理论策略而言，马克思使用的是"批判"，即通过反思其他的思想来展开自己的思想。在写给卢格的信中，马克思认为他们将要创办的《德法年鉴》的"方针"是：对当代的斗争和愿望做出当代的自我阐明。

马克思保留下来的手稿是对《法哲学原理》第三篇第 261～313 节的批评性札记，这部分是最重要的论述国家和国家法的部

---

① 《马克思恩格斯文集》第二卷，中共中央马克思恩格斯列宁斯大林著作编译局编译，人民出版社 2009 年版，第 590～591 页。

分。黑格尔的基本方法是从法的概念本质（自由意志）中演绎出其全部现实内容，作为实现了的自由。黑格尔这样表述法的本质："任何定在，只要是自由意志的定在，就叫做法。所以一般说来，法就是作为理念的自由。"① 进而，法哲学被分成三个部分：抽象法、道德和伦理，即作为自由的理念的三种存在形式，而国家则是伦理理念的最终客体化实现。伦理是自在自为地存在的意志，是客观的、实体性的自由，它解决个人的社会性生存各方面的问题：家庭、市民社会、国家。

在《黑格尔法哲学批判》中，马克思首先指出其方法论的唯心主义颠倒，即法哲学就是一部特殊的"逻辑学"。马克思认为黑格尔："他使作为观念的主体的东西成为观念的产物，观念的谓语。他不是从对象中发展自己的思想，而是按照自身已经形成了的并且是在抽象的逻辑领域中已经形成了的思想来发展自己的对象。这里涉及的不是发展政治制度的特定的观念，而是使政治制度同抽象观念建立关系，把政治制度列为它的（观念的）发展史上的一个环节。这是露骨的神秘主义。"② 整体评判是："整个法哲学只不过是逻辑学的补充。"③ 比如，黑格尔的《法哲学原理》第262节④写道："现实的理念，即精神，把自己分为

---

① 〔德〕黑格尔《法哲学原理》，范扬、张企泰译，商务印书馆1961年版，第36页。
② 《马克思恩格斯全集》第三卷，中共中央马克思恩格斯列宁斯大林著作编译局编译，人民出版社2002年版，第18～19页。
③ 《马克思恩格斯全集》第三卷，中共中央马克思恩格斯列宁斯大林著作编译局编译，人民出版社2002年版，第23页。
④ 马克思认为："这一节集法哲学和黑格尔整个哲学的神秘主义之大成。"《马克思恩格斯全集》第三卷，中共中央马克思恩格斯列宁斯大林著作编译局编译，人民出版社2002年版，第12页。

自己概念的两个理想性的领域，分为家庭和市民社会，即分为自己的有限性的两个领域，目的是要超出这两个领域的理想性而成为自为的无限的现实精神。"[①] 针对这种观念论的思辨，马克思写道："观念变成了主体，而家庭和市民社会对国家的现实的关系被理解为观念的内在想象活动。家庭和市民社会都是国家的前提，它们才是真正活动着的；而在思辨的思维中这一切却是颠倒的。可是如果观念变成了主体，那么现实的主体，市民社会、家庭……在这里就变成观念的非现实的、另有含义的客观因素。"[②] 接着谈"内部国家制度本身"，因为法哲学讨论的实际上是国家理论，而国家在"法哲学"中是家庭和市民社会的真理，是自在自为的客观精神。所以，马克思要做的所谓"颠倒"即是揭示国家的现实本质，这一本质是隐藏在精神的外衣之下的，在作为客观精神的国家中看出国家的"粗陋的唯物主义"实质，揭穿国家的意识形态光环，还现实国家以本来面目。

所以，马克思的黑格尔法哲学批判就是现代国家的意识形态批判。马克思对现代国家既不是实证的描述也不是抽象的思辨，而是对现代国家进行意识形态批判，即对现代国家在观念上的抽象进行批判并揭示其实质。对于马克思的批判方法，齐泽克有一段不错的评论："对现代国家制度的真正的哲学批判，不仅揭露这种制度中存在着的矛盾，而且解释这些矛盾，了解这些矛盾的形成过程和这些矛盾的必然性。这种批判从这些矛盾的本来意义

---

① 〔德〕黑格尔《法哲学原理》，范扬、张企泰译，商务印书馆1961年版，第263页。
② 《马克思恩格斯全集》第三卷，中共中央马克思恩格斯列宁斯大林著作编译局编译，人民出版社2002年版，第10页。

上来把握矛盾。但是，这种理解不在于到处去重新辨认逻辑概念的规定，像黑格尔所想象的那样，而在于把握特有对象的特有逻辑。"①

在"马哲史"的传统研究语境中，这部著作通常被认为是马克思转向唯物主义的标志。但关于这个"转向"存在着不同的看法，比如如何看待费尔巴哈因素。我们赞同弗兰尼茨基的这个判断："马克思不是通过费尔巴哈，而正是通过黑格尔……还通过莫·赫斯和法国理论家，才进而分析社会现象和历史现象。"② 另外，通常的观点认为《黑格尔法哲学批判》代表的所谓"激进民主主义"，只不过是马克思转向共产主义的一个过渡阶段。然而，马克思在此阐述的民主政治的实质内容并未受到应有的重视，马克思以市民社会的民主化来表述的现代性民主观念、以及对市民社会与国家二元格局的扬弃等思想具有重要的理论意义，它是马克思的政治哲学，它超越了自由主义政治哲学。正是在青年黑格尔派特别是莫·赫斯、卢格等人的思想推动下，"社会主义的问题、尖锐的社会批判、行动哲学或实践的问题、克服哲学领域自身等，已经是摆在日程上的问题"③。一种新的、以实践为指向的社会批判理论成为必须。

1843年10月马克思迁居巴黎，与卢格一起编辑《德法年鉴》并于1844年3月出版。马克思发表《〈黑格尔法哲学批判〉

---

① 〔斯〕齐泽克《意识形态的崇高客体》，季广茂译，中央编译出版社2002年版，第114页。
② 〔南〕弗兰尼茨基《马克思主义史》第一卷，人民出版社1986年版，第82页。这里还特别提到了马克思对官僚制度的批判分析并指出了其当代意义。
③ 〔南〕弗兰尼茨基《马克思主义史》第一卷，人民出版社1986年版，第82页。

导言》《论犹太人问题》两文。《论犹太人问题》的"中心论题是当代国家从市民社会的分离,以及随之而来自由主义政治解决社会问题的失败"①。针对鲍威尔把问题归结为宗教批判,而对马克思而言宗教批判只能达到人的政治解放,这样:"政治解放和宗教的关系问题已经成了政治解放和人类解放的关系问题。"宗教批判和政治解放仍然保持着国家-市民社会二元对立结构,因而,批判的真正任务是人类解放。

马克思对鲍威尔《犹太人问题》提出的解放方案进行了批判。问题是:"德国的犹太人渴望解放。他们渴望什么样的解放?"鲍威尔的答案是:"公民的解放,政治解放。"② 马克思指出,虽然"德国的犹太人首先碰到的问题是没有得到政治解放和国家具有鲜明的基督教性质"③,政治解放即国家从宗教中摆脱出来获得现代政治共同体的性质,于是市民变成公民获得政治自由,但在马克思眼中,政治解放是不充分、不彻底的,他认为鲍威尔的理论是对犹太人问题的"片面了解"。从理论策略而言,马克思提问的角度是"这里指的是哪一类解放"。因为在马克思眼中政治解放是有限度的,这就要求对解放本身加以批判(康德意义上),而对政治解放的批判也就是批判性考察现代政治国家。现代政治国家本身有个发展过程:基督教国家(德国)—立宪国家(法国)—政治国家(北美)。所以,对真正的

---

① 〔英〕麦克莱伦《马克思传》,王珍译,中国人民大学出版社 2010 年版,第 86 页。
② 《马克思恩格斯全集》第三卷,中共中央马克思恩格斯列宁斯大林著作编译局编译,人民出版社 2002 年版,第 163 页。
③ 《马克思恩格斯全集》第三卷,中共中央马克思恩格斯列宁斯大林著作编译局编译,人民出版社 2002 年版,第 165 页。

解放(犹太人问题应该着眼于真正的解放)而言,不仅是批判宗教,而是进一步批判政治国家本身(因为宗教和政治国家是不矛盾的):"这样,批判就成了对政治国家的批判。"① 问题的关键是"世俗领域"的问题:"我们要把神学问题化为世俗问题……在我们看来,政治解放对宗教的关系问题已经变成了政治解放对人的解放的关系问题。"②

先看政治解放的限度:"犹太教徒、基督徒、一般宗教信徒的政治解放,是国家从犹太教、基督教和一般宗教中解放出来。"但是,"摆脱了宗教的政治解放,不是彻头彻尾、没有矛盾地摆脱了宗教的解放,因为政治解放不是彻头彻尾、没有矛盾的人的解放方式"。因为,"政治解放的限度一开始就表现在:即使人还没有真正摆脱某种限制,国家也可以摆脱这种限制,即使人还不是自由人,国家也可以成为自由国家"③。政治国家的政治解放具有自己的优点和缺点,即有自身的限度,揭露关于政治国家的一切幻想也就是马克思运用的意识形态批判的方法。

比如,政治解放"从政治上废除私有财产不仅没有废除私有财产,反而以私有财产为前提。当国家宣布出身、等级、文化程度、职业为非政治的差别,当它不考虑这些差别而宣告人民的每一成员都是人民主权的平等享有者,当它从国家的观点来观察人民现实生活的一切要素的时候,国家是以自己的方式废除了出

---

① 《马克思恩格斯全集》第三卷,中共中央马克思恩格斯列宁斯大林著作编译局编译,人民出版社2002年版,第169页。
② 《马克思恩格斯全集》第三卷,中共中央马克思恩格斯列宁斯大林著作编译局编译,人民出版社2002年版,第169~170页。
③ 《马克思恩格斯全集》第三卷,中共中央马克思恩格斯列宁斯大林著作编译局编译,人民出版社2002年版,第170页。

身、等级、文化程度、职业的差别。尽管如此，国家还是让私有财产、文化程度、职业以它们固有的方式，即作为私有财产、作为文化程度、作为职业来发挥作用并表现出它们的特殊本质。国家根本没有废除这些实际差别，相反，只有以这些实际差别为前提，它才存在，只有同自己的这些要素处于对立的状态，它才感到自己是政治国家，才会实现自己的普遍性"①。马克思在这里已经区分了人的两类生存方式或生存领域：政治国家的类生活以及现实的物质生活，后者是利己生活存在于市民社会之中。这是政治国家即政治解放导致的人类生存的内在悖论："在政治国家真正形成的地方，人不仅在思想中，在意识中，而且在现实中，在生活中，都过着双重的生活——天国的生活和尘世的生活。前一种是政治共同体中的生活，在这个共同体中，人把自己看作社会存在物；后一种是市民社会中的生活，人作为私人进行活动，把他人看作工具，把自己也降为工具，并成为异己力量的玩物。"这样，"人在其最直接的现实中，在市民社会中，是尘世存在物。在这里，即在人把自己并把别人看作是现实的个人的地方，人是一种不真实的现象。相反，在国家中，即在人被看作是类存在物的地方，人是想象的主权中虚构的成员；在这里，他被剥夺了自己现实的个人生活，却充满了非现实的普遍性"②。

马克思在这里批判了政治国家的意识形态自我理解，即以人权为基础的政治自由主义理论，马克思批判的关键是认为这些观

---

① 《马克思恩格斯全集》第三卷，中共中央马克思恩格斯列宁斯大林著作编译局编译，人民出版社2002年版，第172页。

② 《马克思恩格斯全集》第三卷，中共中央马克思恩格斯列宁斯大林著作编译局编译，人民出版社2002年版，第172~173页。

念实际上是以私有制为基础的市民社会的意识形态,并非这些观念本身不好,而是没有真正实现。马克思深刻指出:"任何一种所谓的人权都没有超出利己的人,没有超出作为市民社会成员的人,即没有超出作为退居于自身,退居于自己的私人利益和自己的私人任意,与共同体分隔开来的个体的人。在这些权利中,人绝对不是类存在物,相反,类生活本身,即社会,显现为诸个体的外部框架,显现为他们原有的独立性的限制。把他们连接起来的唯一纽带是自然的必然性,是需要和私人利益,是对他们的财产和他们的利己的人身的保护。"① 显然,马克思在这里继承了亚里士多德和黑格尔的有机论国家观,这种有机共同体的政治国家只是与现实的市民社会对立的抽象物。而且,"这种人,市民社会的成员,是政治国家的基础、前提。他就是国家通过人权予以承认的人"。这样,"政治革命把市民生活分解成几个组成部分,但没有变革这些组成部分本身,没有加以批判。它把市民社会,也就是把需要、劳动、私人利益和私人权利等领域看作自己持续存在的基础,看作无须进一步论证的前提,从而看作自己的自然基础"②。当然在马克思眼中,"政治解放当然是一大进步;尽管它不是一般人的解放的最后形式,但在迄今为止的世界制度内,它是人的解放的最后形式。不言而喻,我们这里指的是现实的、实际的解放"③。

---

① 《马克思恩格斯全集》第三卷,中共中央马克思恩格斯列宁斯大林著作编译局编译,人民出版社2002年版,第185页。
② 《马克思恩格斯全集》第三卷,中共中央马克思恩格斯列宁斯大林著作编译局编译,人民出版社2002年版,第187~188页。
③ 《马克思恩格斯全集》第三卷,中共中央马克思恩格斯列宁斯大林著作编译局编译,人民出版社2002年版,第174页。

于是对马克思而言，人的真正解放就不是发生在片面的、不触动市民社会基础的政治解放那里——因为这只能造成政治国家和市民社会虚假的二元对立——而正是要消除二元对立本身，而这个消除只能发生在"真实的"存在领域，即市民社会的革命，目的是在市民社会领域进行现有原则的变换①，使市民社会直接地、真正地成为具有类存在物本质的存在。市民社会领域的革命性变革构成马克思的人类解放概念的真实内涵，这个中心概念显现着根本的问题意识，它成为马克思理论和实践上毕生追求的最为核心的目标：消除资产阶级市民社会的私人性质（后来说的异化和剥削），在市民社会层面实现人的类本质（人的社会性、自由劳动联合等）。马克思的整个理论策略的内在逻辑仍然是黑格尔式的总体性辩证法，对市民社会的革命性变革就是扬弃现有的市民社会，它将导致市民社会成员即现实的人的解放。对这一真正的人类解放，马克思总结道："只有当现实的个人把抽象的公民复归于自身，并且作为个人，在自己的经验生活、自己的个体劳动、自己的个体关系中间，成为类存在物的时候，只有当人认识到自身'固有的力量'是社会力量，并把这种力量组织起来因而不再把社会力量以政治力量的形式同自身分离的时候，只有到了那个时候，人的解放才能完成。"②

《〈黑格尔法哲学批判〉导言》为德国的宗教批判画了句号，

---

① 马克思说："实际需要、利己主义是市民社会的原则。"《马克思恩格斯全集》第三卷，中共中央马克思恩格斯列宁斯大林著作编译局编译，人民出版社 2002 年版，第 194 页。

② 《马克思恩格斯全集》第三卷，中共中央马克思恩格斯列宁斯大林著作编译局编译，人民出版社 2002 年版，第 189 页。

第一章　马克思理论的哲学向度

同时也明确了马克思自己革命性的社会批判理论的基本逻辑，它通过"物质力量"的能动实践从而实现整体的人类解放。青年黑格尔派的宗教批判①在马克思这里被推进到市民社会的革命方向，"带有实践旨趣"的社会批判理论以主体能动性的实践哲学形式得到确立。在宗教批判的基础上，②马克思认为批判应该推进到人之生存的真正现实的层面，应该在市民社会领域进行革命性的实践。马克思甚至用"绝对命令"这个康德概念来表达自己问题意识的坚定性："对宗教的批判最后归结为人是人的最高本质这样一个学说，从而也归结为这样的绝对命令：必须推翻那些使人成为被侮辱、被奴役、被遗弃和被蔑视的东西的一切关系。"③马克思达到了批判的现实对象，理论的问题框架再次明确，对现实人的生存状况的批判达到了批判的本真对象：社会、国家。因为："人不是抽象的蛰居于世界之外的存在物。人就是

---

①　马克思指出："而对宗教的批判是其他一切批判的前提。"《马克思恩格斯全集》第三卷，中共中央马克思恩格斯列宁斯大林著作编译局编译，人民出版社2002年版，第199页。

②　马克思把批判推进到现实社会的实践领域："宗教是人的本质在幻想中的实现，因为人的本质不具有真正的现实性。因此，反宗教的斗争间接地就是反对以宗教为精神抚慰的那个世界的斗争……因此，真理的彼岸世界消逝以后，历史的任务就是确立此岸世界的真理。人的自我异化的神圣形象被揭穿以后，揭露具有非神圣形象的自我异化，就成了为历史服务的哲学的迫切任务。于是，对天国的批判变成对尘世的批判，对宗教的批判变成对法的批判，对神学的批判变成对政治的批判。"《马克思恩格斯全集》第三卷，中共中央马克思恩格斯列宁斯大林著作编译局编译，人民出版社2002年版，第199～200页。当然，马克思这时也认为法哲学和国家哲学的批判只是在现实的"副本"层面上进行的，即将进行的政治经济学批判才是针对市民社会这一"原本"。

③　《马克思恩格斯全集》第三卷，中共中央马克思恩格斯列宁斯大林著作编译局编译，人民出版社2002年版，第207～208页。

人的世界,就是国家,社会。"① 这个观点当然是"人本主义"的观点,这是宗教批判的必然结论。关于宗教批判推进到社会实践的必然性,马克思指出:"废除作为人民的虚幻幸福的宗教,就是要求人民的现实幸福。要求抛弃关于人民处境的幻觉,就是要求抛弃那需要幻觉的处境。因此,对宗教的批判就是对苦难尘世——宗教是它的神圣光环——的批判的胚芽。"②

当然,确立此岸世界的真理并不只是一种观念的转变和理论的批判,更是实践的行动,因为:"批判的武器当然不能代替武器的批判,物质力量只能用物质力量来摧毁;但是理论一经掌握群众,也会变成物质力量。理论只要说服人,就能掌握群众;而理论只要彻底,就能说服人。所谓彻底,就是抓住事物的根本。但是,人的根本就是人本身。"③ 马克思人类解放概念是在市民社会这一物质生活关系领域定义的,人类解放意味着这个现实领域的改变,它需要这个领域本身中包含的否定性能动力量,马克思称之为"物质力量"。这种与批判相结合的物质力量就是无产阶级。为什么是无产阶级?什么是无产阶级?对这些问题的回答成为马克思理论建构逻辑必要的环节,基于事物存在的辩证

---

① 《马克思恩格斯全集》第三卷,中共中央马克思恩格斯列宁斯大林著作编译局编译,人民出版社2002年版,第199页。马克思在此对人的存在的理解视角,与海德格尔对人作为此在"在世界中存在"之生存论分析似可相通,马克思哲学在某种意义上具有当代哲学的品格。

② 《马克思恩格斯全集》第三卷,中共中央马克思恩格斯列宁斯大林著作编译局编译,人民出版社2002年版,第200页。

③ 《马克思恩格斯全集》第三卷,中共中央马克思恩格斯列宁斯大林著作编译局编译,人民出版社2002年版,第207页。

法,① 事物自我实现和自我完成的推动力量是其自身的否定性，无产阶级成为人类走向自为生存的否定性能动力量，无产阶级这个普遍否定性力量成为人类解放进程（作为主体的人类的自我完成）的关键逻辑环节。马克思对无产阶级是从概念上加以设定的，因为根据肯定和否定的辩证法，只有通过彻底的普遍的否定，才能达到彻底的普遍的肯定。作为物质力量，无产阶级就是这种否定力量，马克思这样设定了无产阶级的否定性概念："……一个被戴上彻底的锁链的阶级，一个并非市民社会阶级的市民社会阶级，形成一个表明一切等级解体的等级，形成一个由于自己遭受普遍苦难而具有普遍性质的领域，这个领域不要求享有任何特殊的权利，因为威胁着这个领域的不是特殊的不公正，而是一般的不公正，它不能再求助于历史的权利，而只能求助于人的权利，它不是同德国国家制度的后果处于片面的对立，而是同这种制度的前提处于全面的对立，最后，在于形成一个若不从其他一切社会领域解放出来从而解放其他一切社会领域就不能解放自己的领域，总之，形成这样一个领域，它表明人的完全丧失，并因而只有通过人的完全回复才能回复自己本身。社会解体的这个结果，就是无产阶级这个特殊等级。"② 在马克思看来，无产阶级自身的"存在的秘密"，直接意味着这个世界制度的实际解体。人类解放的这样一种主体哲学模式必然要求能动的内部矛盾结构，在这种作为自觉实体的主体结构中，"哲学把无产阶

---

① 黑格尔"逻辑学"对这一辩证法进行了本质性的系统呈现，虽然马克思反对概念逻辑的先行思辨，但他对现实的批判性认识是离不开这些思维框架的。

② 《马克思恩格斯全集》第三卷，中共中央马克思恩格斯列宁斯大林著作编译局编译，人民出版社2002年版，第213页。

级当作自己的物质武器,同样,无产阶级也把哲学当作自己的精神武器";"这个解放的头脑是哲学,它的心脏是无产阶级。哲学不消灭无产阶级,就不能成为现实;无产阶级不把哲学变成现实,就不可能消灭自身。"① 这样,作为物质力量的无产阶级与批判理论就形成辩证关系,理论与实践的问题在马克思这里又显明地凸现出来。就理论策略的逻辑看,马克思运用的是黑格尔意义上的辩证法,这一思维的基本框架在马克思那里是始终持有的。

马克思接下来的任务就是更加系统地阐释关于人及其解放的学说,当然,这种阐释要包含提出一套关于社会历史的系统理论,而更加"实证的"或"科学的"理论则是关于市民社会(物质生活关系领域)的政治经济学批判。所有这一切在《巴黎手稿》②中第一次有了系统而深刻的原则性表述。以下考察几个关键环节和论题:

首先,对人的"现实生活世界"的反思性确立:对国民经济学前提的批判。

---

① 《马克思恩格斯全集》第三卷,中共中央马克思恩格斯列宁斯大林著作编译局编译,人民出版社2002年版,第214页。

② 即《1844年经济学哲学手稿》,写于1844年5~8月,第一次发表于1932年 MEGA 第一部分第三卷,中文《全集》第二版根据1982年新 MEGA 第一部分第二卷译出。从1843年10月到1845年1月,旅居巴黎期间马克思写下了第一批关于政治经济学的笔记,这是他一生研究政治经济学、撰写政治经济学巨著的开始。《巴黎笔记》共九本,大部分是他研读同时代人以及前人政治经济学著作的摘录、批注和评论。关于詹姆斯·穆勒《政治经济学原理》一书的摘要,保存在《巴黎笔记》九个笔记本中的第四本和第五本。与《巴黎笔记》中许多类似的材料(札记、摘要)不同,在这个文献中,马克思本人的议论占了相当大部分,这些议论按其内容来说与《1844年经济学哲学手稿》相衔接,而且先于这个手稿。

马克思对国民经济学的意识形态批判立足的地基是确立人的现实生活世界。这就要求从人的现实生存活动出发，而人的生存活动产生着或表现为人之间的"社会联系"。马克思在《穆勒笔记》中指出："因为人的本质是人的真正的社会联系，所以人在积极实现自己本质的过程中创造、生产人的社会联系，社会本质，而社会本质不是一种同单个人相对立的抽象的一般的力量，而是每一个单个人的本质，是他自己的活动，他自己的生活，他自己的享受，他自己的财富。因此，上面提到的真正的社会联系并不是由反思产生的，它是由于有了个人的需要和利己主义才出现的，也就是个人在积极实现其存在时的直接产物。"[①] 人的生存活动是历史性的，所以，由这种生存活动制约的社会联系或社会关系也是历史性的，它以异化的现实性而具有具体的特殊性。然而，"国民经济学把社会交往的异化形式作为本质的和最初的形式、作为同人的本性相适应的形式确定下来了……国民经济学以作为私有者同私有者的关系的人同人的关系为出发点"[②]。这样一种逻辑混淆使得"国民经济学从私有财产的事实出发，但是，它没有给我们说明这个事实"[③]。国民经济学没有揭示私有财产的历史特殊性及其异化本质，它把私有财产作为历史的自然基础建构了一种关于人的本质的意识形态，这种意识形态肯定了人类历史存在的异化本质。因而对马克思而言，理论建构的方法

---

① 《马克思恩格斯全集》第42卷，中共中央马克思恩格斯列宁斯大林著作编译局编译，人民出版社1979年版，第24页。
② 《马克思恩格斯全集》第42卷，中共中央马克思恩格斯列宁斯大林著作编译局编译，人民出版社1979年版，第25页。
③ 《马克思恩格斯全集》第三卷，中共中央马克思恩格斯列宁斯大林著作编译局编译，人民出版社2002年版，第266页。

论策略就是要弄清"这全部异化和货币制度之间的本质联系"①。政治经济学批判就是要揭示人类现实生存的异化本质,当然,马克思这种否定性的历史判定是需要前提的,批判的规范基础基于一种人的生存论分析。

其次,批判的规范基础:对人的生存论分析。

马克思认为"劳动"是人类特有的"生命活动",他分析了这种活动的存在本质,这种分析是以人类生存的独特性质为着眼点的。马克思写道:"一个种的整体特性、种的类特性就在于生命活动的性质,而自由的有意识的活动恰恰就是人的类特性。"②这种类特性在与动物的对比中呈现出来:"动物和自己的生命活动是直接同一的。动物不把自己同自己的生命活动区别开来。它就是自己的生命活动。人则使自己的生命活动本身变成自己的意志的和自己意识的对象。他具有有意识的生命活动……有意识的生命活动把人同动物的生命活动直接区别开来。正是由于这一点,人才是类存在物……他自己的生活对他来说是对象。仅仅由于这一点,他的活动才是自由的活动。"③

由此出发,马克思对这样一种由自由自觉的活动规定其本质的类存在物的生存特征进行了分析。人的生命活动的存在特性形成一种意向性的生存建制,这种存在是对象性的。马克思指出:"通过实践创造对象世界,改造无机界,人证明自己是有意识的

---

① 《马克思恩格斯全集》第三卷,中共中央马克思恩格斯列宁斯大林著作编译局编译,人民出版社2002年版,第267页。
② 《马克思恩格斯全集》第三卷,中共中央马克思恩格斯列宁斯大林著作编译局编译,人民出版社2002年版,第273页。
③ 《马克思恩格斯全集》第三卷,中共中央马克思恩格斯列宁斯大林著作编译局编译,人民出版社2002年版,第273页。

类存在物，就是说是这样一种存在物，它把类看作自己的本质，或者说把自身看作类存在物……动物只是按照它所属的那个种的尺度和需要来构造，而人懂得按照任何一个种的尺度来进行生产，并且懂得处处都把内在的尺度运用于对象；因此，人也按照美的规律来构造。

因此，正是在改造对象世界中，人才真正地证明自己是类存在物。这种生产是人的能动的类生活。通过这种生产，自然界才表现为他的作品和他的现实。因此，劳动的对象是人的类生活的对象化：人不仅像在意识中那样在精神上使自己二重化，而且能动地、现实地使自己二重化，从而在他所创造的世界中直观自身。"① 这样，作为"自然存在物"，人的类活动必然是对象性的活动，这种活动表现在历史性的劳动中，"一方面为了使人的感觉成为人的，另一方面为了创造同人的本质和自然界的本质的全部丰富性相适应的人的感觉，无论从理论方面还是从实践方面来说，人的本质的对象化都是必要的。"人的类本质通过对象性的活动展现为人类现实存在的历史，就此马克思写道："工业的历史和工业的已经生成的对象性的存在，是一本打开了的关于人的本质力量的书。"② 在人的对象性活动的历史展开过程中，人的生存是社会性的，马克思指出："自然界的人的本质只有对社会的人说来才是存在；因为只有在社会中，自然界对人说来才是人与人联系的纽带，才是他为别人的存在和别人为他的存在，只有

---

① 《马克思恩格斯全集》第三卷，中共中央马克思恩格斯列宁斯大林著作编译局编译，人民出版社2002年版，第273~274页。
② 《马克思恩格斯全集》第三卷，中共中央马克思恩格斯列宁斯大林著作编译局编译，人民出版社2002年版，第306页。

在社会中，自然界才是人自己的人的存在基础，才是人的现实的生活要素。只有在社会中，人的自然的存在对他来说才是自己的人的存在，并且自然界对他来说才成为人。因此，社会是人同自然界的完成了的本质的统一，是自然界的真正复活，是人的实现了的自然主义和自然界的实现了的人道主义。"①

总之，人是感性的、社会性的、对象性的、历史性的、有意识的类存在物。这样一种普遍性生存决定了其本真的自由性。马克思对人类生存特性的这一思辨达到了反思意识的普遍层面，这种类似于现象学描述的对类本质的生存论分析中肯地刻画了人的生存现象，它展示了人的类本质的独特性，并且作为现实批判的标准而具有规范性。

第三，异化劳动：人类现实生存的历史性。

马克思对类本质的生存论分析在本真性层面上具有规范性，这虽然是一种"抽象"，但这种抽象在理论上并未成为一种人类固有的"抽象物"，也不是脱离实际历史的偶像。在批判观念论的纯粹思辨的基础上，马克思形成了真切的现实感，他认为在人的现实历史性生存过程中，特别是在"物质的工业"中，"人的对象化的本质力量以感性的、异己的、有用的对象的形式，以异化的形式呈现在我们面前。"② 这就引出了马克思著名的"异化劳动"理论，他对以资本为动力的工业生产的分析仍然是在生存论层面上进行的，并且基于劳动本质的规范性对这种劳动进行

---

① 《马克思恩格斯全集》第三卷，中共中央马克思恩格斯列宁斯大林著作编译局编译，人民出版社2002年版，第301页。
② 《马克思恩格斯全集》第三卷，中共中央马克思恩格斯列宁斯大林著作编译局编译，人民出版社2002年版，第307页。

了批判。

马克思批判的对象是国民经济学当成自然前提但实际是具有历史性的事实即私有制条件下的劳动。马克思指出："这一事实无非是表明：劳动所生产的对象，即劳动的产品，作为一种异己的存在物，作为不依赖于生产者的力量，同劳动相对立。劳动的产品就是固定在某个对象中的、物化的劳动，这就是劳动的对象化。劳动的现实化就是劳动的对象化。在国民经济学假定的状况中，劳动的这种现实化表现为工人的非现实化，对象化表现为对象的丧失和被对象奴役，占有表现为异化、外化。"[①] 马克思谈到异化劳动的各种现象：劳动产品的异化、劳动活动的异化，以及社会关系的异化，但异化劳动的本质，它的质的规定性无疑是类本质的异化：生产本来是人的能动的类生活，但"异化劳动从人那里夺去了他的生产的对象，也就从人那里夺去了他的类生活……异化劳动把自主活动、自由活动贬低为手段，也就把人的类生活变成维持人的肉体生存的手段……异化劳动使人自己的身体，同样使在他之外的自然界，使他的精神本质，他的人的本质同人相异化。"[②] 这就是说，异化劳动是一种独特的劳动形式，其独特性就在于异化。诚然，异化劳动也是现实的劳动，是人的活动，但这种劳动、活动的性质是对立于人的类本质的。也就是说，在这种劳动中人的活动是不自由的，人的生存是非人的。

显然，劳动的异化以及人的生存的非人化是马克思整个批判

[①] 《马克思恩格斯全集》第三卷，中共中央马克思恩格斯列宁斯大林著作编译局编译，人民出版社2002年版，第267~268页。

[②] 《马克思恩格斯全集》第三卷，中共中央马克思恩格斯列宁斯大林著作编译局编译，人民出版社2002年版，第274页。

理论的出发点，它基于对现实劳动异化性质的本质判定，后来马克思企图以"更为科学的"政治经济学批判来证明资本主义劳动是异化的。这种批判是有前提的，这就是对人的类本质的生存论分析，这一分析揭示了人之为人的根本性的存在特性。所以，马克思的异化劳动批判是其整个理论的基本课题。在他看来，批判要有真正的结果就应该采取"武器的批判"这种实践的方法，革命的、行动的方法达到的目标是消除劳动的异化性，从人的生存层面看，即是人的类本质的复归。从此，人的生存将真正以人的方式历史性地呈现，马克思后来说的真正的人类历史便开始了。毫无疑问，这才是共产主义观念的根本，它是马克思毕生追求的根本目标。

第四，共产主义：对异化的积极扬弃。

对马克思而言，资本形式下的劳动造成的所有异化当然是不能容忍的，因而以私有制为基础的社会必须加以"革命化"。马克思指出："社会从私有财产等等解放出来、从奴役制解放出来，是通过工人解放这种政治形式表现出来的，这并不是因为这里涉及的仅仅是工人的解放，而是因为工人的解放还包含普遍的人的解放；其所以如此，是因为整个的人类奴役制就包含在工人对生产的关系中，而一切奴役关系只不过是这种关系的变形和后果罢了。"① 马克思在这里的观点很清楚，工人的解放就是消除劳动的异化，这直接意味着在非异化的劳动中人的本质的复归，这就是人类解放。在马克思那里，劳动成为人类社会历史的存在

---

① 《马克思恩格斯全集》第三卷，中共中央马克思恩格斯列宁斯大林著作编译局编译，人民出版社2002年版，第278页。

论基础，① 也是他批判异化劳动以及整个资本主义制度的规范基础。这种带有决定论色彩的社会历史理论后来被恩格斯称为唯物主义历史观。马克思明确写道，因为，"宗教、家庭、国家、法、道德、科学、艺术等等，都不过是生产的一些特殊的方式，并且受生产的普遍规律的支配。因此，对私有财产的积极的扬弃，作为对人的生命的占有，是对一切异化的积极的扬弃，从而是人从宗教、家庭、国家等等向自己的人的存在即社会的存在的复归"②。这里非常明显地产生了所谓马克思的"生产范式"：劳动是人的类本质，劳动的异化就是人的本质异化；资本主义生产方式就是异化劳动的现实体现，消灭这种生产方式就是消除异化劳动，这也就是人的解放。当然，这只是理论的逻辑，但是其中涉及非常多的具有实质性的理论问题，比如，用劳动概念来解释人的生存是否是充分的？如果资本主义生产方式中的劳动是异化劳动，那么，取代资本主义生产方式的劳动方式是怎样的？怎样理解和建构一种能够充分体现人的本质的生产方式和人的生存形式？等等。

当然，"本质复归"是人类整个历史过程，即作为以"共产主义"为名的人类自为行动，也是人类作为主体能动而自觉地实现其本质的生存活动。马克思指出："共产主义是私有财产即人的自我异化的积极的扬弃，因而是通过人并且为了人而对人的本质的真正占有；因此，它是人向自身、向社会的即合乎人性的

---

① 后来卢卡奇在重建马克思理论的哲学基础时就明确认为，这一重建就是建构以劳动为核心的"社会存在本体论"。
② 《马克思恩格斯全集》第三卷，中共中央马克思恩格斯列宁斯大林著作编译局编译，人民出版社2002年版，第298页。

人的复归,这种复归是完全的,自觉的和在以往发展的全部财富的范围内生成的。这种共产主义,作为完成了的自然主义=人道主义,而作为完成了的人道主义=自然主义,它是人和自然界之间、人和人之间的矛盾的真正解决,是存在和本质、对象化和自我确证、自由和必然、个体和类之间的斗争的真正解决。它是历史之谜的解答,而且知道自己就是这种解答。

"因此,历史的全部运动,既是它的现实的产生活动——它的经验存在的诞生活动,——同时,对它的思维着的意识来说,又是它的被理解和被认识到的生成运动。"① 当然,这"实际上将经历一个极其艰难而漫长的过程"。马克思在这里并不是在社会形态意义上讨论共产主义的,而是描述了人类自为的符合类本质的生存状态,这实际上是一种人类生存哲学,历史性的人类生存哲学。

《1844 年经济学哲学手稿》写于 1844 年 5~8 月,在马克思生前并未发表,直到 1932 年才第一次发表,随即引发了后人关于马克思哲学本质意义的重大争论。我们的一个基本看法是认为,马克思这里的人类生存哲学与后来的政治经济学批判并不矛盾。② 后来转向对现实市民社会的经济学考察,无非是把生存论思辨进一步推进到现实的物质生活领域,对市民社会的结构机制进行解剖和批判;而批判之可能的规范基础即关于人之生存的哲学,这是马克思理论之作为关于人类解放的带有实践旨趣的社会

---

① 《马克思恩格斯全集》第三卷,中共中央马克思恩格斯列宁斯大林著作编译局编译,人民出版社 2002 年版,第 297 页。
② 西方马克思主义中通常所谓人本学派和科学学派的对立,很大程度上源于对马克思理论转向做了对立的解释。

批判理论的哲学基础。

《德意志意识形态》①是马克思恩格斯合著的第二部著作。②

本书通常被认为是对唯物主义历史观进行系统阐发的开端，阿尔都塞以之作为马克思思想发展"认识论断裂"的标志，认为马克思从此开创了一种关于社会历史的实证科学。但这种实证科学的对象和出发点是什么？仍然是人！这也是萨特与阿尔都塞区别之所在。马恩认为他们研究的出发点是从事实际活动的人，这种人是处在一定条件下活动的、现实的、可以通过经验观察到的发展过程中的人。这里，人的现实生存活动成为理论的前提。人类生产他们的物质生活的活动就是人与动物区分开来的实践活

---

① 写于1845年9月—1846年5月，1932年开始完整出版，完整的标题为"德意志意识形态，对费尔巴哈、布·鲍威尔和施蒂纳所代表的现代德国哲学以及各式各样先知所代表的德国社会主义的批判"。

② 《神圣家族》是马恩合著的首部著作，但恩格斯只是于1844年8月路经巴黎回德国时写了20多页，主体由马克思完成，于1845年2月出版，副标题为"或对批判的批判所做的批判。驳布鲁诺·鲍威尔及其伙伴"。关于这部著作的理论意义，弗兰尼茨基指出："在《神圣家族》这部著作中，实践的观点，亦即历史整体的观点已经具有比较突出的意义，而且经济生产也在理论上第一次具有人的生活构成和历史构成的意义。"（〔南〕弗兰尼茨基《马克思主义史》第一卷，人民出版社1986年版，第116页。）马恩这里对人之原本生存领域的认识视界是从自然科学和工业生产出发的，认为这些领域构成了人的"生活本身的直接的生产方式。"（《马克思恩格斯全集》第二卷，人民出版社2001年，第191页。）针对鲍威尔的意识哲学，马克思力求从人与自然的物质关系来理解人与历史，这在当时是自然的。但19世纪中叶以后的时代精神、实证的科学精神，又使马克思对人的实践性生存的理解由于基于生产劳动向度从而带有工具理性倾向，这使得当代批判理论不得不重新考察理性问题，特别是韦伯对资本主义理性化的诊断，使得人们不得不进行理性重建的工作，因为理性概念是任何批判的基础。但马克思从来都不是一个纯粹的实证主义者，在《关于费尔巴哈的提纲》第一条中，马克思在批判以往哲学（包括直到费尔巴哈的整个唯物主义和唯心主义哲学）的基础上，明确提出了关于人的现实生存的观点，人的生存是"现实的、感性的活动"，是实践活动。

动,从实践出发也即从人出发。马恩首次集中地表达了关于人及其存在(历史)的唯物主义观点。

关于本书,马克思于1859年在《政治经济学批判》"序言"中回忆道:"自从弗里德里希·恩格斯批判经济学范畴的天才大纲(在《德法年鉴》上)发表以后,我同他不断通信交换意见,他从另一条道路(参看他的《英国工人阶级状况》)得出同我一样的结果,当1845年春他也住在布鲁塞尔时,我们决定共同阐明我们的见解与德国哲学的意识形态的见解的对立,实际上是把我们从前的哲学信仰清算一下。这个心愿是以批判黑格尔以后的哲学的形式来实现的。"①

在"序言"中,首先表明本书批判的对象,即"现代青年黑格尔派哲学",不仅包括布·鲍威尔、麦·斯蒂纳,还有路·费尔巴哈。他们共同的思想倾向是意识形态对思想的统治,而马恩要做的就是"意识形态批判":"我们要起来反抗这种思想统治。"② 青年黑格尔派是黑格尔体系的解体过程中的一支,从施特劳斯开始(1842—1845)的"纯粹的思想领域中"发生的"绝对精神的瓦解过程"。这就是"德国的批判",但它们却从未离开过"哲学的基地"即"黑格尔哲学的基地":"他们和黑格尔的论战以及他们相互之间的论战,只局限于他们当中的每一个人都抓住黑格尔体系的某一方面,用它来反对整个体系,也反对

---

① 《马克思恩格斯文集》第二卷,中共中央马克思恩格斯列宁斯大林著作编译局编译,人民出版社2009年版,第592~593页。
② 《马克思恩格斯文集》第一卷,中共中央马克思恩格斯列宁斯大林著作编译局编译,人民出版社2009年版,第509页。

别人所抓住的那些方面。"① 先开始还是正宗的黑格尔范畴,如"实体""自我意识"等,后来退化为一些"世俗的名称"如"类"、"唯一者"和"人"。青年黑格尔派仍然是唯心论的,"他们只是用词句来反对这些词句;既然他们仅仅反对这个世界的词句,那么他们就绝对不是反对现实的现存世界"。因为,"这些哲学家没有一个想到要提出关于德国哲学和德国现实之间的联系问题,关于他们所作的批判和他们自身的物质环境之间的联系问题"②。

德意志意识形态批判的结果是马恩思想的一个转向,这个转向我们理解为是从生存辩证法向一种实证性历史哲学的推进。是的,是具有理论逻辑连续性的推进,而不是断裂。继《黑格尔法哲学批判》《关于费尔巴哈的提纲》以后,马克思再一次确认了关于人的生存的感性实践或实证的观点。其基本的问题意识指向对人类生存的现实形态及其历史发展的真切的把握,方法论的出发点是确立现实人的真实概念,而理论建构策略的首要问题则是寻求进入论题的切入点。马恩基于当时颇为新颖的经验实证方法对此作了方法论规定:"我们开始要谈的前提不是任意提出的,不是教条,而是一些只有在臆想中才能撇开的现实前提。这是一些现实的个人,是他们的活动和他们的物质生活条件,包括他们已有的和由他们自己的活动创造出来的物质生活条件。因此,这些前提可以用纯粹经验的方法来确认。"由此,马恩明确

---

① 《马克思恩格斯文集》第一卷,中共中央马克思恩格斯列宁斯大林著作编译局编译,人民出版社2009年版,第514页。
② 《马克思恩格斯文集》第一卷,中共中央马克思恩格斯列宁斯大林著作编译局编译,人民出版社2009年版,第516页。

指出:"全部人类历史的第一个前提无疑是有生命的个人的存在。"① 进而,现实生命个体的生存是以生产为基础和形式的:"人们生产自己的生活资料,同时间接地生产着自己的物质生活本身。"显然,马恩这里的"物质生活"概念是用来把握人的真实生存形式的,这样的作为个体的人才是现实的人。"这里所说的个人……是现实中的个人,也就是说,这些个人是从事活动的,进行物质生产的,因而是在一定的物质的、不受他们任意支配的界限、前提和条件下活动着的。"② 对现实的人的把握就是把握其物质生活条件和方式,"生产方式"概念是个生存论概念,它表明"它是这些个人的一定的活动方式,是他们表现自己生命的一定方式、他们的一定的生活方式。个人怎样表现自己的生命,他们自己就是怎样"③。

如果从德国现代性理论史角度理解马克思,那么,他在这里对所谓"前提"的观点表明,其理论是想要回到真实地基从而切实把握人的真实生存的一次重要努力。后来胡塞尔的"生活世界"、维特根斯坦的"生活形式"等都可看成同一路径的探求。哈贝马斯在《后形而上学思想》中认为这是现代哲学的一个重大的思想主题,即对理论优先于实践的传统看法的颠倒,他对"生活世界"的语用学重建用哈贝马斯自己的话说也就是"重建历史唯物主义"。由此出发,针对思辨哲学的观念论,马

---

① 《马克思恩格斯文集》第一卷,中共中央马克思恩格斯列宁斯大林著作编译局编译,人民出版社2009年版,第518~519页。
② 《马克思恩格斯文集》第一卷,中共中央马克思恩格斯列宁斯大林著作编译局编译,人民出版社2009年版,第524页。
③ 《马克思恩格斯文集》第一卷,中共中央马克思恩格斯列宁斯大林著作编译局编译,人民出版社2009年版,第520页。

恩指出:"人们是自己的观念、思想等等的生产者……意识在任何时候都只能是被意识到了的存在,而人们的存在就是他们的现实生活过程。"①

当然,理论指向的反转有时也表现出某种极端性:"甚至人们头脑中的模糊幻象也是他们的可以通过经验来确认的、与物质前提相联系的物质生活过程的必然升华物。因此,道德、宗教、形而上学和其他意识形态,以及与它们相适应的意识形式便不再保留独立性的外观了……不是意识决定生活,而是生活决定意识。"② 总之,一种实证(唯物论)历史哲学就确立了地基:"在思辨终止的地方,在现实生活面前,正是描述人们实践活动和实际发展过程的真正的实证科学开始的地方……对现实的描述会使独立的哲学失去生存环境,能够取而代之的充其量不过是从对人类历史发展的考察中抽象出来的最一般结果的概括。这些抽象本身离开了现实的历史就没有任何价值。"因此,对现实社会历史作的经验的、实证的描述性考察,也"只能从对每个时代的个人的现实生活过程和活动的研究中产生"③。这里清楚地展示了一种彻底历史主义的实证研究方法,这种方法用于考察人的生存是有限度的,它并未充分注意到社会历史的独特性,在方法论上也成为马克思历史理论内在矛盾的一种来源。基于这种实证性视角,马恩随即对历史发展进行了描述性分析,分析的对象是

---

① 《马克思恩格斯文集》第一卷,中共中央马克思恩格斯列宁斯大林著作编译局编译,人民出版社2009年版,第524~525页。
② 《马克思恩格斯文集》第一卷,中共中央马克思恩格斯列宁斯大林著作编译局编译,人民出版社2009年版,第525页。
③ 《马克思恩格斯文集》第一卷,中共中央马克思恩格斯列宁斯大林著作编译局编译,人民出版社2009年版,第526页。

"生产方式"的不同类型,它们是不同历史阶段的区分标志。在生产方式中,生产力和交往方式构成社会内部的基本矛盾,推动整个历史的发展。生产的发展与分工、分工与所有制等相互间形成动态的结构关系,整体上形成一种马克思后来所说的"自然历史过程"。这是一种实证性的历史哲学,后来的阐释者往往倾向于把这个话语系统解释为"科学"。

然而,我们一刻也不能忘记马克思实际从事的是关于人类生存的反思和批判,政治经济学批判及其唯物史观的宗旨是认识人类真正现实的生存史,批判理论的基本诉求是人类解放。在唯物史观确立的现实生活领域基础上,解放途径只能这样理解:"只有在现实的世界中并使用现实的手段才能实现真正的解放……当人们还不能使自己的吃喝住穿在质和量方面得到充分保证的时候,人们就根本不能获得解放。'解放'是一种历史活动,不是思想活动。"于是,批判理论的"绝对命令"就成为:"实际上,而且对实践的唯物主义者即共产主义者来说,全部问题都在于使现存世界革命化,实际地反对并改变现存的事物。"①

《论犹太人问题》确立人类解放的论题在《巴黎手稿》中得到了生存论分析,通过《关于费尔巴哈的提纲》的方法论指引,最终在《德意志意识形态》中构造了关于现实的人(因而是社会历史)的实证研究的基本原则。《德意志意识形态》第一次系统地表述了唯物史观的基本原则,创立了一套新的关于人的存在的术语和理论,但我们必须注意,这里的中心问题仍然是人及其

---

① 《马克思恩格斯文集》第一卷,中共中央马克思恩格斯列宁斯大林著作编译局编译,人民出版社 2009 年版,第 527 页。

解放。通过关于社会历史的系统的实证理论①，完成了关于人的唯物主义生存论分析。马克思后来主要的理论工作是对资产阶级市民社会的政治经济学批判，这是在经济学语境中的哲学综合。但这种批判性的实证研究仍然延续了早期对国民经济学的批判原则，即以对人的现实生存（因而社会和历史）的哲学思考为前提，比如在《政治经济学批判大纲》（即《1857—1858年经济学手稿》，下文简称《大纲》）中，就有相当分量的关于人类生存历史性的哲学思辨。只是马克思总是希望这种历史生存论阐释能够具有实证（科学）的基础，他在1859年发表的《政治经济学批判》第一分册"序言"②中给予了少见的简洁表达。基于对现代社会的这种实证的科学批判方法，马克思努力批判性地揭示资本主义本质性的社会运行机制，并在此基础上展望革命性变革

---

① "关于社会形态的学说以及整个唯物主义历史观所持的出发前提，在《德意志意识形态》中不具有思辨的性质，而具有经验事实的性质。"参见〔苏〕纳尔斯基等《十九世纪的马克思主义哲学》上卷，中国社会科学出版社1984年版，第212页。

② 《马克思恩格斯文集》第二卷，中共中央马克思恩格斯列宁斯大林著作编译局编译，人民出版社2009年版，第588~594页。通常认为马克思在这篇"序言"中对历史唯物主义做了经典的表述，但我们不能对这种表述进行机械的理解，比如弗兰尼茨基提醒人们："马克思的这段对自己的基本历史观的卓越综合，后来被人们用一种恰恰与马克思截然不同的方式，即用机械唯物主义的方式作了解释……特别是在第二国际时期和斯大林主义时期，对马克思在这篇序言中提出的所谓基础和上层建筑的观点，也像对社会存在决定社会意识的思想一样，只是作了字面意义上的理解。许多人出于对主体－客体关系问题的传统看法，把这些观点简单地解释为只是反映论的特殊情况，从而或多或少地用机械决定论的精神理解马克思的观点。如果我们再加上马克思在《资本论》第二版跋中所提出的、正好是很不恰当的和非常简化的表述，即他的看法'则相反，观念的东西不外是移入人的头脑并在人的头脑中改造过的物质的东西而已'。那么我们可以看到，就是从马克思这方面，也存在着主要以古典唯物主义的方式理解他的唯物主义观点的推动力。"参见〔南〕弗兰尼茨基《马克思主义史》第一卷，人民出版社1988年版，第173~174页。

的可能性，显然，这就是《资本论》持久而艰苦的努力。

三 马克思哲学的规范基础

哈贝马斯认为马克思实践哲学的规范基础一直以来都是不明确的，或者说，劳动概念的哲学意义尚需进一步阐释。[①] 社会理论的实践转向使得马克思确立了劳动的本质地位和规范意义，它抛弃了欧洲思想自然法的规范传统。正是由于劳动概念在马克思理论中具有人类生存基础性和历史构成的本质意义，于是马克思理论的哲学基础就成为一种对劳动进行生存论阐释[②]的主体实践哲学，类本质通过劳动的启蒙辩证法得以实现，即作为生存自由的人类解放。

如果马克思理论是统一的话，如果对资本主义的政治经济学批判、对现代社会的结构－功能分析、对历史进化的唯物主义论述、对阶级斗争及无产阶级革命论证等有一基础性前设的话，那么，这就是基于劳动对人类存在的生存论分析。如果马克思是经济学家、政治学家、社会学家、革命家，那么，马克思首先是哲学家。他关注的本质问题是人——现实的、感性的人——的生存状况以及怎样达至、达至怎样的解放。马克思哲学是人类创造性生存以求解放的理性自觉。

在与黑格尔进行严肃的思想对话中，马克思确立了物质生产劳动的类本质奠基意义；马克思的黑格尔批判针对其观念论的抽

---

① 参见哈贝马斯《实践哲学对黑格尔主义设计的继承》一文，见〔德〕哈贝马斯《现代性的哲学话语》，曹卫东等译，译林出版社2004年版，第68~78页。
② 在哈贝马斯眼中，《巴黎手稿》对劳动的生存论论述，以及后人对类本质的人类学－现象学发挥都是大有疑问的，本质上是主体哲学的思辨。

象思辨，坚守理论的出发点应是"以自身为基础的肯定的东西"，具体而言，马克思认为应从现实个体的"物质的生活关系"出发，而物质生活的生产和再生产就是劳动。换句话说，劳动体现着人的生存的类本质意义。在《巴黎手稿》中，马克思对费尔巴哈的肯定论述往往表达的是自己的思想，他赞同费尔巴哈关于"基于自身并且积极地以自身为基础的肯定的东西"的理论原则，但真正的感性的现实在费尔巴哈那里是没有的。费尔巴哈引导马克思站在唯物主义立场批判黑格尔，但这种批判主要是针对辩证法的观念论理解而不是辩证法的逻辑结构本身。马克思认为黑格尔的"自称是绝对的肯定的东西的那个否定的否定"原则使得其体系实质上成为一种"肯定神学的哲学"即观念论的抽象思辨。

首先，黑格尔处理对象的方式是把对象认定为抽象思维的外化和异化，对象的意义的获得以及对对象的全面把握是要求对象向精神的复归，而这只是思维的过程，因此：'全部外化历史和外化的全部消除，不过是抽象的、绝对的思维的生产史，即逻辑的思辨的思维的生产史。"① 这种理论结构和思辨框架不能真正实现批判的意图。批判的意图在马克思那里是不言而喻的，即分析人的现实存在及其异化表现，并考虑怎样使异化了的本质复归于人的现实存在。这即是马克思批判性承继黑格尔辩证法的问题意识和思想结构：人的本质历史性地表现为以非人的方式对象化，这种意义上的对象化就具有异化性质，而异化是应该加以实

---

① 《马克思恩格斯全集》第三卷，中共中央马克思恩格斯列宁斯大林著作编译局编译，人民出版社2002年版，第318页。

际扬弃的。在黑格尔那里,人的本质是否异化的判定标准不是是否非人化,而在于是否对象化即是否与抽象思维相对立,因而,应加以扬弃的仅只是一般的对象化、对象化本身。在黑格尔那里,一切对象化都应该被扬弃;而对于马克思,应加以扬弃的只是异化,即与人的类本质相对立的非人方式的对象化,一种特定的、异化的对象化。所以,对异化的扬弃的途径也应该在人的现实存在领域(感性的实践领域)进行和实现。

其次,"要求把对象世界归还给人",马克思就这样揭示了作为批判的辩证法的实质性旨趣。马克思认为黑格尔的体系把这一批判神秘化了,但《现象学》中"仍隐藏着批判的一切要素",这是因为《现象学》紧紧抓住人的异化,这就抓住了批判的主题,辩证法首先是或本质是批判所要求的理论。马克思所理解的辩证法是在人的感性生存(现实社会历史)领域中,把握和实践的关于人的本质的异化及复归的能动过程理论。这是批判,因为它是对异化的揭露;这是辩证法,因为它考察人的本质的异化、复归的过程。这样理解的辩证法就是在黑格尔那里首先具有,又由马克思加以吸取的实质性要素和理论逻辑。在黑格尔那里,人的产生是一个过程,人通过劳动,使自己对象化或外化,进而对这种外化加以扬弃,"可见,他抓住了劳动的本质,把对象性的人、现实的因而是真正的人理解为他自己的劳动的结果。"① 在马克思看来,如果要把握现实的,因而是真正的人,就应该按照辩证法的逻辑把握人的现实生存的实际表现。这个

---

① 《马克思恩格斯全集》第三卷,中共中央马克思恩格斯列宁斯大林著作编译局编译,人民出版社 2002 年版,第 320 页。

"实际表现"作为过程即是历史，是人通过劳动的历史性展开而获得自由的本质，于是人类的存在成为自为生成的能动性，关于这个过程的理论即是历史辩证法，这个理论的性质是批判，批判的唯物主义特征则在于理论与实践的相互作用。所以，马克思构想的是一种关于人类解放（自由本质的自为获得）的唯物主义的社会历史哲学、劳动哲学和批判理论——带有实践倾向的人类生存哲学。这才是马克思从黑格尔辩证法中批判性吸取的唯物辩证法的实质。

进而，马克思通过分析黑格尔《现象学》最后一章"绝对知识"，展现了对辩证法的唯物主义改造。"黑格尔站在现代国民经济学家的立场上。他把劳动看作人的本质，看作人的自我确证的本质。"[①] 在马克思看来，劳动（生产的活动）是人的"自为生成"的本质内容，这个生成的过程即是人的本质力量的展现，从而是人之为人的确证，这是积极方面；但这个过程又是异化（以外化的形式）的过程，这是消极方面。黑格尔没有区分外化和异化的外化，所以他没有看出劳动的消极方面，没有批判性地看待劳动。所谓批判，就是要对人的现实劳动进行揭露，并通过实践消除劳动的异化性质，这也就是马克思终身从事的政治经济学批判。马克思认为黑格尔看到的劳动是作为精神范畴的劳动，因而是唯心主义的抽象。自从笛卡尔确立了"我思主体"以后，自我便成为哲学思考的基础，自我意识的不容置疑性成为自我或主体性的确证，"我思"确保了我的存在或一般性的人的

[①] 《马克思恩格斯全集》第三卷，中共中央马克思恩格斯列宁斯大林著作编译局编译，人民出版社2002年版，第320页。

存在，因而，对黑格尔而言，对人的考察即是对自我及自我意识的考察。批判的问题框架是：人的本质—本质异化—本质复归，这个框架在黑格尔那里表现为：意识（人的本质）——意识的对象化（本质异化）——对意识对象化的克服（本质复归）。这样，黑格尔辩证法潜在的批判因素就一般性地成为"克服意识的对象"，把对象性关系与这种关系之一种历史性形态即异化（同人的自由本质对立的对象化）关系混为一谈，因而，对异化的扬弃就一般地等同于对对象性的扬弃。人在黑格尔那里被抽象成唯灵论的存在物，马克思指出："人的本质，人，在黑格尔看来＝自我意识。"①

马克思重新确立了作为批判的辩证法的唯物主义基础，基础并不是自我意识，而只能是"现实的、肉体的，站在坚实的呈圆形的地球上呼出和吸入一切自然力的人"，现实的人是有生命的自然存在物。人类生存的物质生活条件是社会历史的基础，生产和再生产这些条件的现实活动是对象性的活动，通过这种活动，人的本质力量得到确证，自由生存的意义得到呈现；但这一活动并不"创造对象"，正是活动对象的客观实在性证明了他的活动是自然存在物的活动。所以，人的实践性存在的历史表明，人的活动对象既不是由他纯主观创造的，如黑格尔自我意识设定物性；又不是与人完全无关的自在存在，如旧唯物主义对人和自然的理解。人的活动既是真正的对象性（客观的）的，同时又是对人作为自然存在物的证实，是对人的本质力量的证实。

---

① 《马克思恩格斯全集》第三卷，中共中央马克思恩格斯列宁斯大林著作编译局编译，人民出版社2002年版，第321页。

人是马克思最为关心的自然存在物，这个自然存在物当然是自然界的一部分，但人的自然生理特质以及人所面对的自然客体的性质和规律，并不是作为哲学家的马克思关注的中心。这是自然科学家的事。马克思的世界观并不以自然或物质本体论为前提，这种本体论推不出马克思关于人类解放的批判理论。马克思关心的是现实人类世界，是人类的历史存在状态，是人与世界的关系以及这种关系的性质和意义。自然界对人而言有意义，因为自然界是表现和确证人的本质力量不可缺少的重要对象。马克思的理论是以实践性的人－自然的结构功能关系、以人的现实存在活动为基础的批判理论，它以现实的人如何存在、怎样解放为第一论题。因而，强调现实的人以超越黑格尔的观念论只是第一步（这一步也是费尔巴哈想要达到的），但第二步更重要，即怎样真正把握现实的人以及实践性地促成人类历史革命化。第二步的关键在于对黑格尔辩证法的批判框架加以重新阐释：人的类本质是在现实劳动中表现的本质力量；本质力量从可能性到现实性必然经过对象化和异化，即各种私有制下的异化劳动；辩证法的批判力量关注于本质复归，即劳动从异化状态重新成为确证本质力量的复归状态，这意味着消除私有制，通过消除资本主义雇佣劳动制从而实现自由人联合劳动。无产阶级革命的"合法性"和意义由此得到揭示，这时，历史的主体和客体才真正达到统一，"自由王国"才能实现。

这种着眼点的变化使马克思的异化论与黑格尔的物化论明显区分开来，马克思认为，正是对象性活动的一种特殊性质即异化性质才是应被扬弃的，解放论题作为辩证法的批判因素成为马克思关于"改造世界"的实践的"绝对律令"。在马克思看来，实践的人道主义就是人类对"财产"的真正占有，因为"财产"由生产力创造，表现了人的本质力量，而私有制使人的本质力量异化了，所以消灭私有财产是实现人的非异化生存的条件，这就是作为过程的共产主义运动，也即真正的人道主义运动。马克思论述的关于人类生存的辩证法即是通过对黑格尔唯心辩证法的批判、扬弃，为自己的科学社会主义理论（即实践性的社会批判理论）奠定的哲学基础——作为对资本主义制度的批判标准和共产主义的实践理想而成为马克思批判哲学的规范基础。

四　思辨性或实证性：实践哲学的内部张力

西方形而上学的一条重要线索是始于柏拉图一直到黑格尔的理念论传统，理念世界作为真实和真理领域到现代有了一种论证策略的转型，主体意识哲学成为基本范式。黑格尔的"绝对"观念反对的并非主体哲学而是主观主义哲学，理念成为能动的主体，其辩证发展构成绝对知识体系，成为现实的真理性展开和完成。马克思批判黑格尔可以看成绝对知识体系内部的一种本体论转型，即理念的观念论思辨转向劳动的实证性，行动主体取代了意识主体；作为实践主体的人类历史进程所遵循的逻辑犹如理念辩证法，马克思的共产主义观念即是人的本质的实现，即真正的人类史的开端。马克思的历史哲学的内在逻辑已然延续了黑格尔，其唯物主义的声称不过是其历史理论的一种科学性或真理性的理论要求，而实证性历史科学表现为对市民社会的政治经济学批判，这与人类历史辩证法的思辨共同构成马克思理论的内在线索，形成理论内部相互缠绕的张力结构。

因而，我们可以谈论一种黑格尔－马克思传统，当然，在黑格尔和马克思关系问题上，我们也应该充分注意到两者的区别。马克思并没有如黑格尔那样，把现实世界统统纳入理念的逻辑体系中，而是依据理念（依人的劳动本质而来的自由理念）对现实世界（首先是市民社会的存在领域）进行批判，而这一批判带有实践的旨趣。马尔库塞在《理性与革命》中清楚地阐发了这一点："在马克思的体系中，一切范畴都意指对这一秩序的否定。这些范畴一方面描绘了现行社会形态，另一方面却以达到一种新的社会形态为宗旨。它们从根本上说明了，只有废除市民社会，才能获得真理。马克思体系中的一切概念都是对整个现存秩序的一种控诉。正是在这个意义上，我们说马克思的理论是一门'批判的'理论。"[①] 所以，对社会的批判成了社会历史实践的任务，而不是哲学理论本身所能完成的。

虽然整体上或理论实质上马克思是黑格尔的延续，但马克思由于为了与观念论思辨哲学作区分，在他的"唯物史观"中极力强调了实证性或科学性，这体现在其"政治经济学批判"的科学中。是的，马克思把揭示市民社会（"物质生活关系"领域）的运行机制的理论视为科学，但这不是通常的经验科学，而是一种批判，即理论与实践相结合的行动哲学。马尔库塞指出："迄今为止，哲学结构一直停留于'真理'中，使真理以一个抽象的先验原则之集合的形式脱离人的历史斗争。但是，现在，人的解放成了人自身的事情，成了自我意识实践的目标。真

---

① 参见《法兰克福学派论著选辑》上卷，上海社会科学院哲学研究所外国哲学研究室编，商务印书馆1998年版，第372页。

正的存在、理性和自由的主体能够变为历史的现实。"①

显然，马克思理论内部具有所谓科学与哲学、实证与批判两种维度，而且，两种维度之间具有张力关系。马尔库塞指出："继黑格尔逝世的十年间，欧洲思想进入了一个'实证主义'的时代。这一实证主义自称是一个实证的哲学体系，同以后的实证主义形式完全不同。"除了孔德以外，"谢林1841年开始在柏林讲授他自1827年以来一直在论述的实证哲学"②。把谢林这时的哲学认作"实证的"如何理解？这是指他这时的哲学动机而言，这动机就是"以真正的现实和存在为目的。"当然，另有其他几条线索也是以此为目的，比如费尔巴哈、克尔凯郭尔，当然还有马克思。③

就马克思的愿望而言，理论的思辨性和实证性两种维度是互为前提的，应该共同包含于一种批判的历史哲学中。然而我们认为，马克思这个统一愿望更多的是观念层面上的意念，换句话说即是很难实现的，在马克思那里最终尚未实现或仍待实现，这就是马克思理论内部逻辑的张力或矛盾。虽然我们不能极端化地得出"两个马克思"的简单结论，但由此确实引出了后继者们的诸多争论，加之恩格斯的系统化版本，更加增添了马克思主义理论地图和理论演进的复杂性。卢卡奇努力回到马克思，试图揭示马克思哲学的"黑格尔根源"，而阿尔都塞极力"保卫马克思"，

---

① 参见《法兰克福学派论著选辑》上卷，上海社会科学院哲学研究所外国哲学研究室编，商务印书馆1998年版，第375页。

② 参见《法兰克福学派论著选辑》上卷，上海社会科学院哲学研究所外国哲学研究室编，商务印书馆1998年版，第376页。

③ 对黑格尔以后德国哲学发展较为系统的阐释参见洛维特《从黑格尔到尼采》、哈贝马斯《现代性的哲学话语》等。

竭力恢复马克思理论的科学性，两者共同反对主流的形而上学实证性。卢卡奇在"恢复"马克思哲学维度时又企图补充"社会存在的本体论"；阿尔都塞在"重建"历史唯物主义时则走向了某种极端，按某种结构主义理解的"科学"推向极端，他明确要求严格区分科学和意识形态，强调马克思理论发展的"认识论断裂"，理论反人道主义、无主体的过程、多元决定论等关键词，意味着阿尔都塞实际上阐发的是自己版本的历史唯物主义科学。

哈贝马斯认为黑格尔是第一位现代性的哲学家，是因为黑格尔首先指明了哲学的时代性或历史性。基于敏锐的时代意识，黑格尔提出了"时代精神"这一历史性概念，并认为哲学本质上与时代相关，他明确指出："哲学……是被把握在思想中的它的时代。"[①] 不仅如此，黑格尔还确定了社会各领域的相关性和统一性的思想，正如他首先在概念术语上区分了国家和市民社会，这是和他关于事物普遍的辩证观念相一致的。这个在区分基础上的普遍联系的基本思维方式和概念框架深刻影响了马克思，马克思甚至把社会历史的这些不同层面的因素的相关性推向极端并作了某种决定论的解释，这充分表现在恩格斯命名的所谓"唯物史观"中。就黑格尔哲学本身而言，我们在这里遇到了某种解释学的困境，不仅对他的文本的理解基于不同视界可能产生不同的意义，而且黑格尔的弟子们在批判地接受他的思想影响的过程中实际上走上了不同的道路，形成了复杂的效果历史。对于本书

---

① 〔德〕黑格尔《法哲学原理》，范扬、张企泰译，商务印书馆1961年版，第12页。

的任务而言，我们主要关注黑格尔在批判理论中的接受史，即黑格尔的作为主体活动的理念辩证法的内在架构，怎样在马克思、卢卡奇那里得以转变并构成其主体实践哲学的基本逻辑，以及在法兰克福学派那里如何加以消解。由此考虑，我们并非全面考察这一接受和影响的理论史，而是依据一些虽然有限但具有方法论典型意义的文本和论述。

在《黑格尔与形而上学问题》①一文中，霍克海默对黑格尔的批评明显接续了马克思传统的一贯认知，即理论与现实的脱离，这是对黑格尔所属的观念论思辨传统的基本批评。霍克海默指出：黑格尔的学说"仍然是一种形而上学体系"，他并没有真正克服此岸与彼岸、尘世与神圣的对立，他依靠并完成的是一种德国观念论中固有的绝对知识概念，这种知识的生产是由永恒主体通过反思（思辨）获得的，"这种认识存在于根据逻辑学范畴体系详细划分的自然世界和人类世界的整体内容之中"②。于是，现存物被神化成符合理性的现实，而一切虽已现存存在由于不被纳入体系而被抛弃，现实因而是一个被理念神化的世界，真实现实的世界仍在视野之外。"回到事情本身"仍是一项未完成的计划。马克思方法论的唯物主义转向的基本指向就是这个"事情本身"，即他所谓"物质生活关系"的现实世界，这个世界是现实的人的现实活动的产物。对这样一个现实的实存世界的认识，对马克思而言显然不是靠主体自我意识的反思所能完成，而是如

---

① 中文译文参见《霍克海默集》，曹卫东编选，渠东、付德根等译，上海远东出版社1997年版，第32~42页。
② 《霍克海默集》，曹卫东编选，渠东、付德根等译，上海远东出版社1997年版，第34页。

同经验科学那样的实证研究，马克思试图发展一种关于现实人类活动和生存的实证的历史科学。问题在于，这种人的实证科学何以可能？它能完全基于经验直观吗？马克思明确反对这条思路，他面临的问题是如何发展一种非直观实证的实证科学。换言之，对现实的实证认识仍是需要依靠深入而全面的本质性的认识，而黑格尔的辩证法在深入本质和具体总体方面达到极高的水准。于是，不能忽略黑格尔，而且要运用黑格尔，这里产生了或必然会产生马克思对黑格尔的矛盾态度：一方面批评观念思辨的非现实性，另一方面运用概念辩证法以期认识现实。

霍克海默认为黑格尔哲学本质上是一种绝对主体的同一性哲学，他反对的仅仅是绝对知识内部的"抽象同一性"，他力图不把哲学的本质性真理认识混同于自然科学。霍克海默认为黑格尔的"形而上学想成为一种现实知识，既能对关于现实联系的科学研究提供论证，又能独立其外"[1]。霍克海默反对的是同一性哲学，一种由绝对主体保障的绝对知识体系。在同一性前提下对事物的绝对总体性认识的要求，只能是一种"信仰"，一种源于人类特别是哲学家心灵深处的"形而上学冲动"。这个批评不仅对观念的思辨主体有效，而且对实践的行动主体同样有效。根据变化了的历史现实，霍克海默断言："根本没有什么能够承担历史之名的本质或统一力量。"[2] 针对马克思－卢卡奇传统直到共产国际的无产阶级革命运动，在他眼中这个运动的实质似乎就是

---

[1] 《霍克海默集》，曹卫东编选，渠东、付德根等译，上海远东出版社1997年版，第35页。
[2] 《霍克海默集》，曹卫东编选，渠东、付德根等译，上海远东出版社1997年版，第37页。

形而上学冲动的外在显现?在霍克海默看来,"所有这些奠定了主体－客体这一巨大总体性的总体性至多是一些毫无意义的抽象"①,因为它们都想从整体上认识世界或者改变世界,共同具有一种源于形而上学的英雄梦想。然而,梦想并非总是能够变成现实,更多的是从梦中惊醒,梦境中的幻境破碎成现实中的废墟。所以,"根本不存在什么'抽象'的思想,而只有具体人的具体思想,这种具体思想还受制于整个社会语境"②。霍克海默追溯了马克思－卢卡奇主体哲学理论与实践的黑格尔源头,这个源头本质性地基于西方形而上学传统。他批判并否定了这个源头,而这个批判正是基于黑格尔本人所阐述的辩证法。"依靠最高同一性来进行解释的时代结束了。"③ 后来,同一性批判成为阿多诺的首要论题,主体哲学范式日渐式微。

哈贝马斯对实践哲学的基本理论范式也做了深刻的阐释,他认为:"马克思把社会现代化和日益提高的自然资源开发能力以及日益扩张的全球贸易和交通网络联系起来。因此,这种生产力的解放,必须被还原为现代性的一种原则,其基础与其说是认知主体的反思,不如说是生产主体的实践。"④ 现代哲学模式是在主－客体结构中展开的,可以有两种走向,其一是主体的认知向

---

① 《霍克海默集》,曹卫东编选,渠东、付德根等译,上海远东出版社1997年版,第38页。
② 《霍克海默集》,曹卫东编选,渠东、付德根等译,上海远东出版社1997年版,第37页。
③ 《霍克海默集》,曹卫东编选,渠东、付德根等译,上海远东出版社1997年版,第39页。
④ 〔德〕哈贝马斯《现代性的哲学话语》,曹卫东等译,译林出版社2004年版,第73页。

度,另外就是主体的操作向度,于是,"在实践哲学看来,构成现代性原则的不是自我意识,而是劳动",劳动构成理论批判的规范基础。然而哈贝马斯认为,劳动作为一个哲学概念在马克思那里包含着扩大了的内涵:

首先,劳动成为类似于艺术家的创造性生产,它被看成一个表达生产者的集体自我实现的生产美学概念。① 这是一种"本质力量的外化和占有模式",它来源于亚里士多德,并被反思哲学重新建构成这样一种观念:主体性外化自身的对象化活动,同时也是一种有意识的创造活动和一种无意识的教化过程的符号表达。因此,艺术天才的创造性堪称这样一种活动的典范,在这种活动当中,自主性和自我实现紧密地联系在一起,从而让人的本质力量的对象化无论在面对外在自然或内在自然时都失去了暴力特征。② 后来又有人把这一观念与胡塞尔超验意识建立世界观的创造性结合了起来。其次,异化劳动特别是雇佣劳动概念的批判性是以平等的价值原则为前提的,从而使劳动实践概念含有道德规范因素。从而,第三,生产实践也就内含批判的革命旨趣,解放也就意味着劳动者通过革命从异化劳动内部重新占有其本质力量。

总之,整合现代性分裂的理性一体化力量被狭隘地归结为生产劳动,换句话说,现代性批判理论的规范基础并未得到合理的论证。其根本原因在哈贝马斯看来,就是实践哲学的基本范式仍

---

① 哈贝马斯认为:"赫尔德和洪堡勾勒出了这样一种自我全面实现的个体理想;席勒和浪漫派、谢林和黑格尔等接着用一种生产美学对这一表现主义的教化观念进行了论证。"〔德〕哈贝马斯《现代性的哲学话语》,曹卫东等译,译林出版社2004年版,第73页。

② 参见〔德〕哈贝马斯《现代性的哲学话语》,曹卫东等译,译林出版社2004年版,第89页。

然是现代哲学的主－客体关系模式。"实践哲学依然是主体哲学的一个变种,它虽然没有把理性安置于认知主体的反思当中,但把理性安置在了行为主体的目的合理性当中。在行为者和可感知、可以掌控的对象世界的关系中,只能出现一种认知－工具合理性。理性的一体化力量,即现在所说的解放实践,是不可能进入这种目的合理性的。"① 在哈贝马斯看来,通过"生产范式"进行的规范基础论证,必然使批判理论走向自我否定的困境。而且,劳动概念的审美的和伦理的拓展本身尚需论证,而西方马克思主义的人类学或存在主义现象学论证方法也值得追问,更何况从目的合理性角度的"自我捍卫的"机械主义理解使得解放的规范内涵消失殆尽。

在所谓"实践派""布达佩斯学派"那里(特别是赫勒、马库斯等人),这种生产范式得到了集中表达。比如,马库斯在论述劳动实践时,也区分了生产力的技术向度以及社会的规范向度,但他把这两个向度的统一作为社会主义自觉实践的目标,并归结为自觉劳动的合理性,这在哈贝马斯看来集中暴露出生产范式的困境,因为:"这种理性观念如何才能作为一种交往关系中实际存在而且在实践中得到把握的观念,这是一种单纯诉诸生产范式的理论所无法回答的。"② 也就是说,解放向度不能源于生产范式,而只能在交往范式中得到合理论证。

早在《德法年鉴》时期,马克思已揭示了国民经济学初始

---

① 〔德〕哈贝马斯《现代性的哲学话语》,曹卫东等译,译林出版社2004年版,第75页。
② 〔德〕哈贝马斯《现代性的哲学话语》,曹卫东等译,译林出版社2004年版,第95页。

原则的非批判性，古典自由主义的自然法权利观念被认作是为分裂的市民社会进行的意识形态论证，自然法权利观念的胜利即资产阶级革命的"政治解放"成果，反而促成并保护着政治共同体与市民社会的二元分裂。于是，马克思"对资产阶级法治国的意识形态批判，马克思对自然权利之基础的社会学消解，分别使得法理性观念本身和自然法意向本身对于马克思主义来说长时期信誉扫地"①。于是，政治经济学批判和意识形态批判的理论策略有了一个很大的转向，其存在论基础是以生产方式为根基的社会行动合理性，后来被看成是"生产范式"而受到质疑。在这方面，哈贝马斯以"重建历史唯物主义"的名义对马克思的持续批判性反思特别引人注目。这里不展开他对马克思的批判史，只提两点，其一，在1968年发表的《认识与旨趣》一书的第一章第二节"马克思对黑格尔的批判的批判：通过社会劳动的综合"中，哈贝马斯把马克思放在德国古典哲学语境中进行考察，认为马克思在《巴黎手稿》中通过社会劳动这一综合概念，冲破了黑格尔的同一哲学思辨框架，然而，正是社会劳动这一基本范畴妨碍了马克思全面地在理论上构造发生在生产力（控制自然）和阶级斗争（相互作用）两个向度之上的人类历史生成。由于把人类自我产生活动归结为劳动，就使得理论框架带有实证主义倾向，哈贝马斯认为："马克思的社会理论基础，除了工具活动凝积其中的生产力外，也容纳了制度的框架——生产关系；他的社会理论没有抹煞实践中的以符号为中介的相互作用

---

① 〔德〕哈贝马斯《在事实与规范之间》，童世骏译，生活·读书·新知 三联书店2003年版，第5页。

的联系以及统治和意识形态可以从中得到理解的文化传统。然而,实践的这个方面并没有包含在哲学的坐标系中。"也就是说,劳动这一综合概念从理论逻辑上看不足以完满刻画人类的生存实情。"在内容的分析上,马克思把类的历史理解为物质活动和意识形态批判的扬弃的范畴、工具活动和改变现实、劳动和反思的范畴的统一。但是,马克思【对类的历史所作】的解释,正如他所做的那样,采用的却是仅仅通过劳动而完成的类的自我产生的更有局限性的概念。"① 第二,1974年在西德社会学家大会上,哈贝马斯提出"重建历史唯物主义"的口号,并于1976年以此口号为名出版了一本文集,在"导论"中明确指出:"马克思的社会理论的规范基础从一开始就是不明确的。"因为马克思的历史哲学在其理论逻辑上,只能强调工具行为和策略行为,即生产力的向度。虽然生产方式概念包含有交往关系的方面,但这种关系的规范特征并没有得到阐明。所以对哈贝马斯而言,就有理由假设在相互作用和交往行动领域存在着"道德－实践洞见"这样一种"理性结构",这是一种比生产关系更加抽象的"社会组织原则"、一种可加以重建的"规范结构"。②

五 对实践哲学的一种诠释学解读

理论文本的意义是在理解和阐释过程中生成的,一个多世纪以来对马克思理论的解读和应用已形成一个复杂的马克思主义传

---

① 〔德〕哈贝马斯《认识与兴趣》,郭官义、李黎译,学林出版社1999年版,第37页。

② 〔德〕哈贝马斯《重建历史唯物主义》,郭官义译,社会科学文献出版社2000年版,第5~7页。

统。马克思理论的内容指向和实践品格表明,谈论马克思主义的"当代性"、"现实性"和"新发展"对现代人的生存而言是紧要的,但更紧要的仍然首先是对马克思理论进行当代阐释。

马克思理论的基础是哲学,一种人的哲学。马克思的哲学革命开创了一种新的实践哲学,马克思哲学作为社会批判理论,其"规范基础"是由人类存在的生存论分析提供的①。我们不能把马克思的政治经济学批判理解成一种实证科学,也不能理解成一种关于存在者的形而上学本体论。在马克思给西方思辨意识哲学带来冲击、强调真正的实证科学方法论革命以后,人们似乎更关注于其方法论的实证科学性,并用辩证唯物主义的名称将其概念化。实际上,马克思所谓"只有消灭哲学才能实现哲学"的要求,只是一种方法论的"指向",即要求从真正的、现实的人的存在出发去批判性地阐释人类的生存和命运。这一论题本身是哲学的,是实践理性维度的哲学。在祛除了实证主义理解的基础上,我们对马克思实践哲学的所谓"当代"阐释应在当代诠释学特别是"诠释学的实践哲学转向"的语境中加以概念化。②

---

① 参见拙文《解读马克思》,载《四川大学学报》(哲学社会科学版),2002年第3期。

② 马克思对思辨哲学的消解所达至的积极成果必须在当代诠释学的语境中加以阐明或重建,以避免使马克思实践性历史观重新陷入某种客观主义的抽象。有学者认为:"由于马克思把人的科学与自然科学相提并论,他虽然把社会历史规律性还原为人行为的偶然性,却主张一种仍受自然科学客观性理想束缚的规律概念。"见张汝伦《历史与实践》,上海人民出版社1995年版,第78页。有学者把马克思哲学直接解读为某种"实践诠释学",见俞吾金《实践诠释学》,云南人民出版社2001年版。另有学者则认为马克思哲学本身并非诠释学,而应该重新创造性地"建构马克思主义诠释学",见潘德荣《回顾与反思:关于马克思主义诠释学的探索》,载《安徽师范大学学报》(人文社会科学版),2001年第4期。

这种诠释学的参照系从德国浪漫主义到精神科学传统，再到胡塞尔生活世界的现象学关注和海德格尔对此在的生存论分析以及伽达默尔哲学诠释学的实践哲学转向、哈贝马斯对批判理论的交往理性重建等，已形成了一种区别于当今占支配地位的自然科学实证方法论的规范性思辨研究传统，① 即在语言层面上人类生存的反思性自我理解。当然，这既是对人类生存之真理性存在的澄明，也是对实践智慧内含的"善"（自由、理性）的规范设定，由此，阐释性实践哲学必然导向一种诊断性的批判理论。

（一）实践哲学的存在诠释学向度

在《关于费尔巴哈的提纲》第一条中，马克思的哲学革命确立了实践范畴的人类生存论意义，正如科西克所言："实践是人类存在的界域……它是一种有着本体论意义的事件。"② 对马克思而言，人类的类本质历史性地展开于其生存的过程中，人们生产和再生产其物质生活本身的活动采取劳动的形式，人的世界、人的历史都是物质实践的产物，人的存在是自由自觉的活动。马克思哲学是实践哲学。我把所谓诠释学维度一般性地理解为人类自我理解的哲学向度。

虽然海德格尔构想"基础存在论"（fundamentalontologie）有更源始的抱负，意在重提存在的意义问题来克服西方在者形而

---

① 笔者不同意将哲学审美化或神秘化，哲学言述方式的思辨特征使之与宗教的启示话语、艺术的诗性表达区别开来。马克思对思辨哲学的消解只表明实践哲学对西方哲学于在者（beings）向度构建对象性形而上学自我意识实体的不满，而并不意味着对人的现实生存不能进行存在论的普遍性思维。在这个意义上我们相信，哲学的言述方式只能是思辨的，表现在具有"本体论承诺"意义上的问 - 答模式中。

② 〔捷〕科西克《具体的辩证法》，傅小平译，社会科学文献出版社1989年版，第170页。

上学,即只有通过此在之在世的生存分析,存在的真理才得以显现,而这一问题的所指正合于马克思早期思想对"出发点"的寻求,① 于是出现对马克思与海德格尔的比较研究。② 但由于海德格尔把自己的存在哲学与萨特等人的实存哲学明确区分开,我们在此也不能一般性地如萨特那般用某种存在者性的人论去填补马克思理论的所谓"人学空场"。马克思实践哲学本身即为人的哲学,其社会学、经济学、历史学层面的分析本身是对人的理解,通过阐释人的社会性和历史性,人的现实性、具体性才得以把握。③ 借用海德格尔的话说,实践哲学的这一人类生存的诠释维度可一般性理解为此在非本真在世之"沉沦"状态,只不过马克思对人之更源始因而更完整的在世结构并未仔细展开。换言之,"基础存在论"对此在"在世界中存在"的揭示,以及"存在之真理"的绽放与澄明,这一整套运思可以为马克思实践哲学关于人类生存之独特性(本质)的理解做出贡献。

海德格尔在后期重要著作《关于人道主义的书信》中对马克思哲学作了较高的评价。他首先分析了存在的属人的独特性,指出了思想和语言对存在的生存论意义,然后认为人道主义"就是要沉思和忧切人是合人性的而不是非人性的,不是'不人

---

① 马克思在《德意志意识形态》中寻求的现实前提是"有生命的个人的存在",关注的是这些个人的一定的"活动方式",即"生活方式",这成为他们的"现实生活过程"。参见《马克思恩格斯选集》第一卷,中共中央马克思恩格斯列宁斯大林著作编译局编译,人民出版社1995年版,第67页。

② 较早的有马尔库塞,后有科西克、哥德曼等人。

③ 正是在这个意义上,马克思指出:"在思辨终止的地方,在现实生活面前,正是描述人们实践活动和实际发展过程的真正的实证科学开始的地方。"《马克思恩格斯选集》第一卷,中共中央马克思恩格斯列宁斯大林著作编译局编译,人民出版社1995年版,第73页。

道的'(inhuman),亦即不是在他的本质之外的"。这里对人性,亦即人的本质的追问是非常重要的,海德格尔提出了这个问题:"可是,从何处并且如何来规定人之本质呢?"①

海德格尔认为马克思理论应该是一种人道主义,因为:"马克思要求我们去认识和肯定'合人性的人'。"而且马克思对人性、人的本质的回答是一种社会性的回答,他"在'社会'中发现了合人性的人,对马克思来说,'社会的'人就是'自然的'人"②。我们知道,马克思的《关于费尔巴哈的提纲》第六条明确表述了这点,马克思的见解使他的人道主义与西方哲学中的人道主义区别开来,因为后者是以形而上学方式来理解人性的。海德格尔认为西方哲学中的人道主义提出了不同的人性概念,而不同的人性理解就是不同的人道主义。实现人道(即自由)的道路已有不同,但其形而上学方法论却是一致的,即:"homo humanous〔人道的人〕的 humanitas〔人性、人道〕都是从一种已经固定了的对自然、历史、世界、世界根据的解释的角度被规定的,也就是说,是从一种已经固定了的对存在者整体的解释的角度被规定的。"③ 可见,海德格尔对马克思人类本质论之非形而上学特征的观察是非常中肯的,同时也表明他与马克思在这一问题层面和着眼角度的某种一致性。

海德格尔对存在的关注也必然使他要对人道主义问题进行关注和思考,而思考的重点显然在于对人性的本质的理解上。这个问题直接与比在的在世结构有关,而海德格尔当然是反对把人性

---

① 〔德〕海德格尔《路标》,孙周兴译,商务印书馆2000年版,第374页。
② 〔德〕海德格尔《路标》,孙周兴译,商务印书馆2000年版,第374页。
③ 〔德〕海德格尔《路标》,孙周兴译,商务印书馆2000年版,第376页。

理解成某种"固定的"本质（马克思称之为人所固有的抽象物），即反对理解成某种"存在者"。他明确指出："对人之本质的任何一种规定都已经以那种对存在之真理不加追问的存在者解释为前提，任何这种规定无论对此情形有知还是无知，都是形而上学。"① 所以，这种形而上学的人道主义对人的理解是没有理解"人的存在"以及"存在的真理"，海德格尔的问题是寻求一种：通向人之本质的正确道路。形而上学是某种"存在者性"（实体性抽象）指向的思维，而实践哲学则是对存在（生存）社会性、历史性的展开和理解。②

"人是什么？人所是的这个什么（Was），用传统形而上学语言来讲，即人的'本质'（Wesen），就基于他的绽出之生存中。"③ 但海德格尔认为这里的"生存"（existentia）不能作萨特式的"实存主义"的理解："人之绽出本质基于绽出之生存，这种绽出之生存始终区别于形而上学所思考的 existentia［实存］。"④ 因为传统理解的 existentia 的共同本质是：现成地在，这是动物的存有，而非人的存在。形而上学对人性（本质）的追问方式是错误的，它先行假定了一种现成的人格性东西，对这一东西的追问使形而上学"错失又堵塞了存在历史性的绽出之生存的本质因素"。如：

---

① 〔德〕海德格尔《路标》，孙周兴译，商务印书馆2000年版，第377页。
② 海氏关于人类存在的独特性运思当然极为深奥，但我们还是能够把握其基本脉络：通过对存在的"思"，人们的生存呈现为一种反思性自觉状态，而这种状态只有在语言中因而在理解中才有可能，"语言是存在之家"。这里的语言是思想者与诗人的言说，通过他们，人类存在的"敞开状态"（真理、澄明）才得以实现（完成）。由于这样一种言说机制，人类存在才成其为一种反思性的自觉生存，而这即是实践。
③ 〔德〕海德格尔《路标》，孙周兴译，商务印书馆2000年版，第381页。
④ 〔德〕海德格尔《路标》，孙周兴译，商务印书馆2000年版，第382页。

"萨特尔是在形而上学意义上看待 existentia［实存］和 essentia［本质］的",所以:"将来的思想必须学会去经验和道说存在。"①

海德格尔对人之生存的运思亦是辩证的,他把"被抛"确立为生存的现实状态,即"沉沦"状态。这种状态本身是现实的,具体的,因而也是马克思论说人之生存的出发点,马克思是通过沉沦维度而切入人之生存的。由此,我们说的从当代哲学(生存论)语境解说马克思只是意谓对实践哲学的论说必须进一步在生存的本真思考和揭示层面上展开,即生存之沉沦的现实性阐释必须以生存的绽放(澄明)之真理性的揭示为背景。这也即是对所谓的"生活世界"背景的揭示,至于现实的沉沦状态的历史性时间维度的各要素的概念化,马克思以唯物主义历史观进行了论说。② 海德格尔这样评论马克思:"马克思在某种根本的而且重要的意义上从黑格尔出发当作人的异化来认识的东西,与其根源一起又复归为现代人的无家可归状态了。这种无家可归状态尤其是从存在之天命而来在形而上学之形态中引起的,通过形而上学得到巩固,同时又被形而上学作为无家可归状态掩盖起来。因为马克思在经验异化之际深入到历史的一个本质性维度中,所以,马克思主义的历史观就比其他历史学优越。但由于无论胡塞尔还是萨特尔——至少就我目前看来——都没有认识到在存在中的历史性因素的本质性,故无论是现象学还是实存主义,

---

① 上述引文参见〔德〕海德格尔《路标》,孙周兴译,商务印书馆 2000 年版,第 383~389 页。

② 而这种论说的批判性重建可在哈贝马斯对生活世界的理性化的现代性解说以及交往理论对人类生存之三重世界的重构理论中见到。参见拙著《哈贝马斯对历史唯物主义的重建》,见《马克思主义哲学当代史探微》,四川大学出版社 1995 年版。阿佩尔对交往共同体之语用学维度的先验重建亦有相当成就。

都没有达到有可能与马克思主义进行一种创造性对话的那个维度。"①

马克思的实践概念当然具有存在论的生存意义,但"物质"实践概念表明马克思的人类生存唯物主义的眼界似乎是在沉沦层面上展开的,因而通过物质实践而概念化了的人的存在具有现实性。从存在诠释学而言,似乎这还并非哈贝马斯所言只是一种生产(劳动)范式,而遗忘了"相互作用"维度,而似乎更是指实践哲学尚未深入一种本真的、更源始的存在之绽放的生存论运思。海德格尔说自己的思考:"更源始些因而在本质上更本质性些。"② 这样看来,"相互作用"亦只是沉沦(作为在世之在的"烦")的一种形式,即"烦神"。而无论"烦忙"还是"烦神",也都还只是沉沦的烦的方式,这种在世方式具有现实性。问题的复杂性在于,在哈贝马斯那里,作为相互作用与劳动得以展开的语言交往背景概念(生活世界)又似乎是在本真的生存绽放之真理维度上加以考虑的。所以,对于我们的任务来说,只是清理马克思实践哲学整体的生存论要素和机制,并不是否认某一要素(如劳动)的生存论意义,而是对某一要素的意义以及限度进行界说。

如果说马克思迫于19世纪实证方法的成功而专注于烦忙于世的技术-工具维度,那不是马克思个人的错。正如马克思所言,哲学是时代精神的精华,马克思对人类生存的运思也仅仅表达了人类历史性生存某一阶段的生存实情,某种物化或异化的生

---

① 〔德〕海德格尔《路标》,孙周兴译,商务印书馆2000年版,第400~401页。
② 〔德〕海德格尔《路标》,孙周兴译,商务印书馆2000年版,第403页。

存实情本然地制约着人类的自我反思。而对本质复归的渴求,通过马克思的解放理论(共产主义的自为生成)而使人类反思性自觉地走向自由。而对技术生产力的存在意义的阐释(工具理性批判),又使得马克思的方案要在当代意义上不断更新,马克思哲学开放的理论品格正是我们要强调和揭示的实践哲学的诠释学维度。

(二)实践哲学的规范诠释学向度

伽达默尔在《科学时代的理性》中重新确立了实践哲学(诠释学的实践哲学转向)对于当代人类的生存意义。这种哲学由于确立了语言对人类生存的存在论意义而具有当代哲学的品格。伽达默尔指出:"我们把语言问题之获得中心地位归功于对实践生活世界的重新确认。"[①] 这种广义的"语言学转向"在当代哲学中有两个来源:欧陆现象学传统和英美实用主义分析传统。伽达默尔把语言分析看成更新传统形而上学思辨的一种新范式,在这点上,胡塞尔、海德格尔、阿佩尔、哈贝马斯等是共同的,他们共同强调了语言对人——作为社会性人类共同体——生存的中介的存在论的重要性。

"实践生活世界"的所指与马克思关注的"物质生活本身"旨趣相同,只不过两者对生活世界的概念化方法是不一样的。语言的阐释或现象学传统,正如哈贝马斯所言,关注的是人类存在的生存论状况(语言、交往、社会性),这个领域的现实存在——时间性历史发展——产生出金钱与权力对其"殖民化";

---

① 〔德〕伽达默尔《科学时代的理性》,薛华、高地、李河等译,国际文化出版公司1988年版,第3页。

而马克思实证的唯物主义方法论在对人类"生产其物质生活本身"的活动（即劳动）的分析时，虽然也强调了社会关系向度，但并没有对这一语言交往向度的特殊性给予更多关注，于是导致了对生活世界以及人的实践存在的"生产范式"的理解。所以，我们现在对马克思哲学的理解理应在关注共同的问题域：生活世界、物质生活、现实人类的生命活动、生存本身等主题时，重新在当代实践－解释学背景下将其概念化。

这种实践哲学－实践的、批判的、规范诠释学的首要任务是对人类生存规范基础的生存论分析。这种分析由其方法论的非科学性质成为关于善和自由的规范设定，即在理解（语言交流中达至主体间性的共识）基础上的设定。这种理解－诠释性生存方式即是人类作为此在（Dasin）的基本存在方式，因为只有此在才能提出生存的意义问题，通过这种提问，人类生存就带有反思性（自觉性）而成为自为的存在。哲学是人类理性需求的实现形式，而理性需求就是自由的需求，而这种需求正是人类存在反思性自觉意识的本质，"没有比自由的原则更高的理性原则"①。所以，对马克思哲学的当代意义的阐释首先要求对实践哲学在当代哲学的思想平台上的重新确认或重建，这是任何未来马克思主义创新的前提。

那么，哲学能完成伦理规范基础的设定任务吗？怎样完成？笛卡尔－康德－黑格尔式的自我意识思辨哲学被认为是不合适的，伽达默尔认为他们的方法是"自我意识的幻觉"。但是，黑

---

① 〔德〕伽达默尔《科学时代的理性》，薛华、高地、李河等译，国际文化出版公司1988年版，第8页。

格尔的客观精神和绝对精神的"意谓"是重要的，是与马克思切近的。虽然马克思在《巴黎手稿》中批判了"绝对精神"的方法论的思辨性，"自我意识的原则或者其他任何终极统一的原则和自我证明的原则，都不能使我们期望继续构造哲学体系。然而，理性对于统一性的迫切要求依然是坚持不懈的。……就人类存在关涉到他们自己而言，在每一方面，都依然存在一种自我理解的任务"①。"理性对统一性的迫切要求"，这种要求在当前"后现代解构"语境中更显紧迫性和合法性。伽达默尔以实践哲学名义的这种言说方式正显示了人类对理性统一的需求，当代语境中的理性统一是主体间性的而不是独断的。后现代解构只是一种言说方式（话语方式）而不能被认为是某种现实，后现代和理性统一都是人类的言说方式，它表明人类生存的不同反思样式。

伽达默尔认为黑格尔对于哲学思考的不可或缺性就在于黑格尔关于客观精神的学说，②而自由的思想则是客观精神哲学的基础，黑格尔使之进入人类生存的历史领域，但黑格尔的方法被认为是错误的。于是，为精神科学奠定新的认识论基础就成为狄尔泰等人的任务，于是解释学出现了。但"客观精神"的概念却一直激励着哲学运思和人文思想。伽达默尔把基于语言交流的对话活动的诠释学上升到哲学诠释学的高度，他提出一个重要命题：辩证法必须在解释学中被恢复，也可表述为"被超越"。如

---

① 〔德〕伽达默尔《科学时代的理性》，薛华、高地、李河等译，国际文化出版公司1988年版，第16页。

② 参见〔德〕伽达默尔《科学时代的理性》，薛华、高地、李河等译，国际文化出版公司1988年版，第25页。

此，哲学诠释学的关注维度就应该是关于此在生存的实践哲学向度，通过语言的交流（理解），此在的生存获得了反思性和自觉性，在实践中指向其自由。这样，我们可以认为马克思哲学必须在诠释学中被恢复，以便使继承于希腊实践哲学的实践概念得以站在当代哲学的思维平台上。

那么，何谓在诠释学中理解或更新的实践概念呢？伽达默尔指出："今天人们倾向于把实践定义为和理论对立的东西。"① 理论则被理解成工具理性的科学概念，而没有古代那种存在之真理的思维洞察的意义。当然，对理论的这种颠覆在马克思那里通过唯心主义批判已经做出，但马克思自己的理论概念是怎样的？特别是与之对立的实践概念是怎样的？实践是工具理性化的吗？是科学的应用吗？科学应用即技术的当代发展已使技术失去了与人的自由的本质性联系。在当今以生命科学和信息技术为标志的技术时代，"……会导致实践堕落为技术……导致一切堕落为社会非理性"。在此情形下，伽达默尔重提了"社会理性"概念。在社会生活中，人类可以通过语言交往确定行动的规范，这样，人的生存特性就具有某种"有意识的意向化了的目的性"（哈贝马斯将此表述为通过语言交往达至共识）。进而，人类的自觉意识进一步提出并确立了"人性化的理性"，这就产生了"理论"概念的希腊意义。但现今，理论成了意识形态，批判理论揭露了意识形态对现实的歪曲。伽达默尔认为意识形态批判和乌托邦希望对人的实践而言是不够的，实践既具有规范性特点，也具有具体

---

① 〔德〕伽达默尔《科学时代的理性》，薛华、高地、李河等译，国际文化出版公司 1988 年版，第 61 页。

现实的特点，总起来就是人的反思性的自为生存，他把实践理性（作为规范基础）理解为"团结"的概念。①

实践在希腊意义上并非某种与理论相对的东西，"而是最广泛意义上的生活"（马克思关于物质生活是实践的观念），这就意味着人的"生活－生存－存在"即是实践概念所意谓的所指领域。而亚里士多德的实践仅适用于城邦自由民，这样亚氏的实践概念只是广义的政治学概念，还未达到人类学概念，即还不是一种诠释学意义上的哲学。但亚氏的实践是与技术相对立的而不是与理论相对立的。对亚氏而言："实践哲学只涉及每一个体作为公民所应有的那种权益，只关心那种使个体变得更加完美或完善的东西。"② 这里的"更加完美"即是一种规范设定，有了这种设定，人类便能"自由选择"地行动，由此，人类的行动便内含一种反思性自觉意识从而"实践性"地行动。只从劳动的技术化来理解实践是不对的，这是实践（作为劳动）的异化形式。本来意义的劳动是实践领域的事，马克思对劳动（作为人的本质）与异化劳动（失去本质）的区分可以理解为实践与技术的区分。所以，实践既区分于理论，也区分于技术，实践哲学内含"善"（good）的规范。

在谈到诠释学的历史时，伽达默尔考察了作为一种文本分析技术的诠释学在早期的神学、法律和经典中的应用，但这些都仅仅是其史前史。"只是当我们的全部文化第一次发现自己受到激

---

① 〔德〕伽达默尔《科学时代的理性》，薛华、高地、李河等译，国际文化出版公司1988年版，第76页。
② 〔德〕伽达默尔《科学时代的理性》，薛华、高地、李河等译，国际文化出版公司1988年版，第80~81页。

烈的怀疑与批判的威胁时，解释学才成了一桩具有普遍意义的事业。"① 这种批判首先是马克思的意识形态批判，而后在尼采那里的价值重估，然后是海德格尔重提存在意义问题，或对西方形而上学的基础概念即存在的希腊含义及性质进行追问。在今天，精神分析、意识形态批判等作为继承启蒙精神的形式，在继承了"解放论题"的要求后，由于批判意识的增长，启蒙本身也被怀疑（《启蒙辩证法》）。在伽达默尔看来，这种时代的"哲学和人文精神"正是当代解释学出现的背景。②

所以，当代的哲学解释学的任务也应对当代人的生存问题进行当代把握。对马克思而言，其问题意识也有当代情境，在当代情境中，问题有了变化。比如，对消除异化的执行者（无产阶级）的看法上，经典马克思主义赋予无产阶级的宏大历史使命则应在当代重新加以考虑，这是对文本当代性的解释，或"视界融合"。当然，问题本身的规范基础则始终作为一种批判性的标准和机制引导我们，使我们的行动成为自觉，使我们的生存成为自为。实践哲学的这种理论品格要求对历史和现实进行具有某种"诠释学情境"的认识和把握。认识（解释）当然是一个无穷尽的展开过程，实践哲学是对人类生存的自觉性和展开性的自然而合理的契合。所以，诠释学情境在实践上指的是一种视界融合的、开放的、非教条的理论态度。这种态度是从人类生存的特殊能动性中获得根基的，即此在的生存论存在方式具有诠释学

---

① 〔德〕伽达默尔《科学时代的理性》，薛华、高地、李河等译，国际文化出版公司1988年版，第88页。
② 〔德〕伽达默尔《科学时代的理性》，薛华、高地、李河等译，国际文化出版公司1988年版，第92页。

性,这表现为历史性的理解方式,而这也正是人的自为生存方式、实践性生存方式。这些说法都有本质的内在相关性,其意谓都有诠释学性。

(三) 实践哲学的批判诠释学向度

解放论题在马克思那里曾经被表述为世界历史革命化的绝对律令,[①] 而在海德格尔那里则表述为:"人要找到他进入存在之真理的道路,并且要动身去进行这种寻找。"[②] 所以,共产主义作为人类自为生成,在海德格尔看来就具有"世界历史性"的存在意义。在这里,海德格尔也意识到有某种价值伦理的规范内含于生存论。

当然,海德格尔解释说他的更本源的运思亦是一种"人道主义",但我们并不能从他的学说中直接推出某种社会批判理论。他的"人道主义"是一种无主体的人道主义,海德格尔的着眼点是存在而非作为存在者的人的在者特性。所以,形而上学性的行动主体概念并非海德格尔所强调,故在实行的过程中,他并未考虑由哪一类主体来操作存在的绽放过程,对他而言这个过程并非人在作为,而是存在在绽放。

马克思接受了维科的观念:历史是人创造的。显然,马克思通过"无产阶级"与"哲学"辩证关系的论述使自己的实践哲学带有政治行动的革命批判色彩,而经济学批判则通过揭示异化

---

① "实际上,而且对实践的唯物主义者即共产主义者来说,全部问题都在于使现存世界革命化,实际地反对并改变现存的事物。"《马克思恩格斯选集》第一卷,中共中央马克思恩格斯列宁斯大林著作编译局编译,人民出版社1995年版,第75页。
② 〔德〕海德格尔《路标》,孙周兴译,商务印书馆2000年版,第402页。

的物质性强制根源而使无产阶级政治行动获得了合法性根据。而存在之思在海德格尔看来只是更源始的存在本身的保存（居所）："这种思想既不是理论的也不是实践的"①，它"……是没有任何结果的。它没有任何作用"②。因而，它只是对人之生存真理的"描述"，这即是"基础存在论"的本质和界限。它可以上升（拓展）为哲学解释学因而成为实践哲学，在马克思"改变世界"的指引下进而成为带有解放旨趣的社会批判理论，这是重建或恢复马克思实践哲学当代意义的某种思想进路。

法兰克福学派倡导了一种关于当代资本主义的社会批判理论，其批判的主题无疑具有强烈的现实性和时代感。马克思理论的批判精神无疑是社会批判理论的重要灵感来源，但传统的西方形而上学理性概念的危机以及无产阶级在20世纪西方世界的性质与地位的变化，又使得第一代批判理论家们在寻求批判的规范基础、阶级力量等方面陷于困惑。诉诸审美意识形态和激进的新左派"大拒绝"战略表明批判的理论与实践的虚弱和无效性。后现代语境中各种话语纷至沓来，特别是20世纪90年代以来的重大世界历史事变似乎使"历史终结论""世界体系论""文明冲突论"等一系列自由主义言说占了上风。然而，诸如生态政治学、女权理论、后殖民批评等对抗性新社会运动的理论与实践也不容轻视。于是，正面回答"一种带有实践倾向、内含解放旨趣的社会批判理论在晚期资本主义时代是否仍然可能"这一问题，就成为实践哲学的首要任务。实践哲学的批判性维度仍然

---

① 〔德〕海德格尔《路标》，孙周兴译，商务印书馆2000年版，第427页。
② 〔德〕海德格尔《路标》，孙周兴译，商务印书馆2000年版，第421页。

主要保持在新马克思主义阵营中,但后马克思主义的性质与作用仍然是激烈争论的课题。①

虽然哈贝马斯不再被认作马克思主义者,对资本主义也不采取激进的否定,但他对当代资本主义的"病理学诊断"理论、对历史唯物主义重建的辩证概念的论述、关于"现代性仍是一项未完成的计划"的执着、从批判诠释学层面对交往理性达至共识的向往,等等,都表明他的现代性批判理论的丰富性,因而,其对实践哲学批判性维度的重建始终引人注目。

(四)结论:人类自为生成的理论自觉

所以,问题的正确提法应该是"重建马克思哲学"。首先应该确定的是马克思哲学的对象是关于人类生存的阐释,这种阐释成为马克思异化批判论之可能的前设性规范基础。马克思本人于此并没有系统的文本,其思想和具体问题的历史性也不允许我们把马克思本人的学说现成搬运到当今人类的时代。我们需要的是对马克思哲学的当代阐释,从当代哲学的思维向度和运思层面来重新建立这种批判性的、带有实践旨趣的人类生存论。如果有人认为这样重建后的东西根本就不是马克思哲学了,那我要说的是,正是由于通过对人类生存的历史性维度的不断反思,人类的实践性生存才获得自觉,历史才不断地成为人类自身的"自为生成"过程。正是由于这个过程中内含着的解释世界和改造世界的互动机制,解释学才成为人类生存的自我理解,成为一种哲学解释学,成为一种实践哲学。这种实践哲学作为追求实践智慧

---

① 比如,伊格尔顿对德里达在《马克思的幽灵》中对马克思认同的真诚性表示怀疑。

的思想形态，必然内含关于善的伦理规范设定，即关于自由的先天论说，它作为规范基础同时有着诊断和指引的功能：前者成为社会（人类）批判的标准，异化论、剥削论、单向度论、拜物教论得以成立的标准；后者成为解放的希望，成为社会革命合法性的基础和要求。"必须使现存世界革命化"（马克思）成为这种批判理论的"绝对律令"。这就是非教条的开放意义，通过对人类生存论的不断的当代阐释性重建，马克思实践哲学的现实性、批判性才得以彰显。

马克思哲学的当代阐释也就实现于人类存在的生存论阐释—实践哲学—批判理论诸环节中。通过这些环节，马克思哲学内含的诸要素也得以显现：人之为人的生存意义（海德格尔：存在意义及存在的真理）；关于善的伦理规范价值（伽达默尔在语言理解层面向实践哲学的转向，以及哈贝马斯、阿佩尔从语用学维度对规范伦理价值的准先验重建）；指向未来的批判性解放目标（以社会动员为基础的批判性政治行动的革命理论和新社会运动）。这就是对马克思哲学的当代阐释和继承创新的根本要求，时下论者所谓马克思哲学与西方哲学的"共建"话题在这个意义上才能达成富有成效的实质性结果。

第二章 卢卡奇对马克思哲学基础的重建

一 概览:从总体到本体

卢卡奇是20世纪最杰出的马克思主义哲学家之一,对此国际范围内已有共识。在长达六十多年的学术探究活动中,特别是在马克思主义理论研究中,卢卡奇为我们留下了大量的理论遗产,无论是早年对物化问题的独创性研究,还是后期关于社会存在本体论的庞大计划,都值得我们加以认真对待。数十年来,无论其论题如何转换,我们都认为,有一根主线贯穿于卢卡奇思想的始终,构成他对马克思及马克思主义研究的焦点,这就是对马克思主义哲学基础的重建。

(一)"重建"的理论背景

什么是马克思辩证法的实质内容?什么是马克思社会历史理论的哲学基础?马克思主义的"正统性"意味着什么?马克思主义和哲学的本质联系是怎样的?诸如此类的问题可以归结为:马克思理论的真正哲学本质是什么这一根本性问题。自从恩格斯逝世以来,这一问题变得迫切起来,结果,至少到20世纪20年代以前,在马克思主义理论界内外引发了巨大的争论和混乱。直到20世纪60年代,卢卡奇认为这个问题仍未很好地解决,他在

《历史与阶级意识》的"新版序言"(1967年)中明确了这点:"今天对应该如何理解马克思主义的本质的和持久的内容和永久性的方法还极不确定。'① 可以认为,无论是卢卡奇早年的"总体论"还是晚年的"本体论",他对马克思和马克思主义的理论思考都是围绕着这一中心课题的,不管他对这个问题的观点有何变化,但这个问题本身,在他的研究中仍然是首要的。他认为,从马克思主义的内部和外部两方面着眼,都有必要真正确立马克思主义的哲学基础。在分析了马克思主义的发展史后,卢卡奇认为,马克思之后的马克思主义对马克思那里一直包含着的哲学基础忘却了。"只是在列宁那里才开始了一种真正的马克思复兴。"② 因为,"自恩格斯逝世以后,列宁的事业代表着唯一大规模的在马克思主义的总体性中重建马克思主义……的尝试。"③ 卢卡奇这里主要指列宁《哲学笔记》中的辩证法研究,并认为那个时代"最精通黑格尔"的普列汉诺夫也没有真正理解马克思的辩证法。由于历史原因,列宁的这一事业未能发扬光大。至于恩格斯对黑格尔的批判与马克思相比则"缺少原则性和深度"。后来,葛兰西、考德威尔的观点,包括《历史与阶级意识》等著作也是一种想真正恢复马克思主义的尝试。这些尝试在"成熟和正确性上"是不相同的,但方向是对的,而斯大林主义则根本是对马克思哲学传统的抛弃。这样,就形成了卢卡奇

---

① 〔匈〕卢卡奇《历史与阶级意识》,杜章智、任立、燕宏远译,商务印书馆1999年版,第1页。
② 〔匈〕卢卡奇《关于社会存在的本体论》上卷,白锡堃、张西平、李秋零等译,重庆出版社1993年版,第636页。
③ 〔匈〕卢卡奇《关于社会存在的本体论》上卷,白锡堃、张西平、李秋零等译,重庆出版社1993年版,第653页。

的基本问题意识:"如果今天马克思主义要再次成为一种哲学发展的活力,那么必须在所有问题返回到马克思自身。"① 这种"全面返回"就是"为了重建真正的马克思主义"即"重建马克思在他的著作中阐述的本体论"。

(二)"重建"的实质

纵观卢卡奇最重要的马克思主义理论著作,他所做的就是要回到马克思本人那里,无论是早年的关于主客体统一的总体性辩证法,还是晚年关于社会存在的本体论,在卢卡奇看来,实质上都并非他自己的创造,而是在马克思本人的著作中本身所包含的,是马克思本人著作中的哲学基础,只不过这些本质性内容已被后来的马克思主义者所歪曲和遗忘,而他要做的工作就是要把马克思的这一本质性哲学基础恢复或"重建"起来。

卢卡奇在《历史与阶级意识》"序言"中表示:"我们坚持马克思的学说,决不想偏离它、改进或改正它。这些论述的目的是按马克思所理解的意思来解释、阐明马克思的学说。"② 而晚年的"本体论"研究仍然是通过重建在马克思的著作中的本体论而返回到马克思自身。因此,卢卡奇的"重建"准确说是对马克思本人理论的"复原"和"复兴"而并非哈贝马斯意义上的"重建"。

然而,如果把卢卡奇毕生专注的马克思主义研究事业仅仅看成只不过是对马克思已有思想的简单复述,则不能很好地理解其

---

① 〔匈〕卢卡奇《关于社会存在的本体论》上卷,白锡堃、张西平、李秋零等译,重庆出版社1993年版,第659页。
② 〔匈〕卢卡奇《历史与阶级意识》,杜章智、任立、燕宏远译,商务印书馆1999年版,第42页。

实质意义。众所周知，马克思认为关键在于"改造世界"，这种关于人类解放的实践倾向明确体现在这个"绝对命令"上："必须推翻那些使人成为被侮辱、被奴役、被抛弃和被蔑视的东西的一切关系。"① 马克思的理论是面向实践的，但是，正如马尔科维奇所言，"对一种理论来说，以实践为导向，首先意味着它必须是批判性的"②。从这个意义上看，马克思的哲学可以被视为一种社会批判理论，通过批判资本主义社会现实以追求美好的共产主义。而这一理论本身则要求首先回答这样两个基本问题（作为批判的前提）：其一，什么是好的人类生活（这是一种本体论性质的伦理学，卢卡奇研究"本体论"的最初动因也是想写出这种伦理学）；其二，怎样实现这种好的生活。对这两个问题的回答，作为社会批判的标准，同时也标志着人类社会追寻的实践目标，这就是社会批判理论的"规范基础"。我们认为，卢卡奇毕生专注的对马克思主义哲学基础的探求，就是对这个"规范基础"的雄心勃勃的重建。由此着眼，我们可望贯通地理解卢卡奇早期和晚期马克思主义研究的实质意义。

（三）"重建"的阶段

大体上可以把卢卡奇对马克思主义哲学基础的重建分为《历史与阶级意识》的早期和"本体论"的晚期两个阶段，重建的理论内容虽然不同，但实质意义一如既往：揭示性重建马克思批判理论的规范基础。

---

① 《马克思恩格斯文集》第一卷，中共中央马克思恩格斯列宁斯大林著作编译局编译，人民出版社2009年版，第11页。
② 〔南〕马尔科维奇《格奥尔格·卢卡奇的批判思想》，载《世界哲学》1994年第3期。

在《历史与阶级意识》中，卢卡奇本以为把主客统一的总体方法诉诸无产阶级就能"唯物地"改造黑格尔，就是马克思的唯物辩证法。问题是，在卢卡奇那里，克服黑格尔的唯心主义是否也就意味着对主客统一的总体辩证法的抛弃呢？似乎不然，卢卡奇一生都对黑格尔极为重视，在"新版序言"中甚至说："对任何想要回到马克思主义的人来说，恢复马克思主义的黑格尔传统是一项迫切的义务。"① 那么，需要继承的黑格尔根源到底是什么呢？怎样才能真正地继承黑格尔从而建立真正的马克思主义哲学基础？这时他提出的问题是：怎样达到"真正同一的主体－客体"？② 卢卡奇认为，要真正地批判吸取总体性辩证法，必然导向一种关于社会存在的本体论，这种本体论在克服了黑格尔的唯心主义以及《历史与阶级意识》对这种唯心主义的极端化以后，必须现实地研究作为社会与自然之间物质变换中介的"劳动"，以及以之为原型的唯物的"实践"。在黑格尔那里，卢卡奇最终认为达到了马克思批判吸取的总体辩证法的实质性内容，即黑格尔的"本体论，特别是他的社会存在本体论"③。

---

① 〔匈〕卢卡奇《历史与阶级意识》，杜章智、任立、燕宏远译，商务印书馆1999年版，第16页。

② 在这个问题上，卢卡奇认为黑格尔有一种"健全的现实感"，这是一种"哲学的、理性主义的解决方式"，它拒绝了"神秘主义和非理性主义观念，拒绝了谢林的'理智直观'"。然而，黑格尔本人以及《历史与阶级意识》都没有能够真正地解决这个问题，这就逻辑地导向后期以"社会存在本体论"名义重建马克思的哲学基础。这个基础正是批判理论在黑格尔－马克思－卢卡奇传统中的规范基础。〔匈〕卢卡奇《历史与阶级意识》，杜章智、任立、燕宏远译，商务印书馆1999年版，第18~19页。

③ 〔匈〕卢卡奇《关于社会存在的本体论》上卷，白锡堃、张西平、李秋零等译，重庆出版社1993年版，第588页。

为什么要重提本体论问题？因为这是基础性的问题，是对社会历史进行批判性考察的基础，这是一种"新的批判"，"使之与马克思的《政治经济学批判》沟通起来……即要对经济学与辩证法之间的哲学联系做出考察"①。显然，这意味着卢卡奇试图以社会存在本体论的名义为马克思社会经济批判寻找规范的哲学基础，他称之为："社会存在的批判的本体论"和"马克思的批判的本体论"。正像马克思没有写出他的大写的逻辑学一样，马克思也没有完成他的关于人的存在的本体论，虽然马克思在他早期《关于费尔巴哈的提纲》中原则上完整地提出了本体论的批判原则，但以后的著作却很少直接回到这个问题。在卢卡奇看来，这只是表面现象，实质上"马克思并没有停止在类属性的发展中，为人的发展过程寻求本体论的决定性标准"，卢卡奇本人要做的，就是建立（重建）这种社会本体论的决定性标准。卢卡奇指出："马克思的经济学贯穿着一种科学精神，这种精神从未放弃在本体论的意义上的这种更为自觉和更为批判性的变化过程，不如说，他把本体论的意义作为一种持久、有效的批判性标准，把它运用于对每一种事实或每一种关系的确定中。"②

我们知道，卢卡奇对本体论的重建最终是未完成的，他留下的是一大堆需要整理的手稿，我们无意对他的观点进行"系统化"，而仅就几个问题进行探讨。卢卡奇为1968年9月在维也纳

---

① 〔匈〕卢卡奇《历史与阶级意识》，杜章智、任立、燕宏远译，商务印书馆1999年版，第33页。

② 〔匈〕卢卡奇《关于社会存在的本体论》上卷，白锡堃、张西平、李秋零等译，重庆出版社1993年版，第649页。

召开的第 14 届国际哲学大会写了一篇论文，即《维也纳论文》①，这是他生前公开发表的论述"本体论"问题的唯一文献。他认为："马克思的本体论排除了黑格尔的历史进化本性中的全部逻辑——演绎的和目的论的成分"，即"逻辑——哲学的唯心主义"，"并从理论和实践上指向唯物的历史的本体论概念"。关于这个本体论的对象，虽然他认为有三种对象领域：无机自然、有机自然和人类社会，但他关注的显然是人类社会存在的本体论。这意味着，按历史性原则看，人类社会产生后，三种存在领域就不再是一一并列的了，即不能再按各自领域的自在本性来理解它们的关系（联系）了。卢卡奇曾说："社会存在本体论中的唯物主义转折是以一种唯物主义的自然本体论为前提的，这种转折是通过发现经济在社会存在中的优先地位而造成的。"② 对这种说法我们特别要注意其真实含义，他说："社会存在整体上和在所有个别过程中都以无机自然和有机自然的存在为前提"，但是，"马克思的社会存在的本体论同样坚决地排除了简单地、以庸俗唯物主义方式把自然的规律转移到社会中的做法"。③ 卢卡奇认为的社会存在以自然存在为基础，只能理解为这是一种事实上的人类存在状况，即在劳动中，自然界的必然性仍是一项不可忽视的前提因素。但是，在本体论的理论建构上，则不能认为卢卡奇的本体论还必须具有一个更基本的自然本体论基础。在人类

---

① 中文译文参见《哲学译丛》1989 年第 4 期。
② 〔匈〕卢卡奇《关于社会存在的本体论》上卷，白锡堃、张西平、李秋零等译，重庆出版社 1993 年版，第 645 页。
③ 〔匈〕卢卡奇《关于社会存在的本体论》上卷，白锡堃、张西平、李秋零等译，重庆出版社 1993 年版，第 643 页。

生存世界中，自然因素仅仅以扬弃了的方式保留自身，在卢卡奇那里，这样一种生存本体论只能是一种"社会存在本体论"。

按照卢卡奇极为重视的历史性原则理解，"社会存在的对象性形式是在社会实践的产生和发展过程中从自然的存在产生的，并越来越明确地成为社会的"[①]。所以，社会存在虽然包含物质存在因素，但自从它于自然中产生，那么它作为物质存在方式的对象性形式也就不能比照自然存在的对象性形式来理解，它有其特殊的新质。马克思把人类生活的生产和再生产作为中心问题，马克思关注的是人类的历史性存在本身，而人类的这种存在方式的最本质的形式就是劳动。因为，人的存在的生产和再生产相对于其他功能的优先地位是本体论的。卢卡奇引证了马克思关于劳动是"人类生活得以实现的永恒的自然必然性"的思想，这样，在人类社会存在中表现出来的新质就成为卢卡奇的关注对象，即在本体论名义下人类存在的类属性，对此进行的研究成为卢卡奇对马克思一直探求但没有明确表述的哲学基础的概念化和系统化。在他看来，马克思的《巴黎手稿》和《关于费尔巴哈的提纲》等早期著作中就已经提出了社会存在本体论的基本原则，所以那种轻视马克思早期思想的想法是错误的。这一本体论的基本原则在马克思那里是贯彻始终的，在《资本论》中，"被看作是严格和精确的科学的经济学分析一再开启了对社会存在的总体性的具有本体论类型的根本展望。这种统一表述出马克思的基本倾向，即从由科学的研究和方法所确立的事实中发展出哲学的概

[①] 〔匈〕卢卡奇《关于社会存在的本体论》上卷，白锡堃、张西平、李秋零等译，重庆出版社1993年版，第643页。

括，也就是对科学和哲学陈述的彻底的本体论论证"[1]。

马克思对黑格尔的批判是通过社会劳动的综合概念实现的，[2] 无疑，卢卡奇也是沿着相同的道路前进，社会存在这一本体论的核心概念正是通过劳动构成的。在劳动中表现出人的类属性，或者说人的类属性充分地表现在劳动中，这种类属性根本特征在于其能动性和历史性，前者表现在克服"沉默"的类属性、社会历史中自由和必然的关系、"目的性设置"等概念中；后者表现在马克思关于"自然限制递减"、人类存在的"史前史"等概念中。因而，不能对社会存在作"机械自然主义"的理解。这样，卢卡奇本体论关注的焦点就是：不再沉默的类属性新的基本特征，它充分体现在"目的性设置的选择决定"的性质上。但从总体上而言："构成和推动社会发展并且使这种发展永远处在运动之中的每个行动固然都是一种目的论设定，然而整个社会发展过程却不可能具有任何目的论因素，它只具有纯粹的因果性。"[3] 卢卡奇这里想揭示的是马克思关于生产方式的存在是一种"自然历史过程"的概念，经济发展的"盲目性"表现为必然性。卢卡奇试图阐释历史的能动性和规律性之间的矛盾。那么，怎样实现马克思所说的社会历史的革命性变革呢？他显然意识到了这个问题的重要性。由于在马克思那里，经济规律性具有一种同自然规律本身相似的普遍有效性，后继者们对此往往产生

---

[1] 〔匈〕卢卡奇《关于社会存在的本体论》上卷，白锡堃、张西平、李秋零等译，重庆出版社1993年版，第679页。

[2] 参见〔德〕哈贝马斯《认识与兴趣》，郭官义、李黎译，学林出版社1999年版，第20页。

[3] 〔匈〕卢卡奇《关于社会存在的本体论》下卷，白锡堃、张西平、李秋零等译，重庆出版社1993年版，第827页。

了双重曲解：其一，认为社会存在（首先是经济现实）似乎是某种纯自然的东西，最终是无意识的存在；其二，它造成一种机械的宿命论式的对经济必然性的过分夸大。卢卡奇求助于恩格斯晚年关于历史唯物主义的书信，但又认为恩格斯没有在原则上驳斥对马克思的方法的背离。

卢卡奇的本体论一方面描述了社会存在的特性（类属性的特征），另一方面在个性与类的关联结构的研究中，阐发了一种能动的历史主体概念。这个主体概念承接《历史与阶级意识》的无产阶级概念，体现出能动的批判功能，即在历史的不可逆过程中通过把握具体的总体，使人成为"真实历史的积极主体"。而这一切的基础又建立在经济发展这个必然性之上，卢卡奇因而把社会存在本体论认作马克思政治经济学批判的哲学基础，这个基础使我们有可能把经济的发展理解为作为类本质的人的形成的存在基础和作为类本质的人的真正自我实现的存在基础。卢卡奇在分析异化概念时，揭示了一个很重要的观点，这表明了他的本体论作为规范基础的批判功能，他认为，对于马克思来说，类属性永远是判断、评价任何一种社会现象的中心着眼点。可以清楚地看到，《巴黎手稿》中阐释的类本质生存论对卢卡奇始终有巨大的影响，异化及其扬弃仍然是本体论批判的基本逻辑。异化在马克思那里被看成对人的类本质的歪曲，这一歪曲是由异化劳动造成的，而异化劳动在社会历史发展中带有不可避免的"因果自发性"，这是被马克思称为"史前史"的阶级社会中类属性的存在方式。但是，随着生产力的发展（对类的沉默性的扬弃），类在生活中实现统一这样一种事实却成了最终不可抗拒的现实发展趋势。韦伯的合理化理论解释了经济上的世界市场的一体化进程,但与韦伯的悲观结论相反,卢卡奇认为,这一发展具有双重趋向,再生产过程随着它的基础——对劳动的广泛剥削和劳动的进一步完善而自发地向更高发展的同时,也在类的自觉统一中创造着人类统一的方向。可以说,卢卡奇的理论某种意义上可以被看成是对"韦伯挑战"的马克思主义回应。卢卡奇反对关于历史发展的目的论的即纯道德性的评判,他认为真正的人类解放是人类在历史现实中对私有财产的扬弃以后的存在方式,即"史前史"的结束:"马克思所指出的历史前景决不是人的乌托邦式的完美存在,而仅仅是人的史前史的终结,也就是说,仅仅是那种在这个过程中才完成了自我发现和自我实现的人类的本来的历史的开端。"[①] 这种前景既非纯主观展望的希望的乌托邦,也不是经济发展的宿命论结果,它是人类主体能动性的创造。

对卢卡奇有着各种各样的评价,但无论如何,他一生致力于对真正的马克思主义的追求,特别是晚年进行的对马克思主义哲学基础的庞大计划,这在马克思主义理论家之中应是首屈一指的。由于这一重建计划的庞大,手稿的繁杂,引起世人各种不同的评价,当属正常,我们以为,卢卡奇的社会存在本体论从主观意图而言是为了重建马克思社会批判理论的哲学基础。仅就这一课题的提出,就应视为对马克思主义的重大贡献,这一课题对马克思主义的发展是有本质意义的。另一方面,从内容上看,卢卡奇本着认为马克思早期和后期著作具有内在理论统一性的原则,根据马克思本人的著作进行重建,应该说较完整地把握了马克思

---

① 〔匈〕卢卡奇《关于社会存在的本体论》下卷,白锡堃、张西平、李秋零等译,重庆出版社1993年版,第847页。

的思想。特别是在反对斯大林模式以及其他一些对马克思的庸俗化理解方面,卢卡奇对马克思社会历史理论尽力进行辩证的理解;在诸如经济基础与上层建筑和意识形态的关系上、对黑格尔哲学的辩证扬弃方面,实践中主体和客体辩证关系问题、关于认识论的反映论以及关于异化和相应的克服异化的现实道路等问题上,都显示出卢卡奇主观上有恢复马克思主义的辩证能动性的强烈愿望。

总之,卢卡奇认识到了马克思主义作为一种社会批判理论,必须具有哲学的规范基础,这一基础同时体现为现实批判的标准和人类解放的目标。因为是以生产劳动为立论基础,以生产力发展为目标指向,所以在某些批评者眼中卢卡奇的这种本体论重建仍是一种"生产范式",这是否意味着他的哲学重建尚未完成即已被超越?

二 总体辩证法:《历史与阶级意识》的基本逻辑

《历史与阶级意识》是卢卡奇于1923年出版的一本论文集,学界普遍把此书作为"西方马克思主义"产生的标志,而卢卡奇本人也被认作"西马"早期的标志性人物(其他早期代表尚有柯尔施、葛兰西,也许还有布洛赫)。此书至少在马克思主义阵营产生了广泛而深远的影响,其效果历史表明该书作为当代马克思主义的重要思想和理论渊源是恰如其分的。它体现和强调的一种对待马克思理论的"非教条"的态度,这激励着以后数代马克思主义者批判性的创新探索。另外,此书也是对马克思理论哲学基础的出色阐发,正如作者本人所言,他对"马克思主义辩证法的研究"(此书副标题)是想忠实于马克思本人的观点的。卢卡奇的愿望达到了吗？这是个复杂问题。一方面作为他的研究文本的马克思的著作在当时并未出全，特别是以《巴黎手稿》为代表的早期著作并未公开呈现，虽然他阐发的"物化"理论基于《资本论》，但由于此概念与"异化论"之亲缘性，在关于早－晚马克思思想关系的所谓"卡尔·马克思问题"的语境中，此书对马克思理论的"哲学重建"是否中肯就成为一个问题；其二，卢卡奇本人后来对此书多有反思性批判，这也给此书的理论定位增加了难度。但是，我们可以思考的问题是，卢卡奇后来是否放弃了《历史与阶级意识》论证的总体辩证法？他的晚年巨著《社会存在本体论》真的就和《历史与阶级意识》完全不同吗？回答这些问题都需要认真对待此书的理论。无论如何，它代表着一种对马克思理论的哲学理解，于20世纪开始使马克思的政治经济学批判上升为"反思哲学"（哈贝马斯语）。也就是说，卢卡奇为自己确定的资本主义的现代批判（特别是在核心论文《物化与无产阶级意识》中）与马克思《巴黎手稿》的哲学语境是一致的，即对"这全部异化与货币制度的关系"加以揭示，对现代人的生存状态进行批判性分析。

当然，卢卡奇的反思意见仍然是重要的，《历史与阶级意识》的"新版序言"（1967年）是作者晚期的一个系统性的回顾。卢卡奇首先认为《历史与阶级意识》是他早期思想"走向马克思的道路"上的成果，带有"马克思主义学徒期的特征"从而具有"试验性质"，因而对理解真正的马克思主义不具有现实意义。这似乎使人觉得作者对此书有着根本的负面看法。但我们不应跟随作者简单地得出这一结论，因为我们仍然认为此书代表着对马克思理论的一种重要的哲学阐释或重建。卢卡奇指出：

"今天对应该如何理解马克思主义的本质的和持久的内容和永久性的方法还极不确定。"① 在这种情况下，最好不要先否定它而把它丢在一边，而是把握它、理解它。

《历史与阶级意识》通常被认为是卢卡奇所有哲学著作中影响最大，引起争论最多，也许也是最重要的著作之一。② 整部著作的基本倾向贯穿了一种恢复马克思主义的真正哲学意义的思想，因为这种真正意义被第二国际的领袖们所遗忘和歪曲了。作者深刻地论述了他对马克思主义哲学及其辩证法本质的一系列重要论题的理解，提出了他对历史及其主体－客体和物化问题的理解，阐明了无产阶级及其阶级意识的历史作用。在"新版序言"中，卢卡奇反思《历史与阶级意识》时认为，虽然已经根据经济来解释所有意识形态现象，但还是对经济事实作了"过于狭窄的理解"，没有基于作为人与自然界之物质变换方式的"劳动"概念，而他这时关注的"社会存在本体论"，正以这种本体论劳动概念为基础。③ 由此卢卡奇谈到了对恩格斯实践概念的"并非完全错误"的批评、对反映论的认识论的拒绝、"总体"

---

① 〔匈〕卢卡奇《历史与阶级意识》，杜章智、任立、燕宏远译，商务印书馆1999年版，第17页。

② "《历史与阶级意识》是重新认识和重新建构马克思主义社会理论的出发点，它极大地鼓舞了20世纪几代左激知识分子。"参见〔美〕戈尔曼编《新马克思主义"传记辞典》，赵培杰等译，重庆出版社1990年版，第541页。

③ 与此同时，哈贝马斯在《认识与兴趣》中恰恰对马克思"通过社会劳动的综合"理论提出质疑。因为劳动就其概念而言，无论如何都是二具性的目的理性活动，它无法解释和呈现人类社会活动的其他维度。亦可参见《现代性的哲学话语》的"实践哲学批判"部分。如果卢卡奇很好地坚守了马克思哲学的劳动本体论基础，那么，韦伯的"合理化理论'和阿多诺、霍克海默的"工具理性批判"也是从目的理性活动出发的。哈贝马斯对这些以劳动为前提的理论的"共同弱点"的揭示，参见《交往行动理论》第一卷第四章。

范畴对马克思理论的根本重要性、恢复马克思理论的"黑格尔根源"的重要性，以及对人的生存的"异化"的批判性考察的重要性和当代影响力等重要论题。根据黑格尔的辩证逻辑，卢卡奇说此书"最终的哲学基础是在历史过程中自我实现的同一的主体－客体"，只不过这一历史实体的能动过程现在是由"无产阶级"来承担的，他认为这仍然是一种"形而上学构造"。而且，跟随黑格尔把任何对象化等同于异化，并由此上升到"人类状态"的哲学高度对其进行"文化批判"，这实质上否定了对象性活动（物质生产）对人类社会生存和历史发展的基础重要性。

（一）关于马克思主义的本质

卢卡奇在《历史与阶级意识》第一篇文章《什么是正统马克思主义？》中，明确提出对马克思主义本质的重新理解：马克思主义的本质不在于各种结论，"正统马克思主义并不意味着无批判地接受马克思研究的结果。它不是对这个或那个论点的'信仰'，也不是对某本'圣'书的注解。恰恰相反，马克思主义问题中的正统仅仅是指方法"①。这是一种对马克思主义反教条的、创造性的理解。卢卡奇在书中对马克思主义、马克思主义哲学、历史唯物主义和辩证唯物主义这几个概念并没有加以特别区分，都是指马克思主义的辩证法，当然这种辩证法是黑格尔式的，根源于《精神现象学》主－客体相互作用的逻辑。这种理解也代表了当时对马克思主义的一种普遍看法（所谓"左"的

---

① 〔匈〕卢卡奇《历史与阶级意识》，杜章智、任立、燕宏远译，商务印书馆1999年版，第49页。

看法），在"再版序言"中他说："我指的是那种把马克思主义完全看作是一种社会理论、社会哲学，从而忽视或否定它也是一种自然理论的倾向。"①

从这个基本看法中，他认为恩格斯的自然辩证法是对辩证法理论的一种误解："这里把这种方法限制在历史和社会领域，极为重要。恩格斯对辩证法的表述之所以造成误解，主要是因为他错误地跟着黑格尔把这种方法也扩大到对自然界的认识上。然而辩证法的决定因素，即主体和客体的相互作用、理论和实践的统一、在作为范畴基础的现实中的实践变化是思想中的变化的根本原因等，并不存在于我们对自然界的认识当中。"② 所以，自然辩证法是不存在的，纯粹的自然范畴是不存在的，自然在本质上是一个社会历史范畴。③ 而历史唯物主义则"意味着资本主义社会的自我认识"，它"首先是支撑经济社会及其经济结构的一种理论"。这样，马克思的理论就成为一种分析资本主义现实的社会理论，而且是一种批判性的革命理论。作为方法论本质的"唯物主义辩证法是一种革命的辩证法"，而这"关系到理论和实践的问题"。这是对马克思"改变世界"的实践概念进行哲学上的阐释，重要之处在于："需要发现理论和掌握群众的方法中那些把理论、把辩证方法变为革命工具的环节和规定性。还必须

---

① 〔匈〕卢卡奇《历史与阶级意识》，杜章智、任立、燕宏远译，商务印书馆1999年版，第10页。
② 〔匈〕卢卡奇《历史与阶级意识》，杜章智、任立、燕宏远译，商务印书馆1999年版，第52页注释2。
③ 这种看法在后来卢卡奇做自我批评时进行了改造，他虽然重新肯定了自然辩证法，但仍旧强调了马克思主义的创造性的方法论。

从方法以及方法与它的对象的关系中抽出理论的实际本质"①。理论是实践主体自觉能动性的一种条件和环节,无产阶级(心脏)通过理论(头脑)借以获得自我意识,从而成为历史的主体-客体,即成为一种自为的历史力量,"这个理论按其本质说无非是革命过程本身的思想表现"②。无产阶级被设定为本质性的实体,作为主体其存在原则在辩证过程中趋于人的本质的实现,黑格尔"实体就是主体"的公式在这里被运用到对无产阶级的解释上。

卢卡奇这里强调的是作为主体-客体的相互作用,无产阶级在自觉的能动实践过程中创造历史的现实,由此构成实体存在的"现实"概念,这和单纯所谓"事实"是不同的,现实是实体合乎理性的展开。卢卡奇认为,对现实的把握的真正方法只能是"革命的辩证法"。所以,想以数学为模式寻求历史理论的科学性是似是而非的,因为现实中的事实都是符合其历史理性的。这种经数学等"科学"方法整理"事实"的物化形式被认为源于资本主义的社会结构,③ 卢卡奇指出:"只有在这种把社会生活中的孤立事实作为历史发展的环节并把它们归结为一个总体的情况下,对事实的认识才能成为对现实的认识。"④ 辩证思维就是

---

① 〔匈〕卢卡奇《历史与阶级意识》,杜章智、任立、燕宏远译,商务印书馆1999年版,第49页。
② 〔匈〕卢卡奇《历史与阶级意识》,杜章智、任立、燕宏远译,商务印书馆1999年版,第50页。
③ 卢卡奇在后文中详细研究了这种"物化"的对象性形式和主体性形式。而法兰克福学派特别是马尔库塞更详尽地发挥和推进了这一看法,揭示了科学技术作为意识形态对现实的"肯定性"功能,实现对现实的"单向度"整合。
④ 〔匈〕卢卡奇《历史与阶级意识》,杜章智、任立、燕宏远译,商务印书馆1999年版,第58页。

在观念上再现具体的总体（现实）的方法，"具体的总体是真正的现实范畴"。辩证法于是成为认识和把握现实的方法。对于这种把握现实的辩证方法，卢卡奇认为黑格尔是自觉的但又是没有完成的，这个任务由马克思继承，在认识社会现实问题上，马克思最基本的工作是对市民社会的政治经济学批判。

这种对现实的辩证认识本质上是无产阶级的阶级意识，现实中无产阶级的历史地位决定了这一点，于是，在无产阶级的历史运动中，理论和实践就得到了统一，即这个运动意味着人的自为生成——人类解放。理论和实践的统一，社会革命，对社会总体（现实）的总体改造等都是一个意思，作为主体的实体所体现的真理要求在无产阶级这一总体的自为存在（通过无产阶级的阶级意识的中介）中实现了，哲学的理论目标通过无产阶级的实践实现了。卢卡奇通过对无产阶级的辩证阐释，实际上建构了一种关于人类生存的规范性理论，无产阶级体现着规范内涵，本质上是一种关于实体的形而上学。

（二）关于资本主义的物化

《物化和无产阶级意识》是专门为《历史与阶级意识》而写的核心论文。卢卡奇基于马克思的《资本论》，对资本主义的本质进行论述，不仅是对马克思政治经济学批判进行的一种哲学重建，而且是基于资本主义的新发展而提出的新的批判理论。

我们首先注意到简短前言中的"方法论提示"，即一种考察社会结构和本质的视角。卢卡奇认为资本主义社会是有一个"本质"的，它对于社会整体具有普遍性的决定作用，它通过各种社会"现象"表现出来。这种思维方式试图以一种"彻底的"形式把握对象的存在，并通过对这一本质的革命化改造而彻底地改变现实。具体而言，卢卡奇认为资本主义社会的本质存在于"商品结构之谜"中，这不仅仅是一个经济学的问题，而是"资本主义社会生活各个方面的核心的、结构的问题"①。质言之，这是资本主义的普遍本质。商品关系的结构是一种"原型"，或者说基础性的决定关系，它通过各种形式体现出来。卢卡奇认为，从商品关系的结构中可以发现："……资本主义社会一切对象性形式和与此相适应的一切主体性形式的原型。"②

在由商品关系结构决定的资本主义社会中，最重要和基本的"对象性形式"是"物化"，这个概念是直接从马克思《资本论》对商品拜物教的分析中得出的。《物化和无产阶级意识》（1922年）第一部分"物化现象"对此集中进行了分析。③ 物化是资本主义现实（社会经济关系）的本质，"它的基础是，人与人之间的关系获得物的性质，并从而获得一种'幽灵般的对象性'，这种对象性以其严格的、仿佛十全十美和合理的自律性掩盖着它的基本本质、即人与人之间关系的所有痕迹"④。这清楚地表明，这种社会关系结构以物的形式呈现着人与人之间的关

---

① 〔匈〕卢卡奇《历史与阶级意识》，杜章智、任立、燕宏远译，商务印书馆1999年版，第148页。

② 〔匈〕卢卡奇《历史与阶级意识》，杜章智、任立、燕宏远译，商务印书馆1999年版，第148页。哈贝马斯认为"对象性形式"是借用了新康德主义的概念，社会对象以商品关系的形式原则为中介呈现出来，即一切社会对象都是商品关系的体现。

③ 这里具有对韦伯的"合理化"概念的马克思主义回答，"世界的这种表面上彻底的合理化，渗进了人的肉体和心灵的最深处，在它自己的合理性具有形式特性时达到了自己的极限"。〔匈〕卢卡奇《历史与阶级意识》，杜章智、任立、燕宏远译，商务印书馆1999年版，第164页。

④ 〔匈〕卢卡奇《历史与阶级意识》，杜章智、任立、燕宏远译，商务印书馆1999年版，第149页。

系，这是现代资本主义的一个特有的问题。而且这种物化关系以一种"合理"的方式呈现出来，使得人们认可甚至信仰它，这就是马克思称之为的商品拜物教。马克思和卢卡奇对商品结构之物化性质的论述是一种揭露和批判，因为物化结构的形式合理性掩盖着社会关系的实质非理性，这是一种针对资本主义结构本质的意识形态批判。

商品交换早已有之，但商品交换的原则成为整个社会普遍的"决定性"的存在，则是资本主义社会的本质规定。在这里，"商品形式必须渗透到社会生活的所有方面，并按照自己的形象来改造这些方面"①。这样，"商品只有在成为整个社会存在的普遍范畴时，才能按其没有被歪曲的本质被理解"②。这是一种独特的社会结构性质，进而言之，在马克思的语境中，社会存在及其本质是由劳动形式决定的。而商品关系和结构正是体现了现代资本主义劳动的社会性质。这种劳动使产品变成商品，而商品关系成为一种外在于人的物的关系，这样，商品结构根源于物化劳动，马克思在《巴黎手稿》中把这种劳动称为"异化劳动"。卢卡奇在此也是在异化的意义上讨论商品劳动的，他指出："人自己的活动，人自己的劳动，作为某种客观的东西，某种不依赖于人的东西，某种通过异于人的自律性来控制人的东西，同人相对

---

① 〔匈〕卢卡奇《历史与阶级意识》，杜章智、任立、燕宏远译，商务印书馆1999年版，第150页。
② 〔匈〕卢卡奇《历史与阶级意识》，杜章智、任立、燕宏远译，商务印书馆1999年版，第152页。

立。"① 这时，不仅形成了一种外在于人的、按照商品的物的规律运行的世界，而且，劳动者本身也成为一种商品（物化的主观方面），服从于社会的自然（市场）规律的客观性强制。

根据马克思的理论，由社会必要劳动时间衡量的劳动成为抽象劳动，它生产价值，而价值以自我增值的方式成为自主能动性的主体，这就是资本。资本内在的动力来自增值的存在本质，这个过程成为一种外在于人的本身作为主体的自为活动，这个活动的"原则"是一种"根据计算、即可计算性来加以调节的合理化的原则"②。这种合理化也就是韦伯所谓现代社会之合理性在经济制度上的体现。这是一种目的合理性，而目的本身是资本的目的即价值增值。资本成为主体，而劳动者则成为工具、失去了自己的主动性，马克思把这种状态简明判定为"人隶属于机器"。由于劳动力成为商品，整个劳动主体被抛进异己的系统之中，他失去了作为主体的自主能动性。劳动者主体之间的联系也"……越来越仅由他们所结合进去的机械过程的抽象规律来中介"③。

根本上说来，资本主义形成了一种独特的生产方式，这种体制以资本作为内在动力和社会生活的塑造原则，"在人类历史上第一次使整个社会（至少按照趋势）隶属于一个统一的经济过

---

① 〔匈〕卢卡奇《历史与阶级意识》，杜章智、任立、燕宏远译，商务印书馆1999年版，第153页。马克思的异化论具有强烈的生存论意味，异化是一个刻画人的生存状态的概念。卢卡奇这里的物化论显然也有描述人的生存悖论的意味。
② 〔匈〕卢卡奇《历史与阶级意识》，杜章智、任立、燕宏远译，商务印书馆1999年版，第155页。
③ 〔匈〕卢卡奇《历史与阶级意识》，杜章智、任立、燕宏远译，商务印书馆1999年版，第157页。

程；社会所有成员的命运都由一些统一的规律来决定"①。我们知道，《共产党宣言》已经描述了这种生产方式的产生和发展，而卢卡奇特别揭示了由资本逻辑带来的物化结构，以及对人的生存而言的否定性。他指出："……商品关系已经非人化和正在非人化的性质。"② 卢卡奇在这里进行的是一种生存论的判定：人以非人的方式生存。这是生存的悖论。资本成为主体，社会生产和再生产以及整个社会结构的存在都表现和从属于"资本真正的生命过程"。这也造成了一种"物化意识"，它使得物化结构的运行看起来理所当然。这就是说商品获得了一种新的物性，对此，人们（比如国民经济下或庸俗经济学）并没有看到它是一种特定历史性的社会关系，直接停留在这种物性上面，这就是物化意识的一种典型表现，即物化意识的直观。③

不仅如此，整个社会结构的功能系统都是由资本的逻辑决定的，也就是说，它们的存在和作用都是为了资本自身的生命成长服务的。卢卡奇在这里得出了某种带有唯物史观意味的判断："这样，资本主义的发展就创造了一种同它的需要相适应的、在结构上适合于它的结构的法律、一种相应的国家等等。"④ 对这种资本主义社会建构原则的论述、对这种物化直接性的揭示，不

---

① 〔匈〕卢卡奇《历史与阶级意识》，杜章智、任立、燕宏远译，商务印书馆1999年版，第159页。

② 〔匈〕卢卡奇《历史与阶级意识》，杜章智、任立、燕宏远译，商务印书馆1999年版，第160页。

③ 正如马克思在《巴黎手稿》中对国民经济学方法论前提的揭示那样，他们只是直接看到了这种物性，而没有"说明"它的本质。卢卡奇在这里列举了席美尔《货币哲学》的例子，认为他对货币只是进行了描写（直接性）而没有"深化"。

④ 〔匈〕卢卡奇《历史与阶级意识》，杜章智、任立、燕宏远译，商务印书馆1999年版，第168页。

仅受到唯物史观的影响，而且受到韦伯合理化理论的直接影响。他引证了韦伯《经济与社会》的相关概念和思想，韦伯认为："现代资本主义特有的东西是：在合理技术基础上的严格合理的劳动组织，没有一个地方是在这种结构不合理的国家制度内产生的，而且也决不可能在那里产生。"① 这样一种合理化扩展到整个社会生活，并由系统合理化的法律进行调节。

总之，"世界的这种表面上彻底的合理化，渗进了人的肉体和心灵的最深处，在它自己的合理性具有形式特征时达到了自己的极限"②。对这种合理化的极限的看法在韦伯那里有一种"铁笼"式的悲观，而卢卡奇接受的是马克思主义的革命传统。也就是说卢卡奇认为，这种形式合理化的结构会产生内部矛盾，产生危机，这就形成了打破这种结构并使之革命化的可能性。他认为资本主义生产的局部合理化不等于整体上的合理化，局部合理化也不是实质合理化，这正是资本主义经济及其物化原则需要被扬弃的根本原因。这也是传统马克思主义认为的自由资本主义的一种内在矛盾，即生产的社会化和生产资料私有制的矛盾。社会化的大机器生产必须要求从整体上加以控制，这也就意味着必须消除私有制的偶然性和盲目性，实现一种有计划的经济。

卢卡奇认为，生产的依照资本逻辑而来的合理化也形成了劳动分工的专门化，而这种专门化就会带来认识上的片面化和抽象化，这也是物化意识的直观性的体现，"由于工作的专门化，任

---

① 转引自〔匈〕卢卡奇《历史与阶级意识》，杜章智、任立、燕宏远译，商务印书馆1999年版，第165页。
② 〔匈〕卢卡奇《历史与阶级意识》，杜章智、任立、燕宏远译，商务印书馆1999年版，第170页。

何整体景象都消失了"。这很典型地体现在现代经济学、法学等的立场上,它们不能理解真正的现实,因为现实是一种总体性。这样,卢卡奇批判性的解决方法就首先要求在认识上、哲学上确立一种总体性的观点,这种观点被认为是能够把握真正的现实和历史。这种总体性的观点是他始终坚持的辩证法的立场,他始终认为总体的方法才能真正把握现实,"要做到这一点,只有当哲学通过对问题的完全另外一种提法,通过专注于可认识事物、被认识事物的具体的、物质的总体来突破这种陷入支离破碎的形式主义限制时,才是可能的"①。这种总体性的认识方法不是机械地把部分进行聚集,"而要通过内部统一的、哲学的方法从内部把它们加以改造"②。这种总体性的哲学立场是卢卡奇非常注重的,是他心目中超越资本主义形式化、合理化和物化的最重要的方法论立场。这种立场在他看来只有通过批判资产阶级的现代哲学,确立马克思主义的总体性的辩证法才能实现。

(三)现代哲学的方法论批判:资产阶级思想的二律背反

卢卡奇认为近代哲学是物化意识的反映,这是由社会存在的物化结构决定的。近代哲学的基本问题是什么?这就是如何真正认识和把握世界的问题,这主要是一个认识论的问题。卢卡奇认为对这个问题的回答在近代哲学那里有一个共同的前提,就是康德用著名的"哥白尼式革命"所表达的立场。卢卡奇引用了《纯粹理性批判》"第二版序言"中康德的一个基本想法:"迄今

---

① 〔匈〕卢卡奇《历史与阶级意识》,杜章智、任立、燕宏远译,商务印书馆1999年版,第181页。
② 〔匈〕卢卡奇《历史与阶级意识》,杜章智、任立、燕宏远译,商务印书馆1999年版,第182页。

为止认为我们的认识必须与对象一致……让我们试试看，如果假定对象必须与我们的认识一致，是否能更好地解决形而上学的任务……"这意味着这样一种反转："不再把世界视为独立于认识主体而产生的（例如由上帝创造的）什么东西，而主要地把它把握为自己的产物。"① 这是一种从人的主体性出发的立场。从笛卡尔开始，西方哲学已经确立了主体性的原则，这个原则基于这样一种认识论前提："因为认识的对象是由我们自己创造出来的，因此，它是能够被我们认识的。"② 而我们把握对象的方法是创造出对象的方法，这种方法就是数学或数理的方法。这是一种作为演绎的逻辑推论方法，它构造出一种形式的体系。卢卡奇注重的并非这种唯理方法本身的困难和发展，而是从社会理论角度考察这种主体认识形式与主体的存在基础之间的关系，他要追问为什么近代社会会产生这样一种认识的形式，他的社会存在的基础是什么。

卢卡奇认为，近代哲学建立了一种看待世界的统一视角，这就是"理性主义"。它构造了一种形式体系，"它和现象的这样一个方面有关，这个方面是知性可以把握的，是知性可以创造的，并因而是知性可以控制，可以预见和可以计算的"③。通过理性或知性，世界世俗化了，世界被把握在理性（知性）的形式原则中，世界成了一个可以被知性把握的数学-物理世界。对

---

① 〔匈〕卢卡奇《历史与阶级意识》，杜章智、任立、燕宏远译，商务印书馆1999年版，第184页。
② 〔匈〕卢卡奇《历史与阶级意识》，杜章智、任立、燕宏远译，商务印书馆1999年版，第184页。
③ 〔匈〕卢卡奇《历史与阶级意识》，杜章智、任立、燕宏远译，商务印书馆1999年版，第136页。

人的理性而言，世界再无什么不可认识的神秘领域，通过人的理性启蒙，世界"祛魅"（韦伯语）了。卢卡奇也特别强调了这种理性主义世界观和认识论的历史性，也就是说它是由特定社会历史存在决定的特定的哲学认识方式。

然而，这种知性的理性体系在遇到经验事实的时候就出现了矛盾。也就是说，由康德的"物自体"概念引出了一个基本问题，即对象不能被知性彻底把握的所谓"非理性问题"。卢卡奇说："很清楚，这一体系化的原则和对任何一种'内容'的'事实性'的承认（这一内容——原则上——是不能从形式的原则中推导出来的，因此只能被当作事实而加以接受）必定是不能统一。"① 在卢卡奇看来，对于理性主义的形式体系哲学而言，这里出现了一种两难困境：形式体系自身是一种普遍的结构，它按照数理的形式逻辑建构自身，因而必然排除"既定性、内容、物质"这类"非理性"的因素；而这些因素如果被纳入体系，那么，体系自身就必然被抛弃，因为这些"非理性"因素有自己的存在逻辑。这里的问题在于，如果体系的目标是真正地认识事物，那么就不能为了体系自身的形式理性而排除事实。卢卡奇也提到了现象学，因为现象学的目标是"朝向事情本身"，所以，为了解决理性主义的形式体系的困难，现象学提出一种纯粹描述的还原方法，这个方法从事的"逻辑学领域"试图把握"更高级的'事实的体系'"②。所以，无论是形式的、体系的理

---

① 〔匈〕卢卡奇《历史与阶级意识》，杜章智、任立、燕宏远译，商务印书馆1999年版，第192页。
② 〔匈〕卢卡奇《历史与阶级意识》，杜章智、任立、燕宏远译，商务印书馆1999年版，第193页注释2。

性主义，还是现象学，其深层的认识论动机依然是如何真正地认识和把握事实，即如何获得真理。

卢卡奇认为，德国古典哲学是解决事实和体系对立和矛盾的巨大努力，它通过体系本身的辩证化来解决形式和内容的矛盾，认识形式本身的片面形式化被认为是所有对立的根源。卢卡奇认为德国古典哲学的基本发展路径是："它不管清楚地认识到的和抓住不放的概念内容（即既定性）的非理性，而力求建立一个体系，这就必须在方法论上沿着使这些对立不断相对化的方向前进。"① 就是说它不断地努力把内容把握在理性的体系中，而这种把握是通过理性体系自身的辩证化实现的。② 理性主义哲学的所有努力都在于把握存在，而存在的既定性和事实性又相对地表明它处于体系之外而成为"非理性"，这就是说，"非理性"的存在是理性体系努力把握的内容和方向。这种"非理性"凝结在康德"物自体"概念中，它意味着两个向度，其一是存在的总体（康德那里的理性对象：上帝、灵魂等），其次就是概念的内容。

在近代哲学中，卢卡奇看到了对形式－内容矛盾的两种同样是片面的抽象解决道路。但两者的思路和方法论指向是不同的，这也是近代哲学两个不同的阶段。其一是建构知性的形式体系自身，体系的范畴是涉及"理念的"物质，而非真正的现实，这是哲学的"独断主义"时期。从社会历史角度而言，这一时期

---

① 〔匈〕卢卡奇《历史与阶级意识》，杜章智、任立、燕宏远译，商务印书馆1999年版，第194页。

② 卢卡奇谈到在莱布尼兹那里设想了一种"普遍的数学"的方法论，但这只是"方法论的样板"而不是辩证法本身。

第二章 卢卡奇对马克思哲学基础的重建

是"资产阶级思想把它的思维形式和现实、和存在简单地等同起来的时期"①。其二是德国古典哲学,这是一个"特殊过渡点"。这时,哲学已经看到了内容和形式的矛盾,它已经"意识到了"这些问题,但"这些问题只是作为纯思想纯哲学的问题被意识到"②。卢卡奇的意思是,德国古典哲学也仅仅表明它是哲学,只是"解释世界"的纯理论,它并没有把这些哲学的理论问题与资产阶级社会现实联系起来,并没有把自己设想为由社会产生又反作用于社会的、带有实践旨趣的批判理论。当然,这是后来的马克思主义的理论立场了。

然而,德国古典哲学毕竟是重要的"过渡点",因为它对问题本身有了自觉,并因而(尽管只是理论上)走上了一条解决问题和超越现实历史时期的正确道路。德国古典哲学面临的内在问题仍然是如何整体把握现实的问题。理性主义的形式范畴遇到了"自在之物"的鸿沟。要解决这个问题在一种"思辨"哲学的眼中就必须构想一种"绝对知识"。这里产生了一种思辨的逻辑,它认为整个现实的存在可以由思维的主体内在地加以把握。这种思辨的思维和知性的形式思维不同,它是能动的,能够自我调节,使自己运动起来,成为活的、思辨的主体。通过思辨思维的辩证活动,一切矛盾及其解决、一切现实的整体都能够内在地、本质性地被把握。卢卡奇对此论述道:"如果思维不想放弃对整体的把握,那就必须走向内在发展的道路,就必须力图找到

---

① 〔匈〕卢卡奇《历史与阶级意识》,杜章智、任立、燕宏远译,商务印书馆1999年版,第197页。
② 〔匈〕卢卡奇《历史与阶级意识》,杜章智、任立、燕宏远译,商务印书馆1999年版,第197页。

那个思维的主体。存在可以被设想为是这一主体的产物,这时,就没有非理性的裂缝,没有彼岸的自在之物。"① 这实质上是通过纯粹思维的努力来"解释世界"。只不过在古典哲学那里,这种思辨思维的努力达到了极致,产生了黑格尔的"绝对知识"的宏大体系。

卢卡奇谈到了费希特,正是他首先提出了哲学的这种思辨要求,"从极其一般的角度来讲,就形成了这样的哲学倾向,即达到这样一种主体的观念:这个主体能被设想为全部内容的创造者"②。这是一种绝对先验自我的主体,它的存在和展开就是它的实现,这种实现不仅仅意味着全部内容的展现,而且这同时意味着这些内容的展现是自觉的,而自觉即是被认识、被把握。这是一种思辨形而上学的宏大抱负:完全、彻底地把握住事物的本质。卢卡奇分析了思辨哲学的方法论结构。这是从构想一种能动的主体出发的,能动主体在运动的过程中,既能产生出自己的客体,同时也能把客体(依照主体而来的对象性形式)收归主体,这样就能实现主体-客体的统一。在这种统一的运动过程中,对象客体的既定性被把握为绝对主体的创造物。卢卡奇认为,《实践理性批判》首先奠定了这种思辨统一活动的方法论基础,"这以后费希特就把实践、行为、活动作为全部同一哲学的方法论中心"③。这种思辨哲学的方法论核心就在于设定一个绝对的、能

---

① 〔匈〕卢卡奇《历史与阶级意识》,杜章智、任立、燕宏远译,商务印书馆1999年版,第198页。
② 〔匈〕卢卡奇《历史与阶级意识》,杜章智、任立、燕宏远译,商务印书馆1999年版,第199页。
③ 〔匈〕卢卡奇《历史与阶级意识》,杜章智、任立、燕宏远译,商务印书馆1999年版,第200页。

第二章 卢卡奇对马克思哲学基础的重建

动的主体,"因此就必须指出'行为'的主体,并从它和它的客体相同一出发,把所有的主体和客体的两重性形式都把握为是从这种同一中推论出来的,把握为是它的产物"①。在卢卡奇的思路中,古典哲学的思辨主体的统一这个综合原则是确定的,是他接受并且坚守的,这也就是他用来论证无产阶级的世界历史运动、人类的历史命运以及解放前景的方法论基础。于是,卢卡奇语境中的问题思路就成为:如何找到真正的、能够实现真正的主体－客体统一的历史实践的"行动主体"。②

卢卡奇认为在康德那里构造的是一种道德个体的主体方案,"康德——批判地——停留在对个体意识中的道德事实进行解释的阶段"③。这就造成了康德方案的局限性,从而使得"自由和必然,唯意志论和宿命论的两难困境不能具体地真正地得到解决"④。这是一种分裂,而且分裂进入了主体最为内在的结构之中,从而使得康德的伦理学成为纯粹形式的和无内容的。在此,我们必须注意到的是卢卡奇对近代哲学的考察,并非仅仅出于对哲学史的纯粹学术兴趣,他根本的目的是为一种马克思主义的解放实践找到理论基础。这种理论必须正确地、全面地把握历史及

---

① 〔匈〕卢卡奇《历史与阶级意识》,杜章智、任立、燕宏远译,商务印书馆 1999 年版,第 201 页。
② 正如哈贝马斯所说,马克思的实践哲学作为主体哲学是转换了主体的"重心",即从"意识主体"转到"行为主体",显然,卢卡奇继承并且进一步论证了这种转换。参见哈贝马斯《现代性的哲学话语》,曹卫东等译,译林出版社 2004 年版,第 73、75 页。
③ 〔匈〕卢卡奇《历史与阶级意识》,杜章智、任立、燕宏远译,商务印书馆 1999 年版,第 201 页。
④ 〔匈〕卢卡奇《历史与阶级意识》,杜章智、任立、燕宏远译,商务印书馆 1999 年版,第 201 页。

其目标，必须通过无产阶级的实践（作为物质力量）实际地实现这个目标。所以，就哲学理论而言，形式和内容的矛盾的解决、自在之物的扬弃就成为根本性的任务以及理论和实践相统一的基础。最终，能动的主体（主体-客体相统一的总体）的行动成为解放实践的基本的方法论模式。所以，对卢卡奇而言，哲学史考察的目的在于找到那个真正的能动的主体。

为了认识事实（用卢卡奇的话说就是"为了解决自在之物的非理性"），需要真正的主体的存在和运动，这就是"实践的原则"。实践的一个重要目标是把形式和内容结合起来，或者说，真正的实践是能够改变现实的行动。这时，现实的物质基础即内容必然被纳入主体性的活动中，在这种能动的活动中实现了形式和内容的辩证统一：形式不再是与对象无关的纯形式，而内容也被把握在主体活动的能动形式中，它不再是外在与形式的自在之物。这样，真正的行动主体的实践就不能仅仅是一种纯理论的直观态度，而是要"……注意相关对象的独特性质，注意内容和物质基础"。卢卡奇称纯理论的直观是一种"幼稚的"态度，因为它只考虑形式，或者以为从概念本身进行推演就能获得内容。这是不可能的，自在之物的概念就表明了这一点。在这里，纯理论的直观遇到了自身的一个绝对的界限，"它只是作为纯形式思维的界限而存在了下来"[①]。

而当我们把主体的实践理解成主-客统一的具体现实的活动时，这种由纯形式思维设定的形式上的绝对界限就被打破了。卢

---

① 〔匈〕卢卡奇《历史与阶级意识》，杜章智、任立、燕宏远译，商务印书馆1999年版，第206页。

卡奇深刻地揭示了这种纯理论的直观对主体能动性的抽象化表现，他指出："把一切非理性的和内容的东西排除出去的企图就不仅是针对着客体的，而且也日益明确地是针对着主体的。"①纯粹观念的主体是一个抽象，它不是现实的主体。② 这个抽象的主体创造出一个纯形式的抽象体系，如同"第二自然"，它既与现实的内容无关，也成为控制主体的强制力量。我们应该注意，卢卡奇把这种"近代理性主义形式体系"与物化现实联系起来，认为"这一切无非是对近代社会状况所做的逻辑的、系统的阐述而已"③。这就是说，它是物化的"主体性形式"。认识的能动性、创造性以纯形式体系的方式表现出来，它不是主体自身的现实活动（马克思所谓感性的实践活动）中辩证的认识因素。

在总结康德哲学时，卢卡奇认为他的"伟大"之处就在于对于形式理性的二律背反没有加以掩盖。形式和内容、自由和必然的矛盾在康德那里具有不可解决性，他并没有独断地坚守双方中的任何一方，不然就会陷入要么是唯意志论，要么就是宿命论。康德把近代哲学内部的深刻矛盾呈现出来了，这是"通向后来发展的出发点"④。纯粹形式体系是社会存在的历史反映，是资本主义物化的表现。正是在物化现实中，人成了客体。他的活动、他的能动性以一种受制于外在规律、"第二自然"的强制

---

① 〔匈〕卢卡奇《历史与阶级意识》，杜章智、任立、燕宏远译，商务印书馆1999年版，第207页。
② 马克思在《关于费尔巴哈的提纲》第一条中就揭示了这一点。
③ 〔匈〕卢卡奇《历史与阶级意识》，杜章智、任立、燕宏远译，商务印书馆1999年版，第207页。
④ 〔匈〕卢卡奇《历史与阶级意识》，杜章智、任立、燕宏远译，商务印书馆1999年版，第216页。

性表现出来。当然，这主要意味着受"价值"的规律的强制。卢卡奇认为，这种受动和客体化在"自然法"的观念中也有非常典型的体现。但是，康德呈现的各种矛盾和二律背反，本身就具有一种寻求统一的内在要求。虽然这个要求在康德体系中没有实现，但它的这种要求却具有重要的方法论意义，即"发现和指出那个行为主体，现实的具体总体可以被把握为是这个主体的产物"①。具体而言，需要找到一种真正的、不再仅仅是客体的主体，这种主体的存在和活动，"才有可能在方法论上具体超越形式理性主义，和通过对非理性问题（即形式对内容的关系）的合理解决，把思维的世界建立为一个完美的、具体的、充满意义的、由我们'创造的'，在我们自身中达到自我意识阶段的体系"②。这里希望的是"一代新人"，他自由自觉的实践使其成为自为存在者，历史成为真正的人类历史。

这种"主体哲学"的观念是德国古典哲学的"希望的原则"，古典哲学直到马克思都在寻求实现这一哲学原则的现实可能性。在马克思那里，他以某种唯物主义转向力求实现这种可能性，他转向了寻求现实的人的实践。卢卡奇在马克思唯物主义立场上，把这种主体哲学的原则在黑格尔之后重新推向极端。他渴望的不是理论的解决而是实践的解放。然而，这种主体哲学的总体性解决方案是否会带来新的问题？

卢卡奇对于总体性观念进行了多维度的阐述，为此他提到了

---

① 〔匈〕卢卡奇《历史与阶级意识》，杜章智、任立、燕宏远译，商务印书馆1999年版，第221页。
② 〔匈〕卢卡奇《历史与阶级意识》，杜章智、任立、燕宏远译，商务印书馆1999年版，第221页。

席勒的美学原则。当然，在他眼中，这个原则远远超出了美学的范围，因为这一原则呈现出关于人的存在意义问题，关系到寻求完整的人的问题，它内在地指向对真正的（主－客统一的总体）主体的建构。然而，这种建构在纯粹思想中遇到了它的界限，在古典哲学那里，问题和答案始终是在纯思想的范围内运行的，这是一种"理性的专断"，这在黑格尔那里达到了顶点。卢卡奇认为谢林后期哲学也意识到了这种理性的专断，但谢林也只是以某种神秘化的方式对之进行了反抗，这仍然是一种片面而抽象的思想努力，一种"对空洞的非理性的颂扬，就是一种反动的神话学"①。这时，理论的内在逻辑必然指向某种根本的转变，这就要求"具体地指出同一的主体－客体"，即寻求真正的、现实的实践主体。而这也意味着席勒的生活审美化也只能是另一种神话。卢卡奇把这个从古典哲学内在逻辑推演出来的任务简明地表述为："要创造'创造者'的主体。"②

这样一来，问题也就超出了纯认识论的范围：它不仅仅是个理论综合的问题，更是一个实践综合的问题。但这一肩负综合使命的实践应该怎样得到理解？这种实体性的、实践性的主体应该怎样产生于现实社会历史中并成为能够改变世界的物质力量？这是马克思着重关心的问题。马克思通过"社会劳动"这一核心

---

① 〔匈〕卢卡奇《历史与阶级意识》，杜章智、任立、燕宏远译，商务印书馆1999年版，第223页。
② 〔匈〕卢卡奇《历史与阶级意识》，杜章智、任立、燕宏远译，商务印书馆1999年版，第224页。

概念为实践主体进行综合奠定了基础。① 但这种奠基是否可靠和全面,则是批判理论以后在发展中提出的问题,哈贝马斯的批判理论的范式转换也正是要解决这个问题,这是后话。卢卡奇在这里寻求的仍然是"主体统一的重建",这种重建在黑格尔辩证法中达到了方法论的自觉:依照事物本身而来的逻辑(事物自身的存在逻辑)被认为就是辩证法,"以至于现在第一次——在黑格尔《精神现象学》和《逻辑学》中——着手自觉地重新把握所有的逻辑问题,着手把它们建立在内容的物质特性之上,也就是逻辑、哲学意义的物质之上"②。这一存在本身被实体化为一种能动的主体,这样一来,它的存在辩证法表现为既是一种在过程中展开的客观逻辑,同时也是主体能动性的创造过程,这里建构的是一种作为主体-客体统一的、实体性能动主体的概念。卢卡奇想要继承马克思的主要内容,就是要在理论上重建这种创造世界的物质力量,它指向的目标是自由和解放。这种力量或主体是一种形而上学概念,它根据黑格尔的实体概念而来,它的存在是本质性的,作为主体也是能动的,它的整个存在和发展过程既是本质的展开,也是本质的实现。这就是黑格尔的名言所表达的意思:真理不仅被把握为实体,而且被把握为主体。在这样的本质和真理的构想模式下,形而上学的深层动机(真理得到把握和实现)得到了体现。

---

① 哈贝马斯从认识论角度对马克思社会劳动的综合概念进行了出色的阐释,参见《马克思对黑格尔的批判的批判》,见〔德〕哈贝马斯《认识与兴趣》,郭官义、李黎译,学林出版社1999年版,第20~36页。

② 〔匈〕卢卡奇《历史与阶级意识》,杜章智、任立、燕宏远译,商务印书馆1999年版,第226页。

第二章　卢卡奇对马克思哲学基础的重建

这种唯物辩证法希望描述的是现实事物的秩序和联系，是其真正的历史，是实际事物的生成、发展和创造。事物的辩证法于是就成为事物本身的历史，是事物自身发展的历史。所以，理性主义的纯形式原则就被认为是不能把握事物自身的创造性的抽象方法，因为"这样一个被想象为完美的规律体系尽管用不着再对个别规律加以修改了，但并不能预测新的东西"①。所以，在卢卡奇阐释的马克思的"革命辩证法"中，内容变化的逻辑就是历史的辩证法，历史的生成就成为一种本质性的、形而上学实体的实现和完成——具体的总体的实现。在这种形而上学概念中，自在之物（个体性和总体性的认识界限）不存在了，理论和实践、自由和必然统一起来了，这意味着人类创造了自己真正的历史。② 这样就达到了一种历史创造的形而上学的高度和深度。

在马克思的语境中，卢卡奇敏锐地注意到总体实现的现实可能性问题，他写道："但是要理解这种统一，就必须指出历史是从方法论上解决所有这一切问题的场所，而且具体地指出这个是历史主体的'我们'，即那个其行为实际上就是历史的'我们'。"③ 这种方法论的历史指引是古典哲学特别是黑格尔哲学的成就，但是，这整个观念论传统有一个根本的局限，即它并没有真正找到这个创造历史的主体。卢卡奇指出："由于黑格尔哲学

---

①〔匈〕卢卡奇《历史与阶级意识》，杜章智、任立、燕宏远译，商务印书馆1999年版，第229页。

② 这种总体存在概念类似于海德格尔"依本有而来"的"新的开端"，参见海德格尔《哲学论稿》。

③〔匈〕卢卡奇《历史与阶级意识》，杜章智、任立、燕宏远译，商务印书馆1999年版，第231页。

已经不可能在历史本身之中发现和指出同一的主体-客体，所以它被迫超越历史，并在历史的彼岸建立自我发现的理性王国。"①这是由艺术、宗教和哲学构造的"绝对精神"的王国，一种由精神的、观念的造物主构造的"概念的神话"。这样，"思维重又落入主体和客体的直观二元论的窠臼之中"②。总之，德国古典哲学仍然是资产阶级社会存在物化状态的反映，是物化存在的主体性形式。对德国古典哲学观念辩证法进行超越，也就意味着关于主体概念的唯物主义转变，"把这种转变继续下去，并把辩证的方法当作历史的方法则要靠那样一个阶级来完成，这个阶级有能力从自己的生活基础出发，在自己身上找到同一的主体-客体，行为的主体，创造的'我们'。这个阶级就是无产阶级"③。

（四）无产阶级：总体性的立场

关于无产阶级这个概念，马克思在《黑格尔法哲学批判导言》中已有了"设定"。之所以是一种概念的设定，是因为马克思依据黑格尔辩证法的逻辑框架，无产阶级由于是被"彻底锁链束缚"的，于是就被赋予了一种普遍性的立场，无产阶级的自我解放也就意味着普遍的人类解放。卢卡奇也是在这种概念设定意义上重新解释了无产阶级，他更为明确地运用了辩证法的理论概念。

---

① 〔匈〕卢卡奇《历史与阶级意识》，杜章智、任立、燕宏远译，商务印书馆1999年版，第233页。
② 〔匈〕卢卡奇《历史与阶级意识》，杜章智、任立、燕宏远译，商务印书馆1999年版，第235页。
③ 〔匈〕卢卡奇《历史与阶级意识》，杜章智、任立、燕宏远译，商务印书馆1999年版，第236页。

首先，无产阶级被定义为社会历史存在的主体-客体统一的总体，这本质上决定了无产阶级"立场"的真理性；其次，由于无产阶级存在的这种特殊性，所以，"无产阶级的自我认识同时就是对社会本质的客观认识"①。第三，无产阶级的能动的革命实践所追求的目标本身就是社会历史发展的客观目标。就这样无产阶级成为一种概念上的理想设定，它的存在能够使它获得真理，而依据真理而来的行动也就意味着历史性的正确道路。总之，无产阶级的自我解放等同于人类本质性的自为生存状态。

无产阶级立场的这种真理性是奠基于一种历史认识基础上的，这是一种作为总体的历史意识，卢卡奇指出："历史的总体本身主要是一种——尽管到目前为止还是不自觉的，因而还是没有被认识的——真正的历史的力量。"② 这种力量在总体辩证法的框架中被认定为是"现实"的范畴③，总体的眼光就是真理的眼光，这样的认识一旦达成，就意味着历史的现实获得了自觉，现实就会能动地依必然性展开而实现自己，即实现历史的目标。这也就是黑格尔"实体即是主体"这一历史逻辑展现的东西，在卢卡奇这里，实体本身被重新理解成了无产阶级。无产阶级就这样被逻辑地论证为社会历史通过理论和实践的统一从而走向真理的实际的、实体性的承担者。无产阶级于是成为一种特殊的存在者，其存在具有独特的先天本真性和真理性。

---

① 〔匈〕卢卡奇《历史与阶级意识》，杜章智、任立、燕宏远译，商务印书馆1999年版，第236页。
② 〔匈〕卢卡奇《历史与阶级意识》，杜章智、任立、燕宏远译，商务印书馆1999年版，第240页。
③ 卢卡奇在《历史与阶级意识》第一篇文章中论述了"现存"和"现实"的区分，论证了真正的现实范畴是依总体性而来的真理性认识。

卢卡奇用一种"物化批判"的逻辑来论证这种现实力量的革命性变革。他谈到一种社会深层的"结构形式",前面分析过的商品结构正是资本主义社会的基本结构形式,它形成了社会整体物化的对象性形式和主体性形式,这种物化结构由于造成了根本性的非人化而必须被超越。这是一种辩证转变的逻辑,马克思早期以人的本质力量的复归的思辨观念表达了这种启蒙现代性的价值理想,后期马克思则极力把这种转变建立在生产方式矛盾运动的客观辩证法基础之上。卢卡奇这里坚守的仍然是一种关于总体性的思辨观念,在这个观念中物化是片面的和抽象的,在总体性的批判视野上,物化的社会结构形式必须被扬弃,"历史的本质恰恰在于那些结构形式的变化"①。所以,总体性的认识既是规范也是批判,它超越对现状直观的直接性。关于总体性思维卢卡奇指出:"只有当这种对直接性的超越沿着使对象更加具体化的方向前进,当这样达到的中介概念体系成了'经验的总体'时,才能实现。"② 卢卡奇强调指出,超越事物直接性的辩证思维是基于事物本身的存在原则,通过对事物、对象本身的存在和运动方向的客观把握,"……那些使得有可能超越既定客体存在的直接性的中介形式能被描述为客体本身的结构构造原则和真正的运动倾向。也就是思想的起源和历史的起源在原则上应该是相吻合的"③。通过这种论证,由总体性思维保证的无产阶级实体

---

① 〔匈〕卢卡奇《历史与阶级意识》,杜章智、任立、燕宏远译,商务印书馆1999年版,第241页。
② 〔匈〕卢卡奇《历史与阶级意识》,杜章智、任立、燕宏远译,商务印书馆1999年版,第243页。
③ 〔匈〕卢卡奇《历史与阶级意识》,杜章智、任立、燕宏远译,商务印书馆1999年版,第244页。

的历史存在，就成为一种自为的历史创造活动，这个活动是理论和实践的统一，在完成"无产阶级的历史使命"的过程中，这种本真的历史力量达到了人类本质性的生存状态。这就是由无产阶级立场而来的一种形而上学的历史本真的生存论建构。

（五）总体的建构：无产阶级意识

在进行了这种理论思辨之后，面临当时马克思主义理论与实践的现实（资本主义的世界大战、欧洲革命的失败），卢卡奇认为无产阶级革命要能够成功，主要的问题是如何实际地超越理性主义直观的直接性，如何获得总体性的中介，这就是如何确立无产阶级的阶级意识问题。他的回答是"必须试一试"，无产阶级的历史认识"开始于对现在的认识，开始于对自己的社会地位的认识，开始于对其必然性（及其起源）的阐明"①。这种认识和阐明既不是抽象的纯形式，也不是纯事实的无认识的排列，也就是说，对现实的非批判的态度会产生看似不同的思想路径，比如宿命论的被动态度以及浪漫主义的乌托邦的主观主义。这种主观主义是一种与对象无关、外在于对象的"应该"，这是不会触动现实本身的。"相反，对经验的超越至多只能意味着，经验的客体本身被把握为和理解为总体的因素，即把握为和理解为历史地变革着的整个社会的因素。"② 因此，中介、总体性的观念和认识眼光不是外在于客体的某种价值判断，而是对象本身的具体结构的体现，改造世界的目标是以世界自身要求被改变为前提

---

① 〔匈〕卢卡奇《历史与阶级意识》，杜章智、任立、燕宏远译，商务印书馆1999年版，第249页。
② 〔匈〕卢卡奇《历史与阶级意识》，杜章智、任立、燕宏远译，商务印书馆1999年版，第253页。

的。所有这些认识的自觉被卢卡奇提升为无产阶级的阶级意识，这种意识内在地克服了资产阶级思想的直接性和肯定性，它是否定的、批判的，这种意识的获得使无产阶级上升为自为的存在。所以对卢卡奇来说，怎样论证和建立这种总体性的阶级意识就成为马克思主义理论与实践关键性的核心步骤，他明确指出："对无产阶级来说，自我意识到自己存在的辩证本质乃是一个生命攸关的问题"，而且，"只有当工人意识到他自己是商品时，他才能意识到他的社会存在"①。这就是说工人意识到他实际上成为一个纯粹的客体，是受到商品和资本关系支配的客体。这样一来，工人这种自我意识已经具有一种带有"解放旨趣"（哈贝马斯语）的"实践认识"，它要求彻底改变人的客体的、物化的现状，这种要求将付诸革命的实践行动。

上升到无产阶级意识中的辩证思维的目标就是把现实认识为历史的总体，后来的批判理论家们（比如法兰克福学派）把这种认识称为"带有实践倾向"的批判，尽管他们已经不再认为批判理论一定是从无产阶级而来。卢卡奇认为中介的辩证法（作为方法论）是建立总体性的真理性思维，在这种思维中，现实和对象得到了全面、实际的把握，总体性思维揭示了资本主义的本质，揭示了无产阶级的社会存在，并且在无产阶级能动的历史力量的行动中，人类解放的启蒙历史目标得以实现。

但是，无产阶级通过其阶级意识成为"自为"阶级仍然是实践中的一个重要的理论问题，而且必须与各种错误认识作斗

---

① 〔匈〕卢卡奇《历史与阶级意识》，杜章智、任立、燕宏远译，商务印书馆1999年版，第261页。

争。卢卡奇强调的重点是保持总体性思维，使得无产阶级的实践始终朝向历史的总体方向，这是一个不断辩证自我扬弃的过程，是使世界历史革命化的过程。这里再一次显示出卢卡奇持有一种主体哲学的基本立场。历史是大写的人的存在过程，这个过程就如一个有生命的实体那样，它会实现自身。无产阶级意识就是这个社会实体的自我认识，通过这种认识，社会实体就能够以实现人的本质的方式展现自身，这是一种大写的人作为主体的历史辩证法，而这一辩证历史的实际承担者和动力源泉则是作为总体性真理体现的无产阶级。

从无产阶级这个历史总体出发，卢卡奇解读了马克思主义历史辩证法的人道主义意义，他认为，"这样，人就变成了一切（社会）事物的尺度"①。他谈到了与物化关系对立的"人的关系的原初形式"，历史就是人的这种生存形式不断变化的过程。所以，不能在绝对意义上理解人，以往各种人类学或人道主义的抽象和错误正在于此。真正人的历史就是不断达到真理更高阶段的过程，是一个达到人的自我认识更高阶段的过程。这是由人的存在本质决定的自觉和自由，马克思曾经阐述过人的存在的这种普遍性，海德格尔也用本真此在的能在等说法描述了人的这种生存论独特性。卢卡奇也在马克思主义的范畴框架中（历史辩证法、阶级斗争）谈到人自身的"生存基础"问题。他认为人的社会关系建构了"生存结构"，它以不同的对象性形式表现出来，人的能动性生存本质就在于不断地自觉改造这些形式，人的

---

① 〔匈〕卢卡奇《历史与阶级意识》，杜章智、任立、燕宏远译，商务印书馆1999年版，第283页。

生存表现为自我创造的、自为的历史过程。因此可以认为，卢卡奇对无产阶级的阶级意识和立场的论述上升到了普遍的生存论高度，展示了人的自觉、能动的生存前景。他认为这种观点就是早期马克思与黑格尔、费尔巴哈不同的关于人的观念，马克思是历史地、辩证地看待人的。所以，马克思不是不谈论人，只是不抽象地谈论人，马克思人的哲学充满着历史的辩证意味。卢卡奇阐述的人道主义是人作为同一的主体－客体的历史辩证法，他希望用这种"唯物"的辩证法来解释现实人生存的"事情本身"，他反对各种不触动人的现实生存结构的"人道主义"。

在卢卡奇那里，真正的人道主义是总体性的、以人的生存结构的历史变革为目标的，所以，这个目标不是以"个人"为尺度，"只有阶级（而不是'类'，类是按照直观的精神塑造出来的神秘化的个体）才能和现实的总体发生关系并起到实际上的改造作用。而阶级也只有当它能在既定世界的物化的对象性中看到一个过程，而这个过程同时就是它自己的命运时，才能做到这一点"①。因此，在无产阶级总体化意识的指导下，批判也就导向了真正的革命实践，在行动上破除物化结构，使得无产阶级意识成为实践。卢卡奇充分强调了无产阶级意识对于实践的重要性，它是打破物化结构走向自觉的总体历史进程的关键环节。这个意识的因素不能依照"反映论"的模式来理解，因为它是实践中的能动因素，它的作用不是以"反映"的方式肯定和美化现实，而是改变现实。这实质上是一个存在问题、实践问题，现

---

① 〔匈〕卢卡奇《历史与阶级意识》，杜章智、任立、燕宏远译，商务印书馆1999年版，第294页。

实是能动创造的产物，认识在其中起着关键作用。真正的认识是通过实践进行的历史活动，现实不是现成的，而是能动生成的，卢卡奇写道："只有当思维是作为现实的形式，是作为整个过程的环节时，它才能辩证地克服自己的僵化不变，才能取得一种生成的特性。"① 现实是一种指向将来的新事物的创造过程，这是"生成的真理"，"而在这种生成中，意识（无产阶级的已经变成实践的阶级意识）就是一种必不可少的、基本的组成部分"②。最后，卢卡奇针对机械唯物主义及其在马克思主义内部的表现形式，强调指出："客观的经济发展只能确立无产阶级在生产过程中的地位，这种地位决定了它的立场；客观的经济发展只能赋予无产阶级以改造社会的可能性和必要性。但是，这一改造本身却只能是无产阶级自身的自由的行动。"③

三 评论和影响

卢卡奇发表《历史与阶级意识》的主观意图是要恢复马克思主义被第二国际某些人抛弃的黑格尔（辩证）传统，然而当其意图成为一种呈现在人们面前的文本以后，它所产生的影响却依赖于阅读者的视界而具有不同的效果。

柯尔施等人认为它是反对马克思主义中的机械论、宿命论和经济主义的，它旨在对人作为历史的创造者、特别是无产阶级的

---

① 〔匈〕卢卡奇《历史与阶级意识》，杜章智、任立、燕宏远译，商务印书馆1999年版，第308页。
② 〔匈〕卢卡奇《历史与阶级意识》，杜章智、任立、燕宏远译，商务印书馆1999年版，第309页。
③ 〔匈〕卢卡奇《历史与阶级意识》，杜章智、任立、燕宏远译，商务印书馆1999年版，第315页。

作为历史主客体的人道主义历史使命的重新肯定，它是使人们了解马克思主义中的最重要的东西——辩证法的第一部系统巨著（此书副标题就是："关于马克思主义辩证法的研究"）。反之，德波林等人则认为卢卡奇把马克思和恩格斯对立起来，把马克思黑格尔化，否定哲学唯物主义和自然辩证法等。卢卡奇本人也再三对此书作批评。这是两种相反的典型看法。我们认为，卢卡奇自己的看法较为中肯，因为《历史与阶级意识》的确准确地揭示了马克思哲学的黑格尔根源，对马克思实践哲学的辩证法基础进行了很好的论述。

卢卡奇在 1967 年"新版序言"中对自己早期的这种马克思主义辩证法思想进行了反思，他认为："《历史和阶级意识》代表了当时想要通过更新和发展黑格尔的辩证法和方法论来恢复马克思理论的革命本质的也许是最激进的尝试。"这种方式："它是用纯粹黑格尔的精神进行的。尤其是，它的最终哲学基础是在历史过程中自我实现的同一的主体－客体。当然，在黑格尔那里，它是以一种纯粹逻辑的和哲学的方式提出的：通过消除外化，自我意识向自身的返回，并由此实现同一的主体－客体，绝对精神在哲学中达到了它的最高阶段。然而，在《历史与阶级意识》中，这个过程表现为一种社会－历史过程，当无产阶级在它的阶级意识中达到了这一阶段，并因而成为历史的同一的主体－客体时，上述过程也就达到了顶点。这看起来的确已经'使黑格尔以脚立地了'，似乎《精神现象学》的逻辑－形而上学结构已经在无产阶级的存在和意识中得到了真正的实现。……然而，这里的同一的主体－客体是不是比纯粹形而上学的构造更真实呢?"① 虽然如此,卢卡奇仍然强调"对任何想要回到马克思主义的人来说,恢复马克思主义的黑格尔传统是一项迫切的义务"②。很有意思的是,卢卡奇这时正在进行的社会本体论的重建似乎是想把"革命辩证法"与自然本体论结合在一起,但他似乎没有很好地完成这项任务,因为这是两条不同的理论路线。卢卡奇的自我批评的前提是某种自然(物质)本体论,这种理论是后来某些马克思主义者的一种理论构想,恰恰没有有效地揭示马克思实践哲学的能动性。所以,《历史与阶级意识》的问题恰恰不是它揭示了马克思历史辩证法的黑格尔根源,而是这种黑格尔-马克思传统本身是否还有现实解释力和现实批判功能的问题。我们认为,某些当代批判理论家更为清楚地看到了这一点,比如,维尔默写道:在《历史与阶级意识》中,"卢卡奇试图在韦伯的合理化抽象概念背后,揭示出资本主义工业化过程中所具有的特殊的政治经济学内涵。卢卡奇的这一尝试是他努力重新激活马克思主义理论哲学意义这样一个宏观设计的组成部分。卢卡奇的尝试最后失败了,我认为,具有反讽意义的是,失败的原因竟然在于,卢卡奇对马克思主义的哲学重建在一些关键问题上回到了客观唯心主义"③。

然而,不管怎样,此书的确系统地重建了马克思哲学的辩证法基础,并且提出了大量马克思主义中重大争论的问题,激励着

---

① 〔匈〕卢卡奇《历史与阶级意识》,杜章智、任立、燕宏远译,商务印书馆1999年版,第16页。

② 〔匈〕卢卡奇《历史与阶级意识》,杜章智、任立、燕宏远译,商务印书馆1999年版,第16页。

③ 转引自〔德〕哈贝马斯《交往行动理论》第一卷,曹卫东译,上海人民出版社2018年版,第454~455页。

后来学者们的基本问题意识。许多学者认为卢卡奇因此书而达到了 20 世纪以来继列宁之后马克思主义哲学的最高成就，并非言过其实。

第三章 普殊同：一种劳动批判的探索

一 动机和主题

1993年，莫伊舍·普殊同（Moishe Postone）发表了《时间、劳动与社会统治：马克思的批判理论再阐释》一书。① 此书主题是作者立足于《大纲》和《资本论》对马克思政治经济学的再阐释，即提出一种与"传统马克思主义"不同的，基于马克思文本的，以资本主义劳动为阐释基础的现代性社会批判理论。实际上，作者的真正抱负是在马克思的语境中（他重构的《大纲》的再阐释的语境）提出一种关于当代的、发展的（与自由的、国家干预的资本主义不同的资本主义的新类型）资本主义的批判理论。② 这样一种"当代的资本主义的批判理论"必须是一种

---

① 〔加〕普殊同《时间、劳动与社会统治》，康凌译，北京大学出版社2019年版。
② 于是，"一种充分适用于当代资本主义社会的批判性分析必须能够把握其重要的新生维度，以及其作为资本主义的深层的连续性"。〔加〕普殊同《时间、劳动与社会统治》，康凌译，北京大学出版社2019年版，第14页。

新的理论范式，与传统的范式根本不同。① 这样，我们与其关注于他对马克思的再阐释本身是否有力，不如关注其以此再阐释为途径和名义发展出的一种新的现代资本主义的批判理论。

普殊同对现代社会有一个整体判断，他认为无论福利国家还是"现实社会主义"都未能有效地在理论和实践上真正克服资本主义，它们本质上都是"国家干预资本主义"的不同表现形式。在理论上的失败的关键原因是对马克思主义的传统理解，这种理解并未真正把握住资本主义的本质。所以，通过对马克思政治经济学批判的再阐释，目的是真正地理解和把握现代资本主义的真正本质，从而发展出一种有效的当代资本主义现代性的社会批判理论。普殊同把这项任务称为"重建一种现代社会的批判理论"。②

这项工作是通过对《大纲》到《资本论》（他所谓马克思"成熟时期的政治经济学批判"）的再阐释而进行的。作者认为这种再阐释和重建受到了卢卡奇和法兰克福学派的影响，"同时也试图对他们给出批评"③。整体而言，他认为上述阐释路径"……基于对马克思之批判的复杂的理解，通过重新理解资本主义，理论性地回应了资本主义由一种自由主义的、市场中心的形

---

① 普殊同认为，传统的理论范式是现有的各种似乎非常不同的理论倾向所共有的，"作为一种解放性的批判理论，传统马克思主义日益增长的悖时性及其重要弱点内在于它自身；在根本上，它们源于其无法对资本主义加以充分的把握"。〔加〕普殊同《时间、劳动与社会统治》，康凌译，北京大学出版社2019年版，第14页。

② "在此基础上，我们得以构造一种不同的、关于现代社会之本质与轨迹的批判理论——它试图社会地、历史地把握现代社会的不自由与异化的基础。"〔加〕普殊同《时间、劳动与社会统治》，康凌译，北京大学出版社2019年版，第16页。

③ 〔加〕普殊同《时间、劳动与社会统治》，康凌译，北京大学出版社2019年版，第17页。

第三章 普殊同：一种劳动批判的探索

式，向一种组织化的、官僚化的、国家中心的形式的历史转变"。然而，他又认为他们的一些"理论前提"是有局限的，[①]他主要是指一种"超历史的劳动概念"，而马克思的批判则是对"资本主义的劳动"的批判，这种劳动的本质是生产资本主义的财富即价值，而价值（资本的本质）即形成了一种统治结构而外在于人的自主活动，这种劳动是以价值为引导的，从而使人的生存走向歧途，这也就是马克思早期所论述的异化劳动。

因此，普殊同并不认为马克思成熟理论的本质目标是劳动的解放，（他称之为"生产主义"或"生产范式"），[②] 这一解放促成人的本质的复归和解放，总之，他质疑马克思的劳动本质论。问题是，他认为解放了的人的本质是什么？或什么样的劳动？理论逻辑在这里表现为：他根据怎样的规范的劳动概念才能批判资本主义的劳动？具体而言，普殊同的这种"再阐释"建基于对马克思政治经济学批判的基本范畴——如价值、抽象劳动、商品与资本——的重新思考之上，特别是从《大纲》出发的《资本论》阐释。在这里还是看得出卢卡奇的影响，作者认为上述范畴"……表达了社会客体性与主体性的基本形式"[③]，成为整个独特的资本主义的存在原则，这些原则的形成是由资本主义的劳动形成的。所以，他所谓对传统马克思主义的"生产范式"的批判实际上指的是对"资本主义的劳动"的批判，在潜在地坚

---

① 〔加〕普殊同《时间、劳动与社会统治》，康凌译，北京大学出版社 2019 年版，第 17 页。
② 〔加〕普殊同《时间、劳动与社会统治》，康凌译，北京大学出版社 2019 年版，第 19 页。
③ 〔加〕普殊同《时间、劳动与社会统治》，康凌译，北京大学出版社 2019 年版，第 20 页。

持劳动仍是整个社会的制约动力和基础意义上,这仍是一种生产范式,即在生产范围内,通过对资本主义劳动的批判而寻求真正的劳动的解放。所以,他认为马克思那些貌似纯经济学的范畴应更广泛、系统地加以理解,"我们应当将这些范畴视为资本主义的社会存在的规定,来加以分析"①。这就是说,马克思这些"经济学"范畴是一种关于资本主义本质的揭示性批判范畴,他指出:"在方法论上,我所关注的是以尽可能具有逻辑一致性和系统性力量的方式,来阐释马克思的政治经济学批判的基本范畴,并借由对这些范畴的说明,来建立关于资本主义之核心的理论——它揭示了不同阶段的资本主义之为资本主义的定义。"②所以,普殊同实际上想的是重建马克思理论的批判逻辑,这个逻辑被认为是与传统的马克思理解不同的。他把这项工作看成只是理论重建的第一步,即注重对马克思批判理论内在逻辑的澄清,而并非提供一种包括资本主义最新发展的完备性的资本主义理论。这种逻辑作为资本主义的"社会结构的深层本质"将为我们提供一种对现代社会认识的更本质的观点。

质言之,普殊同认为马克思的批判理论是以考察资本主义的劳动为本质内容的,这种劳动是一种独特的,"以雇佣劳动为基础的生产方式"。这种生产方式成为社会存在的原则,成为市民社会的原则,超越它表明将改变这种生产方式本身。这样,将形成一种"社会的个人"(这种个体类似于莱布尼兹的"单子"?)

---

① 〔加〕普殊同《时间、劳动与社会统治》,康凌译,北京大学出版社2019年版,第20页。

② 〔加〕普殊同《时间、劳动与社会统治》,康凌译,北京大学出版社2019年版,第21页。

的概念，它超越了原子个体与抽象共同体（超级主体）的对立，这种个体的基本存在是一种新的劳动方式，"劳动的解放以一种新的社会劳动结构为前提"。普殊同在这里仍然坚持一种以劳动为基础的"生产方式"，"劳动的解放要求的是从（异化的）劳动中解放出来"。[1] 劳动建构了人的世界，所以，对劳动的说明就是对人的生存及其世界的理解和把握，劳动成为人类生存及其社会历史展开的"物质性基础"，对这个基础或本质领域的把握成为哲学的对象和任务。劳动关涉人与自然的关系，同时也是社会性的，因而，历史性劳动的具体性就由"生产方式"概念体现出来。古典政治经济学是以资本主义生产方式（劳动的一种历史的特殊性）为研究对象，它"揭示"了事实，但马克思认为它并未"说明"这个事实，即没有把这个事实与人的生存本质联系起来加以"批判"。根据马克思，这个生产方式的"事实"是由资本主义劳动"生产"出来的，而这种劳动是"异化"劳动。于是，理论批判就成为对这种劳动的非人的异化本质的揭露和批判：政治经济学批判，这种批判针对的是劳动的资本主义形式即资本主义的生产方式。

总之，普殊同在这里与所谓"传统马克思主义"争论的实质就在于对现代劳动方式的理解及其立场。所谓"从劳动出发"就是肯定的立场，"对劳动的批判"就是否定的立场。前者认为现代工业劳动本身成了批判的出发点，即规范基础，这种劳动的实现表明为人类解放的实现；而后者认为现代劳动形式本身必须

---

[1] 〔加〕普殊同《时间、劳动与社会统治》，康凌译，北京大学出版社2019年版，第37页。

被抛弃，代之以人类另外的实践形式。如同工具理性批判一样，后者认为现代劳动本身就是一种统治的特殊形式，只不过这种理解是把它与资本主义联系在一起，因而具有历史特殊性，从而具有历史暂时性。与早期法兰克福学派不同的是，普殊同认为，这种对现代劳动本身的否定性批判立场是马克思后期政治经济学批判的真正立场。他对马克思的重新阐释，建构了一种他自己版本的马克思。"在马克思的分析中的资本主义批判的核心对象，在传统马克思主义那里，则成为了自由的社会基础。"[①] 这个"核心对象"就是现代工业的劳动及其生产方式。

二 劳动范式批判

普殊同讨论了卢卡奇的《物化与无产阶级意识》一文，这篇文章中的理论分析框架被认为是基于黑格尔的《精神现象学》，即"实体是主体"的主体性辩证框架。实体的自我实现过程被"唯物主义"改写为无产阶级及其社会劳动的展开过程，这个过程受韦伯影响而被认为是"理性化"过程，即物化过程，这个过程将被克服或扬弃在总体性中，而总体性被认为是无产阶级的自我克服从而实现了劳动的全面本质，这种劳动的实现被认为是人的自由和解放的实现，卢卡奇建构了一种"劳动实现"的批判理论。普殊同认为卢卡奇的这种总体性方法（黑格尔式的）根本不同于马克思的方法："马克思的理论既未确立亦未断言某种历史元主体（它将在未来社会中实现自身）的观念，如

---

① 〔加〕普殊同《时间、劳动与社会统治》，康凌译，北京大学出版社2019年版，第80页。

无产阶级。"① 他认为，马克思分析的资本的确成为资本主义社会的主体，这个主体并非人类主体，而是一种"他者"的主体，是批判的对象。正是资本主体建构了一个社会的总体，所以，后资本主义就是这种整体的克服。但这在他看来是错误的，他认为后资本主义社会意味着劳动的克服而非实现，劳动成为社会本体论基础是资本主义的历史特殊性的表现，他认为："在马克思的分析中，由劳动所建构的社会关系与历史辩证法，是资本主义的深层结构所具有的特征，而非那种应当在社会主义中得到完全实现的人类社会的本体论基础。"②

普殊同认为卢卡奇提供的是关于无产阶级历史实现的乐观主义，而批判理论是一种悲观主义，两者共同的理论弱点在于对社会历史的劳动基础都进行了一种超历史的肯定，即认为劳动是社会历史的本体论基础。他的这种看法似乎与哈贝马斯有类似的地方。哈贝马斯认为，卢卡奇和早期批判理论家对劳动和人类实践进行了一种主体哲学范式的理解，把劳动这种目的理性活动，解释为社会的基本建构机制和运行原则，这会遗忘主体间相互作用的交往机制。哈氏提出了一种走出主体哲学困境的主体间性理论，而主体哲学范式要么表现为乐观主义辩证法，要么表现为悲观主义的否定辩证法，两者都根源于黑格尔式的观念主体的存在论。

普殊同还谈到了一种批判性的社会理论的结构特征，认为它

---

① 〔加〕普殊同《时间、劳动与社会统治》，康凌译，北京大学出版社 2019 年版，第 91 页。
② 〔加〕普殊同《时间、劳动与社会统治》，康凌译，北京大学出版社 2019 年版，第 96 页。

是一种"内在批判",批判的出发点即我们所谓"规范基础"是内在于批判对象中的。但他不同意把这个规范前提理解成是自由资本主义的理想观念(如自由、理性、民主),他认为这个基础是批判对象(如现代社会)本身内在矛盾的展开并克服的可能性,这是一种内在的、与现实对立的应然可能性。他认为,马克思的批判就是建立在对资本主义基本矛盾的辩证分析之上的内在批判,即分析了资本关系的矛盾并指出了超越这种矛盾的应然可能性。因而这种依对象而来的批判并不指向一种乌托邦的应然理想,而是"其对象内部的可能性"。普殊同指出:"作为一种历史批判的范畴,它们必须表现出它们能够把握住这一社会的内在动力的基础。这些基础将导向这一社会的历史否定的可能性——导向作为内在于'实然'的历史可能性的'应然'的出现。"① 他认为霍克海默在《传统的和批判的理论》(1937年)中就是采用这种方法讨论理论的批判性的,② 但他认为霍克海默合理劳动的观念,仍然是一种传统马克思主义的理解,劳动本身的合理化在于社会劳动关系的合理化,"生产力被等同于社会生产过程,其潜能的实现被市场与私有财产所阻碍……他以理性与公正的名义对现在秩序的批判所具有的出发点,是由'劳动'提供的"③。然而,在《极权主义国家》(1940年)中,霍克海默转

---

① 〔加〕普殊同《时间、劳动与社会统治》,康凌译,北京大学出版社2019年版,第104页。

② "理性、社会生产、整体性和人类解放彼此交织在一起,并在霍克海默的文章中提供了历史批判的出发点。"〔加〕普殊同《时间、劳动与社会统治》,康凌译,北京大学出版社2019年版,第124页。

③ 〔加〕普殊同《时间、劳动与社会统治》,康凌译,北京大学出版社2019年版,第125页。

第三章　普殊同：一种劳动批判的探索

变了这种看法，因为所谓国家资本主义（对私有制和市场的取代）并未成为劳动的解放，而且这种劳动本身的巨大的工业化成为人类的威胁，解放已不是劳动的解放了，劳动已成为工具理性，对劳动的信任已消失，代之以更为悲观主义的工具理性批判。普殊同认为霍克海默："在这里，他从负面的角度评估生产的发展，将其作为资本主义文明中统治的发展。"① 这样，自由和解放的可能性将不再由现实的劳动与科技进行支撑，其可能性没有了现实的基础。

与卢卡奇的判断相似，普殊同也认为马克思的政治经济学批判（《资本论》第一卷中商品、价值、资本与剩余价值等范畴逻辑）揭示着资本主义的深层结构，这成为资本主义的整体原则，这一结构本身可以通过无产阶级的解放而改变：消除物化。而哈贝马斯认为这个经济系统领域是现代社会的一种特有的分化（韦伯的合理化）结果，其物化原则使得它（经济系统）成为一种自我持存的系统，而且试图把它的原则扩张到社会的整个层面，即"生活世界的殖民化"。社会批判的基础不再是消除这个系统原则本身，而是把它纳入生活世界的交往关系（通过道德和法律）中，交往合理性是批判理论的规范原则。由此看来，普殊同仍持有一种还原论的整体观，即生产方式决定整个社会的运行原则："在这些范畴基础上，他（马克思——引者注）试图阐明资本主义社会的根本性质及其'运动规律'，也即资本主义

---

①〔加〕普殊同《时间、劳动与社会统治》，康凌译，北京大学出版社 2019 年版，第 129 页。

中的生产以及所有社会生活方面的不断变动的过程。"① 这是一种关于资本主义本质结构及其运行过程的具体特殊性的理论。在此，普殊同强调了马克思并未提出一种关于整个人类历史的普遍观点，这似乎是不认可在马克思那里有一种普遍的历史唯物主义理论。这也意味着他反对卢卡奇晚期关于社会存在的本体论，因为这表明卢卡奇从早期对资本主义的物化理论批判，推而广之到了整体性历史的本体论建构，而这种建构在普殊同看来并不具有历史特殊的现实性。他指出："在依据资本主义基本社会结构的独特性来分析历史辩证法时，马克思已将其从历史哲学领域中移出，并置入了一种历史特殊社会理论的框架之中。"② 这样一种关于历史特殊的社会本质的理论本身也是历史特殊的，它的范畴不能普遍地推而广之或普遍化。他认为马克思的这种批判的内在性体现在批判对象本身的矛盾性，即自我超越的可能性。

普殊同对所谓"成熟时期的马克思"的解读，是认为《大纲》和《资本论》构造了一种异化于人类主体的"他者"主体。这种异化主体是由特定的、资本主义模式（性质）的劳动（二重性的劳动）建构的。而且，基于这个异化主体内在的矛盾，这个主体具有自我超越的可能性，这使得这种理论成为"批判的"，批判的基础来源于批判对象自身的矛盾存在的可能性。普殊同这种理论解读本身是一种主体哲学范式的产物，它仍有一个实质性主体的假定，这也仍是一种在黑格尔辩证法（对象化、

---

① 〔加〕普殊同《时间、劳动与社会统治》，康凌译，北京大学出版社2019年版，第157页。
② 〔加〕普殊同《时间、劳动与社会统治》，康凌译，北京大学出版社2019年版，第163页。

异化及其扬弃、自我否定）逻辑框架中的思考。它把这个结构性主体设定为一种系统，这个系统的原则保障这一结构本身的自我持存，并"结构着"整体性的社会生活。总之，这种由资本主义劳动而来的社会深层结构类似于批判理论的工具理性，整体社会生活受到它的"操纵"。与"单向度"绝对不同的是，这个结构自身据说有自我超越的可能性。然而，执行这个超越（革命）的物质力量似乎并非无产阶级，因为无产阶级本身是体现了而不是打破了这个结构性异化。这与早期马克思关于物质力量的理论不同。在普殊同这种主体哲学解释框架中，"克服异化包括了废除自我规定的、自我运动的主体（资本），废除由异化结构所建构了异化结构的劳动形式；这将使得人类得以占有以异化形式建构出来的东西。克服历史主体将使人们第一次能够成为他们自身社会实践的主体"①。整体看来，普殊同仍然遵循着马克思《巴黎手稿》中论述的关于人类本质力量的异化和复归的黑格尔式的逻辑。

三 交往范式批判

关于这种现代劳动的发展及其批判功能，普殊同认为其本身（资本主义劳动的内部辩证法）就有一种克服现有劳动方式从而走向解放的可能性。而哈贝马斯在《知识与人类旨趣》中则认为现代社会的异化功能本身就是现代劳动方式的表现，所以马克思的劳动综合概念只是加强了现代社会的统治性，它本身的原则

---

① 〔加〕普殊同《时间、劳动与社会统治》，康凌译，北京大学出版社2019年版，第259页。

并不能成为一种解放旨趣（反思意识）的引导，劳动只能是一种工具合理性的原则。这样一种建立在"劳动综合"基础上的批判理论不足以批判当代的现实，也不足以拓展解放的空间。劳动所要求的原则本质上就是已然的现实原则。哈贝马斯的解决方案是有一个与"劳动"不同逻辑的"相互作用"的领域（而这个领域在马克思那里以生产关系的名义归结于劳动的原则），这个领域的合理重建（这时哈贝马斯还是以自我反思的意识哲学范式论证的）将开启解放的可能性空间。

普殊同进而分析哈贝马斯《交往行动理论》对社会批判理论的重建方案。他关注到哈氏理论意图体现于三个方面：其一，在主体间性范式转变基础上，企图重建社会批判理论的规范基础，即交往合理性基础；其二，用一种"双层理论"来把握现代社会，"生活世界"和"系统"是两种不同的整合模式，这构成了两种具有张力关系的力量，从中可以得出一种批判性的社会理论：生活世界被系统原则"殖民化"；第三，后自由主义的社会理论的批判性，即"病理学"诊断。普殊同对哈贝马斯理论的质疑在于如下的提问："一种具有社会基础的批判现代性理论，在克服了早先批判理论的局限的同时，是否需要哈贝马斯所给出的那种社会本体论和进化论框架？"[①] 普殊同实际的意思是，如果按照他的晚期马克思的重建性阐释，马克思已然给出了一种有力的资本主义批判理论，而哈贝马斯没有理解到马克思理论的真义，他在很大程度上误解了马克思，或在传统意义上看待马克

---

① 〔加〕普殊同《时间、劳动与社会统治》，康凌译，北京大学出版社2019年版，第283页。

第三章 普殊同：一种劳动批判的探索

思。在哈贝马斯眼中，马克思的理论框架与传统批判理论一样，需要重建。

在对理论的具体分析中，普殊同认为哈贝马斯的交往合理性是比韦伯理论中的合理化过程更加广泛的概念。但是，这个规范的理性概念，即"批判的立足点——他早先将其称为'互动领域'，现在则将其阐释为一种普遍的社会潜力——外在于资本主义。与此类似，他似乎仅仅依据认知-工具理性（在哈贝马斯早期工作中，它被视为劳动领域）来理解资本主义——也就是说，资本主义被理解为单向度的"①。这种看法是有问题的。因为在哈贝马斯那里，规范向度（虽然带有某种理论设定的理想化）并不外在于现实社会；而现实社会也并非单向度的。普殊同也认为他与哈贝马斯理论有些共同之处："我们都批判以主-客体范式为基础的理论，并都将对社会关系的考察置于分析的核心。"② 但他质疑哈贝马斯的分析方法，认为这会直接导向对交往本身的分析，而他自己却"……导向了对建构了现代社会的特定社会中介形式的思考"。由此他认为哈贝马斯的交往合理性（语言交往中的以有效性要求为基础的同意）是抽象的。因为，哈贝马斯"……试图根据生活世界的合理化，来理解合理化的普遍历史过程，以此来描述其发展进化"③。生活世界合理化就是一种现代性的进化过程（而非韦伯的合理化进程），"这一社

---

① 〔加〕普殊同《时间、劳动与社会统治》，康凌译，北京大学出版社 2019 年版，第 285 页。
② 〔加〕普殊同《时间、劳动与社会统治》，康凌译，北京大学出版社 2019 年版，第 287 页。
③ 〔加〕普殊同《时间、劳动与社会统治》，康凌译，北京大学出版社 2019 年版，第 288 页。

会进化逻辑是判断现代的发展状况的标准"①。普殊同在这里对哈贝马斯交往理性的形式语用学重建进行了质疑。他认为"语言"是哈贝马斯理论的核心，类似于劳动是马克思的核心，所以这种形式理性不具有社会历史的具体性，它是语言交往构造的抽象。其次，他认为哈贝马斯的理论只把握了现代社会"符号再生产"的一个维度，而没有能力解释"社会作为一个整体的再生产"。普殊同认为哈贝马斯理论框架的问题是："它试图通过将两种本质上是单面的理论方法结合起来，以理解社会现实的双面性。"② 哈贝马斯实际上并未以马克思的方式（也一定程度上是普殊同的方式）理解社会的整体性，这种整体性仍然以劳动为整个社会的整合机制，并由劳动机制的自身矛盾的自我扬弃来寻求解放。而哈贝马斯是把这种劳动的系统机制纳入生活世界的交往规约之中，劳动系统不是被改变，而是受到民主和法制的规范。他不是批判经济、国家系统本身，而是限制它们不被规范的无限扩张。

总之，普殊同认为哈贝马斯理论的基本困难在于系统和生活世界两种原则的"准本体论区分"。他潜在的意思是，哈贝马斯没能在一种统一的机制中来把握现代生活的整体性。普殊同的这种整体性是具有内部矛盾的，比如他所说的具有两重性的资本主义劳动的整体解释机制。这种主体性框架（资本成为主体）既解释了现代社会各部分的相互关系，又能以自身的矛盾性来解释

---

① 〔加〕普殊同《时间、劳动与社会统治》，康凌译，北京大学出版社 2019 年版，第 288 页。

② 〔加〕普殊同《时间、劳动与社会统治》，康凌译，北京大学出版社 2019 年版，第 291 页。

批判性，这是一种形而上学的彻底解决方案。只不过他认为经过自己重新解释的劳动（资本主义劳动）是现实社会历史的呈现；而哈贝马斯的交往生活世界似乎也是一种主体哲学的解决方案，它存在于社会历史之外，是一个抽象的理论构造。他把自己的批判性主体哲学的观念和方法附会在哈贝马斯身上，从而误读了哈氏的理论，也掩盖了自己理论的真正的方法论的主体哲学本质。

四 批评和质疑

普殊同理解的"生产方式"概念是有一定问题的，因为他似乎只是在生产的技术层面即生产力层面来理解这一范畴，所以他反对传统历史唯物主义关于生产方式的变革是历史发展动力的基本观点。他注重于由劳动产生的商品结构上面，这本没错，但传统生产方式概念讲的社会基本矛盾正是生产力和生产关系的矛盾，新的生产方式正是在生产关系层面上相应的变革，这并非没有触及制度框架，商品结构关系的变革正是马克思"武器的批判"的关键。以价值为核心的这种生产方式的结构形式即是马克思批判的重点。所以，他并未给马克思增添什么新东西，他的重建也并未带来与他所谓传统马克思主义的对立，马克思讲的劳动的解放正是可以理解为以价值为核心的生产方式的变革。所以，他所谓"从劳动"出发的批判与"对劳动"的批判的区分是似是而非的。在马克思那里，"对劳动"的批判正是以真正的、解放的劳动（作为人类本质力量的表现）——即"从劳动"的批判——为基础的。不以真正的劳动为基础，马克思何以能批判以价值为核心的异化劳动？马克思理论的问题是，在摆脱了以价值为核心的劳动（所谓"市民社会的革命化"）以后，人类劳动将以何种方式存在？这时，如果没有价值这一核心驱动力以后，那么，劳动以及生产力是否还有内在发展的可能性和持续的动力？

在普殊同对生产力和生产关系的社会基本矛盾的理解中也存在某种混淆。的确，他通过价值和资本的逻辑分析了独特的资本主义生产的内在矛盾，但他并不认为这种独特的生产方式源自"私有制"。他认为，无论私有还是公有，这种生产方式本身都不会改变，因为以价值和资本为导向的生产并未改变。这也是他对所谓"现实社会主义"实行的国家资本主义进行批判的原因。那么，最终的问题就在于，这种以价值和资本为导向的生产方式是否可能被超越？或者说，如果这种生产——虽然是以一种所谓异化的、外在的方式——的确成为历史的动力原则，那么，在消除它以后的"后资本主义时代"，即马克思所谓真正的人类历史的时代，还有怎样的历史动力原则得以确保人类的生存自由呢？资本的动力机制也是人创造的，如果没有这个动力原则，人将会创造怎样的动力原则呢？马克思的"自由劳动"的观念必须得到重新解释，根本问题在于，这种"自由、自觉的"类本质以什么生产方式的具体形式存在呢？

所以，普殊同认为马克思理论的核心是对劳动本身（他在这里似乎并没有区分本质性的劳动和资本主义劳动）的批判，而没有对财产的所有制和市场经济进行本质性批判，这是有混淆的。这里的问题在于，这种以价值为核心的异化劳动和财产私有制的关系，这种劳动是怎样产生的？在什么制度框架中产生的？马克思在《巴黎手稿》中就问了这个问题：资本主义劳动之异化性（价值或资本成为主体）是怎样产生的？在普殊同看来，

第三章　普殊同：一种劳动批判的探索

马克思的批判针对的是资本主义生产方式本身，而不是私有制，无论私有还是公有，无论是自由的还是国家干预的，这种以价值为导向的劳动就仍然是社会基本结构和运行原则的基础。

在普殊同看来，通常所说的对象性劳动本身并不能说明生产力发展的内在动力，只有产生了以价值为原则的劳动，这种劳动才有内在发展的元动力，即资本的自我增值，"……资本主义社会结构就有了动力性"。① 这种结构是由资本主义劳动所中介，这种劳动具有二重性，它的动力机制来源于作为资本的价值增殖……这是资本自我持存的逻辑。②

普殊同把资本主义劳动内部的二重性的矛盾存在描述为价值的时间维度，这使得这种劳动具有方向性。他认为这仅是马克思对现代资本主义历史逻辑的解释而不是关于整个人类社会的理论（历史唯物主义）。这种"解释"导向了对当代资本主义的考察：对以价值为核心的资本主义进程的批判性考察。③ 普殊同的批判视角力图深入资本增值逻辑的本质方面，他认为马克思就是在这

---

① 〔加〕普殊同《时间、劳动与社会统治》，康凌译，北京大学出版社2019年版，第354页。

② 然而，这种被认为是导于人的主体性的强制性是否是人类生存和发展本身的一种本质规定？人的自我规定的自主和自由是否本身就要以这种形式的"他律"性的结构为前提？没有这种他律，那么，自律是否可能？所以，问题似乎是：并不是要超越这种作为系统的劳动，而是要把这种劳动本身通过法律规约起来？所以，理性的自由是否只是一种哈贝马斯所谓的形式的、低限的要求，而不是马克思、卢卡奇以及普殊同要求的那种实质性"质变"的理想的高阶状态？

③ 现代资本主义批判也在不同维度上展开，比如大卫·哈维揭示了资本增长的不平衡性；另一种是传统的对资本主义剥削的批判，这是分配角度的批判；另外还有所谓的"加速资本主义"的批判。

个层面上进行资本批判的,① 这个层面就是资本增长本身的"性质"。资本增长维系在"一种异化的动态社会结构"之上,它成为一种自我持存的主体,它的持续扩张"具有一种加速的、无限的、失控的形式,超越了人们的控制范围"。②

总之,普殊同对成熟马克思政治经济学批判的重构意在建构一种关于资本主义的结构性观念,这个结构是资本成为主体的异化结构。然而,一方面他认为资本是一种资本主义的社会关系结构的方式,另一方面他又不认为这个关系表现了私有制关系,即资本家和工人之间的关系。那么,资本之社会关系到底表达了怎样的社会关系?这种社会结构关系因何而得以可能?他也认为,在初期即工场手工业时期,"资本对具体劳动的生产能力的占有,尚且可以被视为源于所有权和控制,也即被视为源于私有财产"③。他意思是,资本不再是工人劳动能力的体现,而本身成为一般社会生产力水平的表达。但无论如何,那种异化劳动之"异化"结构仍在被再生产出来,如果这种社会关系结构不是表现为阶级关系结构,那么它又以什么为基础呢?他指出:"这一异化过程也无法依据私有财产而得到充分的理解,那么,这一异化的建构过程就必须被放在一个更为深入的结构性层面之中。"④

---

① "为了试图展开资本的根本特征,我将把注意力集中在他对剩余价值扩张过程的分析的另一面。"〔加〕普殊同《时间、劳动与社会统治》,康凌译,北京大学出版社 2019 年版,第 358 页。

② 〔加〕普殊同《时间、劳动与社会统治》,康凌译,北京大学出版社 2019 年版,第 361 页。

③ 〔加〕普殊同《时间、劳动与社会统治》,康凌译,北京大学出版社 2019 年版,第 404 页。

④ 〔加〕普殊同《时间、劳动与社会统治》,康凌译,北京大学出版社 2019 年版,第 404 页。

第三章 普殊同：一种劳动批判的探索

这种"更深"的层面实际表达的是超出阶级关系和财产关系的更为普遍的层面，这是什么意思？他是否认为，现代大工业社会不可避免地就会形成这样一个结构？因为现代工业形成了一种在个体人类之外，人们完全无法控制的"机器"的王国，而且，这个王国的运行原则必然会把个人纳入其中成为一种工具要素。他似乎导向了对现代工业本身的批判，无论在所有制上是私有还是公有（传统马克思主义对资本主义和社会主义的区分原则），这种"发达工业社会"都将成为一种以资本为深层结构的社会。所以，马尔库塞的"单向度"被他解释为资本化向度，而这种资本向度有可能"自我超越"。资本表达了这种生产方式的资本主义本质，那么，资本生产方式的根源在哪里？怎样才可能达到一种非资本性（非异化）的生产方式？怎样理解马克思"改变世界"的实践方案？

他的逻辑是，由于无产阶级本身成为资本主义的一个结构性要素，所以，无产阶级的立场和解放（重新占有生产资料）只是加强了资本统治的异化结构。他认为："马克思对资本这一范畴的逻辑展开，他对工业生产的分析，都彻底否定了将无产阶级视为革命主体的这一传统假定。"[①] 资本逻辑是作为"他者"的异化主体存在，所以，无产阶级的解放只是重新占有生产资料，无产阶级的生产仍然是资本的生产。换言之，普殊同质疑关于无产阶级解放观念的传统理解，因为这种理解没能触动资本更深层的逻辑。难道，作为资本关系构造物的无产阶级的解放不是应该

---

① 〔加〕普殊同《时间、劳动与社会统治》，康凌译，北京大学出版社 2019 年版，第 411 页。

被理解为这种劳动者的"无产"性质的去除吗?这种去除不也应该被理解为资本结构关系的去除吗?这种对作为异化主体的资本关系的去除不应该被认为是(在马克思的语境中)通过作为物质力量的无产阶级革命才得以实现吗?普殊同坚持的不也是另外一种生产主义吗?实际上把"资本性生产"本身抽象并独立出来成为一个绝对的主体,结果是马克思追求的目标——通过人并且为了人而对人的本质的占有——在他这种生产主义中是得不到解释的。他对"成熟马克思的资本主义政治经济学批判的重建"无论本身是否符合马克思的本意(他自己追求的理论目标),得出的结论则是非马克思的(在这点上,卢卡奇至少在理论逻辑上是回归马克思的),在普殊同的理论逻辑中无产阶级只是客体而不是主体。

所以,普殊同反对传统马克思主义的资本主义批判(他称之为"肯定性"批判),他认为马克思的批判实际上没有现存的基础,即不以当下资本主义体系内部中的构成要素作为基础。无论是坚持公有制的资本生产,还是诉诸无产阶级,都是"肯定性"的,相反,真正的批判是对现有资本生产结构的根本否定,"……这一批判并不植根于现状,而是植根于未来的可能——但它无法在现存的社会生活结构中得以实现"①。这种"未来的可能"已经"历史性地出现在现存秩序的矛盾性质之中",在这种社会中,劳动不再被认为是社会结构形成的中介。普殊同认为(当然是以马克思的名义)劳动成为社会结构和秩序的中介形

---

① 〔加〕普殊同《时间、劳动与社会统治》,康凌译,北京大学出版社2019年版,第417页。

式，这是资本主义所特有，也就是说，只要社会以劳动为中介，那么这个结构必然是异化的。这种看法实际上否认了异化劳动这一批判性概念，因为在他看来，任何劳动都是异化的劳动。在谈到对资本主义的"克服"时候，普殊同认为："社会生活不再由我们所考察的结构所准客观地中介，相反，它将以一种社会的、政治的方式公开地被中介。"① 这种思路与哈贝马斯所建构的民主法治国的商谈模式或罗尔斯的作为公平的正义原则有什么样的关系？但他并未发展出一种符号性的交往理论，他仍然是在劳动这一系统理论语境中谈解放的可能性。

---

① 〔加〕普殊同《时间、劳动与社会统治》，康凌译，北京大学出版社2019年版，第418页。

第二编

批判理论的拓展与困境

第四章　新的时代意识和意识形态批判旨趣的转换

第一代批判理论家某种意义上可以被看作是对黑格尔－马克思－卢卡奇传统的反思和反叛。基于时代呈现出来的"启蒙辩证法"的残酷现实以及"工具理性批判"的某种极端性，他们义无反顾地抛弃了能动的实践哲学，在新的时代境况中，实践哲学在理论与实践上的不可能性与危险性深深地困扰着他们。作为批判理论家，他们选择继续批判。然而，"内在批判"的规范基础已经从现实视界中完全消失，这种以理性和真理性为本质内涵的批判性原则只能作为观念形态寄托于乌托邦的希望中。

一　悲观的历史诊断

霍克海默和阿多诺合著的《启蒙辩证法》无疑是第一代批判理论家的经典，因其时代意识的敏锐与批判立场的尖锐而产生了广泛的影响。在1969年的"新版前言"中，两位作者谈到了理论的历史性和时代性。理论"是要寻找时代的真谛"，而当时写作时正是纳粹时期，而现在是冷战时期，总之，和平与发展尚未成为"时代的主题"，解放的希望还遥遥无期。这不能不影响到他们关于时代的理论判断，即西方理性主义的历史演进直到当时仍是极权的，当代的极权主义的各种表现（极权和总体性原则）因而在他们眼中就"不单纯是""历史的插曲",在他们的心目当中,对启蒙与神话的辩证分析因为现实的缘故仍未有过时的迹象,一种解释学的生存状态决定了他们的这个想法:"本书曾经诊断认为,启蒙转变成了实证论,转变成了事实的神话,转变成了知性与敌对精神的一致,所有这些诊断今天都得到了充分的证明。"① 所以,批判理论所寻求的自由和人道在历史的滚滚洪流中仍"显得多么的苍白无力"。虽然一种本雅明式的悲观历史哲学观念再次得到了极端表达,然而,毕竟要坚持自由的希望和寻求。而这种人类的现实生存状况(社会历史状况)则应当以某种理论加以概念化,这就是《启蒙辩证法》否定的悲观的历史哲学。

（一）启蒙的退废

在实践哲学的传统中,列宁曾以垄断的资本主义的垂死性和腐朽性判决了帝国主义的死期,对资本主义进行了彻底的否定,这一基本态度在《启蒙辩证法》作者那里并未改变,而且因为法西斯主义的兴起而得到加强,故而必须建构一种说明资本主义"全面罪恶"的批判理论。这一理论早在19世纪就由马克思建构起来了,但马克思是基于启蒙的立场对资本主义的发展进行了某种"辩证的"批判,解放的可能性和现实性产生于资本主义现实的内部。到了20世纪,资本主义产生了新的情况,这种情况表明其全面的衰退,解放的现实可能性彻底失去。前提是这样一个基本判断:"当代资产阶级文明崩溃",（深深地陷入了野蛮

---

① 〔德〕霍克海默、阿道尔诺《启蒙辩证法》,渠敬东、曹卫东译,上海人民出版社2003年版,第2页。

第四章 新的时代意识和意识形态批判旨趣的转换

状态)(44/47年前言)。在一种看不到自由前景的心态下,他们对西方文明做出了"启蒙辩证法"的悲观判断,并由《否定的辩证法》给予哲学论证,即为启蒙的这种衰退寻找哲学上的根据,这就是同一性形而上学成为西方启蒙理性的元叙事表达,而这种表达是有原罪的。

那么,这个关于西方启蒙历史的故事是怎样叙述的呢?作者们有一个整体判断,认为这是一个"启蒙的自我毁灭"的故事,而这种毁灭本身就包含在启蒙思想的概念之中。《启蒙辩证法》就是对这样一种(占主流地位的)启蒙的理论策略的批判性反思,这种反思从思想史和现实两个角度展开,从而表达了这样一个主旨:"启蒙倒退成神话,其原因不能到本身已经成为目的的民族主义神话、异教主义神化以及其他现代神话中去寻找,而只能到畏惧真理的启蒙自身中去寻找。"[1] 于是,对当时人类生存及其社会历史发展的关系就有了这样的一种价值判断:今天,人性的堕落和社会的进步是联系在一起的。而且,这种堕落在今天呈现出新的特征,即现实的罪恶与形而上学结合在一起,产生了意识形态的帷幕,意识形态批判的使命就是揭开这个帷幕。

第一篇论文是"全书的理论基础",表达了这样的判断:"即神话就是启蒙,而启蒙却倒退成了神话。"[2] 这一关于"启蒙的辩证法"实质是表达了这样一个观念:以启蒙为方式的西

---

[1] 〔德〕霍克海默、阿道尔诺《启蒙辩证法》,渠敬东、曹卫东译,上海人民出版社2003年版,第3页。
[2] 〔德〕霍克海默、阿道尔诺《启蒙辩证法》,渠敬东、曹卫东译,上海人民出版社2003年版,第5页。

方现代性从一开始就是错的，因为启蒙就是神话，由启蒙而来的摆脱神话的自主性进步本身就是一种当代的神话（意识形态）。他们要做的就是把这种启蒙现代性的神话连根拔起，从而构想出一种真正的（实证的）启蒙概念。就"启蒙"的传统的、主流的概念而言："就进步思想的最一般意义而言，启蒙的根本目标就是要使人们摆脱恐惧，树立自主。"① 作者引证了韦伯关于启蒙就是祛魅的观念，培根也早就"归纳了启蒙的主旨"：祛除神话，并用知识替代幻想。培根开始产生了一种现代自然科学的正面观念：知识就是力量。而技术就是知识的本质，技术只是方法，即工具性的。从"知识—技术—方法—工具"这一系列中得出了关于科学的启蒙现代性观念："人们从自然中想学到就是如何利用自然，以便全面地统治自然和他者。"② 而且，这种启蒙失去了"自我意识"，即自我反思的能力，在思想上极端化为一种实证主义倾向，这已成为一种现代性的意识形态。

这种启蒙的观念有着古老的起源，前苏格拉底的自然哲学就"体现了理性战胜神话观念的过程"，后来集中体现在柏拉图和亚里士多德的理性主义当中。这种理性把握自然的方法超越了对自然的神话观念，通过工具理性来控制自然。西方理性主义的起源就表现出人对自然的控制，在思想上表现为诉诸工具理性（科学理性），排斥神话。对此，作者们进行了一个否定性的评

---

① 〔德〕霍克海默、阿道尔诺《启蒙辩证法》，渠敬东、曹卫东译，上海人民出版社2003年版，第1页。
② 〔德〕霍克海默、阿道尔诺《启蒙辩证法》，渠敬东、曹卫东译，上海人民出版社2003年版，第2页。

第四章　新的时代意识和意识形态批判旨趣的转换

价:"启蒙带有极权主义性质",① 这种统治的权威是以对人类主体性的弘扬为前提的,"俄狄浦斯(Oedipus)对斯芬克斯之谜的解答:'这就是人',便是启蒙精神的不变的原型。"②

建构一个理性的整体知识体系(为了认识全体),这是近代认识论(目的在于为科学的真理性奠基)的宗旨,无论经验论还是唯理论,它们都是理性主义的。在构想一种知识的形式系统的观念中,在方法论上出现了基本性的简化和还原,"各式各样的形式被简化为状态和序列,历史被简化为事实,事物被简化为物质"。③ 执行这种"简化"功能的认识形式是科学的形式理性原则(哲学意义上的逻各斯),"形式逻辑成了统一科学的主要学派。它为启蒙思想家提供了算计世界的公式"④。这种思想在哲学上表现为形而上学,"从巴门尼德到罗素,同一性一直是一句口号,旨在坚持不懈地摧毁诸神与多质"。

以上就是关于启蒙的主流的观点。而接下来,作者们就通过对启蒙与神话内在关联的分析揭示出这样一种批判性见解:神话已是启蒙,而启蒙总是神话。"被启蒙摧毁的神话,却是启蒙自身的产物",这说的是前一个意思,就是说,神话已带有启蒙的思维结构:"神话试图对本原进行报道、命名和叙述,从而阐

---

① 后来,自由主义学者在冷战时代更多是在政治意义上使用极权主义术语,旨在反对现实社会主义。

② 〔德〕霍克海默、阿道尔诺《启蒙辩证法》,渠敬东、曹卫东译,上海人民出版社 2003 年版,第 4 页。

③ 韦伯指认了这种理性化过程的"铁笼"本质,胡塞尔称作数学化的世界图景,都带有批判色彩。

④ 早在柏拉图那里,理性就和数学结合在一起:"数学成了启蒙精神的准则。"〔德〕霍克海默、阿道尔诺《启蒙辩证法》,渠敬东、曹卫东译,上海人民出版社 2003 年版,第 5 页。

述、确定和解释本原。"① 无论是神话还是主体性觉醒的启蒙，在与自然的关系上是一致的："造物主与秩序精神在统治自然的意义上是相似的，人类与上帝的近似之处体现在对生存的主权中，体现在君主的正言厉色中，也体现在命令中。"② 在这个"统治自然"的意义上，"神话变成了启蒙，自然则变成了纯粹的客观性"。这种对待自然的方式，"就像独裁者对待人"。然而，神话或巫术中的权力结构有其自身独特的表达方式，它并没有一个人类自身同一性的总体概念，也没有一个统一秩序的自然。所以，神话毕竟在形式上还不是启蒙，然而，比如弗洛伊德则错误地认为（《图腾与禁忌》）"巫术"坚信能够彻底统治世界，"但这是不对的，"因为，"这种信念只有通过更加成熟的科学，才能与现实的统治世界相一致"。③

（二）形式理性的宰制

但是，神话毕竟具有启蒙的萌芽，父权制的太阳神话就是标志，"神话自身开启了启蒙的无尽历程"。关键在于这种神话中所具有的思维形式的原则，比如必然性原则，质言之，就是被形式逻辑表达的理性思维原则："这种原则一旦被形式逻辑的严密性所限定，那么它就不仅控制着西方哲学的所有理性主义体系，

---

① 〔德〕霍克海默、阿道尔诺《启蒙辩证法》，渠敬东、曹卫东译，上海人民出版社2003年版，第5页。
② 参考列奥·施特劳斯对《创世纪》的解读。〔德〕霍克海默、阿道尔诺《启蒙辩证法》，渠敬东、曹卫东译，上海人民出版社2003年版，第6页。
③ 〔德〕霍克海默、阿道尔诺《启蒙辩证法》，渠敬东、曹卫东译，上海人民出版社2003年版，第8页。

而且也支配着体系的结果。"① "启蒙运动推翻神话想象依靠的是内在性原则,即把每一事件都解释为再现,这种原则实际上就是神话自身的原则。"这种原则通过主体内在精神建构了同一性,而事物自身的同一性,即与自身同一的特殊性(阿多诺《否定的辩证法》指出的非同一性原则)却消失了。② 这就是说,在形式逻辑意义上的概念思维已是一种抹去个体性的同一性思维,但事物本身确是具体的,即"每一种事物都是其所是,同时又向非其所是转化",这是由黑格尔早就论证过的。但通过同一性的抽象,观念与具体性的事物就相互分离开来,"这种形式在荷马史诗中已经有了长足的发展,而在近代实证科学中则达到了登峰造极的程度"③。这里以否定的评价给予了逻辑抽象以原罪,当然,这是否合理是工具理性批判必须面对的根本问题。

面对新事物,人类必须把它们纳入已知(自己建构)的思想框架中才能摆脱恐惧。面对自然,人类发明了两种语言的方式:其一,作为符号系统的科学语言:语言的目的是认识自然,即把握自然,使用计算性的理性抽象方法,使自己控制而不是适应自然,这就是现代自然科学的内在逻辑,启蒙现代性就建基其

---

① 〔德〕霍克海默、阿道尔诺《启蒙辩证法》,渠敬东、曹卫东译,上海人民出版社2003年版,第9页。

② 从基本历史观而言,他们仍延续着唯物史观的某些原则,在这里就是认为现实社会关系中的统治秩序正是思想上同一性哲学的基础:"由抽理逻辑发展而来的一般思想及其在概念领域内的支配作用,都是在支配现实世界的基础上得以提升起来的。"〔德〕霍克海默、阿道尔诺《启蒙辩证法》,渠敬东、曹卫东译,上海人民出版社2003年版,第11页。

③ 〔德〕霍克海默、阿道尔诺《启蒙辩证法》,渠敬东、曹卫东译,上海人民出版社2003年版,第13页。

上；其二，作为图像的"艺术"语言：语言的目的是反映自然，不是认识、把握和控制，而是顺应自然。当然这里指的是真正的艺术，启蒙世界里的事物已被科学化了，所以艺术的方式是要模仿真正的自然。这两种语言方式体现了两种不同的面对（处理）自然的姿态和策略。"自然本身"这个意象代表着作者们心目中的一块未被科学理性污染的净土，于是对真正自然的模仿也就同时意味着对现实世界的批判。这里前设出工具理性（或启蒙现代性）批判的基础，即我们说的规范基础：未被污染的自然，以及据说是对这个自然持有（通过艺术形式的模仿）的真正的艺术。

这两种对待自然的方式由于启蒙理性的发展已经成为不平衡的了，而这种情况从柏拉图对诗人的拒斥业已开始，在当代则表现为实证主义拒斥形而上学的口号，这也是马尔库赛所谓的"单向度思维"。于是，艺术本身也受到影响，艺术要么成为对现存状态的肯定而被同化进现实世界，要么，"就变成了今天在已确立的既成事实面前发觉自己居无定所的流浪者"[①]。由于社会现实的相互关系呈现为某种等级性的强制性，概念思维和语言的认识功能强占了上风，社会整合被权力关系制约，社会秩序由权力作为操舵媒介建构起来。"统治为自成一体的整个社会提供了连贯性和支配力。由统治发展而成的社会分工使一切被统治者得以自我持存"，这里包含了马克思的主题；统治成为"现实中的理性"，成为某种（韦伯意义上的）"整体的合理性"；少数人

[①] 〔德〕霍克海默、阿道尔诺《启蒙辩证法》，渠敬东、曹卫东译，上海人民出版社2003年版，第16页。

对多数人的统治总是以多数人的名义施行："社会压迫总是表现出集体压迫的特征"，托克维尔的声音也有回响。作者们对现实社会的诊断不但吸取了经典社会理论大师们的看法，进一步，这种集体主义的"民主"思想被追溯到了亚里士多德的雅典城邦，只不过古希腊的理想性变成了现代的统治的真实性，维柯的《新科学》对此也有详述："即全体平民的平等，以及妇女、儿童和奴隶的低贱地位。"作者们的独创性在于把这种普遍性的统治追溯到语言的认知性概念运用上，当然这种追溯的"合法性"是有待清理的。①

于是，启蒙运动及其理论表达，比如自由主义政治哲学（洛克）就成为由形而上学概念构想出来的意识形态，它体现或掩盖着统治关系，即权力关系（在此意义上难怪福柯后来说他和批判理论有着内在的亲和性）。意识形态只不过是一些普遍的抽象概念，在此意义上："启蒙运动作为一种唯名论运动，总是停留在排他性精确概念，或者是专有名称这样一些唯名的阶段。"② 而辩证法则要恢复语言的图像功能，或要把每一种图像或事物的对象性形式解释成语言，历史的对象性形式所构成的图像都在向我们表述（隐喻性表达）时代的真实面貌，它向我们诉说着时代的虚假和真理，它是一种向我们表达的"语言"。这种表达当然是以一种图像式的（隐喻性）方式向我们呈现，它

---

① "语言为其自身所确定的内容提供了统治条件，即作为资产阶级社会交往的普遍手段。"〔德〕霍克海默、阿道尔诺《启蒙辩证法》，渠敬东、曹卫东译，上海人民出版社2003年版，第19页。
② 〔德〕霍克海默、阿道尔诺《启蒙辩证法》，渠敬东、曹卫东译，上海人民出版社2003年版，第20页。

好像一幅字谜画，需要我们去猜谜，这时我们也就成为批判者。所以，表现现实的真实的途径并非同一性的形而上学理论（它反而掩盖了真实），而是任何可以向我们诉说的一切东西，特别是艺术，它以图画形式构成了现实意义表达者的语言。① 由于作者们并不具有意义的语用阐释维度，他们从第三人称的观察者立场上，面对对象（艺术）与现实的复杂关系，就只能采取黑格尔式的辩证法立场，"辩证法却要把每一种图像解释为文字，它要人们根据图像的特点来认明它的虚假性，或者使其失去效力，或者使其符合真实"②。这种辩证法达到的最好效果无非是意识形态的批判，但并无能力正面建构批判得以可能的前设性规范基础。

在揭示启蒙的神话性特征时，霍克海默和阿多诺特别注意到启蒙（现代性）世界观的操作特征，而这是以世界的数学化为

---

① 这里关涉一种语言学的意义理论，艺术作为一种语言，其意义储存于何处？由于没有语言哲学的手段，他们要么从意向主义角度认为是主体意向的表达，但这里的主体是缺位的，他们构想出自然这一原初领域作为主体的替代；要么从真值语义学角度认为是与现实是否相符，这里必然有其真实性的有效性要求，但由于现实的意识形态虚幻特性，这一要求以悖论的形态出现：真实性以对现实的否定呈现出来。而这需要解释者的解读，这时，解读者在人称系统中是以第三人称的视角（观察者）出现的，这体现一种主客认知关系，而解释本身要求的关系则是参与者的角度，这一角度在他们那里是缺失的。现代解释学的成就揭示着一种主体间性视角，人们之间要对事态〈这里是艺术真理〉达成共识，被解释者的意义并非某种先天的本质要素，而是从主体间共享的生活世界中存储的文化资源背景中生发出来的。尧斯接受理论的意义就在于他十分关注审美经验的主体间接受或共享的历史具体性。
② 〔德〕霍克海默、阿道尔诺《启蒙辩证法》，渠敬东、曹卫东译，上海人民出版社2003年版，第21页。

基础的。① 胡塞尔晚年也进行了类似的批判，而这种对启蒙现代性的批判在当代德国哲学中已成为一种传统，其易导致的错误就在于容易发展成一种绝对理性批判。作者们在此引证的就是胡塞尔（《欧洲科学的危机与超验现象学》），启蒙原本的反思的批判含义失去了，"数学步骤变成了思维仪式"。这是现代思维特定的"对象化形式"和"主体性形式"，于是，"现实的事物转变为特有的事物"。这种思维形式就是"启蒙理性"，在实证主义中已成为纯粹的工具理性。康德的纯粹理性批判为知性设定的范围就是一种逻辑的现象世界，这种设定如神话一般。康德的知性为世界立法，但留有物自体，所以："世界上不存在任何科学所不能深入的存在，而科学所能深入的又并非就是存在。"② 主体以及它所要认识的客体，现在都退回到我思的内在领域中。这种实证主义的理性思维是一种肯定现存之物的思维，并且因其肯定特性而"放弃了希望"。这和神话思维是一致的："神话过程的独特性就在于将事实合法化，这是一种欺骗。"③ 所以：实证－神话－意识形态就因其共有的肯定现实的共性而成为一致的，神话也是对现存事物的一种肯定的解释而在这里被看成了与启蒙

---

① "启蒙事先就把追根究底的数学世界与真理等同起来，启蒙以为这样做就能够避免返回到神话中去。"〔德〕霍克海默、阿道尔诺《启蒙辩证法》，渠敬东、曹卫东译，上海人民出版社2003年版，第22页。

② 〔德〕霍克海默、阿道尔诺《启蒙辩证法》，渠敬东、曹卫东译，上海人民出版社2003年版，第23页。维特根斯坦的《逻辑哲学论》已成为这种世界图景的"经典"。哈贝马斯称之为"作为第一哲学的反思哲学"，〔德〕哈贝马斯《后形而上学思想》，曹卫东、付德根译，译林出版社2001年版，第30页。较为详细的研究亦可参考倪梁康《自识与反思》，商务印书馆2020年版。

③ 〔德〕霍克海默、阿道尔诺《启蒙辩证法》，渠敬东、曹卫东译，上海人民出版社2003年版，第24页。

(科学理性)相一致,而这被认为是与辩证法的批判精神相违背的。①《启蒙辩证法》认为启蒙是神话的一种"世俗化"。它虽然祛除了古代的鬼魅,但因这种祛除本身的实证的肯定性而成为一种意识形态,即新的神话。②

(三) 整体性理性批判

上述这种论证(或描述)的社会批判意义在于《启蒙辩证法》再一次接过了韦伯首先论述的"物化"主题,以及马克思对拜物教的批判。对现实的肯定,无非表达了对现存的社会关系的肯定,这也就是资产阶级意识形态产生的社会根源。可以看到,这里对启蒙肯定现实的意识形态根源的分析,仍然是在马克思唯物史观理论框架中进行的,肯定性的意识形态功能无非是资产阶级"自我持存"的要求。作者们引证斯宾诺莎《伦理学》,指出"自我持存的努力乃是德性的首要基础",这被认为"包含了整个西方文明的真正原则,而这也是马克思所描述的'异化劳动'的原则"。③《启蒙辩证法》把启蒙的神话特征直接归罪于理性,因为理性是启蒙的基本原则,在科学和民主规范中得以体现。所以,启蒙-理性-神话这个公式直接就把理性等同于工

---

① 在《终结》中,恩格斯对黑格尔《法哲学》中的革命批判精神的拯救得到了霍克海默和阿多诺的赞同。

② 神话的"泛灵论使对象精神化",而启蒙的"工业化却把人的灵魂物化了"。〔德〕霍克海默、阿道尔诺《启蒙辩证法》,渠敬东、曹卫东译,上海人民出版社2003年版,第25页。

③ 〔德〕霍克海默、阿道尔诺《启蒙辩证法》,渠敬东、曹卫东译,上海人民出版社2003年版,第26页。

第四章　新的时代意识和意识形态批判旨趣的转换

具合理性,[①] 而工具合理性批判实际上就是理性的全面而彻底的批判。我们的问题是，这种从现代性源头和根基处的绝对理性批判是合理的吗？它是否触及了批判本身的合理性基础？[②]

虽然如此，批判仍然内在地指向自由的希望，这是启蒙现代性的自我反思。当然，对未来的展望应该明确反对历史教条主义的宿命论。

关于真正的启蒙，作者们也指出一条路来："只有在它摒弃了与敌人的最后一丝连带关系并敢于扬弃错误的绝对者，即盲目统治原则的时候，启蒙才能名副其实。"[③] 而放弃统治就是要亲近真正的自然，不是统治自然，而是要与自然和解。

如同卢卡奇对"资产阶级思想的二律背反"的揭示,[④]《启

---

① "理性成了用于制造一切其他工具的工具一般，它目标专一，与可精确计算的物质生产活动一样后果严重。"〔德〕霍克海默、阿道尔诺《启蒙辩证法》，渠敬东、曹卫东译，上海人民出版社2003年版，第27页。

② 哈贝马斯谈到了第一代批判理论家没有正面估价西方理性价值特别是民主价值这个重要缺陷。的确，在他们那个时代，从现实政体中得不出民主的正面肯定价值。那么二战以后西方民主政体的现实发展所具有的成就已不允许我们简单地否定，所以，这是一种立场的历史变化。根据现实历史，要为这种民主秩序重新奠定理性基础，即当务之急已不是简单的否定，而是要重新对"民主法制国"进行规范论证，哈贝马斯《在事实与规范之间》进行了系统的尝试。这和转向右翼、转向资本主义根本不是一回事。我们要彻底摆脱冷战思维，这在理论策略上有深刻的影响和表现。很遗憾，这种等同仍是当今许多"左派"的思维方式，他们绝对地否认理性进行规范论证的可能性，浪漫主义地诉诸某种革命的姿态，这种姿态奠定了某种"政治正确性"，或寻求某种基于康德第三批判激进化的审美政治化，结果必然是政治审美化。这是某种"诗人"的思维方式，哈贝马斯提醒我们注意文学与哲学的文类差别，这种差别对理论建构而言绝非可有可无的。

③ 〔德〕霍克海默、阿道尔诺《启蒙辩证法》，渠敬东、曹卫东译，上海人民出版社2003年版，第39页。

④ 参见〔匈〕卢卡奇《历史与阶级意识》，杜章智、任立、燕宏远译，商务印书馆1999年版，第183页。

蒙辩证法》也抓住启蒙思维方式的特点，这就是建构"理性"体系。在这种批判性解读下，"理性的指令就是一种概念等级结构的指针"，还有莱布尼茨和笛卡尔这些"唯理主义者"①，这一体系的建构原则是内在的逻辑一致性，这就是作者们认为的同一性："同一性存在于一致性之中。"② 这是知性的认识方式，给出的是关于现象的科学知识，它适用的领域是有关事实的"实然"领域，它是有限度的、被把握在科学理性中的"事实"［或"事态"（state of afaire）］的领域，按照维特根斯坦《逻辑哲学论》的说法，这是一个"说得清楚"的领域。主体的理性"为自然立法"，由此可以把握住自然，进而改造自然。主体基于"自我持存"（selbsterhaltung）的原则而产生这种知识，为的是认识和控制。于是，在批判理论的解读中，启蒙理性的出现和发展，被构想成了这样的状况：主体：成功的资产者，目的是"自我持存"，方式是统治客体和自然；客体：被主体规约过的自然和现实，即被科学，特别是数学加工过的对象，目的是让主体统治；关系：根据知性的概念的形式系统使主体－客体关系成为一种"统治性"关系。因而，这种状况被确定为是理性的"原罪"：对自然的统治，而且，这种统治源于资本主义商品生产关系。这是一种"工具理性批判"的结论，这种批判走向了极端和绝对，即把人类理性的某种统治性运用看成是理性本身固有的。也就是说，在《启蒙辩证法》作者们的眼中，启蒙的进步观念完全颠

---

① 唯理主义的知识理想是建构一种欧几里德几何式的形式演绎系统，其目的是确立知识的必然可靠性，即真理性。
② ［德］霍克海默、阿道尔诺《启蒙辩证法》，渠敬东、曹卫东译，上海人民出版社2003年版，第90页。

第四章 新的时代意识和意识形态批判旨趣的转换

倒为理性的原罪，启蒙理性以及理性化实践运用本质上或整体上是神话性的，使人类和自然对立起来。而这是现代性的现实历史进程，这一启蒙进程中体现的原则（知性概念的同一性原则）是统治性的同一性，结论是这个原则应该废除。

那么，为什么应该废除？由于把理性与统治直接等同，废除统治就意味着取消理性。但是，一切现代性批判的基础都应该是理性本身，所以，这种"彻底"的启蒙反思和理性批判的论证逻辑成了问题："内在批判"的规范基础即理性根基被触动了。诚然，现实理性化的历史进程导致了罪恶，那么，只有罪恶吗？理性批判的基础只能是理性本身，问题是真正的理性是什么？《启蒙辩证法》的作者们堵死了基于启蒙理性原则建构真正理性的路径，现代性的绝对理性批判摧毁了对现代性成就以及启蒙理性成就进行规范论证的可能性。他们必须另寻他途！只能基于理性的"他者"来寻求理性原则，这个"他者"不能够被构想为任何形而上学概念，无论是尼采的"权力意志"还是浪漫派的"将来之神"或者是海德格尔"存在的天命"，都是同一性思维方式的产物。根据黑格尔的思维方式，就是同一性的对立面：即非同一性的辩证法，由于是对同一性原则的否定，因而是"否定的辩证法"。这样，新的理性原则找到了，那它是否有现实的体现和实践呢？既有，又没有，说有是因为现代主义艺术的确已存在，并与现代性经济、政治具有某种张力关系；说没有是因为，即使是现代艺术，也不是人类自由的实证或呈现，"真理内容"需要哲学家去揭示，它只是以某种"间接"的方式包含在艺术之中，这种真理性内容能够或应该体现出人和人、人和自然的和解（其对立面是对抗）。这种和解的深层意向是哲学家心目中的"自然"形象。这只是一种意向，或只能是一种意向，如果用名词性的概念把它明确表达出来，那么它又成为一种固定的本质，又是一种本体论，又有概念的同一性统治关系，即使是海德格尔的存在本体论（基础本体论、新本体论），在阿多诺看来仍然是如此。它只能以某种"矛盾"的方式，即"通过概念超越概念"的方式揭示出来，不是命名它是什么，而是使它自身"流动起来"，运动起来，醒来，表明它已然在此。但如果没有哲学家，它什么都不是，它是一个木偶，哲学家使它动起来，好像它有生命，要说话似的，实际上是哲学家本人在动，而且是思想中的动。这就是艺术中揭示出来的、被哲学家当成真理内容的审美关系，它承担了批判的标准以及乌托邦理想，批判理论归宿于美学。

二 黑暗时代的道德问题

启蒙的全面退废、时代的极权化、理性的工具理性化等构成了《启蒙辩证法》基本的时代判断，也成为人类生存的基本困境。在这种基本境况中，人应该怎样正确生活成为批判思想必须思考的首要道德问题，对它的思考和回答是现代文明重回正途的前提。

阿多诺《道德哲学的问题》（1963 年 5~7 月讲演）被认为是"为其代表作《否定的辩证法》做材料和思想上的准备"[①]。

---

① 这是译者前言中的说法，〔德〕阿多诺《道德哲学的问题》，谢地坤、王彤译，上海人民出版社 2020 年版，第 2 页。

阿多诺自己也说道："我在这次讲课中也想为讲解辩证法做准备。"① 阿多诺首先指出："'我们应当做什么'是道德哲学的真正本质的问题；我甚至还可以补充说，这是一般哲学的最重要的问题，因为在康德那里，实践理性显然优先于理论理性。"② 二战以后，在这个极端荒谬的时代，正如可以问奥斯维辛之后是否还能作诗（即人类是否还有希望、是否还能本真地生存）的发问，这里的发问是"人们是否确实可能再进行一次正确的实践活动"③。这道出了阿多诺当时的基本思想处境："在我们这一代人这里，任何一种秩序和安全的意识都成了问题。"④ 阿多诺在这里重提道德哲学问题正是想把人类生存的实践问题提升到反思的高度，从根本上思考和解决荒谬现实的道德困境。因为，"只有当理论贯通无碍的时候，一般的正确实践活动才是可能的"⑤。

阿多诺是通过与康德道德哲学的论辩来阐释其思想的。在康德那里，为实践行动奠定基础的理性是实践理性，因而，道德哲学就成为实践哲学的核心部分，这里的理性意味着纯粹合乎法则性。进而，道德哲学基本的普遍问题是自由的问题，即意志自由

---

① 〔德〕阿多诺《道德哲学的问题》，谢地坤、王彤译，上海人民出版社2020年版，第102页。
② 〔德〕阿多诺《道德哲学的问题》，谢地坤、王彤译，上海人民出版社2020年版，第3页。
③ 〔德〕阿多诺《道德哲学的问题》，谢地坤、王彤译，上海人民出版社2020年版，第4页。
④ 〔德〕阿多诺《道德哲学的问题》，谢地坤、王彤译，上海人民出版社2020年版，第23页。
⑤ 〔德〕阿多诺《道德哲学的问题》，谢地坤、王彤译，上海人民出版社2020年版，第6页。

的问题。在《纯粹理性批判》的"先验辩证论"中，康德论述了理性运用的二律背反，阿多诺认为这是康德哲学本身的内在矛盾，即"理性批判的澄明意图与形而上学的拯救意图"之间的矛盾。康德运用的先验方法是，"通过归结为主体的方法拯救最高的法则和表述的有效性"，因而其道德哲学的目标，"就是在把纯粹主体的原则归结到理性本身的同时去拯救道德法则的绝对的和牢不可破的客观性"①。但是主体的理性原则不应该被同一性地理解，阿多诺认为："对机械论原理的绝对化的批评实质上就是《判断力批判》的内容。"② 我们如果考虑到他的康德哲学的背景，就很可理解他为何会如此激烈批判同一性原则。他要批判的是主体对客体的强制，而这是通过主体的概念化同一实现的，而对客体优先的诉求则是对主体非同一性原则的揭示实现的。所以，审美经验的展示和诉求是以一种唯物论原则为基础的，这就是通过主体的辩证化来拯救客体的优先性，而所谓审美的真理性内容就是以客体之优先性为指向的，而非主体自身的任意性。所以，出于康德的认识论框架，即主客体对立框架，逻辑上会使阿多诺得出结论，认为是主体的非同一性的和解而非同一性的强制，使得客体优先得到保证。而所谓优先的客体这个观念则扎根在"自然"这个意向中，这个自然（当然被审美化了的）或许可看成阿多诺批判理论的"规范基础"。

当然，阿多诺不能直接就把"自然"（Natur）这个语词拿

---

① 〔德〕阿多诺《道德哲学的问题》，谢地坤、王彤译，上海人民出版社 2020年版，第 36 页。
② 〔德〕阿多诺《道德哲学的问题》，谢地坤、王彤译，上海人民出版社 2020年版，第 65 页。

来用，因为在欧洲哲学传统中，比如在康德那里，Natur 就具有双重含义：比如物（Ding）这个概念，一方面是作为"构成物"（Konstitum）而被给予，另一方面作为"物自体"（Ding an sich）被设定。而自然也具有这双重含义而且与理性的实践行为有了联系（参见康德《论启蒙》一文），即在实践的语境中，实践理性的"自然"原则应当体现"自我保持"的精神："理应向我们提供这种法则的理性，其本质就是自我保持，而在康德看来，这种法则却是作为无条件的和客观的东西而生效的。"① 这种自我保持产生了阿多诺全部理性批判的核心对象，即同一性原则。阿多诺指出："自我保持和把自我保持作为一个同一体的理念以极其精妙的方式对纯粹逻辑的同一性原则发生影响。"② 同一性原则产生了思辨唯心主义理性概念的根本性内在矛盾："理性在这里一方面是作为依据自我保持的模式而建立的，而另一方面却必须限制由此带来的灾难性后果和矛盾的自我保持的分离性。"③ 在阿多诺看来，康德对理性矛盾的态度本身也是矛盾的，在康德那里，"不仅隐藏着他律，而且在另一方面还隐藏着要与理性自身的绝对要求划清界限的感情……非我和一定方式上的他律的东西却在一定意义上比在唯心主义哲学那里受到更多的尊重"④。对

---

① 〔德〕阿多诺《道德哲学的问题》，谢地坤、王彤译，上海人民出版社 2020 年版，第 107 页。
② 〔德〕阿多诺《道德哲学的问题》，谢地坤、王彤译，上海人民出版社 2020 年版，第 107 页。
③ 〔德〕阿多诺《道德哲学的问题》，谢地坤、王彤译，上海人民出版社 2020 年版，第 108 页。
④ 〔德〕阿多诺《道德哲学的问题》，谢地坤、王彤译，上海人民出版社 2020 年版，第 110 页。阿多诺甚至认为康德已经具有某种非同一性（Nichtidentitaet）的意识。

阿多诺来说，应该与观念论决裂，应当改变的是对理性的这种以自我保持为旨归的理解和运用，应该拯救的则是以客体优先为指引的自然，非强制同一性的和解精神就在自然的"美"中得到了体现。

然而，阿多诺关注的毕竟是人类的自由，而自由是超越于盲目的自然的必然性的，所以，自然这一概念就有悖论性的使用：作为自由与和解的象征，自然的"美"的意向是对抗同一性统治的向往；而现实人类生存的原则则是一种"盲目发展的必然性"，这是一种虚假的自由，实际是外在自然的必然性。于是，为了人类生存根本的价值——自由，人们必须与盲目的"自然"作抗争，对内在的欲望进行压抑（弗洛伊德）以及对外部自然实行统治，这种倾向与能力在哲学家那里是以"理性"这个基本概念来表达的，在斯宾诺莎和康德那里，理性原则意味着人类的"自我保存"。但是，阿多诺追问的根本道德问题正是，这样的理性原则是否能够成为人类自由生存的根本原则。这样的理性原则是与人类自由和幸福背道而驰的，在哲学家，比如康德那里，这样的以自我保持为旨意的理性原则，就在"实践理性"的"绝对命令"中，成为绝对的善，"被提升为一种绝对物，一种自为存在物"。[①] 显然，阿多诺的理性批判（无论是实践理性批判还是审美理性批判）的终极意义仍然是关注道德的，而且，阿多诺清醒地意识到，如果这样的理性概念被以某种实体性整体的名义（无论是绝对精神、人民、民族还是政党）加以利用的

[①] 〔德〕阿多诺《道德哲学的问题》，谢地坤、王彤译，上海人民出版社2020年版，第160页。

话，那后果将是灾难性的，其结果将是："善的概念本身已经失去了任何可理解的内容，它的目标只能是当时拥有更大权力者的抽象统治而已，而这种统治则躲藏在那种客观上更加高级事物（这个事物据说在自身中保留着主观的利益与合法性）的理念后面。"① 阿多诺认为，这种强制和统治非反思地体现于传统的理性概念中，"这种理性就是纯粹的自然统治的理性，它就此而言还是压制的原则，是本质上独立的东西……非常令人怀疑的是，人们是否可以把这一压制的、独立的、以人类自我保存为目的原则直接设定为一种客观的、道德的理性原则。"②

阿多诺在批判理性的自我保持的主观原则的同时，对那种"纯粹客观的，独立于主体的利益"的所谓理性原则也是非常怀疑的，因此，康德道德哲学就非常重要。从纯粹主体性自身的自由的普遍原则出发，自我保持的欲望以及外在的上帝都是"他律"，而道德的自由则是主体的自律，在主体性先验意义上，康德是纯粹的形而上学家。阿多诺认为，正是康德代表了纯正的德意志唯心主义观念论的传统，其中所论证、奠基和追求的所有观念，"……只是一种自为存在的规定，它寻找自身内部的实现，它对于社会的建立是无结果的，但它在某种形式上又不是很受社会本身的威胁。这是批判这样一种社会的激情，在这个社会中一切都是手段，一切都不是目的"③。这何尝不是阿多诺对自己诉

---

① 〔德〕阿多诺《道德哲学的问题》，谢地坤、王彤译，上海人民出版社2020年版，第164页。
② 〔德〕阿多诺《道德哲学的问题》，谢地坤、王彤译，上海人民出版社2020年版，第165页。
③ 〔德〕阿多诺《道德哲学的问题》，谢地坤、王彤译，上海人民出版社2020年版，第177页。

诸的原则的写照呢？只不过阿多诺所处的时代已经不是新兴的资产阶级市民社会，而是晚期资本主义工业时代：一方面社会已经完全被操控，另一方面对现实社会的革命性改造已错失时机。因而，批判思维面临着新的问题，必须做出不同的选择：理性原则已不可能在观念论的同一性原则上被确立，但理性、目的和希望本身却残留在审美和艺术的独特形式之中，继续承担着康德道德哲学关于自由的使命。所以，对阿多诺来说，"在错误的生活中不可能存在正确的生活"，而只能希望正确的生活，或者"表述正确生活的理念"。[①] 这点很重要，这表明阿多诺整个理论思考的根本性质，不是去确立（如尼采或马克思）社会有待实现的规范或理想，而是通过反思去揭露和批判现实的社会。这多少表现出阿多诺某种消极特征，否定的思辨更多的只是某种否定的姿态，而理论上也容易导致哈贝马斯所说的批判之规范基础的缺失，因为姿态并不能代替理性潜能，虽然理性的传统概念有缺陷。所以，对当代批判理论而言，首要的问题并非通过绝对理性批判而抛弃理性规范本身，而是在理性批判的基础上进行理性的重建。

但是，在当今时代阿多诺又是极为重要的，他特别强调的自我意识的自主性不断地提醒我们，必须警惕假借道德的名义而作恶的各种倾向，因为这种实质伦理观极易脱变为意识形态。在阿多诺看来，马克思首创了意识形态批判，而尼采则对意识形态的欺骗机制方面的理解大为深入。阿多诺的基本思想倾向是猛烈的

[①] 〔德〕阿多诺《道德哲学的问题》，谢地坤、王彤译，上海人民出版社2020年版，第195页。

第四章 新的时代意识和意识形态批判旨趣的转换

意识形态批判，因为假借理性名义而意识形态化的各种统治原则，已经成为极权主义的现实，法兰克福学派第一代批判家对此有切肤之痛。因而，理论上对规范基础的正面重建的缺失有其人生经验的原因，对他们来说，对现实意识形态原则的否定与批判，"远比追问那些绝对的、在永恒中确定下来的、仿佛像擎天柱一样的价值迫切得多"①。阿多诺继续说："我们可能不知道，什么是绝对的善，什么是绝对的规范，甚至不知道什么是人、人性和人道主义，但我们却非常清楚，什么是非人性的。我想说，人们今天更应该在对非人性事物的具体谴责中，而不是在人的存在的没有约束的、抽象的定位中寻找道德哲学。"②

三 否定的辩证法：同一性批判的方法论原则

（一）非同一性的真实

1924年，阿多诺以《胡塞尔现象学中物质和思维的超越》获博士学位，这篇论文似乎成为以后他批判"第一哲学"的先声。③ 在《否定的辩证法》中，阿多诺对"同一性思维"的批判对象主要是黑格尔以及海德格尔。当然，无论是黑格尔还是马克思、克尔凯郭尔或者阿多诺本人，其哲学的深层旨趣都是意图把握具体或实在。在这个根本的方法论问题中，区别只在于不同的概念策略，而这些不同的概念策略之基础又在于不同的"本

---

① 〔德〕阿多诺《道德哲学的问题》，谢地坤、王彤译，上海人民出版社2020年版，第198页。
② 〔德〕阿多诺《道德哲学的问题》，谢地坤、王彤译，上海人民出版社2020年版，第199页。
③ 参见〔德〕耶格尔《阿多诺：一部政治传记》，陈晓春译，上海人民出版社2007年版，第41页。

体论承诺":黑格尔认为(由柏拉图形而上学传统而来)事物的真理在于其概念,而这一真理的获得并不在于对此概念的直观之中,而在于概念的辩证展开从而最后得以实现。任何现存者都只能被当作被扬弃的环节包含于总体之中,而这一总体就是具体"现实"而同一于其概念。概念(或理念)就是形而上学传统中的那个普遍的"一";马克思在《巴黎手稿》中对黑格尔的批判性"颠倒"是强调那个被当成现实之真理的概念实际是由自我意识精神思辨设定的,所以,出发点不应是概念而应是现实存在者本身。当然,这一现实存在者本身也应该被批判性地扬弃,其本质也应该符合其历史性本质;[①] 如果说黑格尔最终是用普遍的同一性来包裹特殊性的话,那么,阿多诺要确立的则是现实的存在者——特殊性、非同一性——的地位,而这一地位的获得是以特殊性本身就呈现出普遍性——被命名为"星丛"——的方式得到的。星丛本身不是实体性的同一性存在物,真实的存在者是星星本身。

普遍性本身不应被实体化从而与特殊性对立,虽然黑格尔的同一性哲学充满辩证思想:"一切问题的关键在于:不仅把真实的东西或真理理解和表述为实体,而且同样理解和表述为主体。同时还必须注意到,实体性自身既包含着共相(或普遍)或知识自身的直接性,也包含着存在或作为知识之对象的那种直接性。"[②] 这是意味深长的。阿多诺所谓"客体优先"无非是强调

[①] 《资本论》的逻辑以及卢卡奇对马克思的黑格尔式重构,这个重构从《历史与阶级意识》到《社会存在的本体论》是一致的。
[②] 〔德〕黑格尔《精神现象学》上卷,贺麟、王玖兴译,商务印书馆1983年版,第10页。

第四章　新的时代意识和意识形态批判旨趣的转换

未被普遍概念强制同一的现实存在者的优先性，这仍然是马克思的传统，当然在对优先性客体的把握上，也并未抛弃黑格尔，一种辩证的旨趣仍左右着他使他同时认为客体也是主体。实际上，运用辩证方法把握实体、现实或非同一性客体，是黑格尔、马克思和阿多诺共享的，这种辩证法在黑格尔那里有一段经典表述："而且活的实体，只有它是建立自身的运动时，或者说，只当它是自身转化与其自己之间的中介时，它才真正是个现实的存在，或换个说法也一样，它这个存在才真正是主体。实体作为主体是纯粹的简单的否定性，唯其如此，它是单一的东西的分裂为二的过程或树立对立面的双重化过程，而这种过程则又是这种漠不相干的区别及其对立的否定。所以唯有这种正在重建其自身的同一性或在他物中的自身反映，才是绝对的真理，而原始的或直接的统一性，就其本身而言，则不是绝对的真理。真理就是它自己的完成过程，就是这样一个圆圈，预悬它的终点为目的并以它的终点为起点，而且只当它实现了并达到了它的终点它才是现实的。"①《否定的辩证法》也可以看成阿多诺思想的某种方法论指引，这使我们理解他为什么要反对本质主义（或肯定性）思维，他在"序言"中谈到他的意图是"使辩证法摆脱这些肯定的特性，同时又不减弱它的确定性"②。

阿多诺在《美学理论》中提到的那种唯物主义的批判性思维的哲学论证首先在这里实现了：破除唯心主义的同一性，就是试图把握具体的现实。阿多诺认为具体的现实具有"否定

---

① 〔德〕黑格尔《精神现象学》上卷，贺麟、王玖兴译，商务印书馆1983年版，第11页。
② 〔德〕阿多诺《否定的辩证法》，张锋译，上海人民出版社2020年版，第1页。

性",而把这种否定性用恰当的(而不是概念哲学的同一性形式)方式揭示出来就成了"否定的辩证法",阿多诺的前提是:真正的唯物主义立场需要拥有独特的方法:这就是否定的辩证法。①

(二)同一性原则批判

阿多诺提到他早在《认识论的元批判》(1937年)中已开始了对抽象同一性的反对,② 他借本雅明之口指出,他的目的是"穿越抽象的冰洋,达到简明、具体的哲学思维"③。而现在(1966年的《否定辩证法》)则是"回顾性的指定这种穿越的航图",即这种方法的具体展开的论述。是否可以判定,《美学理

---

① Peter Uwe Hohendahl 把《否定的辩证法》和《美学理论》认作阿多诺晚期思想的代表作,称之为阿多诺"二战后理论"的代表作。参见 Peter Uwe Hohendahl, *Reappraisals, Shifting Alignments in Postwar Critical Theory*, (Ithaca, Cornell University Press, 1991) p. 10. J. M. Bernstein 认为《否定辩证法》和《美学理论》是阿多诺通向"非同一性的"两条道路,参见 J. M. Bernstein, *The Fate of Art* (Pennsylvania, The Pennsylvania State University Press, 1992) p. 188. 哈贝马斯也认为"《否定辩证法》与《美学理论》相互支持,相互指涉,前者阐明的是非同一性的悖论概念,后者揭示的则是先锋派艺术作品中所隐藏的模仿内涵"。参见〔德〕哈贝马斯《现代性的哲学话语》,曹卫东等译,译林出版社 2004 年版,第 149 页。杰姆逊认为,《启蒙辩证法》、《否定的辩证法》和《美学理论》"作为一个正在展现之中的体系的各部分",同时"围坐在大英博物馆的书桌边"。〔美〕杰姆逊《晚期马克思主义》,李永红译,南京大学出版社 2008 年版,第 1 页。

② 实际上,早在 1931 年他就任法兰克福大学哲学系教授的就职演讲《哲学的现实性》[英译参见 Brian O'Connor eds., *The Adorno Reader*, (Blackwell Publishers Ltd, 2000) pp. 23 - 39.] 中,阿多诺就对唯心主义的意识形态性加以批判,第一句话就说:"在今天,任何选择以哲学为职业的人,首先必须抛弃作为早期哲学研究出发点的那种幻觉:即那种以为思维的力量足以把握现实总体的幻觉。"同上,p. 24.

③ 〔德〕阿多诺《否定的辩证法》,张锋译,上海人民出版社 2020 年版,第 1 页。在《哲学的现实性》中,阿多诺提出要运用"观念和形象的组合"才能达成特殊而真实的把握,这时虽然尚未使用"星丛"概念,但已能看到本雅明的影响。

第四章　新的时代意识和意识形态批判旨趣的转换

论》是这种方法的运用？如果是的，这部最后的著作是否可以看成是阿多诺的现代性批判以后，为现代性找到的一种思想解决方案？当然，哈贝马斯很怀疑这种解决方案（批判与维护）的合理性，因为在绝对否定之后，在现代性现实语境中论述或重建现代性价值内核的目标，就成为理论策略上无法完成的任务，而且也找不到合理的规范性论证语言，它只有在审美的意向和意义领域中自我冲突，哈贝马斯认为这是深层的主体意识哲学范式带来的逻辑困境。

阿多诺指出："这本大体上尚属抽象的著作既是为了解释作者的具体步骤，也是为了推进真正的具体化。"① 这种具体化即是具体概念的内部运动以及各要素之间星座式的具体相关性，韦尔默在谈到如何把握阿多诺美学时说的就是这个意思。② 那么，这种阿多诺式的"具体辩证法"是否成功了呢？其内在的矛盾性或悖谬如何解决？至今似乎尚未形成定论。在哈贝马斯看来，阿多诺的思辨仍然建基于主体哲学范式，虽然他的目的是冲破同一性的主体哲学，这一判定在阿多诺自己的表述中似乎也得到一种印证："运用主体的力量来冲破根本的主观性的谬见。"③ 这种

---

① 〔德〕阿多诺《否定的辩证法》，张锋译，上海人民出版社 2020 年版，第 2 页。
② 〔德〕维尔默《论现代和后现代的辩证法》，钦文译　商务印书馆 2013 年版，第 6 页。
③ 〔德〕阿多诺《否定的辩证法》，张锋译，上海人民出版社 2020 年版，第 2 页。这是阿多诺认识论的独特性，可以称之为对主体性的"内在批判"。于是，康德的先验自我、黑格尔的绝对精神以及卢卡奇对总体渴望的无产阶级等，都成了"主观主义"的同一性主体，而阿多诺设想的真正的主体性是以"客体优先"为指向的辩证性主体，它应该体现未被主观同一性扭曲的自然的"真实性"和"具体化"原则。参见 Tom Huhn and Lambert Zuidervaat, eds., *The Semblance of Subjectivity*：*Essays in Adorno's Aesthetic Theory* (Cambridge, Mass., MIT Press, 1997) p. 8.

根本性的悖论特征使得阿多诺的写作和论述带来了形式上的困难，他称之为"反体系"："他试图靠逻辑一致性手段，用那种不被同一性所控制的事物的观念来代替同一性原则，代替居最上位概念的至上性。"①

所以，阿多诺是痛苦的，一方面他对现代性包括其唯心主义的哲学话语（同一性哲学）持坚决的批判态度，另一方面又不想完全抛弃现代性的基本价值内容，于是，他只能根据概念的内部运动的原则来拯救现代性。这种拯救的动机当然是好的，但理论策略是成问题的：他找不到真正突破主体哲学的方法，于是只好在同一性哲学内部"自爆"，据说破除同一性的具体性思维只能体现在艺术和审美之中，这是他理论策略的逻辑归宿。哈贝马斯在《现代性，一项未完成的计划》中认为这是一种新的片面化，对现代性的审美拯救陷入新的片面之中，这的确是尼采式的，虽然阿多诺并未总结性地给出一种权力意志（代表酒神精神）的形而上学相似物，他只是说在某种东西或行为（比如艺术）中体现着真理性内容，而这需要哲学家的反思揭示：用概念来表述非概念的东西。

马克思曾设想靠消灭哲学来实现哲学，对现实进行"武器的批判"，但是"哲学"：由于那种借以实现它的要素未被人们所把握而生存下来，于是，对"批判的武器"的需求仍是必然的，这源于当代的历史实践境况有了新的变化。新的历史现实"需要批判的思想"。但当今作为批判思想的哲学怎样才能是"批判性的"？阿多诺认为首先需要的是哲学的自我批判，通过

---

① 〔德〕阿多诺《否定的辩证法》，张锋译，上海人民出版社2020年版，第2页。

对哲学的意识形态批判以确保理论的自主性。问题是，在黑格尔之后，"哲学是否存在和如何存在？"① 阿多诺在马克思之后接着思考这样一个问题：由于哲学并未如马克思设想的那样被消灭，那么在今天，作为仍然保有批判性的哲学而言，怎样才能、以怎样的样式生存呢？在阿多诺看来，传统哲学努力地运用同一性概念来把握事物，但这是不可能的，这就是所谓辩证法揭示出的状况："它表明同一性是不真实的，即概念不能穷尽被表达的事物。"② 而哲学力图表明的是想对世界（现实）提供一种本质的说明，这是传统形而上学本体论的内在动机，自笛卡尔以来，这个任务就由精神自我的先验自我反思来完成，从而构想出一套先验的、本质的概念体系。阿多诺认为这种概念体系是一种完全地、本质地把握事物的幻觉："概念秩序满足于掩盖思维试图理解的东西。"这给予阿多诺一项对哲学的批判任务：内在的、按其自身的尺度去冲破总体同一性。在同一性（逻辑的排中律强调的无矛盾性）眼中，矛盾是非同一性的，因而应该加以排除。然而，"辩证法是始终如一的对非同一性的意识"③。所以，辩证法冲破了总体同一性的神话，这是一种独特的、否定的辩证法。

然而，在传统的辩证法理解那里（如黑格尔的具体辩证法、卢卡奇的总体辩证法），矛盾仍然被最后归于总体而得到解决和

---

① 〔德〕阿多诺《否定的辩证法》，张锋译，上海人民出版社 2020 年版，第 2 页。黑格尔第一个为现代性进行自觉奠基，构想出了整套的包容性理性整体。在对其思辨体系进行批判以后，实践哲学转向就成了一种必然的选择，而哲学也有了实践的因而批判的转向。哈贝马斯认为这是当代哲学的一个重要主题，即理论和实践传统关系的一种"颠倒"。参见《现代性的哲学话语》《后形而上学思想》。
② 〔德〕阿多诺《否定的辩证法》，张锋译，上海人民出版社 2020 年版，第 3 页。
③ 〔德〕阿多诺《否定的辩证法》，张锋译，上海人民出版社 2020 年版，第 3 页。

克服，所以同一性思维中的矛盾仍然只是同一性的一个内在环节。而阿多诺想拯救的是真正的矛盾，即非同一性的矛盾："矛盾就是非同一性，二者服从同样的规律。"非同一性的矛盾在思维中是被禁止的，即在逻辑建构体系中被认为是非法的，而同一性的矛盾才是合法的，非同一性不仅在形式思维中而且在传统辩证法的观念中都是应该被消除的。但是，在阿多诺看来现实本身就是如此存在的，所以，非同一性的矛盾是"现实的规律"，这就是区别于黑格尔的否定的辩证法。

（三）非同一性：概念的觉醒

黑格尔辩证法虽然"重新得到了具体地思维的权力和能力"①，但从精神出发的辩证法必然是同一性的总体辩证法，而阿多诺要破除的就是这种精神的、概念的、体系的同一性，而要从非同一性的真实存在出发也就是他所谓的"客体优先"原则。马克思在《巴黎手稿》中把这理解为真实的肯定性的出发点，阿多诺采用的是一种唯物主义的肯定立场，这是为了拯救真理性内容，而这些真实的存在者"只能是概念压制、轻视、无视的东西"。② 阿多诺认为，非同一的特殊在同一性看来是不可表达

---

① 〔德〕阿多诺《否定的辩证法》，张锋译，上海人民出版社2020年版，第5页。
② 在阿多诺看来，虽然西方形而上学本体论在先验而绝对的层面上追寻存在或实体，但真正的内容是被同一性的形而上学剔除的东西：非概念性、个别性和特殊性。也就是黑格尔称作的惰性的实存。柏格森和胡塞尔都曾想冲破黑格尔式的概念同一性哲学，但都又"退回到传统的形而上学中"。"唯心主义的这两种突发性尝试都是不成功的：柏格森像他的实证主义死敌一样依据于意识的直接材料，胡塞尔以同样的方式依据于意识流的现象。这两个人都停留在内在主观性的范围之内。"〔德〕阿多诺《否定的辩证法》，张锋译，上海人民出版社2020年版，第6页。〔德〕阿多诺《否定的辩证法》，张锋译，上海人民出版社2020年版，第7页。

的,但真正的辩证法却要"表达不可表达的东西"(维特根斯坦《逻辑哲学论》)。所以,阿多诺仍信任哲学或哲学的概念手段,从这点看出他并非后现代主义者,而是要破除同一性概念哲学(唯心主义的别称)以达到非同一性之物的唯物主义。阿多诺认为"概念能超越概念,预备性的和包括性的因素,因而能达到非概念之物"。这也就是说:"概念超出它们的抽象范围而包含的任何真理不能有别的舞台,只能是概念压制、轻视、无视的东西。"① 这样构造出的非同一性理论就成为:一个自在的,非常现实的对抗性体系。这就"迫使哲学运用概念",但又不陷入"概念拜物教",而这只能通过概念自身的辩证法,他把这称为"概念的觉醒",目标仍然是哲学内在的本质规定即真正把握现实,这个任务现在只能以"否定"的形式出现,"哲学的反思要确保概念中的非概念物",而传统的概念观念是同一性的抽象观念。所以,阿多诺在这里表达的是一种真正的、看似矛盾的理论旨趣:"改变概念性的这个方向,使它趋于非同一性,是否定的辩证法的关键。对概念中的非概念物的基本特性的洞见,将结束这种概念所产生的(除非被反思所终止)强制性同一。概念对自身意义的反思,将不再把概念的自在存在的外表当作意义同一体。"② 比如,对艺术、丑、美等概念的理解,就不能根据其本质性的意义同一性来理解,而要理解成现实的历史语境中的具体意义呈现,关键以现实的历史性存在为思考对象,而理论家的工作就是把现实中的某一因素的具体结构功能存在及其这一

---

① 〔德〕阿多诺《否定的辩证法》,张锋译,上海人民出版社2020年版,第7页。
② 〔德〕阿多诺《否定的辩证法》,张锋译,上海人民出版社2020年版,第9页。

存在的历史变化揭示出来，而不是同一性地构造出来，阿多诺称之为"概念的觉醒"。阿多诺暗示科学研究的归纳主义并不能推广到哲学，哲学不是通过概念的同一性来构想现实的整体，这种构想即成为哲学的幻象。阿多诺把真正的哲学称为"变化了的哲学"，它揭示的是"对象的多样化"。通过这种对多样化的揭示，事物真正的具体性就能够得到理解，然而，"任何客体都不能完全被认识，知识不必提出一个总体的幻象"。比如："对艺术品的哲学解释的任务不能把艺术品和概念相等同，把艺术品同化进概念中。正是通过哲学的解释，艺术品的真理性才展现出来。"① 哲学不是科学，哲学不是技术，哲学是事物意义的揭示。这是阿多诺关于哲学这种理论形态之独特性的重要观点，如同马克思批评国民经济学只是呈现了一个事实而没有"说明"事实，这种说明就是通过意识形态批判从而揭示事物存在的社会历史意义。

哲学的对象是非先验的和非强权控制的非同一性的现实事物，哲学对它的把握和意义揭示的方式并非把它们归于某一概念之下，阿多诺理解的这种真正的哲学方式被称为"模仿"，这是某种"审美要素"。但是我们特别要注意的是，阿多诺提到应该避免唯美主义，哲学的模仿依靠的否定辩证法并不是对概念内在意义的诗话解说，不是"本真的行话"，哲学依靠的是论证，即"有说服力的见解"，通过论证来进行模仿，从而真正地把握现实。哲学是需要论证的，它的模仿的游戏特征并非依赖于艺术的直觉，哲学不能是审美主义的诗化直觉。从理论策略上而言，阿

---

① 〔德〕阿多诺《否定的辩证法》，张锋译，上海人民出版社2020年版，第12页。

多诺与唯美主义区别了开来。他明确地指出："'我们具有的认知形式只能是已掌握的认知形式,绝对没有与此不同的别的形式'"①,阿多诺并不想唯美主义地谈论哲学,由此他提出对唯美主义(比如尼采)的批评:"极力模仿艺术的哲学,使自身变成艺术品的哲学会自取灭亡。它会提出同一性的要求:通过赋予它的方式一种至上性,让作为内容的异质的东西先验地服从这种至上性,以此来穷尽它的对象。"哲学依靠概念体现出对非概念的非同一性的渴望,但这并非艺术的方式,哲学"必须靠概念极力超越概念"②。由此,哲学仍然具有"思辨"的要素,哲学是概念的论辩,因而带有"深奥"的思辨色彩,如康德知性的先验演绎。当然,"深奥"并非一种无以名状的、神秘的当下直觉,"不是一种孤立的品质",而只是辩证法的一个要素。思辨的深奥是直面事物本身,而不能依靠某种语言论的直觉意识,它并不是某种通向真理的神秘方式,这种神秘思路企图彻底切断与生活世界的联系,"仿佛从世界中退却出来就等于是对世界基础的意识"③。阿多诺针对的是各种后现代的语言学的嬉戏。

在阿多诺那里,对现实肯定性的意识形态揭露就是思辨,这种思辨表达现实,因而表达苦难,而表达苦难就是否定苦难,而

---

① 〔德〕阿多诺《否定的辩证法》,张锋译,上海人民出版社2020年版,第11页。
② 〔德〕阿多诺《否定的辩证法》,张锋译,上海人民出版社2020年版,第12页。
③ 〔德〕阿多诺《否定的辩证法》,张锋译,上海人民出版社2020年版,第13页。哈贝马斯也尖锐地谈到各种在主体哲学范围内"超越"三体哲学的道路,其中之一就是始自早期浪漫派直到解构主义的各种审美主义和神秘主义,它们采取"排斥性理性"的方式追求并建构了"理性的他者"领域,这个领域是叙事话语和语言嬉戏的天堂,其真理对象和追求途径都神秘化了并且不固定。这形成了一种"亚文化",吸引的主要是充满激情的知识分子。参见〔德〕哈贝马斯《现代性的哲学话语》,曹卫东等译,译林出版社2004年版,第362页。

否定苦难就是哲学揭示的真理性条件。所以，哲学揭示艺术，是揭示艺术中表达的现实的苦难，艺术的真理性内容并不是给我们慰藉的幻象，而是现实苦难的镜像，"那种生动的表达苦难的需要是一切真理的条件"。① 于是，哲学对真理性的要求就是对苦难的表达，而哲学的表达自有其特点，这种表达要达到的效果是：整体的、非概念的模仿，而这只有靠语言才能实现（效果的客观化），表达是对苦难的自觉和模仿，因而，表达和说服力（论证）是结合在一起的，思想靠语言明确表达出来。思辨的说服力与表达的具体性结合起来，思想的表述"是一种否定的行动"。因为现实是苦难的，所以思想不能成为实证性的，不然会导致对现实苦难的肯定，所以，表达是批判性的表达。

在这样的批判性辩证思维中，对传统哲学的态度是怎样的呢？传统的思辨哲学是体系哲学，它丧失了多样性的内容（比如康德的形式主义），这样，真正哲学的理论策略应该是"反体系"的。阿多诺认为，哲学史上的体系（比如17世纪的形而上学）只是资产阶级对自身危机意识的反映或补偿，资产阶级隐性的秩序或体系就是"一种装作自在存在物的被法定的东西"，所以，这种体系就变成没有内容的，或抛弃内容的同一性体系哲学。这种哲学以理性的名义抛弃了事物的客观性，"伟大的哲学伴有一种不宽容任何他物而又以一切理性的狡猾来追求所有他物的妄想狂似的热忱"②。于是，这种体系的同一性哲学就呈现为

---

① 〔德〕阿多诺《否定的辩证法》，张锋译，上海人民出版社2020年版，第14页。
② 阿多诺运用某种证伪主义的逻辑来否定这种体系哲学："最微不足道的非同一性的残迹都足以否定一个被概念视为总体的同一性。"〔德〕阿多诺《否定的辩证法》，张锋译，上海人民出版社2020年版，第17页。

一种"狂怒的唯心主义",也就是哈贝马斯所说的"强大的理论概念"。① 在这里,阿多诺表达了某种关于人类生存具有动物性(即对食物对象的攻击性)的"原罪"观点,只不过人类采用的手段是通过计划的合理化。这是《启蒙辩证法》论述的工具理性批判的一贯主题。阿多诺的看法是,这种对工具理性的肯定在唯心主义或同一性的形而上学那里保存下来,成为一种意识形态。"邪恶"的自我保护的人类中心主义(阿多诺称之为"人类学图式")在同一性哲学的认识论中得以"升华",特别明显的是费希特的自我学。它成为一种意识形态,(不但是虚假的,而且是错误的)"非我以及一切最终在我看来属于自然的东西都是劣等的,所以自我保护的思想的统一体可以毫无顾忌地去吞没它们。"体系的形式同一性消除了思想中真正的内容,阿多诺以这样的格言概括了这种哲学的攻击性特征:"体系是搅乱心智的食欲,狂怒是每一种唯心主义的标志。"②

然而,体系也具有两重性。在黑格尔意义上,事物是自我生成的,它在展开中实现自己,这样构成的"体系"(运动的总体性)不同于唯心主义的概念的同一性(列宁在《哲学笔记》中称之为黑格尔的唯物主义因素),黑格尔的主要目的是通过理念的辩证展开(思辨)本质性地把握事物的具体性;而唯心主义同一性的原则是只注重形式的工具合理性,"那种建立体系的自我原则,即先于内容的纯方法一直就是理性"。这种纯粹形式的

---

① "这样,同一性思想便自成一个体系,它把自己融入它所把握的整体性,想以此来满足一切前提由自己加以证明的要求。"参见〔德〕哈贝马斯《后形而上学思想》,曹卫东、付德根译,译林出版社2001年版,第32页。
② 〔德〕阿多诺《否定的辩证法》,张锋译,上海人民出版社2020年版,第18页。

合理性虽然保持了形式的逻辑一致性,但付出的代价是丢失了内容的具体性,客体自身的规定性彻底丧失。阿多诺指出:"唯心主义排除一切异质的存在物,这便把体系规定为纯粹的生成,纯粹的过程,最终规定为绝对的发生。"① 作为运动总体的体系本来的目的是把握住事物本身,然而体系的绝对形式化则彻底堵死了"回到事情本身"的道路。康德还保留了物自体(非同一性的意向),而费希特则把康德的二元论彻底填平。黑格尔哲学的体系和辩证法的矛盾就是体系和生成原则(无限性原则)的二律背反,这种二律背反是资本主义现代性的"模仿":通过不断的创新、发展来实现或保持资本增值的原则。动态的发展过程并没有真正的"新事物"的产生,它不过是形式同一性的无限展开,这种无限仍然被禁锢在一种形式原则中,仍然构成封闭的体系,这就是阿多诺所说的"体系的二律背反性",② 黑格尔的体系就是这种情况。阿多诺想破除的就是这种总体性的原则,方法是保持思辨的否定力量,"体系的趋势只能生存在否定之中",他想以否定来保持生成,从而突破肯定的体系,最终是要保持非同一性的特殊性,即事物本身。否定性的思辨是对体系的批判,这种批判的最终目的是理解事物真正的具体性。

那么,否定的思想最终要达到怎样的一种形式?阿多诺认为:"提出不靠体系而把论证结合起来的要求,也就是提出思想

---

① 〔德〕阿多诺《否定的辩证法》,张锋译,上海人民出版社2020年版,第21页。
② "不管一个体系如何被动态地构想,如果它事实上是一个封闭的体系,不容忍它的领域之外的任何东西,它也就成了一种肯定的无限性——即有限的和静态的东西,并以这种方式维持自身。"〔德〕阿多诺《否定的辩证法》,张锋译,上海人民出版社2020年版,第21页。

第四章　新的时代意识和意识形态批判旨趣的转换

模式的要求……哲学的思维是和有模式的思维一样的，否定的辩证法是模式分析的一个整体。"①　显然，阿多诺的雄心是想在观念论思辨哲学之外，提出一种真正把握事物客观具体性的方法，这种方法就是思辨的否定辩证法。这种方法能成功吗？换句话说，具体的客观性即事物本身能够依靠主体性的思辨来把握吗？同一性批判在理论逻辑必然指向事物真正客观性的寻求，诚然，观念论的同一性思辨如果丧失了这种寻求，那么否定性的思辨是否真正走上了正途？这种"否定"方法是否仅仅是某种真理性探求的意向？这是"否定的辩证法"必然要遇到的困难，而这些困难在主体哲学范式为根本无法解决，因为无论怎样的辩证或否定，这些悲壮的努力都缺乏客观理性的根基，而批判的根本前提就是理性本身。在《否定的辩证法》中，阿多诺提出的否定性思辨方法的关键是主体的"批判的自我反思"力量，它可以冲破主体的同一性，而"非同一性被体验为否定性"，正由于这样，主体才能保持对事物开放的多样性。阿多诺仍在主体哲学的范式中来克服主体哲学同一性的强权，这就是他说的在认识中（仍是单个主体）的辩证否定力量：这种力量既能保持辩证的内在过程，同时又能反抗体系从而获得解放力量。阿多诺坚信，"意识的这两种态度是靠互相批判而不是互相妥协联系起来的"②。

这种否定的辩证法带有某种现代主义艺术的审美因素，它使

---

① 〔德〕阿多诺《否定的辩证法》，张锋译，上海人民出版社2020年版，第23页。
② 〔德〕阿多诺《否定的辩证法》，张锋译，上海人民出版社2020年版，第25页。哈贝马斯在《认识与旨趣》中也曾尝试用自我意识的反思力量来辩证整合理论理性和实践理性，而他的自我批评也可适用于阿多诺。

人眩晕。关于否定辩证法的这种修辞只能表明阿多诺小心翼翼地游走于自我意识的各种思辨意向之间，否定意识的核心一方面是对观念论同一性的批判，这种批判是深刻而有力的；另一方面是对事物客观具体性的确证，否定性思辨在此陷入了眩晕。这是主体意识哲学范式无力的表现，理性地确证事物的真理性要求被禁锢在单个意识中，它只能以希望的观念形态存在于乌托邦的梦乡。

对否定性思辨的上述判定更多的是从其理论建构逻辑而言的，据此并不能忽视《否定辩证法》作为某种思想资源的丰富性，阿多诺充满矛盾性的表述多有启发性。他与黑格尔的争辩赋予其更高的旨趣，冲破观念论的禁锢达到真正的具体，把握事物本身。因为"真理总是具体的"，不是从精神原则出发，它迫使我们思考细节，但并不是对具体事物作哲学思考，而是从具体事物出发进行哲学思考。[①] 因为哲学思考的"某物"是非同一性的，即不会被思维同化的，同化的理性思维是无时间性的，而事物总是历史性的，因而对历史性事物作哲学思考而得到的"真理因其暂存的实质是飘荡的和脆弱的"[②]。然而，具体的时间性的"相对真理"又怎样才能防止"随意性的冒险"呢？这确有向后现代的随意性"衰落"的危险。但阿多诺反对相对主义的随意性，他明确指出："辩证法是同相对主义严格对立的，同时

[①] "因为黑格尔想使他的辩证法成为一切，包括第一哲学，并事实上按同一性原则使第一哲学成了他的绝对主体。"所以阿多诺心目中的哲学便"超越了黑格尔的辩证法并达到与之决裂的程度"。〔德〕阿多诺《否定的辩证法》，张锋译，上海人民出版社2020年版，第27页。

[②] 〔德〕阿多诺《否定的辩证法》，张锋译，上海人民出版社2020年版，第28页。

也是同绝对主义严格对立的。"① 他认为相对主义起初是资产阶级个人主义的意识形态,"这种个人主义把个人意识当作终极的,使一切个人的意见都获得了平等权利,仿佛其中根本不存在真理的标准"②。阿多诺并不是后现代主义者,他认为存在着真理性的判据:面对事物的真实性有效性要求,这仍然是理性的要求,是确定事物的"质"的理性任务。否定的辩证法并非没有稳固的东西,但它不再是第一性的东西,理性不再是实体性的或形式同一性。客体优先或服从于客体意味着公正地对待客体的质的要素,而近代以来的形式合理性(韦伯)则把世界抽象为数量的关系(数学化的世界概念,胡塞尔)。阿多诺与韦伯和胡塞尔同样具有危机意识,近代以来的自然科学虽然在世界的定量化维度上取得了巨大成功,但不能把科技理性绝对化,不能把数量的探究认作理性的全部功能。通过自我反思,理性应该把握事物的质即把握事物的客观具体性。理性不是归纳而得的集合体,理性是区分的能力,而这种能力是对不同质的认识能力,不同质的事物是非同一性的事物。阿多诺称这种真正的理性认识能力为"辨别力","它既包含模仿反应的才能,又包含代表种、类和特定差异的关系的逻辑工具"。③ 否定的辩证法面向事物本身,但又并非如实证主义那样面对其直接性,而是事物中的可能性。辩证思维并不是任何意义上的玄想,它不是经验实证方法,也不是现象学本质直观,它是真正的理论思维,它要运用语言使用概念,虽然概念的抽象运用会导致同一性,"但不管我们怎样想方

---

① 〔德〕阿多诺《否定的辩证法》,张锋译,上海人民出版社2020年版,第29页。
② 〔德〕阿多诺《否定的辩证法》,张锋译,上海人民出版社2020年版,第29页。
③ 〔德〕阿多诺《否定的辩证法》,张锋译,上海人民出版社2020年版,第37页。

设法用语言表达在事物中凝结的这种历史，我们使用的语词都依然是概念"①。因为"只有概念能实现概念阻碍的东西"，所以，否定辩证法依靠的自我的觉醒是一种辩证思维，它遵循严格意义上的理论逻辑，这种逻辑是通过语言论证和意义揭示实现的。这是一种"语言游戏"（维特根斯坦），阿多诺对这种概念运用的辩证维度和语用维度的说法是：星丛。概念的星丛比喻形象地表达着阿多诺的哲学理想，他的语言哲学的真正目标是揭示表达在概念（通过语言）中的事物的真实存在。

阿多诺对语言的真值语义学的意义理论作了这样的批评："语词受到哲学批评的东西，即语词的直接真理的要求，几乎一直是一种肯定的意识形态，即语词和事物的存在统一性。"② 而所谓的"模仿""星丛"等表述不过是在意识哲学范式中为了冲破同一性哲学而采取的隐喻性的说法，它并没有借用现代语言哲学（比如奥斯汀、塞尔的言语行为理论以及后期维特根斯坦的语言应用理论）方法进一步清理语言丰富的意义来源以及言语的主体间的语用学维度。③ 的确，阿多诺的否定性辩证思维，通过对观念论同一性的批判，触及了当代哲学的许多主题，比如对个体性、差异、模仿、历史性等问题的强调（当代哲学对这些主题的强调有些是走过了头的），但他的哲学范式使这些主题没能得到令人信服的处理。阿多诺总的看法是认为同一性哲学是资产阶级的意识形态幻想，他的批判、否定是取自马克思传统的意

---

① 〔德〕阿多诺《否定的辩证法》，张锋译，上海人民出版社 2020 年版，第 43 页。
② 〔德〕阿多诺《否定的辩证法》，张锋译，上海人民出版社 2020 年版，第 43 页。
③ 关于语言意义理论的较为系统的讨论，参见〔德〕哈贝马斯《后形而上学思想》，曹卫东、付德根译，译林出版社 2001 年版，第 90 页。

识形态批判方法。还有，对历史和传统的强调，能够引导哲学对历史文本的神圣绝对性的世俗性消解。① 另外，阿多诺还认为修辞是哲学的语言表达中固有的，是表达的前提，他指出："在哲学中，修辞学代表着那种只有在语言中才能被思考的东西。修辞学在表达的前提中有一席之地，由此哲学才能有别于已知的和固定的内容的交流。"② 而且，"正是以修辞学的才能，文化、社会和传统思想有了生命力"③。这个命题显示了阿多诺理论策略的全部缺点，因为这种生命力并不体现在修辞学中，而是生活世界合理化的内在学习过程的产物，这种学习过程是在交往行动中得以实现的。阿多诺误把修辞成分看成是语言的施行性特征的表达，他没有语言哲学的概念手段来处理他想要表达的"真理"，这就是阿多诺的矛盾。当然，对于修辞学阿多诺也是有所顾虑的，毕竟，阿多诺的这些想冲破同一性的思想方略和概念策略都带有某种"代用品"的性质，这很容易使之失去阿多诺赋予它的功能而走向绝对。

（四）非同一性的理性

然而与后现代主义不同，阿多诺仍然求诸一种理性概念，他明确指出："在今天就像在康德的时代一样，哲学要求对理性进行合理性批判，而不是放弃它或废除它。"④ 这种理性意味着人

---

① "这种注释既不把被诠释的东西也不把象征抬高成绝对，而是在思维使神圣文本的最终原型世俗化的地方寻找真理性。"〔德〕阿多诺《否定的辩证法》，张锋译，上海人民出版社2020年版，第45页。
② 〔德〕阿多诺《否定的辩证法》，张锋译，上海人民出版社2020年版，第45页。
③ 〔德〕阿多诺《否定的辩证法》，张锋译，上海人民出版社2020年版，第46页。
④ 〔德〕阿多诺《否定的辩证法》，张锋译，上海人民出版社2020年版，第71页。

的社会生存的非暴力和谐关系，① 在批判海德格尔的存在论时，他提出了时代的哲学课题，即后形而上学的现代性奠基问题，虽然没有新的理论策略来解决它。与卢卡奇相同，阿多诺也判定当今世界总体是物化的，而且肯定性的文化也是其组成部分，"物化的意识是物化的世界总体的一个要素。本体论的需要是这种意识的形而上学"②。所以，阿多诺不会再以存在论的形式建构一种关于真理的形而上学基础，于是，真理的理性基础在他那里就成为一个根本的难题，在主体哲学范式中，同一性批判的理论逻辑禁止建构任何一种实体性的理性概念。从理论建构策略而言，理性的建构（如果仍然需要理性概念的话）必然导向形式化和程序化的方向，而这只能在主体间性范式中才可能设想。然而阿多诺并没有走上这条道路，他的立场必然会指向一种与总体物化的现实同一性哲学完全对立的东西：激进的艺术。为什么是艺术？因为哲学实现的时机已错失，即无产阶级的革命实践已错失，但艺术把革命的意识保留下来了，③ 艺术中包含有对现实的否定性，虽然否定性如何体现却需要哲学的思考：阿多诺心中的美学就是对艺术中所包含的否定性（他称之为真理性）的揭示。

否定的辩证法的目标仍然指向对事物合理性的寻求，这种方法是在主体哲学内部的"造反"，阿多诺企图消解同一性哲学的两个高峰：同一性的辩证法（黑格尔）和同一性的基础存在论

---

① 〔德〕阿多诺《否定的辩证法》，张锋译，上海人民出版社2020年版，第74页。
② 〔德〕阿多诺《否定的辩证法》，张锋译，上海人民出版社2020年版，第80页。
③ "在不自由的状态中，任何人都不具有解放了的意识。但一种将有权力支配自身的意识，一种实际上将会自主的意识（正如它迄今一直只是声称是自主的一样）不必再害怕委身于别的东西。"〔德〕阿多诺《否定的辩证法》，张锋译，上海人民出版社2020年版，第80页。

（海德格尔）。这个任务是艰难的，完全依靠主体自主意识的思辨，在对海德格尔进行"内在批判"（"用它自己的力量来反对它"）时，阿多诺表明了这种自主思辨方法的基本运作方式："在概念中凝固的思想运动必须流动起来必须反复探究概念的效力。"① 对于阿多诺来说，哲学是一种"表达不可表达的东西的渴望"，这种渴望指向非同一性的具体，它不可能存在于概念的同一性中，也不存在于感性直观中，阿多诺说："哲学既不存在于理性的真理中，也不存在于事实的真理中。"② 即真正能够把握住事物的哲学不应是唯心论的形而上学，也不应是科学式的实证主义。哲学的真理性不应按逻辑的和科学的标准来判定，但哲学又是具有自身的"严格性"，哲学到"反思中"寻求这种严格性。③ 在阿多诺看来，哲学既不是一门科学，又不是"沉思的诗"：哲学本身具有不可表达性，但它又可以通过某种方式进行表述，阿多诺认为："在这一方面，哲学是音乐的一个真正的姐妹。"为什么？因为："对不可表达之物的直接表达是没有的，凡在通行这种表达的地方，如在伟大的音乐中，它的印记是易逝的和短暂的，它依附于过程，而不是依附于一种陈述语气'这是它'。"④

---

① 〔德〕阿多诺《否定的辩证法》，张锋译，上海人民出版社 2020 年版，第 83 页。这也是韦尔默在《论现代和后现代的辩证法》中建议我们阅读阿多诺美学时的方法。
② 〔德〕阿多诺《否定的辩证法》，张锋译，上海人民出版社 2020 年版，第 92 页。
③ 〔德〕阿多诺《否定的辩证法》，张锋译，上海人民出版社 2020 年版，第 92 页。所以，哈贝马斯在《现代性的哲学话语》中明确指认阿多诺的基本范式仍是主体哲学。
④ 〔德〕阿多诺《否定的辩证法》，张锋译，上海人民出版社 2020 年版，第 93 页。

阿多诺对同一性的唯心主义作了可以称之为唯物主义的颠倒，如同马克思在《巴黎手稿》中对黑格尔的"自我意识"出发点的批判一样，阿多诺对黑格尔《逻辑学》的唯心主义出发点即抽象的"存在"进行了批判，从存在概念出发为的是把非同一性的"这一个"（某物）在逻辑范畴的演进中同化进逻辑的范畴序列中，而阿多诺则强调作为"存在者"的某物的"不可分解性"即非同一性。阿多诺强调的是不和思维相同一的内容，这种内容并不能被范畴的思想进程废除，即同一，"没有存在物就没有存在"，阿多诺看来，非同一性的某物是形式逻辑的基础。"形式逻辑无法清洗掉它的元逻辑的基础。"① 然而，阿多诺又不想建立一种"物质"的本体论，因为任何本体论被阿多诺以同一性的名义抹去了，在哈贝马斯看来，这是当代哲学的"后形而上学思维"的特有品质。阿多诺明确指出："在批判本体论时，我们并不打算建立另一种本体论，甚至一种非本体论的本体论。"② 这是他与海德格尔、尼采等人不同之处。由此，他并非从同一性、存在、概念转向"非同一性、存在物、事实性"，因为这种转向的思维仍然坚持某种"第一哲学"，而"第一哲学，必然带有概念的第一性，任何回避概念第一性的东西都是在脱离据说是第一的哲学思维的形式"。所以，"既然任何一般性概念的基本特性在决定性的存在物面前分解了，那么一种总

---

① 〔德〕阿多诺《否定的辩证法》，张锋译，上海人民出版社 2020 年版，第 117 页。
② 〔德〕阿多诺《否定的辩证法》，张锋译，上海人民出版社 2020 年版，第 118 页。

体性哲学就不值得期望"①。这样，在反对同一性绝对哲学的名义下，阿多诺既反对唯心主义，同时也反对唯物主义的物质本体论："哲学思维的内容既不是扣掉空间和时间之后剩下的残余，也不是关于时空物质的一般发现。"那么，这种非同一性的否定辩证法的思维应该是怎样呢？接下来，他有一个提示："哲学的思维是在特殊中、在那种受空间和时间规定的东西中结晶的。"②阿多诺的非同一性哲学是在与同一性哲学的思维方式的对照中发展起来的，它主要是一种思维方式，关于现实存在物的具体性、非同一性的辩证思维方式，既不构造概念本体论，也不建构物质本体论，而是注重于把握事物的非同一性的星丛：一种结构性而非实体性的关系。辩证法是一种否定的哲学操作方法，这种否定的观念被黑格尔叫作差异。但是在黑格尔那里，差异和否定最终都被扬弃于概念的同一性中，而同一性和肯定性是一致的。在黑格尔的同一性肯定辩证法那里，"把一切非同一的和客观的事物包含在一种被扩展和被抬高成一种绝对精神的主观性之中一定会导致这种调和"③。但在阿多诺那里，没有了作为第一性的本体论整合，他关注的是对象之间的差异，有差异才有了结构性的星丛，它是对第一性的否定的非绝对性（非同一性）。所以，"正

---

① 〔德〕阿多诺《否定的辩证法》，张锋译，上海人民出版社2020年版，第118页。阿尔都塞也以其多元决定论的概念反对卢卡奇、萨特式的人本主义，这里是否也有某种星丛的意味？

② 〔德〕阿多诺《否定的辩证法》，张锋译，上海人民出版社2020年版，第119页。

③ 〔德〕阿多诺《否定的辩证法》，张锋译，上海人民出版社2020年版，第123页。

是事物，而不是思想的组织动力把人们带向了辩证法"①。但辩证法不是对现实简单的直观，而是现实的反思性概念，"这种辩证法是不能再与黑格尔和好的。它的运动不是倾向于每一客体和其概念之间的差异中的同一性，而是怀疑一切同一性；它的逻辑是一种瓦解的逻辑：瓦解认识主体首先直接面对的概念的、准备好的和对象化的格式塔"②。这就是说不是使对象与其概念同一就行了，因为这种同一只能是对现实的抽象肯定，而是要瓦解这种同一，通过瓦解来对现实进行理论上的批判，如对工具理性的现实进行批判就是要瓦解工具理性概念本身，即进行工具理性的批判。这也就是马尔库塞所说马克思的所有经济学概念都带有批判的否定性一样，如剩余价值概念的辩证分析就是对剩余价值的现实（资本主义雇佣劳动制）进行批判一样。所以，否定的辩证法实际上就是霍克海默所谓与传统理论相对的批判理论的意思。

概念和主体的同一性是对现实的肯定，而这种肯定是"不真实的"，按照阿多诺的意思，对任何现实状况的肯定都是不被允许的，因为现实仍处于人类发展的"史前期"（马克思），必须要对现实进行无情的批判，这就是否定的辩证法得出的社会批判含义。对比，阿多诺是这样说的："在非神话的过程中，对于那种实现非神话的工具理性来说，肯定性必须自始至终都被否

---

① 〔德〕阿多诺《否定的辩证法》，张锋译，上海人民出版社2020年版，第125页。
② 〔德〕阿多诺《否定的辩证法》，张锋译，上海人民出版社2020年版，第125页。

定。"① 这就是早期批判理论坚持始终的工具理性批判，但是他们过头了，走向了一种绝对的理性批判。阿多诺谈到否定辩证法的社会批判旨趣，对同一性的批判就是对商品交换原则的批判，但并非抽象的批判，就是说不是取消公平本身，因为目的是真正的公平。所以，对公平的否定是否定其意识形态性（因为这里的"公平"的基础是商品交换），而恢复其理性，其基础是自由中的公平。阿多诺对此这样说："交换原则把人类劳动还原为社会平均劳动时间的抽象的一般概念，因而从根本上类似于同一化原则。商品交换是这一原则的社会模式，没有这一原则就不会有任何交换。正是通过交换，不同一的个性和成果成了可通约的和同一的。这一原则的扩展使整个世界成为同一的，成为总体的。"② 但阿多诺认为不能抽象地否定这一原则，因为："当我们把交换原则当作思想的同一性原则来批判时，我们想实现自由和公平交换的理想。"③ 所以对平等中的不平等的批判是以真正的平等为前提的。但阿多诺把平等的规范内涵的传统涵义完全抛弃了，因为他把现今所有对于平等的规范论证通通当成意识形态打发掉，这种意识形态批判绝对化了，他并没有建立一种自由平等的规范理论。这种绝对的批判体现了一种批判的激情，特别是在西方无产阶级革命失败后，实现哲学的契机已错失的情况下，这种激情演变成一种愤怒，对于实践失望以后的愤怒，绝对的否

---

① 〔德〕阿多诺《否定的辩证法》，张锋译，上海人民出版社 2020 年版，第 125 页。
② 〔德〕阿多诺《否定的辩证法》，张锋译，上海人民出版社 2020 年版，第 126 页。
③ 〔德〕阿多诺《否定的辩证法》，张锋译，上海人民出版社 2020 年版，第 126 页。

定,而头脑发热的愤怒是走极端的。但阿多诺式的失败主义也没有走向完全绝望的悲观主义,他设想了一种希望的乌托邦,其意向的表达以艺术和审美为载体。但他设想的由艺术表达的真理性内容又是一种与现实完全脱节的领域,因为大众艺术已完全受制于现实的交换原则,所以,阿多诺对现代艺术的一切设想构建了一个想象中的桃花源。

在阿多诺那里,意识形态批判作为"思想的自我反思"是"哲学的核心的事情",这是"对基本的意识本身的一种批判",① 它祛除的是同一性的意识形态性,其目的是追求真正的同一性(因为"没有同一性人们就不能思维"),这是靠"自我反思"实现的。于是,否定的辩证法-意识形态批判-自我反思就成为一回事,成为一种"批判性思维"的系列活动。

通过批判思维的这种迂回,我们看清了阿多诺否定的只是"作为同一性"的同一性、肯定现实的意识形态的同一性,他想追求真正的同一性,这是非同一性的同一性,"它是解救的目标"。由于同一性被同一性哲学(唯心主义形而上学)禁锢太久:我们便应该拯救出真正的同一性,到那时,甚至不需要在同一性前再加上非同一性的修饰。"非同一性的认识想说出某物是什么,而同一性思维则说某物归在什么之下、例示或表现什么以及本身不是什么。"② 阿多诺称这种认识是"辩证认识":根据非同一性思维,"适合于辩证认识的是探求思想和事

---

① 〔德〕阿多诺《否定的辩证法》,张锋译,上海人民出版社2020年版,第128页。
② 〔德〕阿多诺《否定的辩证法》,张锋译,上海人民出版社2020年版,第129页。

物的不相称性,在事物之中体验这种不相称性"。这是对事物本身矛盾性的正视,因而,"哲学的疑难概念是客观上,而不单是思想上未解决的东西的标志",① 正因为事物本身的矛盾性,因而辩证思维也意味着"哲学的自我批判"。这种批判是思想和认识的真正觉悟,诚然"我们应从概念开始,而不是从纯粹的事实开始",但我们要注意概念化本身的同一性倾向(拟古主义),"辩证法是思维向它的概念性的拟古主义提出的一种抗议",即通过概念来反对概念化(同一化),"在其主观方面,辩证法的结果是主张,思想形式不再把它的对象变成不可改变的东西、变成始终如一的对象"②。通过这种哲学的自我反思和思想的批判意识,阿多诺进而谈到启蒙批判的真正目的:"启蒙的自我反思不是废除启蒙:只是为了取悦于今天的现状,启蒙才被败坏了。"③

神化在今天表现为启蒙的同一性,《启蒙辩证法》论述的这个核心主题在这里得到了理论的论证,否定辩证法通过批判和超越"肯定辩证法"力图真正实现辩证法的目标,即把握事物真正的客观具体性,"被否定的东西直到消失之时都是否定的。这是和黑格尔的彻底决裂。用同一性来平息辩证矛盾、平息不能解

---

① 〔德〕阿多诺《否定的辩证法》,张锋译,上海人民出版社2020年版,第132页。
② 〔德〕阿多诺《否定的辩证法》,张锋译,上海人民出版社2020年版,第132页。
③ 〔德〕阿多诺《否定的辩证法》,张锋译,上海人民出版社2020年版,第136页。

决的非同一物的表现，就是忽视辩证矛盾所意指的东西"①。所以，阿多诺对否定辩证法的论证是通过对黑格尔肯定的辩证法（否定之否定带来肯定）的批判实现的，这种辩证法的超越对批判理论的理论建构策略的走向影响深远，它突破了黑格尔-马克思-卢卡奇总体性辩证法的理论传统。在阿多诺看来，对非同一性事物的把握"不是靠从概念到更一般的总括性概念的一步步递进，而是因为概念进入了一个星丛。这个星丛阐明了客体的特定性"，② 这实际上就是要求真实的具体，达到对事物的真正的具体认识。认识是需要概念的，但通过概念来表达真正的具体，就是使概念并非单纯依靠纯逻辑推演的关系，而是揭示事物的真正具体关系，阿多诺称为概念的星丛，这正好与黑格尔概念的否定之否定达到肯定相反。他指出："星丛只是从外部来表达被概念在内部切掉的东西：即概念非常严肃地想成为但又不能成为的'更多'。概念聚集在认识的事物周围，潜在地决定着客体的内部，在思维中达到了必然从思维中被割去的东西。"③ 为此目标，关键要评判事物本身所处历史的星丛，即事物的历史地位，在社会科学的星丛式研究方法中，阿多诺提到韦伯（比如对"新教伦理"的研究）的研究方法，"他明确反对界定的定义程序即固守'属加种差'的图式，而是要求社会学的概念必须从'来自历史现实的个别部分中逐渐谱写成。最终的概念理解因此不能是

---

① 〔德〕阿多诺《否定的辩证法》，张锋译，上海人民出版社2020年版，第137页。
② 〔德〕阿多诺《否定的辩证法》，张锋译，上海人民出版社2020年版，第139页。
③ 〔德〕阿多诺《否定的辩证法》，张锋译，上海人民出版社2020年版，第139页。

在探索的开端,而只能是在探索的终点'"①。概念的星丛是主体为了阐释具体事物的建构,目的是真正把握客观的现实性,阿多诺说:"我们无须用认识论的批判来追求星丛,对星丛的追求是现实的历史过程强加于我们的。"② 星丛方法既反对实证主义又反对唯心主义,否定的辩证思维是第三条道路。否定的辩证法于是通过概念的星丛而能把握世界的本质,这样理解的本质就不是一种精神构想出来的抽象存在,而是事物自身质的规定性,"它们可以被叫作向它们的概念还原的否定性,这种否定性使世界成为它实际的样子"③。这里也显示出某种阿多诺式"唯物主义"观念,因为在他看来,同一性思维都是主观主义的,而"对同一性的批判是对客体优先性的探索"。

总之,否定辩证法的批判旨趣,要求揭示事物的真理,而事物的肯定性假象是由同一性思维来保证的,这就导致了其意识形态性。阿多诺在此继承了马克思,政治经济学批判就是一种意识形态批判的方法。比如:"交换作为一个过程有现实的客观性,但同时在客观上又是不真实的,违犯了它自身的原则——平等的原则",④ 阿多诺在这里表达的事物"自身的原则"是由批判者在概念上确定的标准,即批判的规范基础。于是,这里又存在着

---

① 〔德〕阿多诺《否定的辩证法》,张锋译,上海人民出版社 2020 年版,第 141 页。
② 〔德〕阿多诺《否定的辩证法》,张锋译,上海人民出版社 2020 年版,第 143 页。
③ 〔德〕阿多诺《否定的辩证法》,张锋译,上海人民出版社 2020 年版,第 145 页。
④ 〔德〕阿多诺《否定的辩证法》,张锋译,上海人民出版社 2020 年版,第 162 页。

一个悖论：现实的肯定性成了假象，而概念的星丛性辩证思维揭示的则是真正的现实。这也是马克思对国民经济学的前提的批判意识：国民经济学只是非历史地肯定私有财产，而政治经济学批判要揭示的正是私有财产的历史性和异化本质，而其规范基础则是共产主义观念。

所以，阿多诺提出了"虚假客观性"的概念，而他要的是真正的"唯物主义"。这种唯物主义和实证主义有本质的区别，前者因其否定性而带有批判性，他明确认为："正是由于转向客体的优先地位，辩证法才变成了唯物主义的。"① 这种唯物主义并不仅仅是一种与唯心主义相对立的立场，而是对整个现实世界的一种批判态度，通过否定性思辨使自我意识得到觉醒。在这个意义上，阿多诺点出了《否定辩证法》的根本旨趣："霍克海默的短语'批判理论'并非想使唯物主义成为可接受的，而是用它来达到理论上的自我意识。"② 作为真正的思想者，阿多诺始终保持着自我意识的自觉，通过否定性的持续激发，对现实世界的批判，对同一性的各种理论的批判，都凝聚在《否定辩证法》的警句中。由于辩证法是批判的而不是解构的，所以它必须保留"真理内容"的观念，意识形态批判自身的逻辑结构要求以真理为标准、以理性为前提。但是，"否定辩证法"的批判是整体而全面的，它批判一切同一性的理论建构，这使得批判本

---

① 〔德〕阿多诺《否定的辩证法》，张锋译，上海人民出版社2020年版，第164页。
② 〔德〕阿多诺《否定的辩证法》，张锋译，上海人民出版社2020年版，第168页。由于我们基本上搞清楚了《否定辩证法》的基本意图，特别是其理论内在逻辑对批判理论可能产生的影响，第三部分"模式"展开的否定思辨的具体运用方面，在此就不细加考察了。

身面临一种内在的理论困境,一方面开启了批判理论真理诉求的各种维度;另一方面,由于批判的规范基础的建构离开了现实的生活世界,批判理论的社会功能始终只能停留在希望的观念层面。

第五章　规范基础的不同面相

一　传统理性向度

马丁·杰伊曾经认为，在整个法兰克福学派中只有马尔库塞始终坚持一种传统的理性概念。的确，在马尔库塞那里无论是爱欲的本能解放，或者单向度批判，还是新感性的审美之维都奠基于一种理性观念，而这种理性观念是根据西方理性传统特别是德国观念论来理解和阐发的。马尔库塞在《哲学与批判理论》（1937年）的著名论文中，以批判理论家们罕有的方式写道："理性，是哲学思维的根本范畴，是哲学与人类命运联系的唯一方式。哲学试图去发现存在的最终极和最普遍的根基。哲学以理性的名义，领悟到本真的存在观念；在这种本真的存在观念中，一切重大的对立（主体与客体、本质与现象、思维与存在）都和谐一致。与这种观念相伴随的是这样一种信念：现存的一切并非自然而然地是或已经是合理的，相反，现存的一切必须被带到理性面前……所有相悖于理性的东西或不合理的东西皆被设定为某种必须破除的东西。理性被建构为一个批判的法庭。"① 在《理性和革命》中,② 黑格尔哲学被看成是一种带有"革命性"的批判理论以区别于实证主义。理论的批判性体现在否定性上,而否定则以理性为基础和前提。于是,理性就成为关键,理性构成批判性理论的"规范基础"。在马尔库塞看来,马克思是黑格尔的真正继承者,无产阶级及其实践是能动的理性的体现,是黑格尔观念逻辑(辩证法)的现实化,马克思历史理论的本质具有黑格尔根源。

(一)理性的辩证概念

马尔库塞认为,德国观念论特别是黑格尔哲学是以理性为基础的,他明确指出:"黑格尔哲学的精髓是一个由自由、主体、精神、概念等范畴组成的结构,这一系列概念都源于理念。"③理性概念体现着现代性的自由观念,这个观念被认为是人的生存本质和生存理想,体现在社会和历史的现实中,"但是对于黑格尔来说,除非现实自身变成合乎理性,否则理性就不能主宰现实"④。而这一点的哲学论证在黑格尔那里是通过一种"主体哲学"范式进行的。现实、存在的本质是实体,而实体的存在是一个自主能动的过程,实体是以主体的形式存在的,这是一种"处在矛盾过程的一个自我发展的统一体的存在方式",这样一个历史的、自由的、矛盾的主体概念成为对自由理念进行确证的

---

① 《现代文明与人的困境——马尔库塞文集》,李小兵译,上海三联书店1995年版,第175~176页。
② 〔美〕马尔库塞《理性和革命》,程志民等译,重庆出版社1993年版。
③ 〔美〕马尔库塞《理性和革命》,程志民等译,重庆出版社1993年版,第5页。
④ 〔美〕马尔库塞《理性和革命》,程志民等译,重庆出版社1993年版,第7页。

基本方法论原则。现代性的理性概念就是自由的真理，"理性实现了自由，而自由恰恰是主体的存在"。这是一个实体性的能动的主体概念，它的存在是在矛盾过程中达成的理性和自由的实现过程，这就是"整个人类历史"，这个历史是人类以理性和自由精神为内在目标的进步过程。

理性源于人的生存本质，所以理性就成为一个带有规范性的概念，它是有待于实现而正在实现的自由的真理，这样一种本质性概念于是具有"鲜明的批判和辩证特征"①。它是一种理想，反对对现存的一切作肯定的判定，它要求把自由和真理注入现实之中，通过现实的不断自我扬弃（现实表现为理念的外化），理念的真理得到实现。但这一切在德国观念论中是在精神领域发生的，马尔库塞谈到了这种情况的德国现实的背景："德国文化是与新教的起源分不开的。（在宗教改革中）诞生了一个美丽自由和道德的王国，它不为外在现实和斗争所动摇，它是从悲惨的社会世界中决裂出来的，并且定居在个体的心灵中。这个发展趋向，表明了德国唯心主义思想来源的社会成因。"②"最终，占上风的批判思想无力于合理的和政治的以及社会的世界变革，从而使批判的思想转换为精神的意义。"③

虽然如此，但马尔库塞仍然坚持认为，黑格尔哲学的一些基本概念是"西方整个思想传统的顶点"。他谈到了德国哲学坚守普遍的理性精神的哲学史渊源，这体现在对经验主义的持续反驳中："德国唯心主义者认为，经验主义哲学表明其对理

---

① 〔美〕马尔库塞《理性和革命》，程志民等译，重庆出版社1993年版，第10页。
② 〔美〕马尔库塞《理性和革命》，程志民等译，重庆出版社1993年版，第13页。
③ 〔美〕马尔库塞《理性和革命》，程志民等译，重庆出版社1993年版，第14页。

性的放弃。他们把一般观念的存在归因于习惯的力量和可以理解的现实原则，归因于心理结构，这就等于否认真理和理性。"① 这样，德国哲学必然要对理性进行某种"先验"的普遍论证。

这个论证是从康德开始的，"康德开始证明人类头脑中先天拥有整理感官所提供的杂乱无章的感觉材料的普遍'形式'。这种直观形式（时间和空间）和理解力形式（范畴），通过大脑整理各种进入感官的连续的经验，而成为普遍的存在"②。这就是一种"先验"的存在，康德论证了人类普遍的理性主体的能力，先验自我意识的统一体得到了确证，这也是后来人们批评的"方法论维我论"的主体意识哲学的出发点和基础。黑格尔的努力是论证理性作为真正主－客统一体的综合能力，他突破了康德"物自体"的绝对界限，表达了理性统一的真正原则，"理性是现实的真实的形式。在这现实中，所有的主体和客体的对立，都被统一形成真实的统一体和普遍性"③。由是，黑格尔哲学不但论证了认识的真理性，而且也论证了作为理性实现过程的社会历史的真理性。这个过程被称为辩证法，其核心精神在于批判的否定力量，现存的东西必然被否定或扬弃从而促使其达到概念的本质。"辩证法批判了所有形式的实证主义哲学。"然而，理性的理想走到了一个终点，黑格尔达到了一种"哲学的实现"，批判终止了，否定的批判性触及了黑格尔自身的思辨体系。批判精神在突破了观念的体系禁锢后，进入现实的社会实践

---

① ［美］马尔库塞《理性和革命》，程志民等译，重庆出版社1993年版，第18页。
② ［美］马尔库塞《理性和革命》，程志民等译，重庆出版社1993年版，第19页。
③ ［美］马尔库塞《理性和革命》，程志民等译，重庆出版社1993年版，第22页。

中，在这种批判的实践中产生出社会批判理论。当然，这是后话。

马尔库塞特别关注黑格尔哲学中理性的统一性力量和辩证法批判的否定精神。因此，他追溯了黑格尔早期（神学时期）思想，分析了黑格尔对统一和自由的强调，特别提示了亚里士多德实体学说的影响，黑格尔早期"生命"和"精神"诸概念获得亚里士多德作为"实体"的存在概念的支撑。这种存在是一个能动的、活动的、统一的自由主体，"真正的存在是真正的运动，而后者是主体同其客体完美统一的运动。真正的存在，因此也就是思想和理性"①。在1801年耶拿大学开始的哲学时期，黑格尔论述的基本概念是"理性"，与知性不同，理性是"重建统一整体"的需要，依靠的是"纯粹的思维"，这是"辩证法的最初萌芽"。特别体现在黑格尔早期政治哲学著作（比如《论德意志宪法》）中，"黑格尔的观点，就是主张一个旧的秩序必然被一个'真正的统一体'所代替"，② 而普遍理性的哲学则是对其本质的论证："以抽象的形式表现的理性的普遍性，是社会共同体在哲学上的摹本，在这个社会共同体中，所有的特殊利益都被连接为一个整体。"③ 这样，理性的哲学就成为一种"批判理论"，根据理性本质而对现实进行批判。这个理性的共同体理想也在《费希特与谢林哲学体系的差异》一文中得到表达："依照理性原则建立的共同体，必然被假定为是真正个体自由的限制，而且是被假定为是个体真正自由的扩展。在共同体的权力和权力

---

① 〔美〕马尔库塞《理性和革命》，程志民等译，重庆出版社1993年版，第37页。
② 〔美〕马尔库塞《理性和革命》，程志民等译，重庆出版社1993年版，第47页。
③ 〔美〕马尔库塞《理性和革命》，程志民等译，重庆出版社1993年版，第48页。

运用范围内,最高的共同体就是最高的自由。"① 在马尔库塞看来,黑格尔的哲学是依靠亚里士多德《形而上学》而来的关于实在之本质存在的"绝对知识","他所精心建立的哲学方法试图反映实在的实际过程和以一个恰当的形式建立实在的实际过程"②。这个哲学的纯粹形式就是《逻辑学》,而且,"否定"构成了辩证理性的本质,黑格尔辩证哲学是一种批判的哲学。事物存在的真理是趋向其本质的运动,这个本质被辩证思维把握为真理,这是一种理性活动,事物最终的使命和目标就是成其为自身,即实现其本质。这一切体现在概念的体系中,哲学成为"理念"的体系。黑格尔指出:"哲学并不意味着是对发生的一切的叙述,而是关于在发生中什么是真实的认识。"③ 这是黑格尔关于哲学的"伟大理论"概念,也是西方形而上学的根本动机,显然,这也成为马尔库塞批判理论的理性基础。

在现实社会历史理论层面上,马尔库塞论述了《法哲学原理》的理论地位,并且指出:"即使黑格尔把国家神圣化,但国家仍是客观精神,其地位是从属于绝对精神的,政治、国家是从属于哲学的。"④ 因此,他反对把黑格尔的国家观与法西斯主义运动联系起来,"因为,黑格尔在精神领域中所提到的国家是被

---

① 转引自〔美〕马尔库塞《理性和革命》,程志民等译,重庆出版社1993年版,第51页。
② 〔美〕马尔库塞《理性和革命》,程志民等译,重庆出版社1993年版,第111页。
③ 转引自〔美〕马尔库塞《理性和革命》,程志民等译,重庆出版社1993年版,第143页。
④ 〔美〕马尔库塞《理性和革命》,程志民等译,重庆出版社1993年版,第162页。

批判的理性准则所统摄的,并受普遍的法律所支配"①。在这里,根本的原则和国家的本质都是由理性规定的,但这种理性或自由意志的理论,在马尔库塞看来虽然是为资本主义私有制的占有原则作论证,但理性国家概念却保留了超越市民社会现实原则的理想性,"它们勾画了人类未来社会组织结构的图景"。对国家的需要就是保护和满足个体的真正利益,因为这种个体利益是与普遍利益(共同的善)相一致的。应该重视这种关于国家的理念,这就是"理性和自由的真正辩证内容"。对于这种"理性的内容"作了概括:"对于黑格尔来说,国家的基本任务就是使特殊的和一般的利益相一致,以便保护个体的权利和自由。然而,这样一个要求是以国家和社会的统一为前提,而不是以其分裂为前提。"② 这是哲学应该实现的理想。

这也正是马克思的核心思想。在《论犹太人问题》中,马克思论述的真正的"人类解放"目标的实现,也是强调国家和市民社会的统一,只不过马克思的方法论路径是通过"市民社会革命化"来消除"天国"和"尘世"的二元对立。因为在马克思那里,作为"物质生活关系"领域的市民社会才是社会历史决定性的"唯物主义"基础。这样看来,以国家形式呈现的客观理性仍然是自由的重要保障,而且是一种更高的规范性要求,这个要求必然会超越市民社会的形式合理性。黑格尔把这种更高的理性作为辩证逻辑的必然结果设立起来,但如何在现实中

---

① 〔美〕马尔库塞《理性和革命》,程志民等译,重庆出版社1993年版,第164页。
② 〔美〕马尔库塞《理性和革命》,程志民等译,重庆出版社1993年版,第194页。

实际的确立和形成，那是黑格尔作为理论家所无能为力的。而且，在黑格尔那里，虽然他对以君主立宪制形式建立的国家极力颂扬，但精神的进步发展却没有终止于国家，因为这种国家在国际范围的对立语境中遇到了自己的限度。在马尔库塞看来，这就促使黑格尔必须到更为宏大的历史语境中思考精神的实现，这就是他的"历史哲学"，"历史的决定性主体，黑格尔称其为世界精神。它的实现依赖于那些体现理性和自由目的的行动、趋势、努力，依赖于体现理性和自由的目的的制度"①。在这里，批判历史进步与否的规范准则仍然是理性和自由。

在对黑格尔整个体系进行考察之后，马尔库塞转而论述始于马克思的社会批判理论。他认为，黑格尔的理性辩证法哲学必然会过渡到现实社会领域，"哲学已经转化为社会理论"。原因在于，在黑格尔那里，哲学所论证的理性和自由观念已经找到了现实的表现，这就是说，黑格尔的理想在资产阶级市民社会的真理即国家那里达到了极限。然而，根据其否定性辩证法的批判原则，这种理性自由必然不能仅仅停留在观念和哲学中，它必然要求现实地实现。对此，马克思"实现哲学"的警句非常准确地切中了思辨唯心论的根本问题，哲学论证的理性目标应该通过实践的行动而实现，对于这种理性的实践的理论自觉就是社会批判理论。马尔库塞认为这个实践任务和转变是从马克思开始的，"马克思理论的所有哲学概念都是社会的和经济的范畴"②。这种

---

① 〔美〕马尔库塞《理性和革命》，程志民等译，重庆出版社1993年版，第211页。
② 〔美〕马尔库塞《理性和革命》，程志民等译，重庆出版社1993年版，第235页。

理论是实践性的对现存秩序的批判和否定，但最终目的仍然是理性和自由的实现，这就是马克思理论的根本问题即人类解放。马尔库塞非常中肯地概括了马克思理论的根本旨趣："现在人类的解放已能够变成人类自己的任务，成为人类自我意识实践的目标。真正的存在、理性以及自由的主体现在已被改变成历史的现实。"① 依据马克思的理论思路，现在的问题是"谁将实现哲学"？对真正的以自由为指向的实践主体的论证和寻求就成为关键问题。他首先考察了费尔巴哈和克尔凯郭尔关于人的理论，②这是以孤独个体为存在基础的哲学，对立于观念论主体哲学。比如克尔凯郭尔，他以个体被拯救的名义诉诸基督教，这的确也有现实批判的意义。但孤独个体对理性普遍观念加以拒斥的"非理性主义"又是危险的，因为他丢失了普遍理性积极的社会意义。而费尔巴哈则批判宗教，"宗教的实现需要宗教的否定"，为此，他提出了一种人本学，强调"现实的人"并对其进行某种"生物学的"分析。当然，这种"自然主义"的哲学观受到马克思的强烈批判，费尔巴哈没有看到真正的人是从事劳动的人，人的活动和生存的基础是社会性的实践，"因而，费尔巴哈清除了一个自然可以变成自由的中介的决定性因素"，这就是劳动，而对人类生存的这种能动活动，倒是黑格尔给予了详细分析。

---

① 〔美〕马尔库塞《理性和革命》，程志民等译，重庆出版社1993年版，第238页。
② 在这个问题上，洛维特清理了黑格尔之后哲学的发展线索，从存在论角度论述了对黑格尔哲学不同的批判视角，这些视角体现了发现那真正的、能够切实体现真理和自由的承担者或历史主体的不同努力。参见洛维特《从黑格尔到尼采》，李秋零译，三联书店2006年版。

在马尔库塞看来,"因为劳动过程决定了人类存在的整体,劳动决定了所有事物的价值"[①],劳动也就成为马克思理论的存在论基础(卢卡奇后来称之为"社会存在本体论")。在对劳动的批判性分析中,既可以形成对现实的批判视角,又可以发现理性和自由的条件。这样,批判理论的规范基础就成为对劳动的批判,而这正是马克思政治经济学批判的基本任务。"对劳动过程的批判性分析因而形成哲学的最终课题。"他认为马克思在《巴黎手稿》中对"异化劳动"的分析使劳动成为一个批判性的否定概念,这个关于人的根本性存在的劳动概念因而是哲学的,而且"与黑格尔的理性概念有着明显的相似之处"[②]。在这里我们注意到,在理论建构策略上,马克思的劳动概念承担着理性的概念功能,劳动成为有待解放的自主活动的实际过程,主体哲学表现为劳动的辩证法。人类的自我实现和自由解放的基础和机制在于真正的劳动的实现和解放。于是,"经济学范畴的批判的和超越的特征,至今仍以哲学的概念来表述,后来,在马克思的《资本论》中经济范畴本身证明了这些哲学概念"[③]。所以,马尔库塞强调了马克思理论的哲学意义,也就是说马克思的政治经济学批判实质是一种关于人类普遍的本质性生存的哲学理论,只不过马克思通过对劳动的现实形式(生产方式)的批判性考察来实现这一点。"一旦深入到生产方式的内部,分析生产方式的起

---

① 〔美〕马尔库塞《理性和革命》,程志民等译,重庆出版社1993年版,第248页。
② 〔美〕马尔库塞《理性和革命》,程志民等译,重庆出版社1993年版,第250页。
③ 〔美〕马尔库塞《理性和革命》,程志民等译,重庆出版社1993年版,第251页。

源，就可以发现它的自然客观性仅仅是表面的，与此同时，它实际上是人类已为自身规定了的存在的特殊历史形式。"① 这样，马克思的政治经济学实际上就是在人类生存的普遍性的哲学维度说的一种批判理论。于是，黑格尔哲学中关于理念的实现的观念论就转变成现实的劳动解放的唯物论。劳动的真正实现被普遍地、本质性地理解为人的实现，这种实现最终表现为人类个体的解放和实现，共产主义就是这种解放和实现的普遍性和个体性的统一，即理性和自由的实现。

马尔库塞认为，劳动解放的过程就是以阶级斗争为核心的革命实践，马克思的辩证法就是描述这个能动过程的历史辩证法。无产阶级作为主体，他的革命活动是自觉的，这是解放活动的主观基础，这个历史主体必然以自由理性作为行动的指导，用卢卡奇的话说就是自觉的"无产阶级意识"。这种真正的"意识"保留在"哲学"中，这种哲学就是以自由理性为规范基础的社会批判理论。"哲学通过抽象思维的工具担负着保证人的需要、恐惧和愿望得到解决的使命。"② 马尔库塞以马克思的名义始终在坚守某种"纯粹的理性"，因为"理性成为真理的真正王国"。他引证康德和黑格尔关于理性内涵的观念，他心目中的批判理论的目标就在于建立一个真正的"理性社会"。这是一个确定的目标，这个革命实践所要求的理性就是真理，它将反对任何实证主义和相对主义的歪曲。

---

① 〔美〕马尔库塞《理性和革命》，程志民等译，重庆出版社1993年版，第256页。
② 〔美〕马尔库塞《理性和革命》，程志民等译，重庆出版社1993年版，第289页。

（二）理性的单向度

第二次世界大战以后，马尔库塞以理性为基础，继续推进对变化的现实社会的批判，发表了著名的《单向度的人》。① 除了"单向度"这一众所周知的"关键词"，此书的副标题"发达工业社会意识形态研究"更为具体地表达了批判的主题，即对所谓"发达工业社会"整体上的压制本质进行批判性的揭示。当然，从这一揭示中我们看到，正是整体的人及其社会存在的"单向度"成为当今生存状态的本质。

马尔库塞的这种揭示对于批判理论传统而言颇具开创性，因为他看到了不同以往（自由资本主义）的压抑或统治的新形态和新机制。由于这种以意识形态（科学技术理性）方式形成的新形式的出现，现实中的反抗力量消失了，新的压抑机制以意识形态理性的名义使现实永恒化，即使压抑永恒化。批判性思维是既立足于现实又超越现实的一种否定性立场，它批判和否定现实的肯定性，揭示现实无论表面上多么合理（这正是意识形态的功能），但实际上是"非理性"的，"这个社会作为总体却是非理性的"②。

作为批判性的社会理论，要进行批判性和否定性的社会评判，必须先行设定一种"批判的标准"，这就是找到理论的规范基础。对此，马尔库塞是明确意识到的，而且以此标准为导向，他企图导向一种"历史替代性选择"的可能性。在此我们要特别关注他对这种批判标准的阐述和论证。他强调了这些作为价值

---

① 〔美〕马尔库塞《单向度的人》，刘继译，上海译文出版社2008年版。
② 〔美〕马尔库塞《单向度的人》，刘继译，上海译文出版社2008年版，第2页。

的规范准则的历史性,虽然这些准则是从现实历史中抽象或超越出来的,但不能使之等同于现实的已有原则,而且,"它由于'超越'的严格的历史性而与所有的形而上学相对立"①,这也就是法兰克福学派著名的"内在批判"的思路。概而言之,马尔库塞是基于启蒙人道主义和理性主义精神来设想这些规范观念的,而且他也坚持认为,虽然现有社会阻碍了这些价值,但仍然包含着实现它的可能性,批判理论的实践功能正是需要在行动上促使这些价值的实现,这与阿多诺有很大的不同。"社会理论涉及这样的历史替代性选择,这些替代性选择常常作为颠覆性的趋势和力量出没于已确立的社会。"②

马尔库塞分析的独特性体现在对现代社会形成的控制和统治的新机制的揭示,社会整体以似乎合理的方式来呈现异化。其结果是导致人们的思维、语言以及行为等全面的肯定性,这种状态就是"单向度"。以真正的人类价值和理性为指向的批判思维和行动被"巧妙地"压制了。虽然现实已经使对立面一体化了,但马尔库塞仍然认为社会的质变是应该的,因而批判理论也是必须的和可能的,因为人类的真正的需求和价值仍是本质性的导向。变革不合理使之趋向真正的合理,仍是人类历史进步的理论和实践的"绝对命令"。

马尔库塞在《导言》中概述了"发达工业社会"的单面性,这个社会由此是"极权性的"。"在这一社会中,生产装备趋向于变成极权性的,它不仅决定着社会需要的职业、技能和态度,

---

① 〔美〕马尔库塞《单向度的人》,刘继译,上海译文出版社 2008 年版,第 3 页。
② 〔美〕马尔库塞《单向度的人》,刘继译,上海译文出版社 2008 年版,第 3 页。

而且还决定着个人的需要和愿望。因此，它消除了私人与公众之间、个人需要与社会需要之间的对立。对现有制度来说，技术成了社会控制和社会团结的新的、更有效的、更令人愉快的形式。"① 这是现代社会的深层机制，也是一种作为自持系统的自觉的"谋划"："作为一个技术世界，发达工业社会是一个政治的世界，是实现一项特殊历史谋划的最后阶段，即在这一阶段上，对自然的实验、改造和组织都仅仅作为统治的材料。"② 这样，技术的合理性变成了政治的合理性。这样的变化和结果是经典马克思主义未曾估计到的，因为在经典理论框架中，正是生产力的发展成为实现解放的规范力量。在马克思主义传统中，由卢卡奇开始的科学主义批判正是在这一点上明确看到了相反的趋势，而马尔库塞（以及《启蒙辩证法》）则把它推向一种极端：极权主义的总体化和单向度。

这首先表现在对真实的需要和虚假的需要的区分上，单向度的极权社会制造并满足了人们的虚假的需要，这些"需要"是"为了特定的社会利益而从外部强加在个人身上的那些需要，使艰辛、侵略、痛苦和非正义永恒化的需要，是'虚假的'需要。"③ 这是被操纵的需要及其满足，这会使人们以肯定性的态度对待现实世界。它满足的是外在秩序塑形后的需要，马尔库塞的意思是说它扼杀了真正的需要：所有个人的最充分的发展（一种马克思式的人的解放观念）。

---

① 〔美〕马尔库塞《单向度的人》，刘继译，上海译文出版社2008年版，第6页。
② 〔美〕马尔库塞《单向度的人》，刘继译，上海译文出版社2008年版，第7页。
③ 〔美〕马尔库塞《单向度的人》，刘继译，上海译文出版社2008年版，第6页。

这造成的后果就是人们从内心深处对现状的认可,"反对现状的思想能够深植于其中的'内心'向度被削弱了。这种内心向度本是否定性思考的力量也即理性的批判力量的家园,它的丧失是发达工业社会压制和调和对立面的物质过程在思想意识上的反映。"① 这种情况使得整个社会成为一种以自身的现实原则(统治的原则)运作的自我持存的系统,一个主体性系统。卢卡奇曾经运用马克思关于资本主义生产方式的批判观念分析了这种"物化"的整体性,而马尔库塞进一步超出经济学批判的理论框架,把这种整体物化的原因追溯到科学技术本身,因为科学技术以理性的名义执行着肯定异化现实的意识形态功能,这就是单向度的极权主义功能。

把分析推进到本能领域也是马尔库塞批判的特色,他已在《爱欲与文明》中提出了这种批判性的心理分析理论框架,在这里,他又一次把它运用到对发达工业社会的批判上,他揭示了社会控制的文化及深层的心理机制,社会统治会从本能深处得到加强。不仅如此,单向度也体现在语言上,社会中的语言也执行着极权主义控制功能,语言自身也成为一种封闭的系统,"封闭的语言不能够进行证明和解释——它传达决断、宣判和命令"②。哲学对语言的意义分析与纯粹的日常语言分析是不同的,真正的意义理论必须考虑到语言的社会历史相关性即语言的社会内涵。马尔库塞指出:"对意义进行真正的哲学分析必须考虑意义的全部向度,因为语言表达渗有这些向度。因此,哲

---

① 〔美〕马尔库塞《单向度的人》,刘继译,上海译文出版社2008年版,第10页。
② 〔美〕马尔库塞《单向度的人》,刘继译,上海译文出版社2008年版,第82页。

学中的语言分析有一种语言之外的义务。"① 而通常的语言分析则是依据现有的意义领域来分析和净化，使语言成为以现实为标准的单向度的语言，"意义的容易引起争议的历史向度却被迫保持缄默"。

在更高和更深的思维层面，单向度的思维也得到体现。马尔库塞在德国观念论传统中展开批判分析，主要分析了理性概念的演变及其与真理和现实的关系。在这个思想框架中，理性作为真理的力量是一种批判性的否定力量，理性意味着事物真正本质的展开和实现，而这个过程就是现实。因此，真正的理性绝不会把自身封闭于任何当下，绝不会是肯定的、非历史的，即绝不会是单向度的。但是，古典哲学传统的这一真理性理性概念被"技术合理性"取而代之，现今人们认可的"理性"指的是一种技术的或工具性的合理性。结果是理性的辩证思维逻辑变成了"统治的逻辑"。

为了强调理性概念的规范性，马尔库塞追溯了理性、真理以及思维和逻辑在古希腊的"原始"含义。理性与非理性、真理和非真理等都是用来刻画事物的存在状态，这些范畴也是对事物状态的认识。事物的存在就是其潜能的实现，而这种实现既可以以真正的展现其本质的方式进行，也可以以歪曲和掩盖本质的方式实现。这样，可以区分事物真实和非真实的本体论状况。亚里士多德的"理论家"的沉思活动就是以真实的存在状况为目标，而对事物状态的认知是靠理性的思维。马尔库塞认为，这种

---

① 〔美〕马尔库塞《单向度的人》，刘继译，上海译文出版社2008年版，第157页。

"理性"思维可以走向不同的道路，比如柏拉图后期"对话"中的辩证法或亚里士多德《工具论》的"形式逻辑"。当然，在后来的发展中，正确认识被极端地理解为"形式"的方式，而最初所谓"形式"只是理性思维的一个必要条件。在辩证思维中，"它们的逻辑发展是对现实进程或事情本身的反应……因而，辩证思想和既定现实之间是矛盾的而不是一致的，真正的判断不是从现实自己的角度，而是从展望现实覆灭的角度来判断这种现实的。在这种覆灭中现实达到其自身的真理"①。因此，把握实在的断言命题 S 是 P 就意味着 S 应当是 P。这样，"命题的证实涉及事实和思想中的一个进程：S 必须变成实存。直言陈述因此成了绝对命令，他陈述的不是事实而是造成事实的必然性"②。这种是与应该之"批判性紧张关系"是基于"存在自身结构的本体论状况"，也就是说，事物本就如此存在，这是事物自身的"如其所是"。

当然，对事物的本质的认知是一种思想的抽象，是依据事物自身存在的辩证抽象，这是思维的辩证逻辑。正是思维的这种辩证性体现着思维的批判性，因为辩证法的基本原则正是否定性和批判精神。这样的辩证思维观念也就与形式逻辑有了区分，根据马尔库塞，"形式逻辑自身的理想，是在发展普遍的控制和计算的精神工具和物质工具的过程中的一个历史事件"③。这是一种

---

① 〔美〕马尔库塞《单向度的人》，刘继译，上海译文出版社 2008 年版，第 106 页。
② 〔美〕马尔库塞《单向度的人》，刘继译，上海译文出版社 2008 年版，第 107 页。
③ 〔美〕马尔库塞《单向度的人》，刘继译，上海译文出版社 2008 年版，第 110 页。

"统治的逻辑",是"肯定性思维",而辩证逻辑则是依据对象自身的历史性存在的真理而来,它是"否定性思维"。

基于这种真正的理性观念和辩证思维,马尔库塞着重阐发了"作为意识形态"的科学和技术的概念。其意识形态特征正是在于某种"合理性",即价值中立、工具化的客观性。但这种合理性正是可以对统治和现实进行合法性辩护,科学技术实际上发挥的是肯定性的社会功能:"现代科学原则是以下述方式先验地建构的,即它们可以充当自我推进,有效控制领域的概念工具;于是理论上的操作主义与实践上的操作主义渐趋一致。由此导致对自然进行愈加有效统治的科学方法,通过对自然的统治而逐步愈加有效的人对人的统治提供纯概念和工具。保持纯粹性和中立性的理论理性已经开始参与实践理性的事业。"① 这是一种新型的神秘化过程,其神秘化恰恰就以客观性、合理性的名义产生。马尔库塞根据胡塞尔对"科学危机"的阐述,强调了科学理性的历史性,经验自然科学只是人类"看"世界的一种方式,也是其"生活世界"的一种特定的生存谋划,而这种方式和谋划使得统治和不自由获得了合法性,科学的"合理性"成为一种意识形态特征。

于是,必须设想"另一合理性的观念"。这种理性概念是按照事物的"普遍概念"来理解的,而这种普遍性被认为是包含着事物历史性的本质,"这些普遍概念是作为按照其潜能来理解

---

① 〔美〕马尔库塞《单向度的人》,刘继译,上海译文出版社 2008 年版,第 126 页。

事物的特殊状况的概念工具而出现的"①。也就是说，真正理性的思维是把握事物的独特本质，理性是一种如其所是地把握事物从潜能而来的历史性本质的能力和方式。当然，这是一种传统观念论的理性观，在黑格尔那里就展示了对事物本质的理性认识方式，即依否定性而来的展开从而达到具体总体的辩证法。

作为批判理论家，马尔库塞也特别强调了哲学的社会关联与社会功能，哲学是社会意识形态，因此，哲学反映着社会状况和发展阶段。用他的话说就是哲学谋划（project）反映着社会谋划，哲学应该是一种社会批判理论，因为它要以"更好的"谋划代替原有的。这里出现了一个批判标准问题：何为更好的谋划？这当然也就是批判理论的规范基础问题。"因此，寻求不同哲学谋划之间的评判标准，就导致寻求在不同历史谋划同各种替代选择之间，在理解、改造人与自然之间的不同的实际方式同可能方式之间进行评判的标准。"② 在这里，马尔库塞提出的标准是普遍概念的"客观有效性"，普遍概念也就是呈现事物本质的概念，而事物的本质在历史性的展现过程中，作为"应该"得到了实现。依他的看法，概念本身具有主观性，但概念反映的对象（事物）以及历史性的社会结构状况都决定着概念的客观性，概念的这两个方面共同决定着概念的理性思维的真理性。

---

① 〔美〕马尔库塞《单向度的人》，刘继译，上海译文出版社 2008 年版，第 170 页。
② 〔美〕马尔库塞《单向度的人》，刘继译，上海译文出版社 2008 年版，第 172 页。

第五章 规范基础的不同面相

人类实践（或谋划）可以超越现存的方式，马尔库塞称之为"超越性谋划"，其中"客观的、历史的真理标准才能恰当地表述为其合理性标准"①。这样一种理性概念包含其实现的可能性和总体性，而且它也是一种价值概念，其规范内涵指向"人道主义"目标："在为人的需要和才能的自由发展提供更大机会的制度框架之内，它的实现为生存的和平提供更大的机会……我相信理性概念起源于这一价值判断，真理概念不能与理性的价值相分离。"② 这就是他的历史合理性概念，既是现实批判的标准，也是未来社会的价值内核。社会批判理论就借助于这样的理性概念"谋划历史的否定"。马尔库塞认为，根据马克思的唯物主义历史观，这个谋划是一种主动的创造，是自由侵入历史必然性的活动，是一种"决定性的选择"。这也就意味着这是一种自觉、能动的辩证过程，也是批判理论持有的否定性思维的真理性，"这种否定的自由——摆脱既定事实的压制力量、意识形态力量的自由——是历史辩证法的先验成分，它是在历史决定性中的选择和决定成分，也是反历史决定性的选择和决定要素"③。

这种历史理性概念明显具有卢卡奇历史总体性辩证法的影子，马尔库塞也把理性和真理植入一种作为主－客统一的历史总体性概念中，其方法论架构是基于作为主体的历史概念上的。因

---

① 〔美〕马尔库塞《单向度的人》，刘继译，上海译文出版社 2008 年版，第 174 页。
② 〔美〕马尔库塞《单向度的人》，刘继译，上海译文出版社 2008 年版，第 174 页。
③ 〔美〕马尔库塞《单向度的人》，刘继译，上海译文出版社 2008 年版，第 177 页。

而否定、超越和解放也就成为历史主体向其自身真理性的能动的实现活动:"这一转变是'其自身的',因为作为历史的总体,它发展了这样一些力量和潜能,这些力量和潜能本身变成了超越已确立总体的那些谋划。"① 需要注意的是,马尔库塞并未否定技术合理性本身(这一点使他与《启蒙辩证法》的作者们有了基本区分),而是希望消除现有技术的意识形态性,使技术发生质的变化。当然,不是指科技本身的发展,而是就它能够增进真正的历史理性而言的,这种真正的历史理性概念是批判理论的基础,它仍然有待于发现、认识和实现。在这种总体性理性概念中,科学技术的合理性占有很重要的地位,而且它被运用于真正的、非意识形态的理性目标之上,"它将展现一种本质上新的人类现实的可能性——即以实现了的根本需要为基础的处于自由时间中的存在。在此条件下,科学谋划本身将对超功利的目的、对远非统治必需品和奢侈品的'生活艺术'开放"②。这是一种新的科学概念和理性观念,但是在马尔库塞的理论框架中仍然保留着马克思的经典因素,即对科学技术(从而对生产力)的基本重要性的信任,"因为正是这一基础使需要的满足和辛劳的减轻成为可能——它也是人类自由各种形式的基础"③。

当然,技术要成为"人类合理的事业",涉及"政治的变革",按照马克思的说法即涉及生产方式的变革。可以认为,在

---

① 〔美〕马尔库塞《单向度的人》,刘继译,上海译文出版社2008年版,第180页。
② 〔美〕马尔库塞《单向度的人》,刘继译,上海译文出版社2008年版,第183页。
③ 〔美〕马尔库塞《单向度的人》,刘继译,上海译文出版社2008年版,第183页。

马尔库塞这里，如同在马克思那里一样，一种更为人道的和理性的生产方式或生存谋划是应该的也是可能的。然而，这种理性到底以怎样的形式得到确证并在现实中得到呈现，这仍然是一个问题。换言之，这样一种批判理论的规范基础仍然有待于澄清，虽然他运用历史理性、后技术合理性甚至艺术理性等概念来刻画和表达这种真正的理性观念，但一种理论不能仅仅是表达观念而是要逻辑确证。

二 心理学（本能）向度

在"1966年政治序言"中，马尔库塞谈到《爱欲与文明》同《单向度的人》的一个共同的论点，这就是要确立或争取一个"新的出发点"，"使人能在没有'内心禁欲'的前提下重建生产设施，因为这种内心禁欲为统治和剥削提供了心理基础"[①]。马尔库塞的批判推进到一个新的维度，试图从人的心理本能层面揭示和批判现代社会的统治机制，而批判相应的规范基础也得以在生存的本能层面加以探讨。

正是对"战争福利国家"或"发达工业社会"，总之是对走向极权主义社会的批判。他力图揭示这种现实社会和国家的非人化新的特殊基础和实现机制。整体而言，这种批判的理论策略和内在逻辑是清楚的。如果"单向度"是指发达工业社会的技术合理性（工具理性）承担了现实社会合理性论证功能，从而使之获得一种意识形态的肯定性的话，那么，这种单向度的合理性

---

① 〔美〕马尔库塞《爱欲与文明》，黄勇、薛民译，上海译文出版社2012年版，第4页。

也深入了人的内在心理领域，形成一种同样是肯定性的心理结构。于是，揭示和批判这种貌似合理的不合理性也就成为现代批判理论的使命。这种批判理论以理性和自由为指向，在人的主观内在领域表现为真正的本能（爱欲）的解放。

（一）统治的"微观机制"

从现代人的个体心理结构层面揭示和批判社会统治的特殊机制，这是当代批判理论的一个重要成就，对统治的这种"微观机制"的揭示能够使人们更加清楚和全面地认识到现实的不合理，从而在实践上拓展政治实践的可能性。如果心理机制不被决定论式地抬高到存在论基础的理论位置，那么，心理本能的批判的确是非常重要的。赖希首先开拓了批判理论的心理学向度，他的"性格结构"概念成为今后批判理论家们运用的一个基础性概念。弗洛姆《逃避自由》是一个独特的批判性运用，他特别研究了现代人的一种形成极权主义权威崇拜的心理结构。而《爱欲与文明》则给出了一种心理批判理论的一般性纲领，爱欲本能的"非压抑性升华"与"压抑性反升华"成为一种对立的基本选择。在"1961年序言"中，马尔库塞也意识到了心理解放的限度，他指出："不论是本能的解放还是理智的解放，都是一个政治问题，因此关于这样一种解放的机会和前提的理论，必定也就是一个社会变化的理论。"[1] 心理的微观机制不能取代社会革命的宏观实践。相反地，只有在整个社会的异化逻辑都被实际地清除的前提下，人的自由才能真正地全面实现。

---

[1] 〔美〕马尔库塞《爱欲与文明》，黄勇、薛民译，上海译文出版社2012年版，第5页。

与马克思对资本主义的明显异化的批判不同，马尔库塞的批判观念产生于对现代发达工业社会的一个洞识之上，他认为现代社会的不合理悖论性地以"合理"的形式呈现出来，他要批判的这是现实的这种貌似的合理性，这使得他的批判也成为一种意识形态批判。因为现今的意识形态具有了不同的载体和形式，"人对人的最有效的征服和摧残恰恰发生在文明之巅，恰恰发生在人类的物质和精神成就仿佛可以使人建立一个真正自由的世界的时刻"①。当然，马尔库塞的这种批判观点是和弗洛伊德本人对文明的"悲观"看法是不同的。文明与压抑的关系在弗洛伊德那里是等同的，而马尔库塞设想了一种"非压抑文明"的存在，他认为这是弗洛伊德理论本身应该具有的。由此，马尔库塞的做法是对弗洛伊德的相关理论进行重新解释，他指出："我们关心的不是要纠正或改进对弗洛伊德概念的解释，而是要恢复这些概念的哲学和社会学意义。"所以，他对这项研究的基本定位是："本书旨在对精神分析哲学而不是对精神分析本身有所贡献。"②

在这种"哲学"的分析中，马尔库塞明确地认定弗洛伊德的理论是一种关于人的生存的哲学。在弗洛伊德那里，文明及其历史被认为是一个对人的本能结构的压抑过程，因为人的本能需要被满足，而这种满足的目标和方式则与文化和文明的"现实原则"相对立。文明的存续需要人的心理机制作为基础，而本

---

① 〔美〕马尔库塞《爱欲与文明》，黄勇、薛民译，上海译文出版社2012年版，第2页。
② 〔美〕马尔库塞《爱欲与文明》，黄勇、薛民译，上海译文出版社2012年版，第5页。

能结构则作为心理机制的深层动力持续发挥作用。另一方面，文明的原则也影响着心理机制，使本能的满足以文明准许的方式得以可能，这种方式是压抑的方式。这样，本能的原则就与文明的原则相互冲突，在人的文明进化历史上，由文明塑形的心理机制形成对本能的压抑，通过压抑的方式形成文明存在和发展的心理机制，"弗洛伊德称这种转变为从快乐原则到现实原则的转变"①。

马尔库塞充分注意到了两种原则在实际的心理结构运行中辩证的复杂性，也就是说，自我的心理结构并不是由单一的机制决定的，大体而言，自我的存在具有意识和无意识这两个过程。但是，文明的发展最终则意味着现实原则"战胜了"快乐原则，或者说，遵循快乐原则的本能得到了控制，使之以符合文明原则的方式加以满足，本能以被压抑（改变）的方式投射（升华）到社会准许的活动中。这样也就形成了一种社会化的心理结构，即自我。"人获得了注意、记忆和判断诸机能，形成了一个有意识的思想主体，并且做到了与外部强加于他的合理性步调一致。"② 这种压抑的过程并非一次性完成，而且，"文明所欲控制和压抑的东西即快乐原则的要求，在文明本身中仍然继续存在，无意识中保存着受挫的快乐原则的追求目标……被压抑物的这种回归构成了文明的禁忌史和隐蔽史"③。

---

① 〔美〕马尔库塞《爱欲与文明》，黄勇、薛民译，上海译文出版社 2012 年版，第 4 页。
② 〔美〕马尔库塞《爱欲与文明》，黄勇、薛民译，上海译文出版社 2012 年版，第 6 页。
③ 〔美〕马尔库塞《爱欲与文明》，黄勇、薛民译，上海译文出版社 2012 年版，第 7 页。

在弗洛伊德的理论中，压抑作为一种历史现象是文明的一种宿命，因为，由于"缺乏"而导致的生存斗争是"永恒的"，所以，只要社会文明存在，就不可能存在非压抑性的文明。而马尔库塞要做的工作就是论证并表明这个结论本身是非历史的，也就是说，压抑和不自由只是文明的一个特定的历史阶段。有可能而且必须争取一种非压抑的文明，在这种文明中，人的本能以非压抑的方式得到升华，人以自由的方式幸福地生存。马尔库塞认为，这样一种自由、幸福和真正理性的观念并非空想，可以通过对弗洛伊德的元心理学进行批判性的重建，发掘这种心理学的合理因素，"弗洛伊德研究的一个特征就是，坚持不懈地揭示文化的最高价值标准和最高成就中的压抑性内容。在这一点上，他反对把理性等同于作为文化意识形态基础的压抑"①。也就是说，在弗洛伊德的元心理学中有一种原始的欲求，这是一种"自由与必然统一的状况"，一种真正的幸福的愿望，这种愿望由记忆保持在幻想中。马尔库塞认为，这就是精神分析潜藏着的"真理价值"，而且，重新发现它并且以非压抑的方式实现它，这成为精神分析层面上批判理论的首要任务。于是，原始的爱欲本能也就成为批判的标准，虽然在文明过程中被压抑，但在未来，这种"被压抑物"在历史中能够回归，本能必将得到解放。

（二）本能的解放

马尔库塞依据弗洛伊德的理论，追溯了"压抑性心理机制"在个体发生层次和属系发生层次上的发展，这两个层次实际上是

---

① 〔美〕马尔库塞《爱欲与文明》，黄勇、薛民译，上海译文出版社 2012 年版，第 9 页。

相互关联的，在此我们无需详细追踪。我们关注马尔库塞对弗洛伊德精神分析基本理论的改造与重建，据此展示他从本能解放的角度对一种非压抑性文明的论证。我们知道，在弗洛伊德的元心理学中，作为一种"生命原则"的本能理论是一个基础。这种本能以力比多为能量源，产生出两种相互对抗的本能：生命本能（爱欲）和死亡本能（死欲）。然而，两种本能的实际关系以及相互作用的具体机制非常复杂，马尔库塞认为："要对本能的历史特性作进一步解释，就必须把本能置于同弗洛伊德最后的本能理论相一致的新的人格概念之中。"① 这是一种心理结构的层次理论，人格分层为本我、自我和超我。它们分别执行着本能被满足的不同方式，形成对本能不同的组织方式。其中本我的满足以"快乐原则"为目标，这是"……最古老、最根本、最广泛的层次，这是无意识的领域、主要本能的领域。本我不受任何构成有意识的社会个体的形式和原则的束缚"②。而自我则以控制和改变的方式满足本我的本能冲动，这种满足意味着控制和压抑。自我因此既要满足本我的本能，又要对本能加以控制使之存在于外部"现实原则"的范围内。这一"现实"维度的发展又产生了超我，即一种由个体的外部世界秩序强加于他并内化为"良心"和"道德"之类的心理实体。而且，这种心理实体很可能进入无意识层面而无意识地起作用，这种作用主要也是压抑的作用。从个体和种属相互关系而言，个体心理结构与"外部"社会文

---

① 〔美〕马尔库塞《爱欲与文明》，黄勇、薛民译，上海译文出版社 2012 年版，第 20 页。
② 〔美〕马尔库塞《爱欲与文明》，黄勇、薛民译，上海译文出版社 2012 年版，第 20 页。

明既相适应又有冲突，形成一种矛盾的历史过程。"成长着的自我所面对的外部世界在任何阶段都是某种现实的特定社会-历史组织，它通过特定的社会机构及其代理人影响心理结构。"① 总之，文明历史的各种形式都要求与之相适应的心理结构，而这些结构是以压抑的方式组织起来的，因而，"文明是作为有组织的统治而取得进步的"②。

弗洛伊德的这个基本结论似乎具有"一种普遍的生物发展的庄严性和必然性"③，也就是说文明历史总是一种压抑和统治。然而，正是在这里马尔库塞看到了这种彻底"悲观"的观念具有某种"非历史性"，他提问的方式是对文明社会现实原则本身的一种历史观点，就是说现有的现实原则是否只是一种特定的历史形式？这个特定阶段呈现为彻底的压抑和统治，使得人的心理本能结构和人的生存彻底异化。是否可以通过对现有现实原则（现有社会组织形式、社会秩序的结构方式）的批判和否定，设想一种新的现实原则，这种新原则除了发挥对本能的必要压制功能之外，更为重要的功能是自由地满足本能欲望，消除根本的统治逻辑。这种提问方式虽然是在精神分析的心理学领域（以及艺术、神话、哲学等文化领域）进行的，但理论的逻辑指向一种现实的批判，而批判的落脚点仍然是人与人的社会关系层面。

---

① 〔美〕马尔库塞《爱欲与文明》，黄勇、薛民译，上海译文出版社2012年版，第24页。
② 〔美〕马尔库塞《爱欲与文明》，黄勇、薛民译，上海译文出版社2012年版，第24页。
③ 〔美〕马尔库塞《爱欲与文明》，黄勇、薛民译，上海译文出版社2012年版，第25页。

因为，就现实原则得以生成、变化甚至变革的基础而言，社会批判和社会实践仍然是基础性的。只不过，这种批判理论表现为心理学批判，批判针对的是现有的社会原则对人的本能的压抑性统治，革命要寻求的也是本能欲望的非压抑满足，这是人的全面自由和解放的重要组成部分。

由此思路，马尔库塞对现有现实原则的实质进行了批判，其核心的批判观念体现在他引入的两个相关的概念上：额外压抑和操作原则。前者是相对于"基本压抑"而言的，它意味着统治的原则而不是"对本能所作的必要的'变更'。"执行这种统治功能的形式就是操作原则。同样是现实原则的压抑为何又区分为"必要的"和"额外的"？这是由文明历史的状况决定的。在"匮乏"的情况下，本能的欲望不可能无限制地被满足，它必须把本能欲望投射（升华）到工作和劳动中，这就形成了特定的劳动的组织形式即生产方式，"对人和自然的各种统治方式决定了现实原则的各种历史模式"[①]。也就是说，现实原则的"内容"在不同的历史阶段是各不相同的。在马尔库塞看来，由生产关系决定的阶级的统治结构成为一种"附加的控制"，"我们把这种产生于特定统治机构的附加控制称为额外压抑"[②]。这种压抑是基本压抑的变形或异化，这是由统治的利益作为基础的。在这种理论框架中，文明的社会秩序本身并不是一定就与本能欲望的自由满足相冲突，只有那些为统治服务的关系结构才成为持久压抑

---

① 〔美〕马尔库塞《爱欲与文明》，黄勇、薛民译，上海译文出版社 2012 年版，第 26 页。
② 〔美〕马尔库塞《爱欲与文明》，黄勇、薛民译，上海译文出版社 2012 年版，第 27 页。

的原因。也就是说，本能的压抑和异化结构是历史形成的，也是可以和应该改变的。马尔库塞认为这就是弗洛伊德元心理学中最为重要的关于本能欲望和压抑模式的辩证法。他试图重建关于人的心理学的批判理论，通过揭示和批判现实原则中统治的阶级利益因素，希望并设想一种新的、非压抑的现实原则的可能性，论证一种人的自由的生存方式。

马尔库塞的文明批判指向现今的现实原则和额外压抑，这是一种以异化劳动为基础的操作的体系，"于是社会表现为一个持久的、扩展着的有用的操作体系。等级制的功能和关系披上了客观合理的外衣，法律和秩序成了社会的真正生命"[1]。这是一种对人的生命本能的自由满足进行彻底控制的合理的、自主的操作体系，它体现着统治原则，而且它还意识形态化了，即以合理性的名义压抑和消除了对它的反思和反抗。"进步的合理性加强了这种进步的组织和方向的不合理性"[2]，这种意识形态化在《单向度的人》中有更为系统的论述。

这就是批判的意识，马尔库塞相信，"毫不妥协地表达着人类的恐惧与希望的那些集体及其理想、那些哲学体系和文学艺术品，依然在抵抗着现行的现实原则，它们是对现实原则的彻底的否定"[3]。他追踪并描述了这种文化否定的不同维度，但是通过

---

[1] 〔美〕马尔库塞《爱欲与文明》，黄勇、薛民译，上海译文出版社2012年版，第77页。
[2] 〔美〕马尔库塞《爱欲与文明》，黄勇、薛民译，上海译文出版社2012年版，第87页。
[3] 〔美〕马尔库塞《爱欲与文明》，黄勇、薛民译，上海译文出版社2012年版，第91页。

否定所要达到的目标是相同的,"它们的目的不只是反对现实原则,实现虚无,而且要超越现实原则,达到另一种存在"①,这另一种存在就是人的自由的存在和幸福的生活,这是一种与现实原则完全不同的、基于人类生命本质需要的理想生存状态。

(三) 作为"新理性"的爱欲

我们注意到,即使是心理学批判也有一个理性观念作为基础,这在马尔库塞的整个批判理论中都是很明显的。他反复追踪理性概念在西方哲学历史上的演变,目的是论证和呈现一种真正的理性,这种理性是否定现实的,它是一种理想的观念。他考察了西方哲学的主流,认为西方文明的基本精神是"科学理性"精神,其中的基本结构是主体-客体结构,主体自我与对象客体相对抗,主体的思想和行动都是为了控制客体。客体包括外部世界(外在自然)和自我本身(内在自然),主客体关系就是主体对内部的压抑和对外部的统治。这种结构是先于现代自然科学的基础逻辑,自柏拉图和亚里士多德以后形成一种特定的理性观念,"逻各斯表现为统治的逻辑"。在亚里士多德那里,存在的最高等级表现为神的努斯,在马尔库塞看来这就是西方形而上学追求的最高理想:事物与其自身的本质(目的)相符合。这种追求就是理念实现自身的过程,这完成于黑格尔,"《精神现象学》把理性的结构作为统治的结构、作为对这种统治的克服而

---

① 〔美〕马尔库塞《爱欲与文明》,黄勇、薛民译,上海译文出版社2012年版,第95页。

加以揭示"①。黑格尔超越了"纯粹的"统治原则,实现了主体与客体的统一,这种统一是一种和解,这体现着"绝对精神"的真正原则。在此,马尔库塞引证了《精神现象学》最后对此原则的论述:"和解的保证就是客观地生存的精神,它在其对立物中把握了对作为普遍本质的自身的纯粹知识……这种互相认可就是绝对精神。"② 这是理性的真正实现过程,既是思想过程,也是存在的真理。

但这种理性只是停留在思想中,只是以哲学的思辨表现出来,"真正的自由仅存在于理念中",解放乃是一个精神的事件。所以,在马尔库塞看来,黑格尔只是表达了真正理性的基本观念,其精神辩证法未能真正突破现实原则的禁锢。但无论如何,这种哲学的理念和精神确是西方哲学的核心和动力,作为"最高形式的存在、最高形式的理性和自由",它始终成为现实经验世界的批判和否定,"被压抑的解放在理念和理想中得到了提倡"。③ 由此,马尔库塞在哲学中确立的现实批判的规范基础,就以他描述的从亚里士多德到黑格尔的西方理性概念的理想形态确立起来了。

我们要注意的是,在马尔库塞眼中,理性的真正理想形式并非总是以西方主流哲学的形态呈现的。因为在形而上学传统中

---

① 〔美〕马尔库塞《爱欲与文明》,黄勇、薛民译,上海译文出版社2012年版,第99页。
② 转引自〔美〕马尔库塞《爱欲与文明》,黄勇、薛民译,上海译文出版社2012年版,第101页。
③ 〔美〕马尔库塞《爱欲与文明》,黄勇、薛民译,上海译文出版社2012年版,第104页。

(从亚里士多德到黑格尔),存在就是逻各斯,就是统治的逻辑,它实现为现世的现实原则。所以,真正的理性在传统形而上学那里只能是一种希望,在马尔库塞看来,"在黑格尔之后,西方哲学的主流枯竭了"①。虽然如此,新的思想却在学院派之外发展起来,"它们具有不同的性质,服从于不同的理性形式,不同的现实原则。这个变化,用形而上学的语言来表达,就是指存在的本质不再被看作逻各斯"②。所以,批判的规范基础虽然仍然是理性,但不是逻各斯的理性,真正的理性意味着新的现实原则,意味着新的存在的本质观念。

这种新的理性和存在概念是对现有世界的批判和否定,是对真正符合事物本质(自在目的)以及人的生存本质(爱欲的自由)的展望。马尔库塞认为这在尼采那里很纯粹地表现了出来,"尼采是以一个与西方文明的现实原则根本对立的现实原则立论的。根据对作为自在目的的存在、作为欢乐和享受的存在经验,他抛弃了理性的传统形式"③。他注重的是尼采的批判立场的根据即一种关于存在的本真性(自在的目的)的意向,而这种意向也成为马尔库塞关于爱欲解放的新的现实原则观念的重要来源。他认为"永恒回归"学说的重要意义和核心思想在于:快乐需要永恒,需要与万物永世长存。这是一种存在论的质变,即

---

① 〔美〕马尔库塞《爱欲与文明》,黄勇、薛民译,上海译文出版社2012年版,第104页。
② 〔美〕马尔库塞《爱欲与文明》,黄勇、薛民译,上海译文出版社2012年版,第104页。
③ 〔美〕马尔库塞《爱欲与文明》,黄勇、薛民译,上海译文出版社2012年版,第107页。哈贝马斯也认为尼采"告别了西方",参见《现代性的哲学话语》,曹卫东等译,译林出版社2004年版,第107页。

从以逻各斯（传统的理性形式）为基础的存在观，转变为以非逻辑（非统治）的意志和快乐（新的理性形式）为根据的存在观，它遵循的是"满足的逻辑"。马尔库塞认为弗洛伊德的元心理学也是这种"质变"的一部分，因为这种元心理学实质上也是对存在（人的生存）的本质进行了新的规定，生存的本质是爱欲，它具有存在论的意义。"存在本质上是对快乐的追求"，这种追求成为人类生存的目标，爱欲是文明的本能根源，是人类生存的"自在的目标"。①

马尔库塞对爱欲进行了所谓"形而上学沉思"，爱欲作为存在的本质，是文明的元心理学基础。现有文明的现实原则执行的则是操作原则，即一种压抑和统治的原则。这一原则具有历史性，即一方面它的产生意味着人的生存进化到了文明的阶段；另一方面也意味着它由于发展成了一种自我持存的系统，成为生存异化的根源。这种异化的操作原则塑造了一种对爱欲进行压抑的本能结构。于是，马尔库塞的批判视角就针对现实原则的历史性而展开："这种操作原则是否也许为一种具有质的差别的、非压抑性的现实原则创造了前提？"② 这样一种提问和批判与马克思早期异化劳动论的理论逻辑较为相似。如果劳动是人的生存本质，那么现存的劳动形式则是一种异化的形式，这种形式导致了人的生存本质的异化，而劳动的解放意味着消除其异化形式，这样就实现了人的本质的复归即解放。所以，如果实现了爱欲的非

---

① 〔美〕马尔库塞《爱欲与文明》，黄勇、薛民译，上海译文出版社2012年版，第110页。
② 〔美〕马尔库塞《爱欲与文明》，黄勇、薛民译，上海译文出版社2012年版，第115页。

压抑形式，从现有的操作原则中解放出来，那么，人的解放就可以实现。这里的解放仍然是本质的复归，只不过生存本质不只是被理解为自主的劳动，而且进一步被理解为爱欲的生存论本能。

应该注意的是，马尔库塞之所以能够设想一种非压抑的本能结构，是由于他认为劳动生产力水平已经达到了一种高度，在这种水平上，对爱欲的必要压抑已经降低。也就是说，爱欲的非压抑满足已经成为可能，继续维持全面的压抑成为不必要，这种压抑是为统治本身的持存而存在的额外压抑。这种思考方式与马克思所谓自由解放的物质条件的思路是一致的。更为重要的是，马尔库塞在这里论述的关于人的生存的批判性观点，是从对弗洛伊德本能理论的批判性重建中产生的。与弗洛伊德某种关于文明压抑的"非历史性"观点相反，他强调了现实的操作原则的历史可变性，也就是说强调了非压抑性文明的历史可能性和意义，他指出："我们将努力从本能的历史变迁中'发现'本能的非压抑性发展的可能性。这样一种研究乃是借快乐原则之名对现存现实原则作批判，是对普遍存在于人类生存的这两个方面之间的对抗关系作重新估价。"① 这种估价的结果就是认为本能的压抑性结构是与特定的社会历史阶段相适应的，而社会的进一步发展则有可能创造消除压抑的历史条件，主要是社会生产力的发展使得基本的"匮乏"问题得以解决，本能的快乐原则得到非压抑的自由满足和升华。

即使是在现有文明的本能结构中，也潜藏着某些"真理内

---

① 〔美〕马尔库塞《爱欲与文明》，黄勇、薛民译，上海译文出版社2012年版，第117页。

容"的形式。比如"幻想",这是一种"甚至在发达的意识领域中仍能在很大程度上摆脱现实原则束缚的心理活动"[①]。在心理学和哲学中,对幻想(想象、白日梦等)早有关注,但马尔库塞认为,弗洛伊德的"创造性贡献在于,他企图揭示这种思想方式的发生及其与快乐原则的本质联系"。也就是说,弗洛伊德把对幻想的研究深入到了人的深层本能的层面,"它把无意识的最深层次与意识的最高产物(艺术)相联系"[②]。在幻想中保存着"属的原型""被压扣的集体记忆和个体记忆的观念""保存了被禁忌的自由形象"。心理结构的主流自我是被现实原则整合的理性自我,而正是幻想和想象,虽然在现实自我面前软弱无力,但仍然保留着对前历史的过去的记忆。它完全遵循着快乐原则,前历史的生存状态是:"个体的生命就是属的生命,它呈现出在快乐原则支配下的普遍与特殊的直接同一的形象。"[③] 这样,就幻想与现实的对抗关系而言,它成为一种乌托邦的真理的观念和记忆,而且,它的真理性认识功能通过艺术表达出来,"因此对幻觉的认识功能的分析产生了作为'审美科学'的美学。美学形式的背后乃是美感与理性的被压抑的和谐,是对统治逻辑组织生活的持久的抗议,是对操作原则的批判"[④]。显然,马尔库

[①] 〔美〕马尔库塞《爱欲与文明》,黄勇、薛民译,上海译文出版社2012年版,第125页。
[②] 〔美〕马尔库塞《爱欲与文明》,黄勇、薛民译,上海译文出版社2012年版,第126页。
[③] 〔美〕马尔库塞《爱欲与文明》,黄勇、薛民译,上海译文出版社2012年版,第128页。
[④] 〔美〕马尔库塞《爱欲与文明》,黄勇、薛民译,上海译文出版社2012年版,第129页。

塞在这里对审美和艺术的"真理性内容"的揭示，与阿多诺关于艺术对自然的记忆和模仿的看法相似，都是对现实原则的批判。只不过马尔库塞进一步把艺术的这种真理维度深入到人类原始的、以快乐和自由为旨趣的本能结构中，他试图揭示现实批判的心理（本能）根基。

（四）"非压抑性升华"的文明

然而，在弗洛伊德本人的元心理学那里，本能的非压抑结构属于原始的过去，文明将使得压抑永恒化，这种非历史的观点使得他不能够设想一种在文明的新历史形态中，存在非压抑的现实原则。马尔库塞认为，现实的压抑原则只是一种历史形态，它是可以改变的。所以只要认识到它的非自由本质也就意味着对它的批判。以想象为基础的艺术就是这一批判的形式，因而艺术的真理也就体现了想象的真理性价值，"想象的真理价值不仅与过去，而且与未来有关，因为它所祈求的自由和幸福的形式要求提供历史的现实。它所以认为现实原则对自由和幸福的限制是可以取消的，它所以不想忘记可能存在的东西，是由于幻想的批判功能"①。这种心理学的、文化的批判功能在所谓"发达工业社会"中更显重要，因为革命的"物质力量"的凝聚和行动，在一个"单向度"的社会中更加依赖于主体意识的觉醒。自卢卡奇以来，对这种主体自由的、批判的意识重要性的强调，已成为"带有实践旨趣"的社会批判理论的主流思想传统。

想象以及艺术的批判功能带有乌托邦特征，这是由艺术形式

---

① 〔美〕马尔库塞《爱欲与文明》，黄勇、薛民译，上海译文出版社2012年版，第133页。

本身决定的。马尔库塞注意到了艺术批判和否定的限度:"使真实的可能性降格到虚无缥缈的乌托邦世界,这本身就是操作原则的意识形态的一个重要因素。"① 所以,他虽然希望人类本能向非压抑的结构形式进行变迁,但这一切并不是一种随意自发的过程,而是具有批判意识的理性人的能动的实践。在文明高度发展的阶段,历史已为革命变革提供了可能性条件,革命主体将是"有意识的理性主体","他控制并利用着客观世界,将它作为实现自己的舞台"。② 这时,本能的满足摆脱了额外的压抑,这种压抑的根源是以统治利益为导向的异化劳动。

自由就是本能的解放,由快乐原则为本质的新的现实原则的确立,这些"理想"状态将由异化劳动的消除(劳动本身的解放)而实现。马尔库塞在这里坚持的仍然是马克思的经典理论,他明确指出:"这种进步方向所发生的变化不啻是完全重新组织作为进步前提的社会劳动。"③ 在马尔库塞看来,劳动只是人类生存的基础条件而不是全部,他更为关注的是人的本质性生存方式的全新变革,"这变化将影响精神结构、改变爱欲与死欲之间的平衡,恢复被禁忌的满足领域和抑制本能的保守倾向"④。弗洛伊德的元心理学根本上被看成一种生存哲学,这也就是马尔库

---

① 〔美〕马尔库塞《爱欲与文明》,黄勇、薛民译,上海译文出版社 2012 年版,第 135 页。
② 〔美〕马尔库塞《爱欲与文明》,黄勇、薛民译,上海译文出版社 2012 年版,第 135 页。
③ 〔美〕马尔库塞《爱欲与文明》,黄勇、薛民译,上海译文出版社 2012 年版,第 140 页。
④ 〔美〕马尔库塞《爱欲与文明》,黄勇、薛民译,上海译文出版社 2012 年版,第 141 页。

塞从心理学的本能结构层面，批判性地考察文明历史的意义之所在。

然而，想象只是一种观念，它只是自由的某种象征，所以马尔库塞认为想象并不能"为生存态度、为实践、为历史的可能性提供标准"①。虽然如此，想象由于保留了属系和个体发生史上虽被超越但有生存论意义的原始存在的记忆，因而其象征的观念是有意义的、有真理性价值的。西方文化史上一些通过想象创造出来的"文化英雄"，"他们一直存在于象征着那些曾决定了人类命运的行为和态度的想象中"。② 比如，普罗米修斯便是"操作原则"的原型，他象征着"苦役、生产和由压抑而进步"的文化观念；而俄耳浦斯、那喀索斯以及狄俄尼索斯则是另一极，它们的形象是快乐和解放，它们并未成为文明现实的主流，但被保留在文学作品中，持续发挥着文化批判的影响力。马尔库塞写道："俄耳浦斯和那喀索斯的形象调和了爱欲和死欲的关系。它们使人想起了关于一个不是等待支配和控制，而是等待解放的世界的经验，关于一种即将解放爱欲力量的自由的经验，这种力量目前正因困囿于被压抑、被僵化的人和自然之中。"③ 这是自由的爱欲所创造的满足的世界和秩序，它们象征着新的现实原则、一种新的生存和存在原则。人和自然根据本来具有的目标

---

① 〔美〕马尔库塞《爱欲与文明》，黄勇、薛民译，上海译文出版社2012年版，第144页。
② 〔美〕马尔库塞《爱欲与文明》，黄勇、薛民译，上海译文出版社2012年版，第144页。
③ 〔美〕马尔库塞《爱欲与文明》，黄勇、薛民译，上海译文出版社2012年版，第147页。

（自在目的）而实现自身，存在、自由和美实现了统一。

这些象征和形象是通过弗洛伊德"原始自恋"概念得到解释的，因为自恋可能意味着原始爱欲（力比多）的统一和扩展而不是抽象化和单一性的转移。马尔库塞认为这几乎可以被看作是"升华概念的革命"，"因为它暗示了一种非压抑性的升华方式，这种升华不是源于对力比多的一种强制转向，而是源于力比多的扩展"。① 也就是说，力比多爱欲以完满的自由方式得到实现（升华），从而创造着人和自然的自由生存秩序。它们的形象是一种对现实原则的"伟大的拒绝"。

基于上述对弗洛伊德元心理学的批判性重建，马尔库塞进一步论述了非压抑的本能结构的形成，这被特别理解为爱欲的完满实现。他考察了席勒的审美的文明概念，认为这是一种"高级的"文明，它摆脱了匮乏的强制，特别是额外压抑的统治。马尔库塞认为，这种新的文明概念实际上意味着在自我本能的形成和组织中有了新的变化，它是一种"非压抑的本能秩序"。在弗洛伊德的语境中，这个问题成为力比多本能的实现形式是否能从专注于生殖功能的单一性欲向爱欲转变。这种转变不是性欲的单纯爆发式发展，而是力比多本能本身的改变，即由单纯以生殖为目的的性欲转变为本能的爱欲形式。"被改变的力比多超出操作原则机构的那种自由发展同被压抑的性欲在这些机构的势力范围之内的释放具有本质的区别。"② 这是纯粹或单一的性欲的升华，

---

① 〔美〕马尔库塞《爱欲与文明》，黄勇、薛民译，上海译文出版社2012年版，第153页。

② 〔美〕马尔库塞《爱欲与文明》，黄勇、薛民译，上海译文出版社2012年版，第183页。

是幼儿时非压抑的爱欲本能的恢复和满足,弗洛伊德就这种满足定义为幸福。这时,整个有机体获得了满足和快乐,性欲转变成了爱欲,这将产生一种真正自由的文明形态。这是某种与现实的升华(压抑性升华)不同的升华形式。马尔库塞认为弗洛伊德后期著作中的本能概念具有将力比多爱欲化的倾向,力比多摆脱了单纯的性欲并将整个有机体爱欲化。这"暗示了一种截然不同于来自压抑性升华的文明的文明观",① 这是某种"文化的"力比多概念。

这样,马尔库塞自然地引申出文明的"非压抑性升华"这样一个重要概念,作为一个批判性概念,明确指向自由文明的可能性。马尔库塞认为在弗洛伊德那里这个自由观念是隐藏着的,因为他没有历史地看待现实文明,没有认识到文明质变的可能性。这种自由文明观念彻底否定了现实的操作原则,这时的人们不再作为异化劳动的工具而是自我实现的主体。这也是青年马克思的理想,但马尔库塞进一步把这种理想推进到本能层面,爱欲也将得到全面的自由满足,而且爱欲的范围和目标扩展到个体身心的整个领域,"在爱欲的实现中,从对一个人的肉体的爱到对其他人的肉体的爱,再到对美的作品和消遣的爱,最后到对美的知识的爱,乃是一个完整的上升路线"②,这是人的生存的全面解放。

生存和整个文明成为爱欲的非压抑自由满足的过程和方式,

---

① 〔美〕马尔库塞《爱欲与文明》,黄勇、薛民译,上海译文出版社 2012 年版,第 189 页。
② 〔美〕马尔库塞《爱欲与文明》,黄勇、薛民译,上海译文出版社 2012 年版,第 192 页。

这是理想的文明秩序。马尔库塞根据爱欲的自由满足的逻辑构想了这种文明秩序，它本质上被认为是人的爱欲本能的（依快乐原则而来）自由实现，是人的生存自由的实现，是人的解放的实现。这是一种"新的合理性"即"自由的合理性"，"这种合理性建立了它自己的劳动分工、先后秩序和等级制度"。① 爱欲本能的全面满足成为这种批判理论的规范基础，它的非压抑性升华形成一种真正合理的社会秩序。

三 宗教（超越）向度

（一）宗教的批判意义

霍克海默曾经对启蒙现代性的政治哲学作过专门研究，他熟悉现代政治哲学的整套话语。在《资产阶级历史哲学的起源》（1930年）中他指出："就本质而言，霍布斯用自然法替代了中世纪的圣神戒律。这种发展于十八世纪近代哲学的要素，竭力通过自然和理性将新的秩序合法化，同时又通过未曾中断过的宗教虔诚将旧的秩序神圣化。"② 但他认为与国家秩序由上帝确立的传统看法相比，理性自然法（自然权利）的新的论证和奠基仍是虚幻的，两者"都没有揭明国家产生的真实原因"，自然法理论是一种资产阶级意识形态，具有掩盖和欺骗的社会功能。但是，霍克海默并未简单地指出艺术、哲学与宗教的意识形态虚假性，他认为这些意识形态是特定时代的特定社会结构和社会生活

---

① 〔美〕马尔库塞《爱欲与文明》，黄勇、薛民译，上海译文出版社2012年版，第206页。
② 《霍克海默集》，曹卫东选编，上海远东出版社1997年版，第15页。

的有机构成部分,社会生活是变化的,因而意识形态也具有历史性。这样,那种理性自然法的先天观念也就瓦解了。但历史性和社会相关性并不意味着任何理论都是意识形态,不能极端化为一种相对主义,卢卡奇在《历史与阶级意识》中谈到资产阶级思想的二律背反,也就是指出了存在于近代哲学中先天性和历史性的深刻矛盾。霍克海默总结道:"所有理性都是无法确定自身的永恒性;知识只能在特定时代而不是所有框架里才是确定无疑的……这也许就是所有辩证哲学所具有的最深刻的意义"① 显然,这时他基本上还是处于黑格尔的传统之中。

在《论宗教》的一篇短文中,霍克海默表达了他对宗教的本质的看法:"对尘世命运的不满是人们接受超验存在的最强烈动机。如果正义与上帝同在,那正义就不可能以相同的方式在尘世找到。宗教记录了世世代代的希望、欲望和控诉。"② 这与费尔巴哈-马克思的宗教观点基本一致,费尔巴哈在《基督教的本质》中揭示了宗教的本质只不过是人的本质的对象化;马克思在《黑格尔法哲学批判导言》中,进一步揭示了这种本质力量对象化的虚幻性欺骗性。而且,整个青年黑格尔派的"批判的批判"都是以"宗教批判"作为理论武器,这体现着这种批判的根本限度。

然而,霍克海默并未整体上拒绝宗教,他区分了宗教的历史形式和本质精神,这个精神就是"完美正义的形象",这是"宗教的意义"。但在宗教存在的现实历史过程中,由于"使上帝的

---

① 《霍克海默集》,曹卫东选编,上海远东出版社1997年版,第30页。
② 《霍克海默集》,曹卫东选编,上海远东出版社1997年版,第164页。

法则与尘世的事件协调起来",这个"意义"被扭曲了或成了肯定现实的意识形态。宗教诚然属于天国的幻想,在历史中宗教也逐渐失去现实力量,当代人为"更加美好的世界而奋斗"也不再采取宗教的形式。但"宗教信仰所保留下来并使之保持活力的那部分冲动和欲望,已经从充满约束的宗教形式中摆脱出来,并成为社会实践的创造性力量。在此过程中,甚至是那些支离破碎的幻想的不合理特征也获得了一种积极的形式,变成了真理。在真正自由的心灵中,无限的概念被保存在对人类生活的有限性和人的不可改变的孤独的领悟中,它使社会不至于陷入不加思考的乐观主义,使社会不至于把对自身的认识膨胀为一种新的宗教。"① 这里回响着叔本华式的悲观生命体验,更渗透着本雅明式绝望中的希望。正如阿多诺所言,在革命的时机已失去的条件下,留下了哲学。这就是毫不妥协的批判,其中包含着真理,阿多诺在艺术中看到了真理,霍克海默在宗教中看到了真理,无论是"艺术真理"还是"宗教真理",都是这个黑暗时代所能具有的弥塞亚希望。

在《现代艺术和大众文化》一文中,除艺术外,霍克海默也零星地谈到了宗教。宗教对于他而言仍然是真理之所,比如他说:"宗教要求有信仰,这不是由于信仰是有用的,而是由于信仰是真实的。"② 他与阿多诺类似,在一种与现实的批判关系中——与之相反则是实证主义、实用主义态度——谈及艺术和宗教。但是,他提醒人们,"今天,不加批判地回归宗教和形而上

---

① 《霍克海默集》,曹卫东选编　上海远东出版社1997年版,第165~166页。
② 《霍克海默集》,曹卫东选编　上海远东出版社1997年版,第223页。

学，就如回归古典主义的优美绘画和音乐作品一样值得怀疑，无论这样的避难所可能多么迷人"①。他强调的是艺术和宗教中内含的"真理性内容"而非其形式，正如真正的艺术在当今具有某种"非艺术"的形式，宗教精神也并不简单而直接地存在于历史上的那些宗教形式中。在《人的概念》中，霍克海默从人类生存的意义和希望的视角指出："人们还需要神学传统知识，因为我们对于人类的自由及其混乱条件的把握、对于康德的希望的把握都植根于那个传统。"② 在康德那里，统摄着理论理性和实践理性的那个可能的希望是人类生存的根本动机，"只有在社会实现康德的希望时，社会才是理性的"③。

与宗教相关的还有"灵魂"这个概念，实际上它也是传统哲学的核心概念之一。在《论灵魂》一文中，霍克海默追溯了"灵魂"概念的哲学和神学起源以及演变。这个概念在今天虽然不再流行，但作为观念，它仍然有其社会历史意义，其固有的丰富的语义内涵仍可指称某种希望。如同阿多诺的艺术，灵魂对霍克海默说来，仍然是对抗现实世界的观念力量。现实世界正因为是理性（工具理性）的从而实际上是非理性的，而灵魂这个貌似非理性的概念实际上具有理性的批判力量，霍克海默指出："正因为进步把更为严格的限制强加给了生活，并更充分地控制着行为，想象被有目的的系统程序代替了，丰富的情感被可靠的反应代替了，感情被理性代替了。'灵魂'就像以前一样将会成

---

① 《霍克海默集》，曹卫东选编，上海远东出版社1997年版，第223页。
② 《霍克海默集》，曹卫东选编，上海远东出版社1997年版，第233页。
③ 《霍克海默集》，曹卫东选编，上海远东出版社1997年版，第239页。

为一个意味深长的概念，成为反对受到技术统治，并成为纯粹主顾的麻木不仁的主体的力量。从感情中分离出来的理性，如今正在成为灵魂的对立面。"① 进而言之，他认为灵魂观念关注的是康德现象世界背后的绝对，作为"物自体"它虽不能被感知，但却是理智直观的对象，它引导人们的渴望和追求，进入真正的理性之境。总之，"如果一个人想要维持灵魂的观念，他就必须永远保留哲学和神学传统，保留作为我们今天的严肃思考中所具有的有意识的怀疑因素"②。这也是阿多诺论述思维保持否定性所必须具有的自主性和批判性。

哈贝马斯曾经在《现代性的哲学话语》中指出，霍克海默深受叔本华的影响从而加入悲观主义作家的行列，并且对这种悲观提出批评。③ 但我们要考虑的是这种悲观是否有历史的根据，而哈贝马斯的批评针对的是什么？叔本华或霍克海默的悲观实质上是一种对时代现实的批判，体现了一种可贵的否定精神，而这种精神是真正的思想的本质要求。悲观针对现实或现实的趋势，这个现实的本质逻辑是强权的，它将导致极权主义的统治。当然，叔本华是预见到了这个趋势，而霍克海默是见证了这个趋势成为现实。对现实的坚决否定转而呈现为极度的悲观，理论上表现为工具理性批判，而哈贝马斯的批评也正是针对这种全面的、

---

① 《霍克海默集》，曹卫东选编，上海远东出版社1997年版，第274页。
② 《霍克海默集》，曹卫东选编，上海远东出版社1997年版，第275页。
③ 〔德〕哈贝马斯《现代性的哲学话语》，曹卫东等译，译林出版社2004年版，第122页。

绝对的理性批判。①

在《叔本华的现实意义》一文中，霍克海默充分展示了这种"悲观"的批判立场。这种立场基于对现实状况的冷静判断，"在危机四伏的历史时期，不管那些当权者在其他方面有多大差别，他们都极力压制人民的不满，他们总是能够给民族共同体和这种乌托邦的海市蜃楼的传播者以自由，用粗糙的糖衣药片来安慰人民"②。这就是现实，面对这种现实，冷静的思想家完全没有理由乐观，霍克海默认为，"叔本华是一个有着深刻洞察力的悲观主义者"，他对狂热的民族主义有深切的恐惧。叔本华的悲观意识来自他的理论哲学，深受柏拉图和康德的影响，都认为事物的本质世界与人们生活的现实世界有巨大的鸿沟。柏拉图的理念世界与康德的物自体都是永恒或真理的领域，自由、永恒和正义是由这个领域生发出的普遍观念，它们构成理性的原则，引导着人们的认识和行动。然而，随着启蒙或资本主义现代性发展，英国式的经验主义成为现实的思想，"事实合理地取得了自己应有的权利、概念则是纯粹的名称"。孔多塞的历史哲学使理性与现实历史进程相结合，而这一进程是按照物理学发展的模式来理解的。一切似乎在现实社会历史进程中都得以解决，这一现实的历史进程就是通常的启蒙现代性的展开，它基于一种乐观主义的进步主义历史观。这样，我们就可以理解为什么霍克海默倾向于叔本华，因为他们共同对现实进程的真理意义持怀疑或悲观态

---

① 关于霍克海默的"工具理性批判"与韦伯的"合理化"理论的对比分析，参见哈贝马斯《交往行为理论》第一卷第四章第一节。
② 《霍克海默集》，曹卫东选编，上海远东出版社1997年版，第280页。

度，真理不在现实中。所以，在霍克海默看来，'叔本华的革命性哲学的成就首先在于，面对纯粹的经验主义，他坚持原初的二元论，这种二元论曾是截至康德为止的欧洲哲学的基本主题，同时也在于他并不神化世界本体、真正的本质……真正的本质是一切永恒事物的真正源泉即与假象相对立的物自体，只要观察得非常仔细并且懂得如何阐释对自己的本质的体验，那么每个人都能够在自身内发现它"①。叔本华把真理归于物自体，表明他对现实世界有一种根本的悲观看法，这是一个"作为表象和意志的世界"，其中只有永不满足的痛苦。这种理论完全否定了确立"此岸世界的真理"（马克思语）的可能性，"史前史的终结、理性的开始之类的观点都只不过是令人喜爱的幻觉"②。现实的、世俗的解放完全是不可能的，各种神学、形而上学，特别是启蒙现代性的各种乐观主义思想都是空想。我们由此也可理解为何霍克海默如此推崇叔本华，他们两人都对现实的解放和真理持否定和悲观的态度。当然，对现实为何在根本上是悲剧性的认识两人是有区别的，但根源是一致的，无尽的意志难道不正是工具理性的本质吗？

（二）宗教的语义潜能

当然，根本上说来，老一代批判理论家们并没有从理论上系统地注重宗教，霍克海默也只是借鉴了某些宗教的语义内涵，用来对抗已经退废的工具理性。所以，严格说来在规范基础方面并没有一个宗教的向度。反而是哈贝马斯重新思考了宗教的哲学本

---

① 《霍克海默集》，曹卫东选编，上海远东出版社1997年版　第283~284页。
② 《霍克海默集》，曹卫东选编，上海远东出版社1997年版　第285页。

质及其现实意义,"9·11"以后宗教问题日益受到人们的关注,而且,一种"自然主义"的科学技术观念也越来越侵入日常生活世界。在这种背景下,2005年哈贝马斯发表文集《在自然主义与宗教之间》①,较为系统地论述了科学与宗教的关系,因为作为两种基本的文化类型,在新世纪各自都有某种基要主义(fundamentalism)的极端化表现。在《交往行为理论》中,哈贝马斯通过考察韦伯的理性化理论,基本上倾向于一种进步主义的理性观,认为克服传统的神秘思想是现代意识结构的启蒙成就。他指出:"韦伯用克服神秘思想的程度来衡量世界观的合理化",②在合理化的伦理层面是救赎宗教的解神秘化,而认知层面的合理化则是宇宙论-形而上学世界观的解神秘化。总之,这是一种"克服""取代"的关系。

有人认为在哈贝马斯那里有一个所谓"宗教转向"③,这种说法容易使人误解,因为他并没有抛弃理性主义的启蒙立场。鉴于新世纪宗教的政治意义的加强,哈贝马斯对宗教的看法有所改变,即从彻底理性化的现代性立场对宗教的较为激进的否定,转变到后形而上学的形式合理性立场对宗教和宗教哲学的有限度的肯定。站在后形而上学思想平台,我们认识到人类理性精神的历史应该是更加丰富的:"一方面,要讨论精神的自然主义化的正确方式——这种精神是只有在主体间才能把握,

---

① 中译本参见〔德〕哈贝马斯《在自然主义与宗教之间》,郁喆隽译,上海人民出版社2013年版。
② 〔德〕哈贝马斯《交往行为理论》第一卷,曹卫东译,上海人民出版社2018年版,第271页。
③ 参见〔德〕哈贝马斯《在自然主义与宗教之间》,郁喆隽译,上海人民出版社2013年版,"译后记"。

并且是由规范引导的。另一方面，要讨论如何正确理解那次飞跃。这个飞跃的标志是公元前1世纪中叶各大世界宗教的诞生——雅斯贝斯称之为'轴心时代'。"① 所以，在哈贝马斯看来，正确看待人类理性精神史，应该认为启蒙理性化不是一个科学取代宗教的线性世俗化过程，应该全面而充分地考虑宗教及神学的人类意义，这是一个站在后形而上学立场上协调科学和宗教的问题。哈贝马斯理性主义的基本立场并没有改变，他并没有转而站在宗教的立场看世界，他只是提请人们注重宗教，因为："几大宗教属于理性的历史"，这是一个他赞同的黑格尔的命题。自然主义②和宗教的"完备理论"（comprehensive doctrine）③都是理性本身的不同极端，所以哈贝马斯反对的是科学和宗教两者的基要主义，他站在"自然主义和宗教之间"，仍然持有一种后形而上学的理性立场。

为此，哈贝马斯一方面主张对精神自然化（文化恰当的自然主义理解）要加以正确地理解，"必须不仅注意到精神的主体

---

① 〔德〕哈贝马斯《在自然主义与宗教之间》，郁喆隽译，上海人民出版社2013年版，第5页。

② "伴随着治疗和优生的希望，生物基因科技、大脑研究和机器人技术，正在高歌猛进……一种自我客观化——即将一切可理解的和可体验的东西还原为可观察的东西——的视角，会促进一种与之相应的自我工具化的处理。对哲学而言，唯科学的自然主义的挑战和这个趋势密切相关。"〔德〕哈贝马斯《在自然主义与宗教之间》，郁喆隽译，上海人民出版社2013年版，第1页。

③ 即那种"……宣称具有权威去建构整个生活形式的意义上。在知识世俗化、国家权力中立化及其保证一切宗教都享有自由的条件下，宗教必须放弃这一垄断解释权和建构全部生活形态的主张"。〔德〕哈贝马斯《在自然主义与宗教之间》，郁喆隽译，上海人民出版社2013年版，第86页。

间状况,还要注意到,精神是由规范引导的,它具有规范性的特征"①。另一方面,对宗教传统的认知(合理性)价值要有正确理解:"宗教传统至今为止都是一种对缺失的东西的意识的表达。它们对出问题的东西始终保持敏感。宗教传统可以保持我们社会和人格共生的维度,以免遗忘——在这些维度中,文化和社会理性化的进步已经造成了无法估计的破坏。只要宗教传统还在被转变为有理据的话语,它的世俗的真理内容还在被释放出来,那么还有谁能否认它依然具有加密的语义潜能,包含一种富有启发的力量呢?"②

哈贝马斯通过讨论康德的宗教哲学,阐释了宗教的这种语义潜能及其现实意义,③ 他认为康德的理性自我批判指向的是两个方面,"一方面,在理论理性的立场上指向形而上学传统,而另一方面,在实践理性的立场上指向基督教学说"④。所以,康德虽然没有放弃自然的和道德的"形而上学"的名称,但他的理性批判仍然具有"后形而上学"的基本特征。因此在宗教哲学方面,康德并不是要构造一种实证宗教,而是"……想挽救那

---

① 〔德〕哈贝马斯《在自然主义与宗教之间》,郁喆隽译,上海人民出版社 2013 年版,第 1 页。

② 〔德〕哈贝马斯《在自然主义与宗教之间》,郁喆隽译,上海人民出版社 2013 年版,第 5~6 页。

③ 参见《信仰与知识的界限:论康德宗教哲学的效果史与现实意义》,见〔德〕哈贝马斯《在自然主义与宗教之间》,郁喆隽译,上海人民出版社 2013 年版,第 175~205 页。

④ 〔德〕哈贝马斯《在自然主义与宗教之间》,郁喆隽译,上海人民出版社 2013 年版,第 175 页。

种可以在单纯理性限度内获得辩护的宗教的信仰内容和约束力"①。这样一种在理性的语境中对宗教的辩护，目的在于在知识和信仰相互区分的基础上，把握各种宗教传统的语义内涵。所以，在哈贝马斯看来："如果我们想知道，我们在后形而上学思想的条件下，为了实践理性的运用，可以从世界宗教的表达力中学习到什么的时候，康德宗教哲学的建设性意图还是一如既往地值得我们去关注。"②

---

① 〔德〕哈贝马斯《在自然主义与宗教之间》，郁喆隽译，上海人民出版社2013年版，第176页。
② 〔德〕哈贝马斯《在自然主义与宗教之间》，郁喆隽译，上海人民出版社2013年版，第190页。

第六章 规范基础的审美向度

一 本雅明：审美的认知潜能

在广义的批判理论传统中，本雅明是一位重要人物，虽然不是社会研究所的正式成员，但他对批判理论特别是阿多诺的影响巨大而深远。本雅明关于艺术和审美的许多思想经久不息地回响着，成为批判理论审美维度的重要先声和思想资源。我们在此考察本雅明美学的一些极具启发性和原创性的概念和观念，以展示批判理论在美学方面独特性的某种来源。

《经验与贫乏》是本雅明的美学文集。① 在《评弗里德里希·荷尔德林的两首诗》（1915年）的早期论文中，本雅明谈到对作品进行的是一种"美学评论"而不是"语文方法"。于是，评论就成为一种美学（哲学）反思，揭示"诗作所证实的那一世界的精神直观结构……所要搞清的不是什么诗歌创作过程，也不是创作者本人或他的世界观，而是诗作的任务和前提所处的特殊的独一无二的范围"，也即"包涵着文学创作真理的独特区

---

① 〔德〕本雅明《经验与贫乏》，王炳钧、杨劲译，百花文艺出版社1999年版。

域"。① 总之，美学反思关注于作品本身的真理。这一美学批评观念无疑在海德格尔和阿多诺那里都有充分的体现。

本雅明对荷尔德林的解读也是从"诗人何为"角度进入的，这个视角试图揭示的是诗作或艺术品中的整体性真理内涵，诗人通过诗作产生真理的"创作物"，这就是"诗的任务"，阿多诺将其称为"精神"或"真理性内容"，海德格尔称之为"存在之真理"。总之，这是一种艺术阐释的内在视角，揭示的是一种"依照艺术有机体的基本法则"即真理的艺术显现方式而来的"先验的理想和存在的必然性"（诺瓦利斯）。② 本雅明将创作物的根基扎在生活之中，"如此，创作物表现为生活的功能整体向诗作的功能整体的过渡。在这一过渡中，生活由诗作所决定，任务由其解决决定"③。当然，创作物并不是对生活的简单感受或摹写，而是创造，对生活的凝结和塑造。这里有一种"精神世界的建构"，它塑造的是"生活的原本表达的统一体"。这样就与黑格尔有了区分，作为艺术本体的将不再是形而上学的理念，而是现实的生活本身。但对这一生活基础的理论建构，本雅明没有采用马克思式的生产范式进路，而是直接诉诸生活和生命的根本存在意谓，它成为艺术的"先验"。

在这里，本雅明甚至谈到了艺术内部因素的"星丛"式关系，"诗中所有部分都处于强烈的相互渗透之中，要纯粹把握其

---

① 〔德〕本雅明《经验与贫乏》，王炳钧、杨劲译，百花文艺出版社 1999 年版，第 1~2 页。
② 〔德〕本雅明《经验与贫乏》，王炳钧、杨劲译，百花文艺出版社 1999 年版，第 2 页。
③ 〔德〕本雅明《经验与贫乏》，王炳钧、杨劲译，百花文艺出版社 1999 年版，第 3 页。

成分是根本不可能的；可以把握的更多的只是它们之间的关系结构，在这一结构中，每一形象的同一性都表现为无止境的系列链条的功能，创作物正是展现于这一系列之中"①。与阿多诺相反，本雅明称这一结构关系的辩证法为"同一性原则"。但这个表述的实质与阿多诺并无原则区别，只是本雅明用同一性指称的是艺术中突现出的整体性精神力量，类似于海德格尔后来诉说的天地神人四位一体，甚至本雅明在这里也谈到了人和天神的关系，"这些早先分割开来的形象世界现在表现为诗的宇宙中的整体生活"，而这又"同一性地"归约凝聚为"诗人的命运"这一主题。的确，本雅明关注的是艺术品内在要素的结构性关系，各要素构成功能性同一关系而不是某一要素的主导关系，"分解为不同整体的民众和上帝的秩序，在这里成了诗人命运中的统一体。所表现出来的是多重同一性，民众与上帝像感性存在的条件一样，扬弃于这个同一性中"，但是，"最终目的不可能是澄清最终要素，因为这一世界的最终法则是联系，即：联系者与被联系者的功能同一性"②。诗或艺术在这里呼唤、保有和呈现的是一种面对世界的"生活感"，诗人的命运即是勇敢地扑向死亡，以向死而生的姿态解决生存的意义问题。这是艺术展示的精神世界，是本真的生存真理的呈现，本雅明说道："这是东方的、神秘的、克服一切界限的原则，它在这首诗中明显地不断扬弃着希腊创作原则，它以纯粹的直观和感性生存关系创造出一种精神宇

---

① 〔德〕本雅明《经验与贫乏》，王炳钧、杨劲译，百花文艺出版社1999年版，第8~9页。
② 〔德〕本雅明《经验与贫乏》，王炳钧、杨劲译，百花文艺出版社1999年版，第18~19页。

宙，在这一感性生存中，精神只是追求对同一性的功能表达。"①

这是怎样一种艺术批评概念呢？我们在本雅明的博士论文《德国浪漫派的艺术批评概念》（1920年）中是否能找到一种提示呢？本雅明认为首先应确定的是其认识论的基础，即自我意识思维的反思性，这"构成了弗里德里希·施雷格尔的、也构成了诺瓦利斯的大部分认识论思考的出发点"②。反思是一种思维风格，"而浪漫主义者更多是在思维的反思特性中看到了思维的直觉性质的保障"③。本雅明认为在费希特的哲学中，自我的反思具有"直接性和无限性"，但他想把无限性排除在理论理性之外而归入实践哲学，而浪漫派则把两者都归入其认识论前提之中。"浪漫主义者的出发点是单纯的自己反身思维这一现象"④，在这种反思概念中，"全部真实的内容逐步清楚地展现于反思之中，直至在绝对物中达到彻底明晰"⑤。弗兰克在《德国早期浪漫主义美学导论》⑥中很自然地把浪漫派的认识论基础追溯到康德的反思性自我意识那里。

那么，这样一种审美反思如何施行？这就涉及"反思媒介"

---

① 〔德〕本雅明《经验与贫乏》，王炳钧、杨劲译，百花文艺出版社1999年版，第21页。

② 〔德〕本雅明《经验与贫乏》，王炳钧、杨劲译，百花文艺出版社1999年版，第34页。

③ 〔德〕本雅明《经验与贫乏》，王炳钧、杨劲译，百花文艺出版社1999年版，第36页。

④ 〔德〕本雅明《经验与贫乏》，王炳钧、杨劲译，百花文艺出版社1999年版，第45页。

⑤ 〔德〕本雅明《经验与贫乏》，王炳钧、杨劲译，百花文艺出版社1999年版，第48页。

⑥ 中译本参见〔德〕弗兰克《德国早期浪漫主义美学导论》，聂军译，吉林人民出版社2006年版。

的概念，本雅明认为："艺术是对反思媒介的确定，而且可能是反思媒介所得到的最有成效的确定。艺术批评便是这种反思媒介中对对象的认识。"[①] 在这种认识和评判中，"……给有限以无限的表象，便是对它的浪漫化"，F. 施雷格尔在《威廉·迈斯特》书评中对这种"浪漫化"作了具体的刻画："完全从对一首诗的印象，只是在具体问题上通过反思来确认感觉，把它上升为思想，对它进行补充，这是很好的，也是必要的；但同样必要的是，对个别进行抽象，浮动地掌握一般。"[②] 这不正是本雅明、海德格尔等人对荷尔德林的阐释方法吗？由此，浪漫批评"应当做的只是揭示作品本身的潜在能力基础、实现它的隐秘意图；在作品本身的意义上，也就是说在它的反思中，批评超越作品，使它成为绝对的"[③]。从而艺术批评具有解放性和再创作的意义。在《评歌德的〈亲和力〉》中，本雅明结论性地指出："批评所探寻的是艺术作品的真理内涵（Wahrheitsgehalt）。"[④] 这相当于继作品之后并根据作品（因为作品是反思媒介）进行的继续创作，在这个意义上，文学批评既是哲学也是文学。由于真理内涵与作品的"实在内涵"（Sachgehalt）内在相关，随着作品的持久存在，实在内涵"正喷薄欲出"，而真理内涵"仍一如既往地

---

① 〔德〕本雅明《经验与贫乏》，王炳钧、杨劲译，百花文艺出版社1999年版，第77页。

② 转引自〔德〕本雅明《经验与贫乏》，王炳钧、杨劲译，百花文艺出版社1999年版，第83页。

③ 〔德〕本雅明《经验与贫乏》，王炳钧、杨劲译，百花文艺出版社1999年版，第84页。

④ 〔德〕本雅明《经验与贫乏》，王炳钧、杨劲译，百花文艺出版社1999年版，第143页。"真理内涵"概念极大地影响了阿多诺美学，只不过阿多诺是在非同一性的批判意义上使用的，他无意实质性地构造其内容。

深藏不露",所以,"批评者追问的是真理"。①

那么,怎样才能把握真理内涵呢?这是一个关键问题。本雅明似乎诉诸一种神秘化的先验思辨方法,他认为对真理内涵"只能在对事物的神性显现的哲学经验中来把握它,它只能在对神性名字的愉悦直观中不证自明"②。显然,这种方法也深刻地影响了阿多诺,对"艺术真理"的寻求在阿多诺那里非常重要,而这种重要性在20年代的本雅明那里就已开始。比如阿多诺关于作品的"谜语特质"、需由哲学家来揭示的"真理性内容"等观念,直接或间接与本雅明相关。但阿多诺更倾向于对作品呈现的"应然理想"加以揭示,通过这一建构性的阐发,阐释者有了更高的主动性,从而可以使作品具有"否定的"功能,而这点就与浪漫派拉开了距离。就浪漫批评所具有的"肯定的"功能而言,本雅明敏锐地看出:"这种批评与现代批评概念有根本的区别,因为后者在其中看到的是一种否定标准。"③

虽然本雅明认为以施雷格尔为代表的浪漫派在艺术批评中体现了"判断力的自主权",它创造了作品的真理;然而,这种真理并非外在于作品,换言之,本雅明要确定浪漫派艺术理论中艺术自身的本真性,这就是关于作品本质的"艺术理念"概念。

---

① 〔德〕本雅明《经验与贫乏》,王炳钧、杨劲译,百花文艺出版社1999年版,第144页。
② 〔德〕本雅明《经验与贫乏》,王炳钧、杨劲译,百花文艺出版社1999年版,第147页。对此,哈贝马斯批评了哲学的文学化倾向,他强烈主张哲学与文学(包括文学评论)的"文类区分"。参见〔德〕哈贝马斯《现代性的哲学话语》,曹卫东等译,译林出版社2004年版,第187页。
③ 〔德〕本雅明《经验与贫乏》,王炳钧、杨劲译,百花文艺出版社1999年版,第82页。

"只有在这一概念之中,才能找到作为最深刻的灵感引导浪漫主义者对艺术的本质进行思考的那一点。"① 艺术作为反思媒介,其独特之处在于艺术的"形式",而"艺术理念被定义为形式的反思媒介"。关键在于"艺术的"形式,这是一个整体的结构,"浪漫派的艺术整体性思想在于形式的连续性",并从中突显个性,从而纯粹的文学绝对物在形式中的体现就成为"象征形式"。这一形式理念最终落实到散文上,"这是对艺术理念的最终确定"。② 这样,与很多人的理解相反,浪漫主义艺术理念就以"冷静"而自由的象征形式导向神圣和绝对,"艺术及其作品实质上既不是美的现象,也不是直接的激情冲动的表现,而是形式的自处静态的媒介"。③ 本雅明还谈到歌德以及与浪漫派的区别。歌德那里有一个艺术理想的概念,他称之为自然,"把握自然的理念,并使之能够成为艺术的初始画面(成为纯粹的内容),这是歌德探究初始现象的真正努力所在"④。通过本雅明的阐释,歌德确定的是"真正的自然",一种"真正的、直观的、初始现象式的自然",它只存在于艺术中。是否可以认为,这样的自然概念对阿多诺来说也具有规范意义?根据本雅明的区分,对浪漫主义而言,"艺术的理念是它的形式的理念",而对歌德

---

① 〔德〕本雅明《经验与贫乏》,王炳钧、杨劲译,百花文艺出版社1999年版,第102页。
② 〔德〕本雅明《经验与贫乏》,王炳钧、杨劲译,百花文艺出版社1999年版,第115页。
③ 〔德〕本雅明《经验与贫乏》,王炳钧、杨劲译,百花文艺出版社1999年版,第121页。
④ 〔德〕本雅明《经验与贫乏》,王炳钧、杨劲译,百花文艺出版社1999年版,第128页。

而言,"艺术的理想是它的内容的理想",我们认为,阿多诺通过运用艺术星丛式结构来模仿自然的观念,则把两者统一了起来。

在《可技术复制时代的艺术作品》一文中,本雅明探讨的主题是艺术的未来,这并非对比如无产阶级掌权后的无产阶级艺术的预测,而是"有关在当今生产条件下艺术发展倾向",其目的是:"它们可以用来表述艺术政策中的革命要求。"本雅明分析了艺术作品的历史性存在,艺术品"原作"有其独一无二性即"本真性"(Echtheit),而技术复制品则会贬损其本真性。进而,技术复制品更会使原作的"灵氛"(Aura)枯萎,但复制品又使得被复制品获得了到处可见的"现实性"。这两方面的特征使得当今的艺术动摇了传统的艺术,而这种动摇(与阿多诺的认识相反)是革命性的。本雅明之所以对技术复制品作某种正面评价,是因为他认为,"革新过程与当今的群众运动紧密相关。其最强有力的代理人是电影"①。而阿多诺对革命性群众运动的可能性不抱希望,因而作为"文化工业"的产物,技术复制品只是具有"欺骗群众"的意识形态功能。本雅明对技术复制品正面评价的原因是认为,这些失去本真性的复制品仍然可以改变大众感知世界的方式,复制品与大众相互作用,可以使大众的感知方式发生革命性变化,从而产生对现状的批判意识。用他的话说,"使现实与大众互为目的,无论是对思维还是直观而

---

① 〔德〕本雅明《经验与贫乏》,王炳钧、杨劲译,百花文艺出版社1999年版,第264页。

言，都是一个有深远影响的过程"①。艺术品的本真和灵氛与传统内在相关，祛除它们意味着否定传统，产生新的感知方式。马尔库塞也提出了建构"新感性"的必要性，但途径是某种深层心理革命。阿多诺似乎对重建大众的批判意识较为悲观，因为他看到的文化工业并非是对大众的启蒙，而只是控制和欺骗。在阿多诺那里，艺术品应尽力保持其本真性，目的是在这个黑暗的时代尚可保留一方净土和希望。

　　本雅明与阿多诺争论的关键在于对艺术本质的不同评价上，前者认为艺术的灵氛产生于礼仪功能，这种功能限制了大众的"新感性"，因而脱离大众的"为艺术而艺术"的唯美主义观念只是一种保守的"艺术神学"，艺术的本真性先天具有反动性；而阿多诺则认为艺术在摆脱礼仪功能以后，特别是在现代自律艺术中，保留的是通过非同一性的模仿而展示的真理性内容，必须维护艺术的本真性。实际上，两人都看到了艺术的变化，都重视艺术的社会批判功能，一个诉诸技术复制品的现实性，另一个关注现代艺术的纯洁性。对本雅明而言，艺术的肯定性社会功能体现在其传统的礼仪（起初是巫术礼仪，后来是宗教礼仪）功能之中，而艺术的否定功能必然要求艺术品摆脱传统，即摆脱其独一无二的本真性和礼仪化的灵氛性，这正是由技术复制品达成的。本雅明认为："艺术作品的可技术复制性有史以来第一次将艺术作品从依附于礼仪的生存中解放出来了……而当衡量艺术产品的本真标准失效时，艺术的整个社会功能也就发生了根本性的

---

① 〔德〕本雅明《经验与贫乏》，王炳钧、杨劲译，百花文艺出版社1999年版，第266页。

变化。艺术的根基不再是礼仪，而是另一种实践：政治。"① 于是，艺术看重的不再是"膜拜价值"，它开始展现其"展览价值"，而且要求"某种特定的接受"。艺术品开始独特的诉说：现实地影响大众。在阿多诺眼中，艺术自主性的本真内涵是否定的前提、批判的基础，艺术的真理性内容必须由哲学家来揭示，这显示了某种精英主义立场。而本雅明对此是怀疑的，因为在本雅明眼中，作品的本真性和自主性只能导致大众的膜拜和顺从。有意思的是本雅明在否定意义上谈到了对艺术的象形文字的比喻，而且认为这一艺术理解的方向是"特别反动的"。②

当然，在本雅明看来后灵氛时代的艺术品的革命性不能高估，因为这时艺术生产遵循资本的逻辑，技术的进步也带来了大量文化垃圾。但这并不是关键，也就是说，我们不要仅仅关注技术进步给艺术带来的负面影响，这种关注仍然保留着一个本真的艺术观念，所以"显然不是进步的"。对本雅明而言重要的是，我们今天对艺术应持有的基本态度是反对对于政治的礼仪式膜拜，即反对政治的审美化，应当强调艺术的实践作用和社会批判功能，即促进艺术政治化。③

---

① 〔德〕本雅明《经验与贫乏》，王炳钧、杨劲译，百花文艺出版社1999年版，第268页。
② 〔德〕本雅明《经验与贫乏》，王炳钧、杨劲译，百花文艺出版社1999年版，第272页。
③ 〔德〕本雅明《经验与贫乏》，王炳钧、杨劲译，百花文艺出版社1999年版，第292页。

二　阿多诺：非同一性的象征

（一）生存的内在性：作为真理之源的审美对象的最初阐释

阿多诺无意为批判理论进行一种阿佩尔意义上的"终极奠基"，但这并不意味着他的理论批判没有基础，这个基础最终在艺术的"真理内容"中得到落实。这样一种"审美维度"在阿多诺那里是逐步展开的，我们注意到早在20世纪30年代初，阿多诺的"教授资格论文"《克尔凯郭尔：审美对象的建构》①就已经向人们展现了一种理论倾向，他开始在艺术和审美中寻找真理的寓所。

开篇阿多诺就指出："无论何时，如果人们力求将哲学家的著作当作文学创作来理解，那么人们就没有获得它们的真理性内容。"②对哲学著作，或者"诗人哲学家"的带有诗化色彩的作品，都应该进行"哲学解读"以便获得其"真理性内容"。可以推想，阿多诺晚年的美学也具有类似的旨趣：对艺术作品进行哲学解读，以便获得其"真理性内容"。阿多诺认为，这种哲学式的解读方法就是黑格尔《精神现象学》的总体辩证法："如果哲学作为'主观的'思维完全与总体断绝了关系，那么，这种新

---

① 写于1929—1930年，1931年2月通过，修改后于1933年出版。中译本〔德〕阿多诺《克尔凯郭尔：审美对象的建构》，李理译，人民出版社2008年版。

② 〔德〕阿多诺《克尔凯郭尔：审美对象的建构》，李理译，人民出版社2008年版，第1页。

的现象就首先给哲学带来令人怀疑的文学创作的名声。"① 比如，克尔凯郭尔就是哲学家，虽然他的作品带有文学性的"样式"，"克尔凯郭尔的审美形象只是他的哲学范畴的图解，在这些范畴从概念上得到充分表达之前，这些形象就像插图似的来说明它们"。② 而且，阿多诺在这里已经谈到了"文字"的"密码"性质，这使我们想起了后来关于艺术品的"谜语"性质的说法。阿多诺认为，"密码"是一些由"历史变质"所引起的变化，"是历史才造成了不可阅读的密码和真理本身之间的破裂"③。这就造成了存在"被遮蔽"的状况，而只有通过意义的密码式的辩证运动，而不是主体的某种本体论式的建构，才能获得真实。阿多诺对克尔凯郭尔理论方案的一段评论也可以说是对自己的写照："他宁愿让意识无始无终地在其自身和其相连的通道的黑暗迷宫中转圈，在最偏远的竖井里，毫无希望地等待着作为出口的遥远亮光的希望是否会向他升起，也不愿意对静止的本体论的虚幻着迷，这种本体论所许诺的自律的理性是不能兑现的。"④ 阿多诺认为克尔凯郭尔并不反对辩证法本身，他反对的只是黑格尔由精神的客观辩证法构筑的同一性体系，他自己是在"内在的

---

① 〔德〕阿多诺《克尔凯郭尔：审美对象的建构》，李理译，人民出版社2008年版，第2页。
② 〔德〕阿多诺《克尔凯郭尔：审美对象的建构》，李理译，人民出版社2008年版，第6页。
③ 〔德〕阿多诺《克尔凯郭尔：审美对象的建构》，李理译，人民出版社2008年版，第30页。
④ 〔德〕阿多诺《克尔凯郭尔：审美对象的建构》，李理译，人民出版社2008年版，第36页。

模式中构想这种辩证法"①。这是一种从个体内在性出发的生存哲学,阿多诺虽然无意建构这种存在哲学,但他的美学现代性的批判理论所追求的艺术真理的旨趣深受克尔凯郭尔的影响。克尔凯郭尔的思想气质暗合于阿多诺,特别是对克尔凯郭尔"室内"意向的阐释,开创了阿多诺后期美学对作为图画(字谜画)的艺术品的哲学解释的先河。关于克尔凯郭尔思想的心性气质(这可看成其生存哲学的生存基底)以及其隐喻性的审美形象,阿多诺写道:"内在性和忧郁,自然的映像和审判的现实;他关于具体的个人生活的理想和他对地狱的梦想,这位绝望之人在有生之年就像住在一幢房子里那样住在地狱里——他的所有概念的模式在晚上的房间中的迷惑人的光线中都发誓成为沉默的图画……在室内,历史辩证法和永恒的自然力量在克尔凯郭尔那里树立了它们神奇的、像谜一样的图画。这幅画的谜必须由哲学批评来解,这种哲学批评试图在历史和史前史中达到这幅画的唯心主义内在性的真正原因。"② 由此,克尔凯郭尔设定了思想的真正平台,这就是阿多诺本文第三章"内在性的阐明"。阿多诺认为,"内在性表现为把人的存在限制在一种应当免除物化力量的私人领域"③。这是个体实存内在生命体验的领域,可以推想,阿多诺也要寻找这样的领域,不过不是直接指向个体内在性生存的存在论建构,而是构筑一种现代主义艺术的审美领域。但这一

---

① 〔德〕阿多诺《克尔凯郭尔:审美对象的建构》,李理译,人民出版社2008年版,第37页。
② 〔德〕阿多诺《克尔凯郭尔:审美对象的建构》,李理译,人民出版社2008年版,第54~55页。
③ 〔德〕阿多诺《克尔凯郭尔:审美对象的建构》,李理译,人民出版社2008年版,第56页。

领域的建构基础却是以个体内在性生存为底基的，阿多诺关于审美和艺术的整个辩证观念是与对克尔凯郭尔个体生存论的阐释内在相关的。比如，在谈到内在性的生存论环节"忧郁"（阿多诺称之为克尔凯郭尔的情绪心理学）时，阿多诺写道："内在性是人的史前本质的历史监狱。被监禁的人的情绪是忧郁。真理呈现在忧郁中，忧郁的运动是拯救已丧失的'意义'的运动。诚然这是真正的辩证法运动。因为，如果真理在忧郁中呈现，那么它向单纯的内在性仅仅呈现为表象。"① 阿多诺认为这种个体内在性生存是与克尔凯郭尔说的作为"闲居者"的社会性存在密切相关。那么，个体生存的内在性本身有什么内容？怎样理解？阿多诺对问题的提法是："必须询问精神的自然内容"，而"单纯的、自身是'历史的'精神的自然内容可能叫作神话。"在神话中，通过图像体现了思想的"内在历史"，"在彻底的唯心主义中，内在的神话历史图像是通过哲学的自我意识来阐明自己的"②。在阿多诺看来，与观念论哲学（比如黑格尔绝对精神同一性）相反，克尔凯郭尔走了另外一条道路，因为对内在神话内容的阐释"并没有把他引入神话的形而上学和'实定'哲学。神话内容忠实地坚持在内在辩证法中"③。在阐释这种辩证法时，阿多诺就已经使用了以后的某些"关键词"，比如，在自我自由地追寻真理的辩证过程中，"命运、幸福、不幸都是一种辩证法

---

① 〔德〕阿多诺《克尔凯郭尔：审美对象的建构》，李理译，人民出版社2008年版，第73页。
② 〔德〕阿多诺《克尔凯郭尔：审美对象的建构》，李理译，人民出版社2008年版，第68页。
③ 〔德〕阿多诺《克尔凯郭尔：审美对象的建构》，李理译，人民出版社2008年版，第69页。

行程中的神秘的星座"，"这种辩证法应当打开通向和解的通道"，"囚禁在完全内在性中的神话的、歧义的自然被分离了，因为它不是迟钝固执的，而是辩证运动的，它的运动在它所从出的自然深处抓住自然，为了将它救上来"。① 这里出现的"星座""和解""自然"等术语，以后都发展成为阿多诺审美批判理论的核心概念。

当然，克尔凯郭尔的生存哲学不能直接地归结为美学，但当他对无客体的内在性进行生存论分析时，阐释内在性通过忧郁召唤真理的映现时，美学就出现了：真理的忧郁召唤就是图像召唤。内在性的本真忧郁建构了审美对象，于是，阿多诺的美学也出现了：以非同一性的眼光（本真的忧郁是其底色）打量艺术作品从而拯救内含的真理性内容（自然历史的神性即"自然"）。甚至可以说，在这本书中已经奠定了整个阿多诺理论的"思想结构"的基础，虽然不能说是"理论策略"的基础。在第三章最后，在对克尔凯郭尔审美对象的悖论性加以论述后，阿多诺总结指出："在他的哲学以生存的名义把无客体的内在性的状况和神话的召唤的状况理解为物质的现实性的地方，这一哲学就受到了映像的影响，这种映像是这一哲学在沉落的深处所否认的。映像在图像的远方作为和解的星座照耀着思维，而在内在性的深渊，它像吞噬一切的火焰燃烧着。如果知识在那里对它没有失去希望的话，就要在这里寻找这种映像并给它命名。"②

---

① 〔德〕阿多诺《克尔凯郭尔：审美对象的建构》，李理译，人民出版社2008年版，第70~72页。
② 〔德〕阿多诺《克尔凯郭尔：审美对象的建构》，李理译，人民出版社2008年版，第81~82页。

于是，阿多诺接下来开始集中论述克尔凯郭尔思想的"哲学基础"，认为以"生存"概念奠定的真实存在就是这种哲学的基础，他明确指出："今天，本体论问题作为追问'此在意义'的问题是首先从他那里得知的。"① 但他的这种追问的出发点是"个体的生存"，阿多诺认为这种追问与海德格尔是不同的，"对他来说，这并不涉及一种必须'在对此在的生存分析中寻找'的'基础本体论'"。② 他的问题是个体生存的意义，"在内在性中寻找超越性"，不是寻找此在在世的普遍生存论建构环节，而是寻求此在于历史性内在超越获得真理的过程。对个体历史性生存的阐释使阿多诺获得了一种方法论的指引，这就是反对各种同一性（本体论）方案，不管是以主－客体统一的名义，还是生存的基本结构的名义。阿多诺希望把握真实存在本身，这种"回到事情本身"的要求后来被表述为"客体优先性原则"，这种反同一性原则体现着某种唯物主义的涵义，对其把握的方法后来发展为否定的辩证法，体现在对艺术作品的美学的批判阐释中。阿多诺在克尔凯郭尔的审美思想中寻找着把握真实的路径，"个人的此在对他来说是本体论的活动场所，这只是因为它本身不是本体论的……因此，是朝向哲学内部的结构方面的、支持动态辩证法的绝对精神性'③。这个辩证的过程就是个体不断自我否定从而无限追求真理的过程。阿多诺总结克尔凯郭尔理论的哲

---

① 〔德〕阿多诺《克尔凯郭尔：审美对象的建构》，李理译，人民出版社2008年版，第83页。
② 〔德〕阿多诺《克尔凯郭尔：审美对象的建构》，李理译，人民出版社2008年版，第83页。
③ 〔德〕阿多诺《克尔凯郭尔：审美对象的建构》，李理译，人民出版社2008年版，第86页。

学史意义："因此他修正了康德以后的唯心主义的进程：他放弃了同一性的要求。"① 这就是阿多诺关注、研究克尔凯郭尔的原因，也是他自己理论构想的起点。但克尔凯郭尔的理论本身要求一种神秘生存的自我原点，正是在这点上阿多诺认为是"荒谬的"。因为这又是一种容易导向同一性（总体性）的思路，阿多诺指出："在克尔凯郭尔的自我微观世界中，不仅隐藏着康德的先验综合，而且甚至隐藏着黑格尔的无限创造的'总体性'的宏观世界。克尔凯郭尔的自我是没有维度地集中在'点'上的体系。"② 这表明阿多诺的克尔凯郭尔阐释，一开始就体现出同一性批判的旨趣。

但是，克尔凯郭尔的影响更多的是在反同一性方面，在他关于个体生存三种境界（阶段）的理论中，阿多诺敏锐地看到克尔凯郭尔辩证法的反同一性特征，并由此形成了自己晚期非同一性批判方法之"星座"的隐喻。阿多诺认为在克尔凯郭尔那里，"为了避免定义，个人的生存将在星座的位置之下得到说明。那种对于单纯直观而言昏暗的东西，那种作为内容从透明的范畴形式中泄漏出来的东西，是思维想从那些图形中看到的真正的东西……星座的位置和图形是它的密码和'意义'，深深埋在历史之中，不能任意地加以计算。作为密码学，克尔凯郭尔的关于星座位置的方法返回到他思想中的本体论的显现方式"③。这样一

---

① 〔德〕阿多诺《克尔凯郭尔：审美对象的建构》，李理译，人民出版社2008年版，第91页。
② 〔德〕阿多诺《克尔凯郭尔：审美对象的建构》，李理译，人民出版社2008年版，第99页。
③ 〔德〕阿多诺《克尔凯郭尔：审美对象的建构》，李理译，人民出版社2008年版，第113页。

种非同一性的把握方式就是克尔凯郭尔"审美对象的建构"方式,换句话说,克尔凯郭尔的方法论对阿多诺有极大影响,决定了他今后的思想路径。我们可以推想,克尔凯郭尔"审美对象"的建构方式一直推动着阿多诺,终于在晚年以他自己的方式提出了一套"审美对象的建构"模式。比如,对于克尔凯郭尔"希望的模式"的讨论,体现着阿多诺敏锐的现实感,这种现实感在乐观主义乌托邦面前始终保持着思维的冷静和意识的清醒。"除了真实的、残余可读的、在历史中变得模糊的密码图像,更为真切的希望图像是无法想象的。"① 在绝望的废墟中,一切都以密码的方式呈现为幻象式的希望,"在绝望的泪水中,密码以光的形象,辩证地呈现为同情、安慰和希望……这种希望以其永远不能实现而摆脱了一切神话的蒙骗和曾经存在的东西;它预示为无法达到的,而当它一旦直接宣称为现实的,它就会重新陷入神话和幻象之中,把自己交给消逝的过去"②。孤独此在的生存论背景基调是"忧郁",这里有一种来自天福的思念,"作为对灵知的末世拯救":在无法实现的希望形象中幻想,就像在家的人思乡。这里体现出的是某种本雅明式的希望,"'愿望'从这里辩证地升起,它的幻想就是希望的反映"。这种希望同时是真和美当然也是善:"在这种展望中,善历史地、辩证地作为有限的,然而又达不到的事物出现在希望面前。"③ 这样,在阿多诺

---

① 〔德〕阿多诺《克尔凯郭尔:审美对象的建构》,李理 译,人民出版社2008年版,第157页。
② 〔德〕阿多诺《克尔凯郭尔:审美对象的建构》,李理 译,人民出版社2008年版,第157页。
③ 〔德〕阿多诺《克尔凯郭尔:审美对象的建构》,李理 译,人民出版社2008年版,第170页。

眼中，克尔凯郭尔对孤独此在生存意义的阐释就成为对一种"审美对象"领域的刻画：一种辩证的（非同一性）建构。"这个领域从图像中接受了自己的结构，这些图像向愿望显现，但却不是愿望的产物，因为愿望本身是从这些图像中显露出来的。"阿多诺明确指出："这个图像领域构成了与传统的柏拉图式领域完全对立的一面。"① 柏拉图的"理念世界"构成西方形而上学传统的内在冲动诉诸的终极目标，归结为黑格尔的绝对精神体系，阿多诺借克尔凯郭尔"审美对象的建构"方法（审美态度）想破除的正是这一理性的同一性体系（思辨理性），从而重新建构一种从历史性此在的现实生存中生发出来的审美对象领域：作为自然记忆的保有物、作为希望的幻象，它是走在生活前面的真理，这是和解的形象、艺术中的真理。不过在克尔凯郭尔那里，美学的境界需要超越到宗教的境界，而阿多诺则在审美境界的建构这个平台上，直接就把所有的希望把握为艺术的真理性内容。这里的真理并非与善、美相割裂的一种与认知理性相关的独特价值领域，而是体现着巴门尼德意义上对存在正确引导的"真理之路"，阿多诺想借美的名义取消对真的狭隘归约。

（二）客体的优先性：审美合理性的前提

1960年阿多诺发表《主体与客体》② 一文，提出"客体优先"的重要观念，这成为他阐释艺术真理和审美理性的认识论前提。阿多诺首先指出为哲学范畴下定义的困难，"因此主体和

---

① 〔德〕阿多诺《克尔凯郭尔：审美对象的建构》，李理译，人民出版社2008年版，第159页。

② 中文译文参见《法兰克福学派论著选辑》上卷，上海社会科学院哲学研究所外国哲学研究室编，商务印书馆1998年版。

客体是难以给它们下定义的"①。因为，这两个概念是历史性相互关联和相互中介的，在认识论的意义上，两者相互分离的矛盾性容易造成对双方加以实体化的理解："分离一旦未经中介而直接地得到确认，就成了意识形态……这时精神就要占有某种绝对独立的位置——精神本身并非绝对独立的；它的独立的要求预示着统治的要求。主体一旦完全脱离客体，就把客体纳入它自己的规范；主体吞没客体，很大程度上忘记了它还是客体本身。"②这就是传统唯心主义认识论的思维原则，即同一性思维原则。

在主客体已然分离的前提下，我们应该怎样处理其矛盾关系呢？当然，主客和谐统一是应该期盼的，但是，我们要反对那种毫无中介过程的原始统一性，正如我们在海德格尔《物》那里看到的天地神人四维一体，阿多诺认为，"这样的图景只是一种浪漫的幻想"。然而，人类自为生存的推动力来自主体意识，换句话说，主客分离成为一种生存论原则，而这种分离的矛盾性正反映着人类历史性生存的矛盾性。阿多诺的意思是：人类主体性意识的产生以及随之而来的主客分离是人之为人的基本生存论事实，这样，我们通过批判性反思应当确立的是两者间的和谐关系，应当反对的是两种极端：其一是毫无区别的同一，其二是两者的敌对，表现为主体强制性对客体的同一性压抑。这样，阿多诺的理想就成为："只有区分开的东西的相互交往才是可以想象的。"阿多诺在此甚至看到了主体之间以及主客之间的和谐交往

---

① 《法兰克福学派论著选辑》上卷，上海社会科学院哲学研究所外国哲学研究室编，商务印书馆1998年版，第209页。
② 《法兰克福学派论著选辑》上卷，上海社会科学院哲学研究所外国哲学研究室编，商务印书馆1998年版，第209页。

的理想,这就是最高的认识论以及本体论的理想状态:"彼此不存在支配关系的但又存在各自介入的区别状态。"① 但由于阿多诺的基本理论范式仍是主体哲学的,因而未能真正开启和谐的空间,没能拓展出主体间性的理论向度。于是,和谐只能是一种希望和立场,质言之,一种观念,它只能在艺术中获得审美说明而得不到合理性的理论论证。

接下来,阿多诺对唯心主义主体概念——从康德到胡塞尔的"先验主体"——加以梳理,依照马克思的意见追溯到其基础:现实的有生命的个人。但经验个体由于其历史性社会关系而被异化,于是,无批判的个人概念是意识形态的。在强调人类主体性的意义上,阿多诺提到了"先验主体的现实性",也即先验主体学说揭示的现实社会关系,只不过这些关系以意识形态的方式被当作合理性本身。我们在此再次看到了意识形态批判方法。在先验哲学的建构中,主体无疑具有优先的奠基作用(笛卡尔我思主体的奠基),而客体作为被给予之物当然是被自我意识主体先验设定的,比如康德在先验感性论中所论述的现象世界。阿多诺称之为现实社会关系造成的物化思维方式的结果,而且是一种恩格斯所说的头足倒置的颠倒,这种颠倒必将被另一次哥白尼式革命所否定。主体意识的重要性被唯心主义夸大了,阿多诺在这里完全重复了马克思在《关于费尔巴哈的提纲》第一条中关于唯心主义的辩证观点。

这样,阿多诺就在批判观念论的前提下,从某种唯物主义视

---

① 《法兰克福学派论著选辑》上卷,上海社会科学院哲学研究所外国哲学研究室编,商务印书馆1998年版,第210页。

角提出了"客体的优先性"观念。阿多诺强调的不是与主体性意识对立的客体,在客体自由存在不受主体压制的意义上,客体即是主体,而主体本身也就是客体,因为,"不管我们怎样给主体下定义,实存的东西是不能从主体那里变出来的"。① 阿多诺在此强调的客体的优先性并非简单的唯物论转型,试想黑格尔在《精神现象学》"序言"中提出的"实体是主体"的命题,当然黑格尔的实体是精神性的,但其主体性(绝不是与客体相对立的那个存在者)的指认包含着西方观念论的全部能动性的积极成果,在此意义上,阿多诺"客体是主体"的命题则是黑格尔辩证法传统的真正继承。于是,客体优先只是对主体先验意识形态拔高的修正,而不是对主体的否定,客体优先只能理解成客体本身具有主体性,它具有非同一的独立性。在本体论意义上,这也成为阿多诺后来对海德格尔存在与存在者的存在论区分进行批判的出发点。存在总是存在者的存在,正如主体性总是客体的主体性一样,唯心主义所理解的主体,我思、自我意识、精神,无论叫什么都实际上是客体,但这里的客体已经具有主体性了,而"主体性被当作客体的形式来把握"。总之,客体毫不含糊是优先的。

在批判理论传统中,各种各样的"传统理论"都有其社会根源②,由此,阿多诺点出了理论的社会批判旨趣:"社会的批判是对知识的批判,而知识的批判也是对社会的批判。"③ 客体

---

① 《法兰克福学派论著选辑》上卷,上海社会科学院哲学研究所外国哲学研究室编,商务印书馆1998年版,第213页。
② 参见卢卡奇《历史与阶级意识》、霍克海默《传统的和批判的理论》以及马尔库塞《单向度的人》。
③ 《法兰克福学派论著选辑》上卷,上海社会科学院哲学研究所外国哲学研究室编,商务印书馆1998年版,第214页。

优先的观念并非无批判地强调康德意义上的自在存在物的首要性，而是对包括主观主义在内的各种物化思维（阿多诺称之为人类的精神囚禁）的反拨。当然阿多诺也认为，先验哲学论述的那些范畴是人类的物种成就，"那些形式的普遍性和必然性，它们的康德式的赞美，恰恰是把人类联合起来的东西"①。但问题是唯心主义通过抽象把个人意识监禁在先验的内在性中，而这种意识的监禁反映着个人实际的社会监禁。于是，对阿多诺来说唯心主义批判也就成为社会批判，因为受资本利益制约的现实，被拔高为假想的自由主体的产物。而且，这种先验主义有当代的二流继承者，即各种实证主义，阿多诺深刻而准确地指出，它们"跟主观理性的抽象性一致"②。

实际上，正如他自己所说，阿多诺强调的是"客体的辩证的优先性"，而不是在抽象的主客对立模式中的抽象客体，这样的"客体"实际上是知性抽象的产物，而不是"事情本身"意义上的现实存在。阿多诺在这里承接的仍然是黑格尔对主体哲学的批判旨趣，因为主体哲学的基本框架决定了主体的优先性，这样只能"粗暴地对待客体"。在阿多诺看来："的确，不再会真正'实有'一个主体……这种自我设定的主体是一种幻象，同时在历史上又是真实的。"③唯心主义抽象根源于现实社会关系的物化。在批判了知性对客体的强权之后，在仍然被哈贝马斯称

---

① 《法兰克福学派论著选辑》上卷，上海社会科学院哲学研究所外国哲学研究室编，商务印书馆1998年版，第216页。
② 《法兰克福学派论著选辑》上卷，上海社会科学院哲学研究所外国哲学研究室编，商务印书馆1998年版，第217页。
③ 《法兰克福学派论著选辑》上卷，上海社会科学院哲学研究所外国哲学研究室编，商务印书馆1998年版，第220页。

作主体哲学的理论策略中,阿多诺必然会走向客体的优先性,或者,这一概念的主旨仅在说明无论主体还是客体,都要保持其"如其所是"的状态,而不能被知性工具化地作同一性抽象处理,强调客体的优先性也就是强调客体的非同一性。阿多诺甚至认为这种非同一性的客体十分接近于康德的物自体。非同一性客体的概念也就是阿多诺心底中的"自然",这是事物的存在本身,阿多诺认为它比康德意义上的感性世界——通过感性直现被给予的现象世界——还要实在。①

阿多诺走了一条黑格尔式的康德批判路线,但他的批判更加彻底,他没有像黑格尔那样走得出辩证综合的终点,在这种彻底性面前,一切综合的企图都是同一性的强制,都是理论理性的强制。不可能有一条现实解决之路,无论诉诸无产阶级还是回到存在的源始,我们所能有的只是希望:通过对艺术的解谜,坚持艺术对非同一性的事物记忆,而这种美学批判的前提就是阿多诺心目中的自然——自然而然,如其所是。于是,客体优先的原则只能被解读为非同一性的主体原则,这一原则不能被形而上学式抽象为自我持存的实体性主体,这里的客体也不是由这种抽象主体建构而成的"客体"。阿多诺强调的具有优先性的客体实际上成为体现真正主体性(即非同一性和真正自然)的存在物,其存在方式也成为人类生存和社会建构应然向往的标榜。对阿多诺而言,这个标榜就是艺术作品,特别是现代先锋派艺术作品。因为历史发展到今天,或启蒙到今天,人类生存完全被同一性的主体

---

① 《法兰克福学派论著选辑》上卷,上海社会科学院哲学研究所外国哲学研究室编,商务印书馆1998年版,第218页。

性原则操控,只有在艺术中尚能保留非同一性的原则。因为艺术是未完成的、持续的对自然的模仿,这正是艺术中的真理性内容①,但艺术的谜语特质又决定了对其真理的揭示只能依靠哲学家,所以必须有美学而且只能靠美学。

(三) 审美的批判性:艺术真理性内容的揭示

现在看来,阿多诺整个哲学计划的一个基本动机,就是对观念论形而上学认识论的根本批判,批判的原因在于阿多诺的一个基本判断,认为理念论的认识方式对现实总体的把握是一个幻象,而他要求的是对现实的真理的把握,即某种唯物主义认识道路。当然,阿多诺的这一要求内在于整个西方理性思维传统,从巴门尼德开始,探寻"真理之路"就成为"理论"(亚里士多德)的基本动机和目的。阿多诺无疑也是这条漫长的真理探索之旅上的一环,但其理论建构和论证策略的独特性使他成为这条道路上的一位引人注目又令人误解的一位。虽然如此,我们仍然能够对他的理论进行基本的定位。阿多诺从其基本的生存经验出发建构出了一套独特的社会批判理论,这种理论的前提基于对人类真实生存经验的澄明,这一澄明是对自然的模仿和记忆,② 它构成艺术的真理内容,而因其乌托邦特性而与现实构成对立和批判关系。可以说,阿多诺理论的核心是构想一种"审美-实践

---

① Tom Huhn 非常强调艺术作品非完成的开放性,视之为最核心的真理性内容,真理性内容甚至也不是有待被揭示的、完成了的真理。参见 Tom Huhn ed. *The Cambridge Companion to ADORNO* (Cambridge University Press 2004), p. 8.

② "艺术所关切的是自然,是在进步意义上合理的和整合的社会中受到压制和支配的自然。"〔德〕阿多诺《美学理论》,王柯平译,上海人民出版社 2020 年版,第 492 页。

理性",这成为他所有批判的武器和希望的向往。阿多诺的基本看法是,艺术特别是现代主义艺术可以拯救形而上学,《美学理论》① 就是说的这一"拯救"的故事。

艺术的真理是阿多诺美学追求的目标,"艺术真理观念"作为《美学理论》的核心概念,使得阿多诺美学本质上是一种"哲学美学"(philosophical aesthetics)。"艺术真理""审美理性"等概念和理论是否能成功加以重建,关系到阿多诺整个批判理论的命运,注重这点我们才能对《美学理论》进行某种"哲学解读",这种解读视角是重要的,它注重于阿多诺批判理论规范前提的独特建构。在"初稿导言"中,阿多诺从"反思批判"(康德意义上)的角度考察了"哲学美学"的现状,其一是人们对美学不再抱有理论兴趣;其二是对美学"采取一种天真朴素的态度",即非反思、非批判的"消费者"态度,这样,阿多诺就得出了"传统美学的废退"② 这一批判性的结论。阿多诺的关注点在于传统美学(主要指康德和黑格尔)的一般方法论原则,这一原则可以清楚地追溯到西方形而上学的观念论前提:同一性原则。只有从克罗齐开始(包括卢卡奇和本雅明)才有所改变,这就是阿多诺用"激进的唯名论"意指的反对抽象的一般,强调"具象"(the concrete)的思想。阿多诺认为,美学对象的特殊性决定了美学理论的方法论原则必须从现实的具体艺术作品出发,因为"具象理念是每一件艺术品的矩阵,而不是每一种来

---

① 〔德〕阿多诺《美学理论》,王柯平译,上海人民出版社2020年版。对《美学理论》的一种较为详细的研究,参见拙著《真理与批判——阿多诺〈美学理论〉研究》,四川大学出版社2011年版。

② 〔德〕阿多诺《美学理论》,王柯平译,上海人民出版社2020年版,第487页。

自经验的趋于美的定向的矩阵；在对待艺术时，具象理念会使人无法脱离特定现象……因此，美学报废的缘由之一的确在于美学未能正视这个问题"①。

另一方面，也不能仅从观众或接受者的"趣味"（taste）角度理解艺术，因为这很可能带有经验主义的主观偏见，阿多诺指出："以往美学的严重弊病之一，就是以主观性趣味判断为开端，由此出卖艺术要求真理性的权利。"② 阿多诺理解的美学又不同于通常意义上对艺术作品的"内在分析"（immanent analysis），因为这种方法重在对作品内在结构要素加以分解式分析，类似于实验心理学草创之初冯特主张的"要素主义"方法，阿多诺称之为实证主义。对此，"初稿导言"中的一段话说得很清楚："哲学美学虽然与内在分析密切相关，但却是不同的冒险之举，其目的并非内在分析所能及。内在分析所发现的事态，不得不在二次反思和强调批评方面予以超越，这种反思与批评力图把握艺术作品的真理性内容。思想观念上的狭隘，致使内在分析会窒息有关艺术的批判性社会思想。"③

对经验主义的批判导向阿多诺关于美学的第三点主张，即美学应是对艺术的理性反思。通过对艺术作品的"客观精神"的概念性思辨④，一种"未来的美学"将超越"艺术作品现象学"这一层次，成为"……以生产为导向的经验与哲理性的反思这

---

① 〔德〕阿多诺《美学理论》，王柯平译，上海人民出版社2020年版，第488页。
② 〔德〕阿多诺《美学理论》，王柯平译，上海人民出版社2020年版，第502页。
③ 〔德〕阿多诺《美学理论》，王柯平译，上海人民出版社2020年版，第509页。
④ 阿多诺明确指出："美学诸问题通常可以归结于此：特定艺术作品中的客观精神是真的吗？"〔德〕阿多诺《美学理论》，王柯平译，上海人民出版社2020年版，第491页。

两者的良好结合"①。黑格尔的"客观精神"概念被阿多诺把握为艺术作品的"真理性内容",②对此,需要美学家或批判哲学家加以揭示,在阿多诺眼中,"唯有哲学才能发现那种真理性内容,艺术和美学为了共同的利益在此会聚一起。在实现这一目标的过程中,哲学并非以外在方式来实施哲学信条,而是以内在方式来对艺术品进行反思"③。通过哲学反思的批判意识,"现代美学只能采用一种形式,那就是要对传统美学范畴实行合理的和具体的消解。如此一来,现代美学就会从这些范畴中释放出一种新的真理性内容"。由此,阿多诺指出:"说来道去,美学从目前看非但没有遭到淘汰,反而是必要的与合乎时宜的。"④ 通过美学的反思,艺术的真理性内容才能呈现,特别是对于现代艺术的理性反思,可以揭示其现实批判的社会意义,这当然是美学的任务。⑤ 而且,通过美学的评论和批判,特定时代的真正的艺术才能生成。

上述三个方面被阿多诺指认为真正的美学应该面对的"难题",美学对这些难题的思考意味着对现实的批判立场,这一立场是从"何谓艺术作品""美学何为"的根本发问中引发出来的,它是阿多诺批判思想的前提。在这个意义上,我认为《美学理论》

---

① 〔德〕阿多诺《美学理论》,王柯平译,上海人民出版社2020年版,第491页。
② "决不能把艺术作品的真理性内容混同于其创作者或某个理论家灌注于艺术品中的哲理性内容。"当然,"也绝不能把美学混同于文献学"。〔德〕阿多诺《美学理论》,王柯平译,上海人民出版社2020年版,第500页。
③ 〔德〕阿多诺《美学理论》,王柯平译,上海人民出版社2020年版,第500页。
④ 〔德〕阿多诺《美学理论》,王柯平译,上海人民出版社2020年版,第499页。
⑤ "这些问题需要美学哲学的介入。"〔德〕阿多诺《美学理论》,王柯平译,上海人民出版社2020年版,第492页。

是一部元美学著作,因为它对哲学美学进行了哲学反思。

在阿多诺否定性思辨的理想中,只有艺术还保持着对自然的记忆,特别是现代艺术中存在着抵制同一性社会的特质。在阿多诺看来,科学和道德已缺失这些批判的特质,而现行某些艺术家,包括某些具有创造性的艺术家对艺术也采取非批判的所谓"朴素"的态度,说穿了就是顺从现实的态度。所以,对艺术要在美学的层面上进行真正的批判和反思,这就要求对现代艺术进行前提性的追问:其一针对黑格尔的艺术终结论,我们问:艺术是否可能?其二,依康德哲学理性批判的发问视角,我们可以问:如果艺术在今天"已经可能"而呈现为现代主义艺术,那么,艺术在今天这样的境况下"如何可能"?美学的任务就是要基于这些问题视角把艺术的这些特质(真理内容)揭示出来,因此阿多诺说:"艺术超越了经验论衡量万物的尺度,而美学不管自身如何也要对此进行反思。"① 这就是哲学美学的任务,"唯有哲学才能发现那种真理性内容,艺术和美学为了共同的利益在此会聚一起"②。所以,批判理论现在只能以批判的美学的形式存在,阿多诺理论的深层动机和发展逻辑意味着社会批判理论的"美学转向"。

美学以审美理性的概念来揭示艺术的真理,强调非同一性的阿多诺并没有抛弃理性概念,他明确指出:"理性是科学和艺术共有的东西,理性在这两个领域中显现自身。"③ 只不过在艺术中显现的理性的独特性在于其"模仿冲动":也就是重新找到那

---

① 〔德〕阿多诺《美学理论》,王柯平译,上海人民出版社2020年版,第491页。
② 〔德〕阿多诺《美学理论》,王柯平译,上海人民出版社2020年版,第500页。
③ 〔德〕阿多诺《美学理论》,王柯平译,上海人民出版社2020年版,第494页。

个消逝了的世界乐园的努力。① 审美理性呈现的是艺术作品的"真理性内容",它是艺术的"精神"和"内在连贯性的契机",这个理性概念成为阿多诺审美批判理论的"规范基础"。② 总之,对阿多诺来说,"美学只有通过一种途径可望弄懂今日的艺术,那就是通过批评性的自我反思"③。通过这种反思,美学不仅要了解艺术品本身的理念,而且要"对作品的意向或作品试图言说的东西提出质疑",阿多诺称之为"理解的第二层次"和"二次反思",也就是在艺术作品通过其"谜语"的方式保有真理的前提下,美学要运用概念中介把这一真理揭示出来。

阿多诺把握艺术作品的一个基础性概念就是其"客观化精神",因为"究其本质,艺术是比单纯特殊性具有更多意蕴的殊相"。④ 在《美学理论》"初稿导言"最后论及美学的方法论小节,他指出:"依据艺术品的客观化精神,主观精神通过理解艺术品的方式来对付自身的傲慢;艺术品之所以是艺术品,全仗其客观化精神。"⑤ 当然,艺术的客观精神需要通过艺术真品而对象化为"真理性内容"。真理的"艺术性"(与科学的概念化相对)体现为其历史性,遥过"启蒙辩证法"展现出来,阿多诺认为,艺术的真理性内容根本上属于"时间现象",由此需要进

---

① 〔德〕阿多诺《美学理论》,王柯平译,上海人民出版社2020年版,第496页。
② "真理性属于艺术品的本质特征,艺术品因此具有认知意义,故不应当任由非理性的摆布。"〔德〕阿多诺《美学理论》,王柯平译,上海人民出版社2020年版,第507页。
③ 〔德〕阿多诺《美学理论》,王柯平译,上海人民出版社2020年版,第498页。
④ 〔德〕阿多诺《美学理论》,王柯平译,上海人民出版社2020年版,第522页。
⑤ 〔德〕阿多诺《美学理论》,王柯平译,上海人民出版社2020年版,第521~522页。

行"历史情境分析"。①

所以,美学运用的辩证思维需要充分意识到艺术品存在的矛盾性和复杂性。艺术真理并不能归结为主观的同一性观念,而是通过对单件艺术品的独特审美经验得到把握。特别对于现代主义艺术,阿多诺甚至强调其反艺术(anti-art)功能:"美学不再会依赖作为事实的艺术。倘若艺术依然忠实于艺术概念的话,那么,艺术肯定会演化为反艺术,或者说,艺术肯定会促发一种自我怀疑感,此感觉源于艺术继续存在与人类各种灾难之间的道德鸿沟,以及过去和未来之间的道德鸿沟。"② 现代主义艺术是充满矛盾的,比如,这种艺术一方面与传统的艺术概念根本不同,但与此同时它若没有这些概念又无法让人理解。阿多诺充分意识到了这种矛盾性和历史性,他认为,从其古典主义标准而言,黑格尔的艺术终结论有一定道理,因为"艺术不可能依然如故。即使在未来全新的社会中,艺术仍会继续存在下去,但其实质与功能都将会完全有别于过去"③。对艺术真理的论证建基于否定性的思辨意识,这是一种否定的形而上学,它虽然没有建构一种关于艺术的实体理念,但它始终围绕形而上学孜孜以求的东西试图破解星座的谜语,这种真理概念只能以修辞的观念形式获得其语义内涵。

---

① "因此,历史是美学理论不可分割的组成部分,美学诸范畴从根本上讲是历史性的,美学发展似乎具有一种由历史来决定的特性。"〔德〕阿多诺《美学理论》,王柯平译,上海人民出版社2020年版,第523页。
② 〔德〕阿多诺《美学理论》,王柯平译,上海人民出版社2020年版,第495页。
③ 〔德〕阿多诺《美学理论》,王柯平译,上海人民出版社2020年版,第495~496页。

第六章　规范基础的审美向度

在阿多诺那里，艺术真理的理性阐释基于一种独特的审美经验概念，它明确地体现着非同一性的否定意识。用传统哲学认识论的概念来说，审美经验作为一种客观知性形式，是理解艺术品的客观性的方法。康德对审美经验进行了一种先验阐释，阿多诺对此进一步进行了阐发。他称之为可靠的审美经验，或"艺术的认识""艺术经验"。审美经验的非同一性特征，并非来源于主体，[①]而是来源于客体本身的特别性质，这在作品中矛盾地存在着，阿多诺也特别强调了"审美经验的辩证法"。在此意义上，作品的创作过程（通过模仿）也产生着审美同一性（因而是唯物主义的），而概念的同一性则来源于主体对客体的同一性规划和强制（因而是唯心主义的），所以，作品的创作过程本身就体现着模仿和理性的辩证法。正因为作品本身内部的张力（艺术之谜），使作品得以发挥其批判的功能。艺术本身作为和解的向往和自由的希望，因而就是对非和解的现实的批判。对于艺术接受者或具有审美经验的认知者而言，"审美的"认知形式"……超过没有头脑的自我保存的魔力，由此成为一种新意识阶段的范型；在此阶段，自我不再保护自个在物质再生产框架中的

---

① 因为对阿多诺来说，主体的规约结果是同一性，在《美学理论》"初稿导言"中，阿多诺对康德美学的"主观主义"也作了批判。根据康德批判哲学的认识论框架，美学也首先要建立一个"主观超验基础"，但这个"基础"却是"主体主义"的。这样，虽然判断力概念较好地把握住了审美经验的特性，而且其"超验性"似乎保证了"客观性"，但精通康德哲学的阿多诺对康德仍有这样的判定："在他看来，艺术中的主体性是主体对艺术品的反应方式，而实际上主体性是作品的客观性的契机，是将艺术对象与一般对象区别开来的一个性相。"〔德〕阿多诺《美学理论》，王柯平译，上海人民出版社 2020 年版，第 518 页。"像康德一样，黑格尔的艺术思想也落伍于艺术的实际发展；康德没有看到艺术的深度和丰富性，而黑格尔则未能弄清艺术特有的审美内涵。"同上，第 520 页。

特殊利益"①。阿多诺的意思是，艺术对现代人的实践性影响，是通过主体的审美经验（关键在于意识到作品的精神内容）实现的，途径是形成与世界和解的"性格结构"。

诚然，阿多诺的资本主义批判必须求助一种理性概念，但在他看来，恰恰是传统的理性概念是不能把握真理的，因为其同一性的形而上学概念性思维方式"遮蔽"了鲜活的真理而沦为资产阶级的意识形态。于是，真理的真正住所就存在于非同一性的艺术品中。但存在于艺术品中的真理又具有"艺术的"谜语性质，仍然需要我们用概念性的思维加以破解，这是一种"艺术批判"。于是，关于真理的哲学就必须以美学的审美艺术批判的形式呈现出来，阿多诺明确指出："艺术品的真理性内容，就是对某一单个作品之谜的客观解答或揭示。单个作品之谜由于需要揭示，因此也就指向作品的真理性内容；实际上，真理性内容只有凭借哲学反思方能得以确定。正是这一点，恰好说明了美学存在的必要性。"②

在《主体与客体》中，阿多诺提出了"客体优先"（primacy of the object）的观念，这表明阿多诺设想着一种非概念性的认知方式，一种真切看待事物的主体经验和本真的思维方式。在《哲学的现实性》中，阿多诺提出了一个重要的概念"真切的想

---

① 〔德〕阿多诺《美学理论》，王柯平译，上海人民出版社2020年版，第507页。
② 〔德〕阿多诺《美学理论》，王柯平译，上海人民出版社2020年版，第192页。

象力"（exakte phantasie）①，这是贯穿阿多诺整个思想历程的主导性思维观念。在这样的主体思维方式的作用下，客体的优先性才能呈现出来，这与马克思《关于费尔巴哈的提纲》第一条表达的看待对象、现实的非直观的主体性要求是一致的，这表明阿多诺思想的辩证特质。当然，他后来进一步探究了主体能动性（即非概念性的想象）的内涵。根本上而言，阿多诺想要达到的认识目的仍然是辩证法传统中的具体总体，只不过概念性的同一性辩证法是无法实现这一目标，而要靠非同一性的方式，即非概念性的"真切的想象力"方式才能达到对客体的非强制的把握，于是，我们得到的就是星丛式的客体存在。阿多诺在意识哲学的主－客体框架中，通过变换主体的视角或功能来解决主体对客体的真实把握：通过赋予主体以艺术的审美经验以实现理性的认知功能。②

我们在此未能全面论述阿多诺的美学理论，而把注意力集中

---

① 有学者建议英译为 exact imagination 而不是比如 precise fantasy。主要考虑 Phantasie 取康德和美学之意而非弗洛伊德心理学。此概念主要强调了两者间清楚的内在联系：exact 表明了真实性要求，而 imagination 表示主体的非概念经验的能力。参见 Shierry Weber Nicholsen, *Exact Imagination, Late Work: on Adorno's Aesthetics*. (MIT Press, 1997.)

② 关于阿多诺这种审美理性概念，哈贝马斯（《现代性的哲学话语》）、韦尔默（《现代性与后现代性的辩证法》）以及布伯纳［参见 Tom Huhn and Lambert Zuidervaat, eds., *The Semblance of Subjectivity: Essays in Adorno's Aesthetic Theory* (MIT Press, 1997) 中 Rudiger Bubner 的文章］等人都给予了不同的批评；而另外一些研究者则对之作了某些辩护。参见 Lambert Zuidervaat, *Adorno's Aesthetic Theory: The Redemption of Illusion* (MIT Press, 1991); J. M. Bernstein, *The Fate of Art: Aesthetic Alienation from Kant to Derrida and Adorno* (State College: Pennsylvania State University Press, 1992); Joel Whitebook, *Perversion and Utopia: A Study in Psychoanalysis and Critical Theory.* (MAT Press, 1995.)

在这一理论对于他整个批判理论的本质意义。整体而言,阿多诺关于美学思考的基本旨趣在于从哲学上澄清现代自律艺术的内在本质(its inner life)、对社会的批判功能(its relation to society)以及未来的发展(its right to exist),《美学理论》是在美学语境中叙说的一种社会批判理论。① 可以认为,第一个问题是阐释批判的规范基础,第二个是对现代社会的"病理学诊断",而第三个则是审美拯救的乌托邦展望。康德美学给出了审美的规范定位,而黑格尔则把审美作为一个环节包容到精神发展的绝对历史中,古典美学的任务得以实现和扬弃,审美承担起它应当承担的有限而重要的任务。但在阿多诺时代,或现代主义兴起以来,情况发生了变化,现代社会的非和解性导致现代审美的非和解,现代艺术的本质、形式和功能都发生着不同以往的变化。阿多诺《美学理论》所要处理的就是这些问题。

然而,阿多诺这里涉及的不仅仅是艺术和美学问题,他的思想很大程度上与一种现代性的社会批判理论相关,这涉及更大范围的诸多问题。比如,对韦伯描述的理性化之结果的价值领域的分化与自律应该如何评价?是否能从根本上判定传统真之领域的理性化就是工具理性化、就是统治的实现,从而重新以美的名义(即以非理性或理性的他者的名义)重新定义真?这种审美主义理论策略是大有疑问的,② 换句话说,审美主义的理论策略是不

---

① 有论者称之为"现代性美学救赎理论"。周宪《审美现代性批判》,商务印书馆2005年版,第176页。

② 哈贝马斯对阿多诺"审美方案"的评判可谓一语中的,他指出:"对理性的强调已经退而成为秘传的艺术作品的控诉姿态……哲学仅仅剩下以一种非直接方式揭示封存在艺术内部的批判性内容这样的任务。"参见哈贝马斯《现代性——一项未完成的计划》一文。

能真正达至需要被拯救的真理的,由于现代自律艺术的内在矛盾性(自律和异化是同一个过程),和解的现实希望是渺茫的,批判理论的审美范式使批判的论证策略走向死胡同。极端例子是海德格尔源始存在的真理显现和尼采酒神精神的形而上学化。阿多诺虽然没有寻求一条突破理性形而上学的存在论形而上学之路,但他沉浸在主体哲学的统治或启蒙辩证法的退废之中,企图以艺术拯救的方式在现代性的废墟之中幻想着希望!这当然是从整体上对阿多诺思想的判定,实际上,在其"克尔凯郭尔论"中还偶尔闪现着马克思的微光,阿多诺曾经说道:"唯物主义寻找'一个更好的世界',并不是为了在梦想中忘却现实世界,而是为了靠图景的力量去改变现实世界。"① 这的确与《否定辩证法》开篇所描述的现实历史境况大为不同了。

艺术或审美在德国现代性思想传统中一直是一种保持内在张力的批判性力量,从席勒到阿多诺莫不如此。② 然而,艺术或审美的批判功能采取的方式和途径是不同的,有通过艺术使生活审美化的,有对审美本身进行元理论升华的,有通过审美改造主体使之超越的,艺术和审美能从不同的角度或平台承担不同的功能。阿多诺在非同一性的否定辩证法背景下,考察了艺术和审美所有的角色和功能,他并没有建构某种决定论的逻辑结构,而是使之作为辩证发展的各种环节和契机,但最后并没有以总体的方式使其固定下来,而是以星丛式结构展示出来。这是对艺术和审

---

① 〔德〕阿多诺《克尔凯郭尔:审美对象的建构》,李理译,人民出版社2008年版,第163页。
② 较为系统的论述可参见〔英〕伊格尔顿《审美意识形态》,王杰、傅德根、麦永雄译,广西师范大学出版社2001年版。

美的形而上学概念的拒绝，保留的是艺术和审美的乌托邦式希望的意向性观念。我们要关注的是阿多诺审美主义的独特性，即与早期卢卡奇、布洛赫以及本雅明、马尔库塞等人相区分的独特性。

在审美主义中，与阿多诺相似，布洛赫非常重视音乐，在其《乌托邦精神》中写道："音乐的杰出功能在于用音调和动态的结构来表现与经验存在的决裂，因此，音乐成为真理轨迹（传统主题）完全主观化的历史指针。"① 在这点上布洛赫承接了叔本华（音乐把握到了自在之物，表达了不能表达的东西），更不用说可以追溯到奥古斯丁。但有一点需要注意，那就是各种审美主义不同的理论建构策略，沃林指出："布洛赫和卢卡奇都到德国古典哲学传统中寻找支持，他们的思想都把主体性中介范畴作为能够从理论上穿透当前危机的阴暗和提供某种意义的希望的原则。本雅明思想的神学来源中则没有这种中介，因此，他的救赎概念更多是一种纯粹安顿性的调节性的理念。"② 也就是说，如同浪漫派，他们企图更新主体性原则来超越主体形而上学；而本雅明和阿多诺并不这样，他们并不赋予艺术以本体论地位，不建构一种超越性的本源力量。艺术展示了真理，但真理不是总体而是具体。

---

① 转引自〔美〕理查·沃林《瓦尔特·本雅明：救赎美学》，吴勇立、张亮译，江苏人民出版社2008年版，第22页。
② 〔美〕理查·沃林《瓦尔特·本雅明：救赎美学》，吴勇立、张亮译，江苏人民出版社2008年版，第21页。

三 审美范式的限度

马克思和卢卡奇设想的作为历史革命性改造主-客体力量的无产阶级的理论地位，被阿多诺阐释的现代艺术所取代，现代艺术成为当代唯一能够对抗异化现状的"他者"。然而问题是阿多诺提供的只是一种"理论"，而针对理论人们是可以进行论辩的。历史在继续，反思在继续，理论遗留下来的问题更是一如既往地激发着思维着的精神。在西方现代性的反思语境中，艺术承担了怎样的真理救赎功能？艺术救赎的真理是与现实完全对立的乌托邦理想吗？审美理性是外在于现实社会的他者吗？艺术作品中凝结的审美理性能够内在地拓展出自由、民主的制度化建制吗？韦伯意义上的理性化和价值分化的现实社会完全生发不出理性价值吗？等等。这些问题是可以针对阿多诺现代性审美批判理论提出的。①

（一）批判性的质疑

《美学理论》的一个奠基性观点是认为艺术中包含"真理性内容"，这是对黑格尔的继承，因为黑格尔保持了审美对象的认知维度。对此，沃林②认为阿多诺忽视了审美经验的"实用维度"。尧斯③也正是在这点上认为阿多诺忽视了艺术经验的主体间"接受"的维度。由于艺术在阿多诺那里仅是真理的"谜

---

① 参见〔德〕韦尔默《后形而上学现代性》，应奇、罗亚玲编译，上海译文出版社2007年版，第62~95页。
② 〔美〕理查·沃林《文化批评的观念》，张国清译，商务印书馆2000年版。
③ 〔德〕汉斯·罗伯特·耀斯《审美经验与文学解释学》，顾建光等译，上海世纪出版集团2006年版。

语"，所以，艺术仅是某种乌托邦的真理姿态，而没有实际的社会实践参与功能，比格尔在《先锋派理论》中对阿多诺也作了批评。这也是与本雅明争论的问题。这的确涉及对审美和艺术的本质的看法，到底是揭示神秘的真理，还是有助于教化。

哈贝马斯认为主体间性维度的缺失是由于阿多诺的认识论架构仍是主体意识哲学的，这一判断是很深刻的。因为，阿多诺寻求真理的路径仍是通过单个哲学家（美学家）的概念性思辨反思进行的，虽然思考的媒介是艺术作品。这里仍然有一种形而上学固有的（大写的）真理概念，虽然通过艺术品的中介，这种真理表现为某种依客体优先的唯物主义倾向。在对形而上学进行突破时，阿多诺并没有成功，因为，即使是抛弃了概念的同一性，但对艺术的非同一性的星丛式揭示上，仍以一个有能力的反思主体为前提，客体优先原则是主体辩证反思所设定的。这样的认识论和真理概念仍是主体性的，或阿多诺整个同一性批判和审美反思都是在一个反思性主体平台上进行的。从理论策略而言，没有主体间性维度，真理也不是由论辩共识达成的结果。

这样，虽然客体优先、非同一性、艺术真理、对自然的模仿等"优秀成果"难能可贵，但它们是秘而不宣的（某个神秘化的自为艺术概念作为审美价值的绝对模式），它们是艺术特别是现代艺术的"谜语"，而谜底只能由哲学家本人才能揭示。沃林认为这是一种"神秘的哲学锻炼"。换句话说，上述种种真理之特性，是由阿多诺这样有智慧的主体设定的，"阿多诺的思想——尽管以否定辩证法的概念相标榜——仍然徘徊在传统形而上学真理理论的视野之内"。① 无论阿多诺的艺术真理或审美理性有多少优点，我们不能只依据他附着于这些术语上的意念来对他作理论评价，② 作为哲学美学的《美学理论》的理论框架仍处于他所批判的观念论前提之中。

所以，阿多诺是两难的：一方面他对现代性包括其观念论的哲学话语（同一性哲学）持坚决的批判态度，另一方面又不想完全抛弃现代性的基本价值内涵。于是，他只能根据概念的内部运动的原则来拯救现代性。这种拯救的动机当然是好的，但理论策略是成问题的：他找不到真正突破主体哲学的方法，于是只好在同一性哲学内部"自爆"，据说破除同一性思维的途径只能存在于体现在艺术和审美中的模仿之中。诉诸审美是阿多诺理论策略的逻辑归宿，哈贝马斯在《现代性：一项未完成的计划》中认为这是一种新的片面化，这是有道理的。对现代性的审美拯救陷入新的片面之中，这的确是尼采式的，虽然阿多诺并未总结性地给出一种权力意志（酒神精神的形而上学概念）的替代物，他只是说在某种东西或行为（比如艺术）中体现着真理性内容，而这需要哲学家的反思来揭示：用概念来表述非概念的东西。

阿多诺这种审美主义乌托邦，在西方现代性话语中被认为是浪漫主义和唯美主义的继续。这里的问题是：批判理论的乌托邦主旨为什么要以美学的话语表达？当然，作为特定时代的"审美意识形态"，我们特别要注意阿多诺美学的历史使命，以及他

---

① 〔美〕理查·沃林《文化批评的观念》，张国清译，商务印书馆2000年版，第127页。
② 遗憾的是，有许多基于阿多诺意愿的盲目肯定性评价，甚至从这种意愿中进行漫无边际的引申的"过度诠释"。

对美的独特理解。这种审美主义的规范基础寄托在自然（作为非同一性和解状态的隐喻）身上。对这样一种自然的追忆，在《启蒙辩证法》那里就已出现，而只有在《美学理论》中才得到细致的说明。

关于阿多诺的审美批判理论，沃林一方面认为它对当今世界的审美经验是很深入的探索，另一方面认为有极严重的缺陷，"阿多诺美学乌托邦主义的真正意义仍然受到了他的元理论框架的某些基本缺点的限制。阿多诺的美学因此必须受到救赎性的批判，以便它们能够从他本人的理论前提的片面限制中解放出来"①。这种"救赎性批判"与哈贝马斯对历史唯物主义的"重建"概念是相似的，沃林这里所谓阿多诺的元理论是指他的认识论和历史哲学。②

哈贝马斯认为，《启蒙辩证法》集中体现了第一代社会批判理论的物化批判策略，这一策略以"工具理性批判"为名很典型地体现了其全部的优缺点。在霍克海默和阿多诺的启蒙解读中，"启蒙的永恒标志是对客观化的外在自然和遭到压抑的内在自然的统治"。③其原因和根据在于："启蒙过程从一开始就得益

---

① 〔美〕理查·沃林《文化批评的观念》，张国清译，商务印书馆2000年版，第126页。
② "他的理论框架的这两个组成部分在《启蒙辩证法》中得到了创造性的阐发。"〔美〕理查·沃林《文化批评的观念》，张国清译，商务印书馆2000年版，第126页。当然，阿多诺元理论的思想史起源可追溯到受本雅明深刻影响的两篇早期论文：《哲学的现实性》《自然历史的观念》，而更为集中的研究则是《否定的辩证法》。下文主要讨论哈贝马斯对阿多诺（包括批判理论第一代其他理论家）的批判，我认为这个批判比那些盲目的肯定和否定都更为深刻和中肯。
③ 〔德〕哈贝马斯《现代性的哲学话语》，曹卫东等译，译林出版社2004年版，第127页。

于自我持存的推动,但这种推动使理性发生了扭曲,因为它只要求理性以目的理性控制自然和控制冲动的形式表现出来,也就是说,它只要求理性是工具理性。"① 这一"工具化"在现代性中导致如下后果:首先,"现代科学在逻辑实证主义当中形成了自我意识";其次,在社会层面,"理性已经被逐出了道德和法律领域";最后,大众文化使得"艺术失去了所有的批判内涵和乌托邦内涵"。

这是沿着韦伯现代性价值领域的分化而形成的否定性概念,在哈贝马斯眼中,这样的否定太"简单化"了:"《启蒙辩证法》并未妥善处理资产阶级理想中所确立并被工具化了的文化现代性的合理内涵。"质言之,"泛泛而论没有充分注意到文化现代性的本质特征"②。马克思开创了"意识形态批判"传统,③ 它的出现被哈贝马斯认作是"启蒙第一次具有了反思意识",它仍是在启蒙的途中,只不过这时批判是针对理论的真实性,批判的前提仍有一个理性的真实概念。然而,如果这一批判推向极端从而反对理性自身,那么这种批判就成为绝对的理性批判,"由于他们反对理性作为其有效性的基础,所以,意识形态批判变成了总体性批判"。④《启蒙辩证法》走的就是这条道路,这是启蒙辩证

---

① 〔德〕哈贝马斯《现代性的哲学话语》,曹卫东等译,译林出版社 2004 年版,第 128 页。
② 〔德〕哈贝马斯《现代性的哲学话语》,曹卫东等译,译林出版社 2004 年版,第 131 页。
③ 我认为《黑格尔法哲学批判》是马克思意识形态批判的第一个文本,由此开创出社会批判理论传统。
④ 〔德〕哈贝马斯《现代性的哲学话语》,曹卫东等译,译林出版社 2004 年版,第 137 页。

法推向极端的所谓"第二次反思",哈贝马斯质疑的也正是这一层次的绝对理性批判。因为这时,以理性的名义发起的批判(正是启蒙的本意)转而反对自身,批判的力量也就衰竭了。①理性的总体(绝对)批判策略关系到社会批判理论的生死存亡,如果理性在现实中已经成为工具理性,为人类带来了巨大的灾难,那么,通过绝对的理性批判而诉诸各式各样理性的"他者",人类将会陷入更大的灾难。哈贝马斯清晰地清理了绝对理性批判形成的内在路径和步骤,这最后一步由《否定的辩证法》的同一性批判完成。

阿多诺与卢卡奇不同,认为即便使用辩证法的策略,也无法获得一种总体的客观理性概念。在认识论中,"一切摆脱纯粹知觉的纯粹思想,包括辩证法思想,在运作程序上都具有同一性特征,并且透露出一种认识的乌托邦"②。哈贝马斯引证布克·莫斯认为阿多诺的同一性批判是一以贯之的③:"他从一开始就批判同一性思想的唯心主义,不管是秘密的还是公开承认的,也不管是表现为黑格尔的体系还是表现为海德格尔的新本体论思

---

① 概而言之,由于黑格尔派批判理论实践和理论上的缺陷,"所以,霍克海默和阿多诺认为有必要进一步挖掘物化批判的基础,并把工具理性扩展成为整个世界历史文明进程中的一个范畴,也就是说,把物化过程从现代资本主义的发生继续向前追溯到人类文明的源头。"〔德〕哈贝马斯《交往行为理论》第一卷,曹卫东译,上海人民出版社2004年版,第348页。哈氏本人也正是从这里出发,对理性作重建性拯救从而拯救批判理论本身。

② 〔德〕哈贝马斯《交往行为理论》第一卷,曹卫东译,上海人民出版社2004年版,第355页。

③ S·Buck-Morss, *The Origin of Negative Dialectics*, New York, 1977.

想。"① 在早期论《哲学的现实性》（1931年）中，阿多诺还坚持某种乐观主义，而在《否定辩证法》（1966年）则放弃了。对此，哈贝马斯指出："阿多诺是后来才把他对同一性思想的批判推向极端，变成对整个同一性思想的批判，它不仅让哲学提出总体性要求，而且希望建立一种非同一性的辩证法观念。"②

这样，从批判理论的理论策略看来，这种批判既反对传统的形而上学，又反对科学主义（当时出现了逻辑实证主义与新托马斯主义的争论就代表着这两种倾向）。于是问题就成为怎样走出同一性困境，或批判的规范基础如何重建，建基于何处。③ 在霍克海默和阿多诺那里，采取的步骤是对主观理性（启蒙理性）进行彻底的批判。这一批判有如下要点：

第一，与卢卡奇从雇佣劳动推出物化不同，阿多诺们对物化加以一般的概念化，即："这些意识结构，也就是他们所说的主观理性和同一性思想，才具有基础意义；交换抽象只是一种历史形态，同一性思想就可以发挥出世界史的影响，并确定资本主义社会中的交往形式。"④

---

① 〔德〕哈贝马斯《交往行为理论》第一卷，曹卫东译，上海人民出版社2004年版，第356页。
② 〔德〕哈贝马斯《交往行为理论》第一卷，曹卫东译，上海人民出版社2004年版，第356页。
③ 霍克海默坚持的是一种批判性的反思观念，但并没有像黑格尔主义的马克思主义（如卢卡奇）那样持有一种总体性概念，虽然在马尔库塞那里有理性的概念，但理论上这一概念是不合用的，所以尽管马丁·杰伊认真分析了这种理性概念的历史（《法兰克福学派史》），理查·沃林甚至认为哈贝马斯对此有所忽略（《文化批评的观念》）。但实际上，在第一代批判理论家那里，理性的重建乃是一项有待完成的任务。
④ 〔德〕哈贝马斯《交往行为理论》第一卷，曹卫东译，上海人民出版社2004年版，第362页。

第二,"霍克海默和阿多诺从唯心主义的角度把物化概念重新放到了意识哲学的语境当中,接着又赋予物化意识结构一种十分抽象的理解,以至于它们不仅包括理论形态的同一性思想,也包括目的行为主体与外在自然的整个相处过程"①。这是一种行为方式,其原则是"工具理性",决定着物化意识结构。哈贝马斯认为这就为物化意识的产生机制在类的历史上找到了人类学依据。而这种抽象使对物化的理论定位发生变化:从主体之间的交换性社会关系转向主-客体间的工具性控制关系。

第三,主客之间的工具关系重新回过来解释社会关系,"起初被扩展为宰制逻辑的同一性思想,进一步被引申为对物和人的控制"②。

通过上述步骤,哈贝马斯对第一代批判理论家物化批判的理论策略判定如下:"霍克海默和阿多诺不仅把物化概念与资本主义经济系统的特殊形成语境剥离开来,还把它与整个人际关系彻底分开,以便在时间(整个类的历史)和具体方面(为此,他们把为了自我捍卫的认识与对冲动结构的压制都归结到宰制的逻辑当中)上使之具有普遍意义。物化概念的双重普遍化,便形成了一种工具理性概念,它从历史哲学的角度重构了主体性的史前史以及自我认同的形成过程。"③

自我捍卫的主体依照工具理性原则行动,这就是这种合理性

---

① 〔德〕哈贝马斯《交往行为理论》第一卷,曹卫东译,上海人民出版社2004年版,第362页。
② 〔德〕哈贝马斯《交往行为理论》第一卷,曹卫东译,上海人民出版社2004年版,第362页。
③ 〔德〕哈贝马斯《交往行为理论》第一卷,曹卫东译,上海人民出版社2004年版,第363页。

的辩证法,这种合理性也就是启蒙,因此启蒙已是神话。因此,无论是主观理性还是客观理性都对真正的自然进行压制,于是,必须要彻底进行一次对被各种哲学滥用的理性的意识形态批判,霍克海默在《工具理性批判》(1967年)中明确提出了这点。但是,批判又必须立足于一种理性概念或真理概念之上,"即根据普遍和谐观念来复活自然,以实现人的解放"①。这种理性存在于或遗留在某种"模仿"能力之中,其基本原则包含在《启蒙辩证法》的一句话中:"一切文化当中未被认识的真理都包含在主体对自然的铭记当中。"但怎样揭示和论证这个模仿(审美)理性呢?他们作了大量努力,但为了预防工具理性化,他们的努力又是痛苦的:现实上不能见证于历史(过去是"废墟"现在是"黑暗",至于未来则只存"希望"),理论上不能进行概念式逻辑论证,于是,希望脱离开论证逻辑而随风飘荡。

阿多诺选择了对立于现实的现代艺术,艺术以谜语形式保有真理,正因如此,又需要解谜者,解谜者必须使用概念即必须是一种理论话语,这就是"美学"的必要性,但又不能是传统的论证逻辑,而必须是某种星丛式建构,从内容到形式,阿多诺的审美批判理论策略都陷于矛盾。哈贝马斯作了这样的判定:"工具理性批判当中的悖论——连带有狡辩色彩的辩证法也无可奈何——在于,霍克海默和阿多诺肯定会提出一种用他们自己概念无法完成的模仿理论。于是,结果只能如此:他们没有像黑格尔那样,努力把'普遍和谐'看成是精神和自然的同一性与非同

---

① 〔德〕哈贝马斯《交往行为理论》第一卷,曹卫东译,上海人民出版社2004年版,第365页。

一性的统一,而是几乎像生命哲学那样认为'普遍和谐'是一种符号,可以听之任之。"① 哈贝马斯甚至认为这种观念充满了犹太教-基督教神秘主义色彩,在青年马克思、布洛赫、早期本雅明和肖勒姆(Scholem)等人那里多有表现。

阿多诺诉诸自然的模仿,但问题是这一关于模仿的思想怎样才能成为通过哲学的论证语言成为认识,如果还需要哲学的话。"即便思想与不能从外部确定的调和观念保持一致,思想又该如何通过自身中的话语,而非通过'默然回忆'中的直觉,来把模仿冲动转换成为认识呢?"② 哈贝马斯的这一追问可谓切中要害。阿多诺要用概念来表达非同一性真理,这使其同一性批判充满矛盾。因为脱离开理论形式的真理体现在现代先锋派艺术中,而这只能靠"美学理论"才能揭示和把握,"阿多诺在其美学中试图阐明,艺术作品依靠模仿的解释力量究竟获得了什么内容"。③ 当然,在此之前,"尼采第一个将审美现代性概念化"。④ 这样就使得阿多诺的思想表达近似于艺术而非现代科学的论证原则,哲学家阿多诺的哲学成为一种非哲学的"姿态"。这是从谢林和尼采那里继承下来的理论策略,一种理论"建筑术":

"这种建筑术把理论理性和实践理性的同一性扎根到审美判

---

① 〔德〕哈贝马斯《交往行为理论》第一卷,曹卫东译,上海人民出版社2004年版,第365~366页。
② 〔德〕哈贝马斯《交往行为理论》第一卷,曹卫东译,上海人民出版社2004年版,第367页。
③ 〔德〕哈贝马斯《交往行为理论》第一卷,曹卫东译,上海人民出版社2004年版,第373页。
④ 〔德〕哈贝马斯《交往行为理论》第一卷,曹卫东译,上海人民出版社2004年版,第142页。

断力当中。尼采要想把理性和权力彻底等同起来，就必须消除一切价值判断的认知意义，并证明在估价的肯定或否定立场中所表现出来的，只有纯粹的权力要求，而再也没有任何有效性要求。……然而，如果思想根本无法活跃在真理环节即有效性要求环节当中，那么，矛盾和批判将失去其意义。……批判还能依据什么标准来进行区分呢？"①

这样，尼采和阿多诺们的理论策略（自我关涉的总体化理性批判）中的根本问题就成为："如果他们不想放弃揭露的终极性，仍想继续进行批判，他们就必须保留一种标准，用来解释一切理性标准的堕落。"② 这仍是有关批判理论的规范基础问题。与尼采不同，霍克海默和阿多诺"激化和公开不断自我超越的意识形态批判的内在矛盾，而根本没有想从理论上去克服这一矛盾。……他们放弃了理论。"③

阿多诺《美学理论》还是力图通过理论思维为和解保持了一份希望，这就是对自然的回忆。④ 阿多诺思想的深幽之处仍有一线来自自然之光的"引诱"，这是一种形而上学的超越冲动，一种始自巴门尼德存在论直到黑格尔对绝对知识的终极寻求以及胡塞尔、海德格尔甚至德里达们的终极渴望。只不过阿多诺把这

---

① 〔德〕哈贝马斯《交往行为理论》第一卷，曹卫东译，上海人民出版社2004年版，第143～144页。
② 〔德〕哈贝马斯《交往行为理论》第一卷，曹卫东译，上海人民出版社2004年版，第147页。
③ 〔德〕哈贝马斯《交往行为理论》第一卷，曹卫东译，上海人民出版社2004年版，第148页。
④ 相似于海德格尔，"对自然的回忆接近了对存在的思考"。〔德〕哈贝马斯《交往行为理论》第一卷，曹卫东译，上海人民出版社2004年版，第369页。

一终极渴望的思考平台建立在对艺术作辩证反思的美学之上，他在《美学理论》"初稿导言"中提出"美学作为形而上学的庇护所"这个命题，因为："艺术现在是——或者过去是、直到最近也是——形而上学总想成为的东西。艺术与形而上学追求同一目标；所不同的是，艺术是在现象性与幻象的背景下追求这一目标，可形而上学则是在没有任何幻象的情况下追求这一目标。"①看起来，阿多诺以同情的口吻谈到谢林，也以赞赏的语气谈到克尔凯郭尔，因为他"……发掘出黑格尔哲学的美学本质"。也就是说，阿多诺仍希望通过一种理论来保持一种真理和理性观念，问题是，在他同一性批判的背景中，在自我反思的地基上是否真的能够建立起一个批判现实的理论规范基础，这是可以怀疑的。②

在比格尔《先锋派理论》英译本"序言"中，③约亨·舒尔特-扎塞站在比格尔的立场上，批判性地考察了两种现代主义理论：其一，"以退隐的姿态而实现自我解放的实践归结为哲学上或艺术上对意识形态的放弃或与之决裂的实践"。这以德里达（包括阿多诺）等解构主义者为代表。其二，"对于左翼的艺术进步理论将内容放在核心的地位"。这以卢卡奇、詹姆逊为代

---

① 〔德〕阿多诺《美学理论》，王柯平译，上海人民出版社2020年版，第503页。

② 哈氏认为在阿多诺后期著作中，从工具理性批判拓展出的整个理论策略基本上走上了一条绝路："哲学沿着话语思路会勾起'对自然的回忆'，但哲学在操练过程中为了发出能够唤醒人们的力量，所付出的代价是偏离了理论认识的目标，因而也偏离了'跨学科的唯物主义'纲领，而批判理论在（20世纪）30年代初期就是凭着这样一个纲领登上历史舞台的。"〔德〕哈贝马斯《交往行为理论》第一卷，曹卫东译，上海人民出版社2004年版，第369页。

③ 中译本见〔德〕比格尔《先锋派理论》，高建平译，商务印书馆2002年版。

表。认为这是两种"无意义的对立",① 而且认为在美国批评界（我觉得实际上也包括中国）流行的绝大多数现代主义理论都夸大了"从现实主义向唯美主义过渡的意义",没有看到先锋派为自己设立的目标的意义。② 批判不是先验地确定一些范畴和原则来进行独断的思辨。鉴于阿多诺的艺术（特别是现代艺术）观念主要是一种先验的设定,③ 比格尔的意义就在于他强调了艺术在特定时期的特定社会功能,因而具有特定的（历史性的）艺术概念。阿多诺虽然也立足于具体作品的分析,但他有一种先定的艺术概念,他力图说明或建构一个对抗现实世界的审美世界,这个世界的原则是对现实原则的否定。

伊格尔顿从意识形态理论的视角谈到阿多诺的同一性批判,与概念的同一性相同,"意识形态将世界单一化,以欺骗的方式对不同的现象一视同仁"④。伊格尔顿也谈到阿多诺批判理论的规范基础的非现实性,因为这个基础并非在现实中可以内在地寻求,而是在被设定为对抗现实的现代艺术中找到的或者是构想的,它仅仅是一种姿态。⑤ 伊格尔顿认为,阿多诺关于艺术作品对真理的关系的特征描述中,"谜语""字谜画"等术语表达了一种既揭示又掩盖的特征。这也如黑格尔论述现象与本质的关系一样是辨证的。而精神分析论述的症候以及梦,同样是既揭示又

---

① 〔德〕比格尔《先锋派理论》,高建平译,商务印书馆2002年版,第36页。
② 〔德〕比格尔《先锋派理论》,高建平译,商务印书馆2002年版,第38页。
③ 虽然这种设定求诸自然和解的回忆,虽然阿多诺也谈到艺术和美学的历史性。
④ 见〔斯〕齐泽克等《图绘意识形态》,方杰译,南京大学出版社2006年版,第263页。
⑤ 参见〔斯〕齐泽克等《图绘意识形态》,方杰译,南京大学出版社2006年版,第269页。如同马克思在《神圣家族》中谈到的"批判的批判"的姿态。

掩盖的特征。而意识形态也有这样的特征，因为它不纯粹是虚假的、错误的意识观念。①

本哈比（Seyla. Benhabib）考察了社会批判理论从马克思"政治经济学批判"到法兰克福学派"工具理性批判"的转变及理论后果。就西方社会现实而言，似乎资本主义已转为国家资本主义，而这种资本主义已经完全被操控从而单面化了。基于这一判断，批判理论作为对这一废墟式的世界（本雅明式的观念）的批判性反应，自然就接手韦伯对现代性的"理性化"的诊断。在这样一个背景中，批判理论又如何去追寻解放的希望和理性的道路呢？于是，正如本哈比所说："这种非工具的理性再也不能内在地停泊在实际中，而是呈现出增长着的乌托邦特征。"② 对于这样的乌托邦，"《启蒙辩证法》的总体化诊断并没有告诉我们到何处去寻找"③。

（二）简短结语

阿多诺的主要兴趣并非在现代主义艺术本身，他的问题是在绝对理性批判后，在理论上必须找到一个支点（规范基础）。这个支点既不是工具理性，又不是非理性的神秘启示物，也不是源始的形而上学存在；但它又必须是理性的，是精神性的，体现现代性的价值内涵。那么它存在何处呢？不在现实中；它是精神性

---

① 参见〔斯〕齐泽克等《图绘意识形态》，方杰译，南京大学出版社2006年版，第273页。
② 〔斯〕齐泽克等《图绘意识形态》，方杰译，南京大学出版社2006年版，第98页。
③ 〔斯〕齐泽克等《图绘意识形态》，方杰译，南京大学出版社2006年版，第101页。

的，但又不是主观主义的意向；它是艺术之谜，但又不直观现存于艺术品中。总之，它不是任何事情，也不能加以社会建制化；但它是阿多诺于绝望现实之中心里留存的仅有的希望，这种希望是柔弱的，审美的，乌托邦的，因而是宝贵的，是由哲学家阿多诺才能把握的。

作为形而上学批评家的阿多诺，对理念的同一性、源始的存在都有强烈的批判，某种意义上这源于他思想上对工具理性的恐惧与忿怒。但在具体说明什么是非同一性的真理性内容时，他只不过运用了某种辩证法的简单理念，诸如肯定与否定、具体与普遍以及星丛等来表示艺术真理的独特性。实际上，关于艺术或现代艺术的各种悖论都源于他设定的理想与现实的对立，但他并未想到要走出思想的矛盾状态。他并未认真设想发展出一套关于"真理性内容"可论辩的系统观念，他仅仅运用"谜语""象形文字""精神化""审美理性"等非常审美的语汇来表示他心中的真理。对真理的问题，阿多诺只保留了一个批判观念、一种乌托邦的希望。真理可以用日常词如谜语来表示，也可以用传统哲学中的"理念"（客观精神）来指称，这都没有关系，因为阿多诺诉诸的真理在现实中是不存在的，也不可能存在（悲观主义），它只存在于想象、幻象之中，存在于艺术之中，作为谜底又要靠哲学家的反思意识来揭示，换句话说，真理只是阿多诺心目中的某种弥塞亚式的期望。绝对的理性和现代性批判，堵死了对理性和真理进行规范论证与现实把握的可能性。

阿多诺想抓住艺术的社会存在本质，即一种功能性的社会批判价值，从中可以看出艺术的进步作用。这时，艺术本身通过批判性的美学（比如阿多诺的美学）的阐释已变成某种"批判理论",成为社会得以进行批判性自我反思的中介,如此构成社会进化的内在机制。的确,马克思构想的无产阶级革命的物质性实践机制在阿多诺这里已无法实现,这可以使我们准确地把握阿多诺诉诸审美批判的历史语境,理解他的希望和无奈。在现代性价值分裂的历史语境中,马克思在经济学批判理论中论证的革命实践让位于文化价值层面的审美批判,这种审美批判主要展现为一种价值姿态,从中呈现未来救赎的乌托邦希望;另外,就审美和艺术层面本身而言,阿多诺当然不会也不能照搬现实社会的主流艺术观念,所以,阿多诺艺术批判首先面临的言说"情境"是当代艺术及其美学的"危机":艺术要么被商品化,从而与现实形或肯定性的共谋,要么大量"被机械复制",从而失去"灵韵"和"精神";而传统美学对此视若无睹。于是,面对资本主义现代性更加险恶(现实拯救的无望性)的现实,建构一种真正体现和解与自由的艺术观念就成为晚期阿多诺思考的核心课题:这种艺术要体现和解与自由,从认识论角度说就是"客体优先"以及"星丛"结构,目的是反对任何同一性的归约;而且,这种艺术为了与现实进行对抗,就必须保持自己的"本真性"。总之,这一艺术观念在形式上是反对同一性本质的——无论浪漫派的主体的内在拓展、谢林审美综合、尼采酒神乌托邦还是海德格尔的生存论艺术观念;而在内容上反对各种庸俗的"模仿现实"的理论,强调现代艺术与现实保持距离的批判性质。

　　总而言之,绝对化理性批判的困境源于意识哲学范式,而这一范式终将走向审美神秘主义。虽然在哈氏眼中,阿多诺有时也注意到主体间的向度(比如对和解和自由的解释),但他只是暗示了这点，而主体间的理性结构是必须用分析（论证）来加以揭示的。对作为哲学的批判理论而言，这就有一项本质性的任务，即在范式转换或理论策略改变意义上，重建现代理性概念。①

---

① 我认为，在所有现代性的哲学话语中，哈贝马斯的交往理性重建理论是一条很有理论张力的思路。近 20 多年来，哈氏的理论虽然受到各方面的批评（包括霍耐特、韦尔默等哈氏弟子），但纵观当今国际学界，尚无一种综合性的理性理论可以取代主体间性的交往范式。

第三编

后形而上学的范式转向

第七章　哈贝马斯对批判理论之规范基础的重建

一　思想和理论背景：现代性哲学话语的批判

"现代性与后现代性之争"无疑是最近数十年来西方思想界的一个热门话题。1979年，利奥塔发表《后现代状况》①，对包括哈贝马斯交往理论在内的各种现代性理论进行"元叙事"批判。而后，1980年9月，哈贝马斯在荣获"阿多诺奖"的致辞中，以"现代性———一项未完成的计划"为题，某种意义上对利奥塔进行了回应。1985年，哈贝马斯出版《现代性的哲学话语》②，强力参与后现代之争。诸如杰姆逊、罗蒂、吉登斯等当今欧美学术明星们也都热烈参与，这成为当今西方学术的一大景观。

在这场争论中，哈贝马斯的声音特别值得我们重视，正如马丁·杰伊所言："在有关从现代性转向后现代性的热烈论争中，哈贝马斯的介入注定要引起最广泛的讨论，他的成就无疑在于把论争的水准提高了几个层次。"③ 哈贝马斯在该书"前言"中明

---

① 〔法〕利奥塔尔《后现代状态》，车槿山译，南京大学出版社2011年版。
② 〔德〕哈贝马斯《现代性的哲学话语》，曹卫东等译，译林出版社2004年版。
③ 〔德〕哈贝马斯《现代性的哲学话语》，曹卫东等译，译林出版社2004年版，封底。

确表达了他参与争论的基本立场,认为自己从来都没有放弃过"现代性的计划",正是"新结构主义"(又称"后结构主义",被认为是后现代性的核心)理性批判的挑战构成了自己"建构现代性哲学话语的视角"。① 的确,从学理层面看,哈贝马斯对理论史清晰的梳理,对现代性规范根基的建设性重建无疑会有强烈的吸引力。

许多论者都谈及"现代性"(modernity)和"现代主义"(modernism)的分别,后者通常指一种关涉文学艺术的美学概念,"我们要是循着概念史来考察'现代'一词,就会发现,现代首先是在审美批判领域力求明确自己的"②。而且,审美现代性是对现代性的一种批判,"美学中的现代性出现在新前卫现代主义运动和波西米亚文化中,它们反对工业化与理性化的异化向度,试图改造文化,在艺术中寻求创造性的自我实现"③。实际上,现代性是一个复杂概念,④ 而我们更多的是在黑格尔"时代精神"意义上理解它的,主要指一种文化的价值理念。

---

① 〔德〕哈贝马斯《现代性的哲学话语》,曹卫东等译,译林出版社2004年版,第1页。

② 〔德〕哈贝马斯《现代性的哲学话语》,曹卫东等译,译林出版社2004年版,第9页。哈贝马斯在这里提到比格尔、尧斯以及韦尔默对审美现代性的著作。对于现代艺术或文化现代性所引起的哲学反应也可参考哈贝马斯1980年的"阿多诺演讲":《现代性:一项未完成的计划》。

③ 〔美〕贝斯特、凯尔纳《后现代理论》,张志斌译,中央编译出版社2006年版,第3页。

④ "现代性一词指涉各种经济的、政治的、社会的以及文化的转型……现代性借以产生一个新的工业与殖民世界的动态过程,可以描述为'现代化'——一个标志了个体化、世俗化、工业化、文化分化、商品化、城市化、科层化和理性化等过程的词汇,所有这些过程共同构成了现代世界。"〔美〕贝斯特、凯尔纳《后现代理论》,张志斌译,中央编译出版社2006年版,第3页。

（一）现代的时代意识及其自我确证的要求

这是哈贝马斯现代性思考的开篇，提出了关于现代性的观念以及产生和争论的问题。在欧洲思想史中，集中思考现代性问题的是马克斯·韦伯，他称之为"世界史问题"："为什么科学的、艺术的、政治的或经济的发展没有在欧洲之外也走向西方所特有的这条理性化道路。"[1] 韦伯认为欧洲社会的现代历史与"西方理性主义"有内在相关性，[2] 这是个"理性化"过程，也即宗教世界图景以及传统生活方式的瓦解的世俗化"祛魅"过程。

根据帕森斯结构功能主义的社会理论方法，哈贝马斯对韦伯的现代社会理性化和世俗化进行了概括。首先在文化层面，世俗化意味着分化："随着现代经验科学、自律艺术和用一系列原理建立起来的道德理论和法律理论的出现，便形成了不同的文化价值领域，从而使我们能够根据理论问题、审美问题或道德－实践问题的各自内在逻辑来完成学习过程。"其次，社会体制化层面："围绕着资本主义企业和官僚国家机器这样的组织核心而形成的、功能上又互相纠结的两大系统走向了分化。"而且，日常生活也受到了上述理性分化原则的影响，这里哈贝马斯表达了一个重要观点："生活世界的现代化，并不只是由目的理性结构所决定的。"它有更可贵的现代性成就，韦伯关于现代统治的"法理"类型，迪尔凯姆对社会"团结"现代形式的分析以及米德在社会沟通方面的研究，都涉及现代社会关系的新的组织原则。

---

[1] 转引自〔德〕哈贝马斯《现代性的哲学话语》，曹卫东等译，译林出版社2004年版，第1页。

[2] 关于这个问题的详细分析参见哈贝马斯《交往行动理论》第一卷第二章。

第三在个体社会化层面，形成"以培养抽象的自我认同为目标和促使成年个体化的社会化模式"①。上述三个方面就是"古典社会理论家"们描述的"现代图景"，这当然也是哈贝马斯批判性考察（现代性的"病理学诊断"）所面对的对象。②

哈贝马斯认为，当今的现代性理论或韦伯的主题（欧洲理性化过程）发生了很大变化：产生出一种用社会学的功能主义方法加以研究、从进化论角度归纳出来的"现代化"的理论立场。这是一种比韦伯理论更加"抽象"的立场：其一，"它把现代性从现代欧洲的起源中分离了出来，并把现代性描述成一种一般意义上的社会发展模式"。其二，"它还隔断了现代性与西方理性主义的历史语境之间的内在联系"③。这很容易造成严重后果："现代性概念与从西方理性视野中赢得的现代性的自我理解，它们之间的内在联系一旦消失，我们便可以从后现代研究者

---

① 〔德〕哈贝马斯《现代性的哲学话语》，曹卫东等译，译林出版社2004年版，第1~2页。

② 作为一种新的时代意识的现代性虽是从现实而来，但它一经理论化而成为概念，则又具有某种乌托邦式的理想色彩，主体的自由与解放成为现代性价值理念的乌托邦母题。戴维·哈维（David Harvey）曾指出："虽然'现代'这个语词有相当久远的历史，但哈贝马斯所称的现代性的'规划'却在18世纪期间才进入到焦点之中。就启蒙运动的思想家们自身而言，这种规划就是一种非凡的知识上的努力，'根据它们的内在逻辑去发展客观的科学、普遍的道德和法律、自主的艺术'。这种观念就是要把许多个人自由地和创造性地工作所产生的知识的积累，运用于追求人类的解放和日常生活的丰富。科学对自然的支配使摆脱匮乏、愿望和自然灾害肆虐的自由有了指望。合理的社会组织形式和理性的思维方式的发展，确保了从神话、宗教、迷信的非理性中解放出来，从专横地利用权力和我们自己的人类本性黑暗的一面中解放出来。只有通过这一规划，全人类普遍的、永恒的和不变的特质才可能被揭示出来。"〔美〕戴维·哈维《后现代的状况》，阎嘉译，商务印书馆2013年版，第20页。

③ 〔德〕哈贝马斯《现代性的哲学话语》，曹卫东等译，译林出版社2004年版，第2~3页。

的陌生立场出发,对似乎是独立发展的现代化过程加以相对化。"于是产生"新保守主义"立场:"不是想抛开社会现代化的无穷动力,而是要摆脱现代性的自我理解的文化外壳。"以及"无政府主义"立场:"无政府主义是要告别整个现代。"本质性情况是这样的:"不管有关后现代理论的这两种解释差别多大,它们都远离了欧洲现代性的自我理解形成于其中的基本概念系统。"① 可以想见,哈贝马斯要坚持的就是欧洲所特有的这种"西方理性主义"的概念系统。哈贝马斯认为:"黑格尔是第一位清楚地阐释现代概念的哲学家。"② 这样,要进行论辩就要回到黑格尔那里,首先弄清楚现代性自我理解的前提,即现代性话语的任务以及现代性的"核心价值理念"。

在历史编年意义上,"现代"主要指一个"时代",即开始于1500年左右,以新大陆的发现、文艺复兴和宗教改革为标志,启蒙运动为高潮的新时代。这个时代不仅仅是时间上的"新",其历史哲学意义更为重要。这就是面向未来,向未来开放的"时代精神",③ 随之产生了与这种精神相伴的诸概念:革命、进

---

① 〔德〕哈贝马斯《现代性的哲学话语》,曹卫东等译,译林出版社2004年版,第3~4页。
② 〔德〕哈贝马斯《现代性的哲学话语》,曹卫东等译,译林出版社2004年版,第5页。
③ 现代性的产生也导致了源于"经验空间"的"期待视野"的变化。生活在某一特定世界中,或某种特定的生命存在形式、生活方式,必然会产生某种时间意识或历史意识,这就是某种"期待视野"。社会现代化"将古代欧洲的农民-手工业者的生活世界所具有的经验空间彻底打破",结果是形成一种"未来取向"的时间意识,现代性话语中相应形成了一种"进步"的历史哲学,典型表现为进化论版本的历史唯物主义。这种历史哲学开启了一种对未来充满希望的进步主义的乌托邦期待视野。后来,本雅明在其《历史哲学论纲》中提出了一种相反的历史阐释。〔德〕哈贝马斯《现代性的哲学话语》,曹卫东等译,译林出版社2004年版,第15页。

步、解放、发展等。这样就出现了被黑格尔意识到的一个根本问题，这是从概念史角度来把握随着西方文化的现代历史意识而出现的问题："即现代不能或不愿再从其他时代样本那里借用其发展趋向的准则，而必须自力更生，自己替自己制定规范。"① 这就是现代性自我确证问题。各种现代性的"哲学话语"可以看成是以"现代性"为中心概念加以主题化的反思和批判。在哈贝马斯看来，"黑格尔是使现代脱离外在于它的历史的规范影响这个过程并升格为哲学问题的第一人"。所谓哲学探究，对现代性而言，即是"自我理解""自我确证"的问题，为现代性确立既不同于古典也不同于神学的规范。直到 18 世纪末，这个问题才"十分突出"，并由黑格尔加以主题化，从而使之达到"反思性的自我意识"。"由于现代已经意识到自身，所以它会产生自我确证的要求，黑格尔称这种要求为'对哲学的要求'。"②

实际上，现代性的自我确证在近代哲学（从后期经院哲学直到康德）中就已开始，这即是西方近代确立的理性主义传统，③ 这一传统以主体性的本体论奠基为基础，表现为笛卡尔抽

---

① 〔德〕哈贝马斯《现代性的哲学话语》，曹卫东等译，译林出版社 2004 年版，第 8 页。
② 〔德〕哈贝马斯《现代性的哲学话语》，曹卫东等译，译林出版社 2004 年版，第 19 页。
③ 贝斯特和凯尔纳指出："从笛卡尔起，贯穿着整个启蒙运动及其后继者，所有关于现代性的理论话语都推崇理性，把它视为知识与社会进步的源泉，视为真理之所在和系统性知识之基础。人们深信理性有能力发现适当的理论与实践规范，依据这些规范，思想体系和行动体系就会建立，社会就会得以重建。这种启蒙运动的设计也在美国、法国以及其他一些国家的民主革命中发挥了作用，这些革命旨在推翻封建社会，建立一种体现理性和社会进步的、公正平等的社会秩序。"〔美〕贝斯特、凯尔纳《后现代理论》，张志斌译，中央编译出版社 2006 年版，第 3 页。

第七章 哈贝马斯对批判理论之规范基础的重建

象的我思主体和康德的先验自我意识。① 现代性规范体现为主体性原则，② 但是，康德虽然成功地界分了现代的不同知识和价值领域，现代科学技术、道德法律以及自律的艺术的确构成现代文化形态的不同部分，但在黑格尔眼中，分离就意味着分裂，就意味着异化。而这正是黑格尔面对的境况：康德意义上的主体性原则及其内在自我意识的结构是否能够作为确定规范的源泉？答案是否定的。因为，"这条原则尽管绝对能够塑造出自由的主体和进行反思，并削弱迄今为止宗教所发挥的绝对的一体化力量，但它并不能利用理性来复兴宗教的一体化力量"③。于是，现代性的真正一体化力量来源于何处，现代性规范如何奠定，就成为现代性的首要问题。由于启蒙理性最初是建立在主体性之上的，而主体性的弘扬又导致分裂，所以，对现代性第一个哲学家黑格尔而言，④ 对唯心主义主体性理性批判形成的问题意识，使得现代性理性规范的重建成为哲学的时代课题。

黑格尔以降，围绕理性批判和理性重建成为现代哲学的基本主题和"论域"。对生活世界分裂的物化论批判，的确还有理性

---

① "意识哲学不再把多的同一性当作一种先于人类心灵的客观整体，而是把它理解为一种心灵本身进行综合的结果。"〔德〕哈贝马斯《现代性的哲学话语》，曹卫东等译，译林出版社 2004 年版，第 146 页。

② "在现代，宗教生活、国家和社会，以及科学、道德和艺术等都体现了主体性原则。"〔德〕哈贝马斯《现代性的哲学话语》，曹卫东等译，译林出版社 2004 年版，第 22 页。

③ 〔德〕哈贝马斯《现代性的哲学话语》，曹卫东等译，译林出版社 2004 年版，第 24 页。

④ "黑格尔不是第一位现代性哲学家，但他是第一位意识到现代性问题的哲学家。"〔德〕哈贝马斯《现代性的哲学话语》，曹卫东等译，译林出版社 2004 年版，第 51 页。

内部辩证法的对立面选择，但关涉自身的绝对理性批判却从根本上堵死了回复理性的可能性。于是，回到被遗忘的源始存在的审美经验或者根本拒绝现代性规范问题的各种方案，也就成为有关现代性后果的"后现代"哲学反应方式。在现代性发展到"生活世界已被殖民化"（哈贝马斯语）的今天，如何保持现代性成果同时又超越工具理性和极权主义的理性误用，就成为新一代批判理论家的历史任务。

（二）主体哲学范式的穷竭

启蒙运动体现出启蒙精神，而启蒙精神最典型地包含现代性的核心价值规范，18世纪是对理性、进步、自由、解放等价值进一步弘扬并加以世俗化的世纪。[①] 18世纪法国最后一位哲学家孔多塞在《人类精神进步史表纲要》中表明了启蒙历史观：历史乃是人类理性发展过程，进步是理性发展因而是人类解放过程。随着大革命的胜利，理性、自由、平等、公正、博爱、解放，部分地达到了目的。

上述种种思想都是关于新时代人类生存的论说，并在各种主体哲学中得到了论证，这些对现代性核心价值规范的哲学论证到黑格尔那里获得了反思性。也就是说在黑格尔看来，先前的哲学特别是康德的先验哲学，在主体性原则基础上奠定现代性规范的方案是有缺陷的，因为在知性思维框架中，由理性保障的现代性

[①] 卡西勒指出："当18世纪想用一个词来表达这种力量的特证时，就称为'理性'。'理性'成了18世纪的汇聚点和中心，它表达了该世纪所追求并为之奋斗的一切，表达了该世纪所取得的一切成就。"〔德〕卡西勒《启蒙哲学》，顾伟铭等译，山东人民出版社1988年版，第4页。关于启蒙，更详细的文献参见《启蒙运动与现代性》，詹姆斯·施密特编，徐向东、卢华萍译，上海人民出版社2005年版。

第七章　哈贝马斯对批判理论之规范基础的重建

必然产生内部分裂（如康德的"二律背反"），呈现出广泛的片面"实证性"。① 于是，必须批判对理性的主观唯心主义的有限的知性理解，必须重建现代性的理性规范，从而使之取代宗教充当现代性整合的一体化力量。开启现代性反思性哲学话语的基本问题是对主体意识哲学的批判，这就是黑格尔面临的基本问题境遇，"即主体性原则及其内在自我意识的结构是否能够作为确定规范的源泉……它既是从现代世界中抽取出来的，同时又引导人们去认识现代世界，即它同样也适用于批判自身内部发生了分裂的现代"②。哈贝马斯认为，对黑格尔来说，主体性原则"尽管绝对能够塑造出自由的主体和进行反思，并削弱迄今为止宗教所发挥的绝对的一体化力量，但它并不能利用理性来复兴宗教的一体化力量"③。具体说来，"在康德和费希特那里达到高潮的启蒙时代，不过是建构起了一个理性的偶像。它错误地把知性或反思

---

① 哈贝马斯精辟地指出：现代性的主体性原则"在哲学中表现为这样一种结构，即笛卡尔'我思故我在'中的抽象主体性和康德哲学中绝对的自我意识"。〔德〕哈贝马斯《现代性的哲学话语》，曹卫东等译，译林出版社 2004 年版，第 22 页。康德的三大《批判》奠定了这种反思哲学的基础：理论理性、实践理性和审美判断力分别确立了人类三重世界关系的合理性目标（真善美），并划分出不同的文化价值领域。在康德那里，纯粹的自我意识成为反思性关系，成为认识论的基点，以此解决三大《批判》各自的奠基问题，先验反思成为主体性原则在哲学认识论中奠基的方式。哈贝马斯指出："康德关于形式分化的理性概念恰恰意味着现代性理论。现代性是以拒绝宗教和形而上学世界观为典型形式的实体理性，并相信程序合理性以及它能给予我们对客观知识、道德实践的智慧和审美判断等三个领域观念的可信性的能力为标志的。" Habermas, *Moral Consciousness and Communicative Action*. Translated by Christian Leenhardt and Shierry Weber Nicholsen. MIT Press, 1990, p. 4.

② 〔德〕哈贝马斯《现代性的哲学话语》，曹卫东等译，译林出版社 2004 年版，第 24 页。

③ 〔德〕哈贝马斯《现代性的哲学话语》，曹卫东等译，译林出版社 2004 年版，第 24 页。

放在了理性的位置上,并进而将有限上升为绝对"①。总而言之,黑格尔指出:"康德这种哲学使得那作为客观的独断主义的理智形而上学寿终正寝,但事实上只不过是把它转变成为一个主观的独断主义,这就是说,把它转移到包含着同样的有限的理智范畴的意识里面,而放弃了追问什么是自在自为的真理的问题。"②

对黑格尔而言,对理性的主体性论证策略是错误的,需要重新奠定现代性的理性基础,"这使得他构想出了'绝对'概念,即(不同于反思哲学)把理性作为一体化的力量。"③ 然而,黑格尔的理论论证语境仍然是反思哲学框架,也就是说他是在反思哲学内部来克服反思哲学的知性形而上学,采取的方式是"……根据一种启蒙原则自身内部的辩证法再去阐释现代的批判概念"④。最后的结果是黑格尔的现代性建构策略丢失了现代性的批判维度,尽管其辩证法具有极强的批判性。⑤

如同历史上很多思想大家一样,黑格尔的理论也有一个发生学过程,或有一个各种策略的选择问题。在早期神学研究中,黑格尔的愿望是想"把道德引入民族的宗教生活"。因为宗教是一种"实现和确证由理性赋予的权利的力量",这样,"宗教只有

---

① 〔德〕哈贝马斯《现代性的哲学话语》,曹卫东等译,译林出版社2004年版,第28页。
② 〔德〕黑格尔《哲学史讲演录》第四卷,贺麟、王太庆等译,商务印书馆1978年版,第258页。
③ 〔德〕哈贝马斯《现代性的哲学话语》,曹卫东等译,译林出版社2004年版,第27页。
④ 〔德〕哈贝马斯《现代性的哲学话语》,曹卫东等译,译林出版社2004年版,第26页。
⑤ 关于黑格尔辩证法内在的批判性本质,恩格斯《费尔巴哈论》、卢卡奇《历史与阶级意识》以及马尔库塞《理性与革命》等都有论述。

作为公众生活的一部分，才能赋予理性以实践力量"。也就是说要设想一种"民众宗教"，"其教义必须基于普遍理性；必须保持想象力、心灵和感性的鲜活；必须如此构成，以便生活的一切要求和国家的公共行为都与之关联"①。它的权威来自"人类的普遍理性"，目的是建构"一个民族的伦理总体性"，这是某种"现代性神学话语"。哈贝马斯认为，"这就是促使黑格尔从先验的角度把理性理解为一种力量的时代动机"②。对黑格尔来说，必须假设一个真正的，绝对的一体化力量（实体、斯宾诺莎），作为理性的真正体现者：'理性作为一种力量，不但能够使生活关系系统发生分裂和破碎，还能将之重新统一起来。"③ 但这种一体化力量又不能在主体中去寻求，这迫使他构想的"伦理总体性"只能到古希腊去寻求力量。"黑格尔用'爱和生命'中表现出来的主体间的一体化力量，来反抗以主体为中心的理性的权威。主客体之间的反思关系，被（最广义的）主体间的交往中介所取代。"④ 对黑格尔耶拿时期政治哲学的主体间性理论模式，哈贝马斯和霍耐特等人都十分关注，⑤ 在哈贝马斯看来，黑格尔"这种思想转向本来可以促使黑格尔从交往理论的角度弥补主体

---

① 〔德〕哈贝马斯《现代性的哲学话语》，曹卫东等译，译林出版社2004年版，第30页。
② 〔德〕哈贝马斯《现代性的哲学话语》，曹卫东等译，译林出版社2004年版，第32页。但表现在主体性中的理性则是实证性的原因，因为主体理性遵循的是统治原则，存在于主体的"自我关系结构"（将自身作为客体的主体关系）中。
③ 〔德〕哈贝马斯《现代性的哲学话语》，曹卫东等译，译林出版社2004年版，第32页。
④ 〔德〕哈贝马斯《现代性的哲学话语》，曹卫东等译，译林出版社2004年版，第35页。
⑤ 参见哈贝马斯《劳动与相互作用》及霍耐特《为承认而斗争》。

哲学中理性的反思概念,并对它加以转化。但黑格尔并没有走上这条路"。因为,"现代已经通过反思获得了自我意识,并拒绝彻底回到理想的过去。……这就迫使他抛弃了认为实证化宗教和理性可以通过原始基督教精神的革新而得到和解的观点"①。

还在法兰克福时期,黑格尔与谢林、荷尔德林等朋友们还试图发展一种对现代性分裂的审美的解决方案。在《原始体系纲领》手稿中,黑格尔提出这样一种观念:艺术作为面向未来的和解力量。而审美的目的和功能是帮助理性的宗教深入人心,从而真正实现伦理的总体性。实际上,在黑格尔之前和之后,很多人都对审美抱有过度的希望。1795 年,席勒发表《审美教育书简》,谢林在其晚年以及荷尔德林毕生都有类似的思想。此前关于古典艺术的规范性地位的争论("古今之争"),就已涉及现代性自我确证的问题。比如,F. 施莱格尔、席勒等人就把作为自由行为和反思行为的现代艺术与模仿自然的古典艺术对立起来。然而,在黑格尔看来,艺术只是绝对把握自身的感性直观形式,因而艺术本身是有局限的(这在现代的浪漫艺术中表现为主观的伤感与颓废),艺术的理想(也是理念的理想)应该在艺术之外的更高层面上(比如哲学)实现。改革后的宗教(如新教)如艺术一样都是有局限的,而局限的来源也正是对现代性的主体性原则作了片面的因而是强制的主观主义理解。

于是,黑格尔回到了哲学,他的方法就是超越康德绝对自我意识的主体性,取而代之的是一种具有绝对力量的理性观念。

---

① 〔德〕哈贝马斯《现代性的哲学话语》,曹卫东等译,译林出版社 2004 年版,第 36 页。

第七章　哈贝马斯对批判理论之规范基础的重建

《精神现象学》提出了一个黑格尔哲学的根本命题"实体即是主体",主体(作为现代性规范)的实体性保证了其绝对性。然而,实体性主体必须要自我确证,而这种确证必须在其自我存在的过程中实现。作为现代性推动原则的反思也必将是自我确证的动力,于是,实体的自我确证表现为理念实体辩证的展开。在理念绝对的自我运动的过程中解决现代性的规范论证问题,"用主体哲学的手段来克服以主体为中心的理性"①。艺术、宗教以及一切文化建构就以被扬弃的环节的形式包含在绝对精神之中。但在这种意义上,绝对精神也并非某种实体,哈贝马斯中肯地指出:"他的绝对概念克服了所有的绝对化趋势,仅仅把自我关系囊括一切有限的无限进程当作绝对者而保持下来……黑格尔这样做,其目的是要把哲学作为一种一体化的力量,克服由于反思本身所带来的一切实证性……进而克服现代的分裂现象。"②

黑格尔构造了一座现代性的完整思想大厦,然而是用理性概念建构的,本质上是一种"解释世界"(马克思)的哲学话语系统,它一经完成,就立刻呈现出封闭性的实证特征。哈贝马斯评论说:"可惜,黑格尔只是在表面上取得了成功。"绝对理性的哲学一旦自我实现成为体系,就会使自己实证化即片面化,③ 从而耗尽内部辩证法的批判动力,"所以,黑格尔的哲学满足了现

---

① 〔德〕哈贝马斯《现代性的哲学话语》,曹卫东等译,译林出版社 2004 年版,第 40 页。
② 〔德〕哈贝马斯《现代性的哲学话语》,曹卫东等译,译林出版社 2004 年版,第 42 页。
③ 即自身构成一个封闭的精神领域,不论这领域内部是如何的辨证,因为"哲学理性所能实现的,最多只是片面的和解,不会包括公共宗教的外在普遍性"。〔德〕哈贝马斯《现代性的哲学话语》,曹卫东等译,译林出版社 2004 年版,第 43 页。

代性自我证明的要求,但付出的代价是贬低了哲学的现实意义,弱化了哲学的批判意义"①。

黑格尔以绝对的方式,即"把时代历史提升到哲学的高度",论证了现代性的价值并解决了主观主义范式导致的问题。当然,他只是以哲学的理论方式,通过主体性反思原则加以解决的。1841年,卢格在《德意志年鉴》上写道:"黑格尔哲学,虽然表现为思想,但不会永远都是思想……而是必定转化为实践。"② 于是,黑格尔激进的继承者(哈贝马斯所谓的青年黑格尔派)就想要扬弃哲学,如马克思认为如果要实现哲学就必须"消灭哲学"。虽然马克思理论中潜藏着一种"实践哲学",但这在马克思"成熟"著作或已发表文本中并非显而易见。而后,卢卡奇、柯尔施以及早期法兰克福学派,借助韦伯,"把《资本论》转译成一种物化理论,并重建了经济与哲学之间的联系"③。这样,马克思主义者以青年黑格尔派为起点,④ 把现代性理论转变成一种关于资本主义的"批判话语",但批判的前设性规范基础本身是源于现代性精神的。社会批判理论成为现代性哲学话语之一种:现代性的"内在批判"。

---

① 〔德〕哈贝马斯《现代性的哲学话语》,曹卫东等译,译林出版社2004年版,第49页。
② 〔德〕哈贝马斯《现代性的哲学话语》,曹卫东等译,译林出版社2004年版,第60页。
③ 〔德〕哈贝马斯《现代性的哲学话语》,曹卫东等译,译林出版社2004年版,第61页。
④ "青年黑格尔派则使现代性话语永久化;也就是说,他们把源于现代性精神自身的'批判'的思想框架从黑格尔理性概念的压迫中解放了出来。"〔德〕哈贝马斯《现代性的哲学话语》,曹卫东等译,译林出版社2004年版,第61页。

第七章　哈贝马斯对批判理论之规范基础的重建

哈贝马斯赞同洛维特的意见，①认为突破绝对精神的方式在当时欧洲哲学传统中主要有如下几条路径。在存在论层面上转向的有：第一，费尔巴哈：内部自然和外部自然的感性存在；第二，克尔凯郭尔：个体的历史性本真存在；第三，马克思：日常社会生活的物质性实践存在。三人都反对现代性分裂仅仅在思想领域中达成的和解，他们要拓展出新的批判空间，但仍要保持现代性与合理性之间的联系。我们在另外的地方已经谈到哈贝马斯对马克思哲学的考察。在主体哲学中，实践哲学只能以"生产范式"呈现出来，生产劳动并不足以充当理论批判的规范基础，因为对劳动无论进行怎样的拓展的生存论论证，它的本质内涵都是工具理性的。而恰恰是现代社会以工具理性为指向的"单向度"受到了批判理论家们的猛烈批判。这种批判在某种意义上可以看成以主体哲学方式为规范进行奠基必然失败的症候；而在主体哲学范式中的批判也不能找到现实的理性根基。这一切都说明主体哲学范式的衰竭，"包容理性"以理性自身的"启蒙辩证法"为动力，但是，无论进行怎样的转换，内在批判都无力在主客体对立的模式中奠定理性基础。

理性的"内在批判"从方法论上在《否定的辩证法》中走到了终点，批判得以可能的规范基础的理性内涵被彻底抽空，批判不得不到哲学之外的审美艺术中去寻求理性的替代物。通过把现代艺术设定为理性的"他者"（other），艺术的纯粹性可望与现实保持某种批判性张力，以"整体批判"的方式导向对现实

---

① 〔德〕洛维特《从黑格尔到尼采》，李秋零译，生活·读书·新知 三联书店 2006 年版。

的绝对否定。对理性的总体化批判具有"自我关涉"特性，因为这种批判触及了合理批判得以可能的标准，显然，这个标准就是理性本身。哈贝马斯不无遗憾地说道：霍克海默与阿多诺"和历史主义一样，沉溺于对理性的任意怀疑之中，而没有去考虑怀疑自身的理由。如果他们这样做了，他们或许就可以为社会批判理论提供坚实的规范基础，他们也就不会由于资产阶级文化的崩溃而受到干扰"①。他们采取了另外的方案，以某种非哲学的方式拯救批判，或者说通过阐发艺术的乌托邦内涵来表达拯救的希望。实际上，审美主义体现的只是一种"批判的批判"的姿态，无论是对"天－地－人神"源始存在的诗性追思，还是对现代艺术的特异化、陌生性的诉求，都仅只保留了社会批判的一个维度即对自由的乌托邦式怀想。1980年，作为第一代批判理论家成员的洛文塔尔在以"乌托邦主旨的中止"为题的谈话中说："毕竟，一个人不可能只是生活在某个虚无缥缈的乌托邦希望之中，一个人的希望只有在可能的王国里才能得到实现。"②对现代性内含的理性潜能进行规范论证的遗忘或无能最终取消了批判理论本身。

尼采被哈贝马斯认作是步入后现代的转折点，因为他面对现代性理性话语的困境（黑格尔、黑格尔左派、黑格尔右派）时，"放弃对理性概念再作修正，并且告别了启蒙辩证法"③。在理性

---

① 〔德〕哈贝马斯《现代性的哲学话语》，曹卫东等译，译林出版社2004年版，第150页。

② 转引自〔美〕沃林《文化批评的观念》，张国清译，商务印书馆2000年版，第110页。

③ 〔德〕哈贝马斯《现代性的哲学话语》，曹卫东等译，译林出版社2004年版，第99页。

第七章　哈贝马斯对批判理论之规范基础的重建

的"分离"模式中，现代性的理性被彻底抛弃，理性的他者被直接赋予了新的更为本真的生存论意义，在这个意义上尼采是后现代的。尼采试图通过审美的方式创造新的规范，① 所以他诉诸酒神精神，而权力意志就是这个精神的一个形而上学概念。阿多诺也达到了绝对的理性批判，只不过他没有放弃现代性的基本规范，没有诉诸他者的形而上学，他只是想用对理性的他者的艺术呈现方式设想这些规范。阿多诺没有诉诸任何源始或审美的形而上学本体论的存在，他把这种诉诸都归于同一性的形而上学而加以拒绝。他想保有的是事物非同一性的自然存在状态，这种状态就是和解，就是艺术的真理或只有艺术才能获得事物的本然存在，这就是阿多诺的自然范畴所意指的东西。尼采告别了历史理性，目的是创造新的面向未来的神话，当然，这种新神话和宗教是经过艺术革新过的。尼采心目中的酒神精神是与阿波罗的理性相对立的，是理性的他者。

通过哈贝马斯的理论史考察，我们可以清晰地看到一条艺术和审美逐渐脱离理性框架从而独立成为理性他者的线索。在黑格尔最初的审美纲领中，艺术和审美是"理性的最高行为"："真和善只在美中协调一致。"② 而这也是谢林在《先验唯心论体系》中的纲领：审美直观而不是思辨精神是理性同一性的实现。"但是，按照谢林的看法，在艺术产品中所能直观到的，仍然还是客

---

①　关于尼采与德国早期浪漫派的渊源关系，参见〔德〕弗兰克《浪漫派的将来之神》，李双志译，华东师范大学出版社2011年版。
②　〔德〕哈贝马斯《现代性的哲学话语》，曹卫东等译，译林出版社2004年版，第103页。

观理性，即真和善在美中的协调一致。"① 施莱格尔的浪漫主义则直接突显了审美本身的独特品质，而不与真和善混同起来，他对理性的我思主体和反思性自我意识的主体进行了审美拓展：主体在一种"充满幻想的审美迷狂和人类本性的原初混沌状态"中，渴求一种弥赛亚主义的希望。而这种意向在"酒神"身上得到了寄托："荷尔德林把那种能够负载弥赛亚主义的期待、直到海德格尔依然功效不凡的历史解释的本源框架和酒神相提并论。"② 酒神作为未来的上帝执行基督的拯救功能。这就是浪漫派的弥赛亚主义的目的：要更新西方而不是告别西方。哈贝马斯深刻地指出："对浪漫派而言，回归酒神只是为了开拓公共自由的维度，其中，基督预言必须在此岸获得兑现，这样才能使由宗教改革和启蒙运动共同加强并导致权威统治的主体性原则突破其局限性。"③

尼采在浪漫派基础上对主体性原则进行了彻底的审美推进，而且"依然非常浪漫地把一切理论和道德的杂质从审美现象中清除出去"④。失去了神话的现代人（或如海德格尔所言众神隐退的时代）必须寻求新的未来神话以期获得彻底的拯救。这样，"从尼采开始，现代性批判第一次不再坚持其解放内涵。以主体

---

① 〔德〕哈贝马斯《现代性的哲学话语》，曹卫东等译，译林出版社2004年版，第105页。
② 〔德〕哈贝马斯《现代性的哲学话语》，曹卫东等译，译林出版社2004年版，第107页。
③ 〔德〕哈贝马斯《现代性的哲学话语》，曹卫东等译，译林出版社2004年版，第107页。
④ 〔德〕哈贝马斯《现代性的哲学话语》，曹卫东等译，译林出版社2004年版，第109页。

为中心的理性直接面对理性的他者"①。他要建构的就是这样一种充满酒神精神的理性的他者，当然，海德格尔认为尼采作为最后一位形而上学家，他的酒神仍是一种形而上学建构。"只要尼采把一切存在物或应在物还原成审美，他就会把这种思想提升为一种'艺术家的形而上学'……以主体为中心的理性的虚无主义统治，被认为是权力意志反常的结果和表达。纠正的权力意志只是酒神精神原则的形而上学概念。"② 这样，尼采的以权力意志为基础的现代性的批判陷入了两难困境，其后的追随者在两条线上把尼采的现代性理性批判推向前进：巴塔耶、拉康和福柯等主要揭示现代性理性主体的误构；而海德格尔和德里达则想打破尼采的形而上学而把体现酒神精神的源始神话推向极端。

哈贝马斯认为，黑格尔之后，费尔巴哈、马克思、克尔凯郭尔虽从各种角度批判了黑格尔，但他们的替代方案并未对黑格尔的形而上学范式作根本的改变。有所改变的是始自狄尔泰等人的历史主义和生命哲学以及胡塞尔追求的笛卡尔式先验自我的纯粹化。这两条探索路径由海德格尔的《存在与时间》进行了综合："具有创造力的主体性最终被'此在'从知性王国中驱逐了出去，它虽未被放到历史的彼岸，但已置于历史性和个体性的范围内。"③ 这就是所谓"先验主体的历史化和个体化"。海德格尔的个体化此在与世界并非处于主－客对立关系中，它本身就是

---

① 〔德〕哈贝马斯《现代性的哲学话语》，曹卫东等译，译林出版社 2004 年版，第 110 页。
② 〔德〕哈贝马斯《现代性的哲学话语》，曹卫东等译，译林出版社 2004 年版，第 110～112 页。
③ 〔德〕哈贝马斯《后形而上学思想》，曹卫东、付德根译，译林出版社 2001 年版，第 40 页。

"在世界中存在"。那么这个此在还能保持传统主体的创造性功能吗？海德格尔的答案是肯定的："个体的此在尽管实际上扎根于世界之中，但还保持着独立筹划世界的资格。即具有独自创造世界的潜能。"① 哈贝马斯随即指出了这种把主体个体化以后必然会出现的一个问题，对这一问题的解决成为哈贝马斯自己工作的真正前提，而这个问题胡塞尔（在《笛卡尔式的沉思》讨论笛卡尔第五沉思时）和萨特（在《存在与虚无》第三章）设法解决但没有解决。这个问题就是：如果意识分裂为无数个创立世界的单子，那么，从各个单子的角度看，怎样才能达成或获得一个主体间的世界？单个的独立主体如何才能获得主体间的世界概念？② 在主体哲学范式中，没有办法获得理性的公共客观性。

所以，迄今为止现代性的自我确证都是在主体哲学的范式中进行的，无论理性概念怎样变换，都摆脱不了主－客体结构的权力关系；相反，作为权力理性的一种"镜像"，理性的他者更具迷惑色彩。由于摆脱了理性的形式要求，各种后现代的他者话语便能够海阔天空，通过语言的修辞特性获得不同的语义内涵。哈贝马斯指出："在方法论上对理性的敌视，也许和一种历史的天真有关，就是因为有了这种历史的天真，诸如此类的研究才在论

---

① 〔德〕哈贝马斯《后形而上学思想》，曹卫东、付德根译，译林出版社2001年版，第40页。

② 〔德〕哈贝马斯《后形而上学思想》，曹卫东、付德根译，译林出版社2001年版，第41页。哈贝马斯曾经也说过，在现代性哲学话语的起点上是可以选择的，即主体性或主体间性可以通向理性奠基的不同道路。"青年黑格尔，青年马克思，甚至还有作为《存在与时间》的作者的海德格尔，以及研究胡塞尔的德里达，都是有选择余地的，可惜，他们没有做出任何选择。"〔德〕哈贝马斯《现代性的哲学话语》，曹卫东等译，译林出版社2004年版，第346页。

证、叙事和虚构的乌有乡里任意驰骋。"① 这是一种高傲的理论姿态，可以通过更为源始和本真的名义声称自己具有通向真理的特殊路径。"于是，亚文化出现了，通过没有膜拜对象的膜拜行为，亚文化既平息又保持了对未来不确定真理的激情。这种奇特的游戏带有宗教-审美的放纵色彩，它所吸引的主要是知识分子，他们时刻准备着在需要指点迷津的祭坛上奉献理智。"②

总之，现代哲学的基本范式仍是主体意识哲学的，仍陷于形而上学的理论前提中。无论是打着"包容性理性"的旗号（理性概念不断地自我刷新）还是在"分裂模式"中诉诸理性的他者，两种方式都是近代以来意识哲学的"强大的理论概念"③ 相互斗争的结果。不断的批判和重建只能是穷竭的一种症候，"穷竭的是意识哲学范式"④，这些形而上学话语在主体哲学范式中永远摆脱不了纯粹的主观性。

二 哈贝马斯对现代性规范基础的重建

在考察了关于现代性的各种哲学话语之后，哈贝马斯表明他这些演讲的"根本意图"，就是回到现代性哲学话语的起点重新

---

① 〔德〕哈贝马斯《现代性的哲学话语》，曹卫东等译，译林出版社 2004 年版，第 353 页。
② 〔德〕哈贝马斯《现代性的哲学话语》，曹卫东等译，译林出版社 2004 年版，第 362 页。
③ 〔德〕哈贝马斯《后形而上学思想》，曹卫东、付德根译，译林出版社 2001 年版，第 30 页。
④ 〔德〕哈贝马斯《现代性的哲学话语》，曹卫东等译，译林出版社 2004 年版，第 347 页。

进行选择。① 显然，他指的是从主体哲学到主体间性哲学的范式转换，核心的任务是重建主体间的交往合理性，它构成现代性真正的一体化力量，也成为现代性自我批判的前设性规范基础。当然，我们这里不准备全面论述哈贝马斯日益系统化的宏大体系本身，而主要集中在元理论层面即交往合理性的形式语用学重建，以及以交往理性为基础的社会生活世界的批判概念。这样一种批判性的社会理论可以被看成哈贝马斯所说的"重建历史唯物主义"的有效方式。

（一）重建的理论动机和任务

哈贝马斯关于黑格尔早期思想有一个提示，认为"黑格尔在他早期著作中考察了理性的和解力量，而这种理性是不可能从主体性中推导出来的"②。对于"主体间性"的理论渊源而言，哈贝马斯主要根据黑格尔在耶拿大学的演讲（1803—1806）而来。他认为黑格尔在这里并非如拉松等人认为的那样，仅是为《精神现象学》作的准备，而是提出了一种作为精神的伦理总体性，而这是在主体间"为承认而斗争"的辩证法中发展起来的，

---

① 〔德〕哈贝马斯《现代性的哲学话语》，曹卫东等译，译林出版社2004年版，第346页。

② 黑格尔早期的和解观念是在一种伦理总体性中展现的，这是一种主体间性的思想框架，极大地影响了哈贝马斯以及霍耐特等批判理论的后来继承者；而阿多诺《美学理论》的和解观念是在破碎的审美断裂处激发出来的。因为时代的绝望状况已不允许阿多诺如黑格尔那样构想一种同一性的肯定辩证法，而是以非同一性为基点来展望某种和解的希望，任何一体化的肯定力量均被判定为是非法的。〔德〕哈贝马斯《现代性的哲学话语》，曹卫东等译，译林出版社2004年版，第33页。

只是黑格尔后来对这个理论维度并没有进一步展开。① 哈贝马斯这样论述了黑格尔的主体间性思路:"因为黑格尔不是把自我的构成同孤独的自我对自身的反思相联系,而是从〔自我〕形成的过程中,即从对立的主体的交往的一般性中来把握自我的构成,所以,起决定性作用的不是反思本身,而是普遍的东西和个别的东西的同一性赖以形成的媒介"。② 显然,这里指的就是主体间性的交往实践,黑格尔称之为"为承认而斗争","黑格尔是把交往活动解释为自我意识的精神形成过程的媒介"③。而这种"交往的媒介"在黑格尔那里有三种形式:家庭、语言和劳动。这是交往互动的三种媒介,也是三种模式,但这三种模式中的一种并不能被抬高为整个黑格尔哲学的解释模式,比如,马克思-卢卡奇传统就把(工具性的)劳动看成辩证法的唯物主义替代模式。

在黑格尔那里,劳动和相互作用是一个矛盾的统一体,在《精神现象学》的主-奴关系的辩证法中有典型的体现。"不过,在《精神现象学》中,劳动和相互作用的独特的辩证关系已经丧失了它在耶拿的讲演录中体系上仍然具有的那种价值。"④ 也就是说,绝对精神在辩证过程中的自我统一,不是按照主体间性

---

① 参见哈贝马斯《劳动与相互作用》以及《现代性的哲学话语》有关章节。后来韦尔默从康德《判断力批判》中论人类知性的三条基本原则中也引出了主体间性思想。参见韦尔默《后形而上学现代性》第三章。
② 《劳动与相互作用》,载〔德〕哈贝马斯《作为"意识形态"的技术与科学》,李黎、郭官义译,学林出版社1999年版,第15页。
③ 〔德〕哈贝马斯《作为"意识形态"的技术与科学》,李黎、郭官义译,学林出版社1999年版,第15页。
④ 〔德〕哈贝马斯《作为"意识形态"的技术与科学》,李黎、郭官义译,学林出版社1999年版,第25页。

模式来设想的，而是按照主体自我反思的主客体关系模式来设想的。后来马克思依劳动而来的"唯物"主义历史建构也没有充分意识到和区分出相互作用的独特性，哈贝马斯指出："《德意志意识形态》第一卷的精确分析表明，马克思对相互作用和劳动的联系并没有做出真正的说明，而是在社会实践的一般标题下把相互作用归之劳动，即把交往活动归之为工具活动。"① 换言之，马克思是按照《精神现象学》的自我反思的主体哲学模式来理解劳动的，这样，相互作用的独特性就失去了，一切都由这种主客关系的工具活动的模式加以建构，这就是后来所谓的生产范式。这样，哈贝马斯的理论动机就成为要明确地区分劳动和相互作用。而这种区分是从耶拿时的黑格尔演讲中汲取灵感的，而后来，"（黑格尔）耶拿（时期）的《现实哲学》和（马克思的）《德意志意识形态》，都没有对这种联系作出令人满意的解释。"②

在标题论文《作为"意识形态"的技术与科学》中，哈贝马斯表达了这样的观念，即在对劳动和相互作用区分的基础上，理性的真正要求是相互作用的合理化。所以，并不能在生产力的技术维度寻求解放③，并不是要去寻求一种新的"解放的科学"。当然，对当代科学技术并不能浪漫地加以否定，而是把它作为一种必要的前提而纳入更为全面的理性概念中，这个理性概念要到

---

① 〔德〕哈贝马斯《作为"意识形态"的技术与科学》，李黎、郭官义译，学林出版社1999年版，第33页。
② 〔德〕哈贝马斯《作为"意识形态"的技术与科学》，李黎、郭官义译，学林出版社1999年版，第33页。
③ 在韦伯以后，马克思的这个愿望已不可能实现，而且马尔库塞更进一步分析了在技术进步中的统治因素本身得到了合法性。

交往合理性那里去寻求。所以，一种浪漫的新科学的观念始终是浪漫主义的，哈贝马斯追溯了这一观念的历史："这种观念通过施瓦本人的虔诚主义渗透在谢林和巴德的哲学中，后来又出现在马克思的《巴黎手稿》中；今天，它决定着布洛赫哲学的中心思想；也以反思的方式控制着本亚明、霍克海默和阿多诺的隐秘希望。"① 在《单向度的人》中，对这种科学新观念也有典型的描述。然而，哈贝马斯认为，只要我们的社会存在还是要以劳动为物质基础，那么，设想用另外一种性质的技术（不再是目的合理性的）取代现有的技术，这如何可能？所以，哈贝马斯在这篇文章中提出了一个理论策略性的新框架："我的出发点是劳动和相互作用之间的根本区别"②，后来在1968年的《认识与兴趣》中对此又进行了系统的认识论角度的论述。

现代社会及其新的变化也需要批判理论确立新的规范标准。现代资本主义生产方式的合法性是由私有制为基础的自由市场提供的，通过理性自然法观念经济自由主义确立了现代社会的意识形态基础。而国家资本主义的最新发展即国家对自由市场的干预主义以及技术和科学（代替个人的生产能力）成为第一位的生产力，这表明新的合法性应该有新的来源：现在的合法性来源于目的合理性本身，来源于技术与科学。这样，技术与科学本身具有了意识形态功能——即对现代统治的合法性的论证。现在这种意识形态似乎不再是实践的问题，不再是相互作用的规范问题，

---

① 〔德〕哈贝马斯《作为"意识形态"的技术与科学》，李黎、郭官义译，学林出版社1999年版，第43页。
② 〔德〕哈贝马斯《作为"意识形态"的技术与科学》，李黎、郭官义译，学林出版社1999年版，第49页。

它直接成为一种技术和科学的问题。这样,相互作用的实践领域就被技术性的目的理性系统整合了,后来哈贝马斯称之为"生活世界"被系统"殖民化"了。

现实的这种变化导致了批判的社会理论原有的立足点(规范基础)也要发生变化。哈贝马斯认为,现在的批判应该立足于理性重建的相互作用的实践领域,而这个领域在自由资本主义时代是由"经济基础"决定的。现代的国家系统在一定程度上消解了系统和生活世界的界限,那么,对现代国家(作为一个超级系统)的批判,就应立足于国家的应有的合理性而非已有的目的合理性。合法性不能以目的合理性为基础,从而归结为一个技术和科学问题,"晚期资本主义制度就是通过一种确保依靠工资度日的群众的忠诚的补偿政策,即避免冲突的政策,来给自身下定义的"[①]。技术统治的意识使得它在执行意识形态功能时带有更大的特殊性:排除道德等实践范畴的考量,直接以目的理性子系统的功能为准则。"技术统治意识的意识形态核心,是实践和技术的差别的消失",这种同一化使得一种所谓的"反思兴趣"消失了,"这种兴趣既涉及到维护主体间性的理解问题,也涉及到建立一种摆脱统治的交往问题"[②]。

在理论概念的结构上,哈贝马斯对劳动与相互作用的区分,除了早期黑格尔的影响以外,还有一个原因就是对马克思生产力与生产关系的历史唯物主义原有范畴的重建,在此他建议用

[①] 〔德〕哈贝马斯《作为"意识形态"的技术与科学》,李黎、郭官义译,学林出版社1999年版,第65页。
[②] 〔德〕哈贝马斯《作为"意识形态"的技术与科学》,李黎、郭官义译,学林出版社1999年版,第71页。

"更加抽象的联系"来取而代之。因为生产关系是相互作用的领域，它受生产力制约的情况似乎只是自由资本主义才有的特例，更为抽象的社会关系则与目的合理性的劳动具有非决定性的关系。所以，生产力的技术进步并不意味着全面的解放，如果技术的原则取代了相互作用原则，那么，解放更是无从谈起，这就是启蒙辩证法。所以，为了抵抗制度的技术化，必须要把相互作用的领域与技术领域区分开来，即必须重建相互作用领域自己的理性原则：交往理性不能被等同于技术的目的合理性。在进行了这样的范畴区分与重建基础上，一种适应于晚期资本主义（广义的发达工业社会）的社会批判理论就可望获得重建。这样看来，"生产力发展的进程，只有当它不能取代另一个层面上的合理化时，才能成为解放的潜力"①。哈贝马斯的结论是认为："在政治的和重新从政治上建立的意志形成过程的一切层面上的交往，才是'合理化'赖以实现的唯一手段。"即相互作用层面社会规范的合理化。

对哈贝马斯而言，现代性理论必须是"批判的"，因而，现代性的理性原则本身也就是批判理论的规范基础。当今，现代性批判理论是否仍然可能？这不仅是从传统批判理论的理论困境中生发出来的难题，更是各种后现代话语的极端理性批判的挑战。当代德国著名批判理论家韦尔默（Albrecht Wellmer）指出："或许还要再一次破除阿多诺和解观念的神话，并将其带入理性概念中。这里设想的不是通过审美理性对工具理性的超越，而是形成

---

① 〔德〕哈贝马斯《作为"意识形态"的技术与科学》，李黎、郭官义译，学林出版社 1999 年版，第 76 页。奥威尔在《1984》中描述了这种全面技术社会的反面乌托邦状况。

一个形形色色的理性话语兼收并蓄的开放局面，扬弃某种单一理性，促成多种理性之间的互动……但是为了将这一想法清楚地表述出来，我们就必须超越阿多诺。"①

超越阿多诺的任务落在了从批判理论传统中走出来的哈贝马斯身上。在一次访谈中，哈贝马斯指出了老一代批判理论的不足："我以为，批判理论的弱点可由如下三个短语表现出来：'规范的基础'、'真理概念以及同科学的关系'、'低估民主—法制国家的传统'。"② 这三者之间是有内在联系的，特别是真理和规范基础问题仍然是不清楚的，概而言之，"我坚持认为，早期批判理论纲领的失败并非偶然，而是由于意识哲学的范式已经衰竭"③。这种范式由笛卡尔"我思主体"为其奠基，主体哲学采用主-客体关系模式，从中体现出工具理性的"权力"关系，而"工具理性批判坚持的依然还是主体哲学的前提，它表现为一种缺憾，对此，它自身是无法解释的，因为它缺少足够灵活的概念来归纳被工具理性摧毁的一切"④。于是，对哈贝马斯而言，重建批判理论的任务就成为："它需要一种实质性的基础，并把自己从意识哲学的概念框架所产生的'瓶颈'中引导出来，在此过程中，不需要抛弃西方马克思主义的意图即可克服生产规

---

① 〔德〕维尔默《论现代性和后现代性的辩证法》，钦文译，商务印书馆2003年版，第182~183页。
② 〔德〕哈贝马斯《哈贝马斯精粹》，曹卫东选译，南京大学出版社2004年版，第491页。
③ 〔德〕哈贝马斯《交往行为理论》第一卷，曹卫东译，上海人民出版社2004年版，第369页。
④ 〔德〕哈贝马斯《交往行为理论》第一卷，曹卫东译，上海人民出版社2004年版，第373页。

范。其结果是《交往行为理论》。"① 这一"实质性的基础"的确立本质在于对传统理性概念的交往式批判性重建。正如著名的哈贝马斯专家麦卡锡（T. McCarthy）所言："目前而言，理性的辩护只能通过理性的批判才可能。"② 而交往理性就是对传统理性概念的范式转型式重建。③

1981年哈贝马斯出版了两卷本巨著《交往行动理论》，系统阐发了第二代版本的批判的社会理论。1988年哈贝马斯发表《后形而上学思想》集中概括了这个理论的基础方面。阅读哈贝马斯，首先遇到的一个问题就是对交往理论如何定位：既不是传统的哲学思辨也不是以实证方法为基础的社会科学。然而，我们仍然能够谈论哈贝马斯哲学。④ 广义而言，他的理论可以归于始自马克思的现代资本主义批判传统，主要是一种"带有实践倾

---

① 〔德〕哈贝马斯《现代性的地平线》，李安东，段怀清译，上海人民出版社1997年版，第145页。

② 《交往行为理论》麦卡锡英译本"序言"，p. 6.

③ 我们关注哈贝马斯对合理性在元理论层面的重建方案而无需展示其庞大的交往理论重建计划，而且他本人也经历了复杂的思想转变过程。比如，《知识与兴趣》（1968年）出版后，面对各方批评，他自己也意识到，依康德框架划分三种准先验旨趣，仍未摆脱主体意识哲学范式，特别是以精神分析为范型的"自我反思"概念，是不足以为批判理论奠定基础的。在20世纪70年代以后，他通过深入研究语言分析哲学，认为必须把着眼点转到人们社会相互作用的语言交往上。正如麦卡锡所说，这时，对哈贝马斯而言："批判理论的规范—理论性基础必须到人类水平上的、有特色的，到处渗透着的生活中介那里去寻求，这就是语言。"从这时开始，哈氏渐渐发展出一套庞大的、以语言理论为基础的交往理论和现代性社会批判理论，通常认为这标志着批判理论的"语言学转向"。

④ 哈贝马斯自己也说《后形而上学思想》"浓缩了他的所有的哲学思想"。参见"译者后记"，〔德〕哈贝马斯《后形而上学思想》，曹卫东、付德根译，译林出版社2001年版，第264页。

向的社会批判理论"。① 但这种批判的社会理论并非通常的社会理论之一种,其独特性首先在于,作为一种批判,那么其规范基础必须先行澄明,故,这种先行清理即是一种哲学。其次,这一哲学性奠基是关于人类理性的,承继了自康德以来西方主流哲学的理性批判论题。哈贝马斯的理性批判在理论上有两个背景:其一是第一代法兰克福学派绝对的理性批判;其二是后现代主义对理性的解构。于是,问题变得尖锐起来,理性是否仍是现代文明的根基?随之,批判理论是否仍有可能?这关涉现代文明的根本前途。哈贝马斯承担起论证批判理论可能性的重任,而基础性的工作就是重建理论批判的理性根基,正如他自己所说要"坚持一种带有怀疑色彩,但并不悲观失望的理性概念"。②

(二) 范式转换的资源背景

哈贝马斯对理性概念的重建是在 20 世纪西方哲学的背景下进行的,由于哲学基本范式逐渐发生变化,这个重建就不能被简单地理解成在启蒙辩证法意义上对理性的又一次修正。《后形而上学思想》开篇提出了一个问题:"二十世纪哲学究竟在何种程度上堪称现代哲学?"③ 这似乎表明对现代哲学新范式的追问,如果有新范式的话。换句话说,现代哲学与传统哲学的根本范式真的有差别吗?阿佩尔《哲学的转折》当然也提到了这个问题。

---

① 按照哈贝马斯在《理论与实践》(1963 年) 中对马克思理论的说法,这种理论"介于科学与哲学之间",是一种批判性的社会理论。
② 〔德〕哈贝马斯《后形而上学思想》,曹卫东、付德根译,译林出版社 2001 年版,"前言"。
③ 〔德〕哈贝马斯《后形而上学思想》,曹卫东、付德根译,译林出版社 2001 年版,第 3 页。

第七章 哈贝马斯对批判理论之规范基础的重建

伯恩斯坦《超越客观主义与相对主义》对这一问题亦有宽泛而深刻的界定。

20世纪以来的所谓"现代哲学"是否具有自身独特的规定性？哈贝马斯认为20世纪有四种主要的哲学思潮：分析哲学、现象学、西方马克思主义和结构主义。并且认为，"上述四种思潮是本世纪所特有的"①。哈贝马斯关注的是上述四种哲学之为现代哲学之现代性的深层的"思想主题"，这些主题意味着深刻的变化，深刻而强烈地影响着他的理性重建工作。换句话说，哈贝马斯的交往理性的重建是在现代哲学的思想平台上进行的，一句话就是"后形而上学思想"平台。哈贝马斯指出："概括地说，这四种现代思想的主题是：后形而上学思想、语言学转向、理性的定位，以及理论优于实践的关系的点到——或者说是对逻各斯中心主义的克服。"②总之，现代四种哲学思潮的这些思想主题已超越了古典哲学的理论内涵，但又与后哲学的解构是不同的。③

哈贝马斯在与亨利希的争论中，涉及了一个重要的主题：对

---

① 〔德〕哈贝马斯《后形而上学思想》，曹卫东、付德根译，译林出版社2001年版，第4页。

② 〔德〕哈贝马斯《后形而上学思想》，曹卫东、付德根译，译林出版社2001年版，第6页。

③ 上述主题属于20世纪哲学的成果，既有积极的认识成果，但是在不同学派的实际呈现过程中又不乏有偏见产生。如：科学主义，把语言本体论化等等。理性批判（怀疑论的理性概念）使哲学彻底醒悟过来，但："一种彻底的理性批判也流行开来，不仅反对知性膨胀成为工具理性，而且把流行与压制彻底等同起来，目的是为了从某个他者那里寻求一种宿命论或怀疑论的出路。"强调实践当然正确，但也出现了"实践被还原成劳动，由符号构成的生活世界、交往行为以及话语之间的多重关系被遮蔽了。〔德〕哈贝马斯《后形而上学思想》，曹卫东、付德根译，译林出版社2001年版，第8～9页。

"形而上学"的前理解（先验）看法。亨利希坚持一种古典哲学意义上的形而上学传统，"它要求把认知和行为主体的自我关系与自我理解作为出发点"。① 由此，哈贝马斯提出自己的观点：现代性的规范内涵决不能以自我意识主体的名义来表达或捍卫，现代性的规范内涵不能用资产阶级意识形态的认知——工具遗产来界定或表达。② 韦伯的工具理性批判以及法兰克福学派第一代的意识形态批判，已指明理性化或工具理性化表达的现代性只是资产阶级意识形态，而不是现代性真正的规范内涵。所以，现代性的规范内涵不能再靠意识哲学的形而上学来拯救。如果把现代理性与工具理性等同，那么工具理性批判则导向反理性，结果是反现代性本身。

运用库恩的范式概念，可以对哲学史进行分期，如根据"存在""意识"和"语言"把哲学史分为本体论、反思哲学和语言分析。巴门尼德的哲学是一种追求在者之在的本体论形而上学，后来，形而上学追求的普遍性、永恒性和必然性被带入自我关涉（反思）的意识领域。在这个领域中，存在问题被转换成认识的先验条件问题（康德），从一定意义上说，意识哲学中就不存在关于存在的形而上学，"有的顶多只是经意识哲学改造之后的形而上学问题"③。关于哲学的性质，哈贝马斯认为："除了追问普遍性之外，哲学并不高出个别科学一筹，当然也不永远具

---

① 〔德〕哈贝马斯《后形而上学思想》，曹卫东、付德根译，译林出版社2001年版，第11页。
② 〔德〕哈贝马斯《后形而上学思想》，曹卫东、付德根译，译林出版社2001年版，第12页。
③ 〔德〕哈贝马斯《后形而上学思想》，曹卫东、付德根译，译林出版社2001年版，第13页。

第七章 哈贝马斯对批判理论之规范基础的重建

有掌握真理的特权。"这一点已不是争论的焦点,人们基本上已达成了共识。那么哈贝马斯关注的是什么?哲学这样一种人类事业的人类学的意义是什么?其作用对人类生存而言意味着什么?他认为:"哲学在探究所有生活实践时所发挥的严格意义上的启蒙作用才是争论的焦点。"① 哲学是人类生存的自我反思形式,哲学即是对人之生存根基的不断追问,在这种追问中,人类生存着,自觉地、反思性地生存着,"哲学应当促成一种'有意识'的生活,它在反思的自我理解中得以澄明"②。

哲学对普遍性和整体性的追问是从人的生存的反思开始的,生存反思的领域就是生活世界的领域。生活世界是个体的生活历史和主体间的生活方式共同构成的,这一世界是我们生存的基础,从这一基础出发,我们才能追问普遍的存在(哲学)问题。对哲学问题的追问也正是我们反思性地生存于生活世界必然提出的,所以,哲学追问的根蒂在生活世界即与人的生存有关,它是人们生存于生活世界中进入反思性状态所采取的一种形式。哈贝马斯指出:"因此,生活世界是对我们再熟悉不过的整个世界的基础加以追问的自然源头。"③ 当然,解答哲学的基本问题的可能性也受到生活世界自身不断变化的影响,马克思主义的意识形态批判只是提供了这一影响的一个实例。这反过来说明哲学是与人之现实生存有关,哲学有人类生存论的伦理意义。

---

① 〔德〕哈贝马斯《后形而上学思想》,曹卫东、付德根译,译林出版社2001年版,第14页。
② 〔德〕哈贝马斯《后形而上学思想》,曹卫东、付德根译,译林出版社2001年版,第15页。
③ 〔德〕哈贝马斯《后形而上学思想》,曹卫东、付德根译,译林出版社2001年版,第17页。

进入现代，或康德之后，哲学不再是一种宗教式的形而上学了，哲学只能是对生活世界一般结构的把握。哲学的形而上学范式在进入现代以后变得不合时宜起来，"宗教和形而上学的基本概念所依赖的整个价值体系，随着科学、道德和法律等专家文化的兴起以及艺术走向自律而崩溃了"[①]。哲学不再是科学之科学，不是人类知识之集大成者，作为第一哲学的形而上学范式逐渐式微。形而上学的一种（主要）结构性成见（谬见）存在于这些二元关系中：物质－精神、心－身关系、主体－客体（笛卡尔式本体论前提），这种形而上学前提必须抛弃。哈贝马斯建议："沿着语用学这条路，我们可以揭开变得更加复杂的世界的面纱，并彻底抛弃传统的心－身问题所必须依靠的前提。"[②] 他对近百年以来对主体（意识的、反思性的我思主体）的研究范式的转变进行归纳："从对意识事实的反思分析向对公共语法事实的重建分析的转变。"前者被称为意识哲学，"其着眼点在于表现和处理客体的主体的自我关涉"。后者为语言理论，"出发点

[①]〔德〕哈贝马斯《后形而上学思想》，曹卫东、付德根译，译林出版社2001年版，第18页。

[②]〔德〕哈贝马斯《后形而上学思想》，曹卫东、付德根译，译林出版社2001年版，第20页。"一种供交往理论使用的语言范式在很大程度上能够抵制这种自然主义。"同上，第23页。

第七章 哈贝马斯对批判理论之规范基础的重建

则是语法表达的理解条件",即所谓重建科学。①

哈贝马斯认为应该立足于"后形而上学"思想平台,为此,他考察了形而上学的基本状况。② 形而上学的基础性内容首先是同一性思想。"古代哲学集成了神话的整体概念;但有所不同的是,它在抽象的水平上把万物归'一'。"宇宙论的开端被剥夺了空间和时间的维度,抽象成了"始基","唯心论认为,一和多作为同一性和差异性的抽象关系,是一组基本关系,形而上学思想既把它当作一种逻辑关系,也把它视为存在关系"。其次,唯心论:始基是由思维把握的,因为思维才是本源。第三,作为意识哲学的第一哲学(prima philosophies)

第一哲学受到唯名论和经验论的冲击,于是形而上学在近代进行了一种范式转变,对古代的同一性思想和理念论进行了更

---

① 〔德〕哈贝马斯《后形而上学思想》,曹卫东、付德根译,译林出版社2001年版,第23~24页。亨利希强调"自我关系和语言能力同宗",而哈氏则认为前者是错误的,要用后者取而代之。亨利希的方案是一种"妥协",这是哈氏考察的语言学转向所形成的成就,但他并未停留于此,而是进一步指出传统语言论的语义学、语形学分析范式本身的不足,由此他提出第三种解决方案,当然这一方案是他强调、赞同的,是他理性重建论的新颖之处和范式革命,"一旦语言理论不再从语义学的角度探讨对命题的理解,而是从语用学的角度探讨言语者相互之间就某事达成共识的表述,那么,自我关涉和命题形式就会受到同等关注。"在语用学中,达到了前两种范式的综合,或用德国传统哲学语言而言,前两者作为被扬弃的环节包含在后者之中。"这样就可以摆脱掉反思哲学关于主体性和自我关涉的概念一开始就遇到的麻烦。"因为,主体间性的交往语言概念不必假设一个前语言的先验主体,因为主体是被社会化建构出来的,所以,主体是在语用过程中表现和把握的,但绝对不能纯粹地、反思性地、先验自我把握。同上,第24~26页。

② 哈贝马斯关于形而上学思想史的"论域":"撇开亚里士多德这条线不论,我把一直可以追溯到柏拉图的哲学唯心论思想看作是'形而上学思想',它途经普罗提诺和新柏拉图主义、奥古斯丁和托马斯、皮科·德·米兰德拉、库萨的尼古拉、笛卡尔、斯宾诺莎和莱布尼茨,一直延续到康德、费希特、谢林和黑格尔。"〔德〕哈贝马斯《后形而上学思想》,曹卫东、付德根译,译林出版社2001年版,第28页。

新。笛卡尔奠定了我思主体,意识哲学产生。德国唯心论是这种主体性理论的典型,"自我意识不是作为先验能力的本源被放到一个基础的位置上,就是作为精神本身被提高到绝对的高度"。"无论是从基础主义的角度把理性当作使整个世界成为可能的主体性,还是从辩证法的角度把理性看作是自然和历史前进过程中显示出来的精神——在这两种情况下,理性活动都既是整体反思,同时也是自我关涉的反思。"① 最后形成了一种强大的理论概念,即整全性的形而上学概念,它企图整体把握世界的本质,哲学强调的以沉思为典范的理论生活方式因而成为生命意义的首要表现形式。

然而,对意识哲学的冲击也相应开始,② 在上述现代哲学的基本主题中,首先是开始形成一种程序合理性观念。在形而上学中,"理性被认为是一种实质理性,它能统辖世界本质,并从中识别自身。因此,理论是整体与其组成部分的统一"③。而科学、道德等领域的自主发展,理性就变成了形式合理性,"程序合理性无法继续保证多元现象的先验同一性……科学理论的易错论和第一哲学所追求的知识类型是互不相容的"④。形而上学在19世

---

① 以上引文参见〔德〕哈贝马斯《后形而上学思想》,曹卫东、付德根译,译林出版社2001年版,第28~31页。
② 除《后形而上学思想》以外,哈贝马斯《交往行为和去先验化理性》(中文译文参见〔德〕哈贝马斯《在自然主义与宗教之间》,郁喆隽译,上海世纪出版集团2013年版,第15~55页)一文对后形而上学的思想语境和交往合理性概念亦有清楚的论述。
③ 〔德〕哈贝马斯《后形而上学思想》,曹卫东、付德根译,译林出版社2001年版,第34页。
④ 〔德〕哈贝马斯《后形而上学思想》,曹卫东、付德根译,译林出版社2001年版,第35页。

纪开始同化于科学，但哈贝马斯认为这种科学化只能带来新问题。在后形而上学思想的语境中，哲学应当承担怎样的角色和功能？哈贝马斯指出："这样，哲学便把科技、法律和道德等专家文化与交往的日常实践沟通了起来，其方法同文艺批评沟通生活和艺术是一样的。"① 当然，哲学不能把生活世界对象化，如形而上学的方法那样试图先验地给出一种理论。哲学应该是对人之生存的现实即生活世界之前提给出解释，即一种"准先验"的重建。

其次，理性定位的语境还原。黑格尔确立了一种作为绝对精神的理念体系，在他之后，费尔巴哈、马克思、克尔凯郭尔开始从各个不同的角度批判黑格尔，精神的理性概念开始还原为"世俗"存在物。但他们的替代方案并未对黑格尔的形而上学范式作根本改变。后来，一方面，始自狄尔泰等人的历史主义和生命哲学，经过胡塞尔笛卡尔式先验自我的纯粹化，到海德格尔《存在与时间》进行了综合，这就是所谓"先验主体的历史化和个体化"；另一方面，去先验化的理性又可以从皮尔士、杜威和后期维特根斯坦的语用学思想传统中得到理解，这条线索主要是对认识主体的去先验化。哈贝马斯认为，海德格尔后期进行了一种新的尝试，即把语言作为此在存在的基本的本体论规定，这样做当然使得主体间的问题不存在了，"但他这样做又导致了一个新的问题。这就是说，语言解释世界所发挥的预断力量，使得世

---

① 〔德〕哈贝马斯《后形而上学思想》，曹卫东、付德根译，译林出版社2001年版，第37页。

界内部的整个学习过程失去了意义"①。

于是,哈贝马斯就当代哲学的成就与限度进行总结,同时也清理了自己理性重建工作的问题域,这一清理是非常深刻的和根本的。他认为,虽然理念世俗化得到了推进,但已有的各种方案仍然陷于主体哲学范式中,"所有这些想使理性先验化的努力仍然局限于先验哲学范围内,都陷入了先验哲学的先天概念之中。只有转向一种新的范式,即交往范式,才能避免做出错误的抉择。具有语言和行为能力的主体用共同的生活世界作背景,就世界中的事物达成共识"②。生活世界取代了客体世界,交往共同体取代了先验主体,社会化的个体的存在或个体社会化的过程都发生在交往实践活动中。在这一活动过程中发生的实际事实是相互理解、达成共识,而其标准就是哲学诉求的交往理性。它奠基于前理解的交往活动之所以可能的有效性要求之中,而对这种前理解的有效性要求的重建活动就是康德意义上的理性批判。哈贝马斯的伟大抱负就在于重建生活世界得以可能的交往理性。

第三,"意识哲学批判"是在后黑格尔思想之后逐步达到的,最终触发了当代哲学的"语言学转向"。哈贝马斯明确指出:"很显然,是哲学中的语言学转向为我们准备了概念手段,用以分析体现在交往行为当中的理性。"③ 这是一种主体间性的

---

① 〔德〕哈贝马斯《后形而上学思想》,曹卫东、付德根译,译林出版社2001年版,第41页。
② 〔德〕哈贝马斯《后形而上学思想》,曹卫东、付德根译,译林出版社2001年版,第42页。
③ 〔德〕哈贝马斯《后形而上学思想》,曹卫东、付德根译,译林出版社2001年版,第42页。

语言理性概念，在方法论上克服了主体哲学的弊端，① 因为主体哲学必须依靠对意识事实作反身理解，其最大的问题是："不论是想依赖内在经验或知性直观，还是直接的自明性，对于观念空间或体验大潮中出现的实体的描述都摆脱不了纯粹主观的特征。"② 而始自弗雷格和皮尔士的语言分析传统却"……有助于引导哲学进入语法表达的公共客观领域"。当然，语言哲学本身也有一个完善的过程。

（三）交往合理性的形式语用学重建

哈贝马斯在《交往行动理论》开篇就指出："意见和行为的合理性（rationality）是哲学研究的传统主题。甚至可以说，哲学思想就是源自对体现在认识、语言和行为当中的理性（reason）的反思。理性构成了哲学的基本论题。"③ 为了在现代哲学的"后形而上学思想"平台上重建现代理性概念，哈贝马斯扩展了马克思、韦伯等传统社会行动概念，提出一种以"达到理解"为目标的"交往行动"概念。由于交往行动的一般特点是社会化个体间符号性的相互作用，于是，哈贝马斯给自己确定的任务就是，"确定并重建关于可能理解的普遍条件"，这成

---

① "语言是人类心灵在历史和文化中的表现媒介，因此，对于心灵活动的可靠分析方法必然不是始于意识现象 而是始于对意识现象的语言表达。"〔德〕哈贝马斯《后形而上学思想》，曹卫东、付德根译，译林出版社2001年版，第157页。
② 〔德〕哈贝马斯《后形而上学思想》，曹卫东、付德根译，译林出版社2001年版，第44页。
③ 〔德〕哈贝马斯《交往行为理论》第一卷，曹卫东译，上海人民出版社2004年版，第1页。

为"形式语用学"。① 语言的语用学观念认为，具有交往资质的言说者在言说一个句子时，总是同时与三个现实层面发生关联：（1）已被假定是事物现存状态的外在现实。（2）言说者愿意在公开场合作为自己的意向而表达的内在现实。（3）作为合法的人际关系而获得主体间承认的规范现实。而言说活动在主体之间要达至共识性理解，又必须遵循交往之可能的"有效性要求"，"交往理性"也就体现在对有效性要求的主体间承认上面，这是一种"非强制的强制力量"。哈贝马斯指出："这样一种模式引起了一场超越主体哲学语言学转向的交往理论转型。"即："交往理性所涉及到的不是一个自我捍卫的主体——该主体通过想象和行为而与客体发生联系，也不是一个与周围环境隔离开来的永久的系统，而是一种由符号构成的生活世界，其核心是其成员所做出的解释，而且只有通过交往行为才能得到再生产。"② 生活世界取代了客体世界，交往共同体取代了先验主体，交往合理性取代了实质理性。这里没有主—客体操作化的分离，人与世界构成解释学意义上的互动，"在作为交往行为源泉的生活世界和作为该行为结果的生活世界之间，形成了一个循环过程"③。

· 言语与行为 ·

首先说明何谓行为？当然，言语本身也是一种行为，但狭义而言，行为指一种非语言活动，一种目的行为："借助这种行

---

① 哈贝马斯较早期的用法是"普遍语用学"，参见《什么是普遍语用学》，见《交往与社会进化》。
② 〔德〕哈贝马斯《交往行为理论》第一卷，曹卫东译，上海人民出版社2004年版，第380页。
③ 〔德〕哈贝马斯《后形而上学思想》，曹卫东、付德根译，译林出版社2001年版，第42页。

为，行为者进入世界，目的是要通过选择和使用恰当的手段来实现预定的目标。而所谓语言表达行为，我认为言说者是用它来和其他人就世界中的事物达成共识的。"① 从观察者（第三人称）的角度，我们并不能了解行为者的意图；但是，言语行为（第二人称的参与角度）则可以向我展示言语者的主观意图，因为在这种场合，言语者的言语关涉我，他的言语的施行性质可以展示言语的意图："以言行事成分通过语用的评述，来确定表达内容的实际意义。"② 这一切要有可能，必然要求言语行为的参与者处于一共同的生活世界中，在这一世界中，人们构成一个语言共同体。

在对上述两种③基本行为类型区分的基础上，哈贝马斯引入了"理性""合理性"概念，以表征具有语言和行为能力的主体如何运用知识的方式，运用方式不同，其行为的合理性意义也就不同："如果我们从目的行为对命题知识的非交往性运用出发，我们就会遇到目的理性概念，这和合理选择理论的理性概念是一致的。如果我们从言语行为对命题知识的交往性运用出发，我们就会遇到交往理性概念，意义理论可以根据言语行为的可接受性

---

① 〔德〕哈贝马斯《后形而上学思想》，曹卫东、付德根译，译林出版社2001年版，第53页。
② 当然，言语行为的"完成行为式意义"要能被我理解，我必须放弃观察者的角度而采取第二人称的参与者视角。〔德〕哈贝马斯《后形而上学思想》，曹卫东、付德根译，译林出版社2001年版，第55页。
③ "我把目的行为和交往行为看作是基本的行为类型，相互之间不能还原。"〔德〕哈贝马斯《后形而上学思想》，曹卫东、付德根译，译林出版社2001年版，第58页。在《交往行动理论》中更细分为四种行动类型。

对交往理性做出解释。"① 交往活动是一种语言互动,在这个过程中互动参与者要能够相互理解,必然能够理解言语的"公共意义",他们必须遵守理解的前提,"这种交往理性表现在交往共识的前提当中"。②

以语言为中介的"互动"(interaction)过程中,目的行为与交往行为有严格的区别,可以区分出不同的互动类型,关键在于互动行为中语言发挥着怎样的力量?如果语言在互动中只是承担信息传递的工具作用,那么这种类型的互动就是策略行为,因为主体间的整合力量诉诸语言之外的语境。"因此,交往行为与策略行为之间的区别就在于:有效的行为协调不是建立在个体行为计划的目的理性基础之上,而是建立在交往行为的理性力量基础之上;这种交往理性表现在交往共识的前提当中。"③ 所以,交往活动中的言语行为要发挥以言行事力量,必须满足不仅仅是言语的陈述内容的可理解性,而且尚有其他的一些要求。总之,要满足规范要求,如果规范要求被破坏了,那么就必须代之以一些另外的"可接受的要求",正是有这些另外的"可接受的"要求,才使交往行为转变成策略行为。所以,交往理性重建的并非某种有效性要求的实质理论,而是更深层的交往前提条件(规范条件),这些条件的满足,才能使语言产生以言行事力量。如果这些前提条件被语言之外的权力关系取代,那么这也变成了策

---

① 〔德〕哈贝马斯《后形而上学思想》,曹卫东、付德根译,译林出版社2001年版,第57页。
② 〔德〕哈贝马斯《后形而上学思想》,曹卫东、付德根译,译林出版社2001年版,第60页。
③ 〔德〕哈贝马斯《后形而上学思想》,曹卫东、付德根译,译林出版社2001年版,第60页。

略行为。

·意义理论中的语用学转型·

意义理论是语言哲学点核心，它要回答一个基本问题："理解一种完善的符号表达的意义，究竟意味着什么？"① 哈贝马斯清理了已有的几种意义理论，阐明了形式语用学转型的必然性。

首先是意向主义语义学，认为语言本质上是向对方表达自己立场和意图的工具。"现代意识哲学的前提在这里被认为是没有问题的"，这种解释策略的核心在于：语言只是从有目的的语言运用者的意图中获得意义，"S所表达的"x"的意义内容，只能以S在特定语境中通过表达"x"所表现出来的意图来加以解释"②。其次是形式语义学（真值语义学），这是弗雷格、早期维特根斯坦、达米特和戴维森的传统。"注重的是语言表达的语法形式，它赋予语言一种独立的地位，使语言不受言语主体的意图或观念的影响。"③ 这种观点注重的是：语言的逻辑语义学结构。最后是意义应用（语用）理论，这是维特根斯坦后期在《哲学研究》中强调的，后来奥斯汀明确强调了言语行为的以言行事功能。哈贝马斯总结道："上述三种截然不同的意义理论分别抓住了理解过程的某个方面：它们不是想根据意图（意图意义），就是想根据内容（字面意义），或是想从应用的角度（表达意义）来解释语言表达的意义……这样说实际上已经含蓄地指出

---

① 〔德〕哈贝马斯《后形而上学思想》，曹卫东、付德根译，译林出版社2001年版，第90页。
② 〔德〕哈贝马斯《后形而上学思想》，曹卫东、付德根译，译林出版社2001年版，第93页。
③ 〔德〕哈贝马斯《后形而上学思想》，曹卫东、付德根译，译林出版社2001年版，第93页。

了它们的片面性。"① 因而，对哈贝马斯而言，"意义理论要想达到毕勒所系统阐述的交往理论的同一性高度，就必须像真值语义学对待语言的表现功能那样，给予语言的召唤功能和表达功能（必要的时候也包括雅各布逊所强调的、与表现手段相关的'诗学'功能）以一种系统的论证。我就是沿着这样一条思路，来展开我对普遍语用学的思考的"②。

奥斯汀在言语行为理论方面迈出了第一步，把真值语义学和语用学结合起来，他区分了言语行为的各种功能向度，如：以言表意、以言行事、以言取效，但他在言语的以言表意功能和以言行事功能间作了对立的区分。后来塞尔希望用真值语义学方法来建构各向度的有效性，哈贝马斯认为方向不对，"由于把有效性简单地定义为命题真实性条件的满足，言语行为理论还是和真值语义学的认知主义之间保持着千丝万缕的联系。而在我看来，这正是我们所要克服的缺点所在，但前提是我们必须认识到，不只是语言的表现功能，而是所有的功能都充满了有效性要求"③。根据后期维特根斯坦，一种语言表达的意义产生于其使用的语境中，而使用的语境即理解的语境。这一语境并非语言表达者自身

---

① 〔德〕哈贝马斯《后形而上学思想》，曹卫东、付德根译，译林出版社 2001 年版，第 98 页。

② 〔德〕哈贝马斯《交往行为理论》第一卷，曹卫东译，上海人民出版社 2004 年版，第 265 页。哈贝马斯吸收了毕勒的语言功能图式，"根据与言语者、世界及听众之间的关系对语言表达进行了分类。"参见〔德〕哈贝马斯《后形而上学思想》，曹卫东、付德根译，译林出版社 2001 年版，第 90~92 页。

③ 〔德〕哈贝马斯《后形而上学思想》，曹卫东、付德根译，译林出版社 2001 年版，第 66 页。达米特推动了真值语义学的语用学转向，"在真值语义学的这种认识转型后，命题的有效性问题就不再可以说是一个脱离了交往过程，而只涉及到语言与世界之间客观关系的问题了"。同上，第 68 页。

的意向，也非语言表达式的结构本身，而是形成于主体间的公共空间，其公共客观性基于理解中所包含的有效性要求。所以，意义理论的语用学转向是从言语者主体转向言语者与接受者之主体间如何达致理解的实际过程的考察；而形式语用学转向表明的是对理解得以实现的前提的重建，除了"理解的实际前提"（经验语用学），更根本的是语言理解本身完整的有效性要求。这一转向破除了形而上学的先验自我反思的主体性意识哲学（单纯的意识哲学的语言学转向仍然是形而上学的），也不是逻辑实证主义者的语言形式结构的逻辑分析，而是对实际的语言交往中可理解的表达运用中所固有的前提条件的重建。它是语言学的，更是语用学的；它是规范的（康德意义上的先验），也是可经验分析的，哈贝马斯用"准先验"刻画交往理性的性质。

在上述研究的基础上，哈贝马斯发展了一套"形式（普遍）语用学"。研究的对象是交往行为，核心是一个语言交往过程即言语过程，目标是达致理解（reach understanding）以形成共识（consensus）。其基本结构是：

·言语者就一件事情和他者达成理解·

在理解（交往行为的目标）的上述结构中，语言（日常语言）同时表达了三种原始功能："用于交往的命题，同时把言语者的意图（经历）表达出来，把事态（state of afiair——引者注）（或在世界中遇到的事情）表现出来，并与接受者之间建立起联系。这三种功能也就表现了三个基本方面：自己就某事与他者达成理解。语言表达的意义与（a）语言表达的意图，（b）语言表达的内容，及（c）其在言语行为中的使用方式之间存在着三重关系。"① 这样，言语行为的意义就可以通过规范分析而确定"达致理解"所必须的"有效性要求"（validity claims）："利用言语行为 Mp，S 同时与客观世界中的事物、主观世界中的事物以及共同的社会世界中的事物发生了联系，每一种言语行为都可以从如下三个角度来检验它是否有效：根据做出的陈述（或根据命题内容的实际前提）来检验它是否真实；根据言语者表达的意图来检验它是否真诚；根据现存的规范语境（或先验规范本身的合法性）来检验它是否正确。"② 言语行为中的理性即交往理性，也就体现在各种"准先验"③ 性质的"有效性要求"中，成为一种"程序合理性"，而"程序合理性无法继续保证多元现象的先验同一性"。由于科学、道德和艺术各自的自律发展和分化，整体包容的实质理性概念就瓦解了，理性变成了形式合理性。在《后形而上学思想》第七章"多元声音中的理性同一性"中，关于理性哈贝马斯说了如下一番话："在语言理解的可能性当中，我们可以看出一种稳定的理性概念，它的声音存在于既依赖语境又具有先验意义的有效性要求中：'这种理性既是内在的（在具体的语言游戏和制度之外是找不到的），又是先验的（一种我们用以批判所有活动和制度所依赖的规范性观念）。'（普特南语）用我自己的话来说，命题和规范所要求的有效性超越了时间和空间，但是，有效性又都是在具体的时间和空间范围

---

① 〔德〕哈贝马斯《后形而上学思想》，曹卫东、付德根译，译林出版社 2001 年版，第 65 页。
② 〔德〕哈贝马斯《后形而上学思想》，曹卫东、付德根译，译林出版社 2001 年版，第 111 页。
③ 形而上学的绝对自我造成先验向度的极端化，而经验向度的绝对化会走向语境主义的怀疑论和相对主义。

内，在具体的语境中提出来的，接受或拒绝这种有效性要求会带来现实的行为后果。"① 语言交往的前提是一些有效性要求，交往参与者共同遵守这些前提才有可能达到相互理解。当然，形式语用学必须假定一种"理想的言语情境"概念，以便共识的形成，这里存在的是一种形式的和程序性的合理性概念，作为理性要求它具有规范性，在此意义上也具有理想性。它成为现代文明中实际交往与论辩（仍然充满着异议风险）的合理性准则，成为社会批判的规范基础的核心。

"形式语用学"策略在一种多向度的眼光中，全面重建言语行为的各个环节的有效性要求，把言语者就某事与某人达成理解（一致）这个过程的各环节所要求的特定有效性要求加以重建。因而，它必然吸取了意向主义语义学和真值语义学的成就，也是对言语行为理论的拓展和深化。交往理性的语用学重建是一种底层逻辑，它奠定了现代人社会生存的非强制模式，但它并不构成一种实质性的乌托邦理想。有效性要求所包含的规范特性为一种交往理性的成立提供了保证，这样一来，由形式语用学奠基的交往理性就成为对于交往行为进行理性分析的基础。与交往活动内在相关的生活世界概念就成为分析社会和人的现实基础，从理论建构策略而言，正如马克思赋予生产关系以现实基础（经济基础）的地位，哈贝马斯构筑的是一种语言交往有效性的基础。

人们可以批评哈贝马斯的生活世界或理想交往共同体概念的乌托邦性质，但他的这些概念的理论意义还并非在于生活世界的

---

① 〔德〕哈贝马斯《后形而上学思想》，曹卫东、付德根译，译林出版社2001年版，第162页。

乌托邦价值,而是在于使我们人类的自我理解在基本范式上发生变化。对人类生存的反思转向了一个新的范式,这才是最重要的,才是哈贝马斯理论的真正价值所在。从主-客体关系转向生活世界的三重关系,或者说,传统主-客体模式把原本(人类本真生存)的三重世界关系收缩到一个单向度的模式之中,这是主体哲学的根本特征;而后形而上学思想不是在传统的先验自我之外再建立一个单面的基点(包括语言的基点),而是整个地、从根本范式上使人类自我反思的根本问题(存在问题)在一个全新的层面上确立下来。这里的"后",指的一种范式革命,其结果是实际地展示了人类生存的三重关系,世界由此失去了形而上学的纯客体虚构而成为"生活"世界;主体也失去了形而上学的先验自我的虚构而成为交往共同体。哲学作为人类生存的自我反思的理性形式(而非艺术或启示的形式)就应该进行这种理性重建工作,哈贝马斯的理论是这种理性重建的发展和变革。

交往理性的论证使批判理论的规范基础在当代西方哲学的后形而上学思想平台上得以重建,一方面超越了先验理性范式,另一方面也抵制了后现代的虚无主义。哈贝马斯以此为基础,不仅以"生活世界的殖民化"论题为现代性提供了一种"病理学诊断",而且通过对"实践理性"的语用学改造为基于"宪政"之上的民主法治国提供了一种商谈理论。在关于"现代性仍是一项未完成的计划"的声言中,保持了传统批判理论固有的乌托邦之维,但"带有调和和自由色彩的乌托邦视角扎根于个体交往社会化的前提之中，并且已经包含在类的语言再生产机制当中"。①

哈贝马斯的现代性重建理论在如今的后形而上学思想平台上是一份非常值得注重的思想资料，正因如此，当然也会受到各方面的质疑，比如被认为是法兰克福学派当代传人的霍耐特就认为，规范基础的语言理论仍太形式化、太狭窄，提议为批判理论重新提供一种"哲学人类学基础"。然而，被认为是法兰克福学派"第三代"的维尔默、霍耐特等人并不太认同这个标签，霍耐特曾意味深长地说过："如果我们能够提供一种比阿多诺和霍克海默更强的资本主义批判观念，一种整体上超越哈贝马斯的资本主义批判框架的话，那么，才能够谈及'第三代'。"②

三 "生活世界"的语用学概念

"生活世界"（Lebenswelt）这一概念已经成为当今许多学术论著中的常用语，但很多作者都是在很不相同的意义上使用，甚至有一些浅近、表面的意旨引申，虽然"生活"和"世界"确有日常用法的模糊性。然而，这一概念最初由胡塞尔在晚期著作《欧洲科学的危机和先验现象学》（1936年）中引入时，却是一个哲学的概念。克劳斯·黑尔德在胡塞尔文选集第二册《生活世界现象学》"导言"中指出："胡塞尔本人是在特定的思想状

---

① 〔德〕哈贝马斯《交往行为理论》第一卷，曹卫东译，上海人民出版社2004年版，第380页。
② Peter Osborne ed, *A critical sense: interviews with intellectuals*, ROUTLEDGE. 1996, p. 97.

况下将'生活世界'这个词提高成为哲学的中心概念的。"① 后人阐释和运用生活世界概念时,往往没能顾及其产生的那些"特定的思想状况"。另一方面,我们也无需固守于胡塞尔,正如克劳斯·黑尔德所说:"生活世界问题与生存哲学和解释学的思维有密切的联系,这种思维是由海德格尔、萨特和伽达默尔以及其他人在与胡塞尔的不断争论中发展起来的。并且这里同样包括:生活世界的概念近来在属于黑格尔左派传统的哈贝马斯社会哲学中获得了特殊的意义。"② 可以说,经过许多思想家的不断阐释,生活世界概念已成为当今欧陆哲学理论建构的关键词之一。

哈贝马斯为社会批判理论重新寻求规范基础而提出的交往合理性概念必然在生活世界的平台上展开。源于胡塞尔的生活世界概念,经过舒茨的社会学阐发后,已成为哈贝马斯建构"现代性病理学诊断"的核心概念。

(一)生活世界的现象学渊源

胡塞尔是基于对欧洲科学的实证主义观念的批判(他称之为科学的危机)而引入生活世界观念的,但他并非浪漫的反科学主义者。他首先提出问题:"我们如何能够率直地和完全严肃地谈论普遍科学危机呢?这也就是说谈论包括纯数学和精确的自

---

① 〔德〕胡塞尔《生活世界现象学》,黑尔德编,倪梁康、张廷国译,上海译文出版社2002年版,第1页。
② 〔德〕胡塞尔《生活世界现象学》,黑尔德编,倪梁康、张廷国译,上海译文出版社2002年版,第3页。

然科学在内的实证科学的危机。"① 胡塞尔给出的一个简明回答是:"科学观念被实证地简化为纯粹事实的科学。科学的'危机'表现为科学丧失生活意义。"② 作为人类产物的实证科学对人类的生存到底意味着什么?胡塞尔眼中科学的"这种危机不接触到特殊科学在其理论和实践上的成功,但是却彻底动摇它们整个真理的意义"③。由科学的危机引发欧洲人性的危机,表现在欧洲人的文化生活的总体意义上,表现在他们的总体"存在"上。在哲学上则意味着对"理性"信仰的崩溃,表现为对理性的怀疑论,这里的理性指一种整体的人的生存基础,存在者(事物、价值和目的)的真理。

近代实证科学的前设性理念是一种极端的理性可知论观念:"一个关于一般的存在者的整体本身就是一个理性的统一体,并且这个理性的统一体能够被一种相应的普遍科学彻底把握的观念。"④ 关键的一步是伽利略对自然的数学化,"整个无限的自然被当作一个具体的因果世界,并成为一种特殊的应用数学的对象"⑤。这是一种由科学设定和揭示的"客观对象世界","在几何的和自然科学的数学化中,在可能的经验的开放的无限性中,

---

① 〔德〕胡塞尔《胡塞尔选集》下卷,倪梁康选编,上海三联书店1997年版,第979页。
② 〔德〕胡塞尔《胡塞尔选集》下卷,倪梁康选编,上海三联书店1997年版,第981页。
③ 〔德〕胡塞尔《胡塞尔选集》下卷,倪梁康选编,上海三联书店1997年版,第988页。
④ 〔德〕胡塞尔《胡塞尔选集》下卷,倪梁康选编,上海三联书店1997年版,第998页。
⑤ 〔德〕胡塞尔《胡塞尔选集》下卷,倪梁康选编,上海三联书店1997年版,第1014页。

我们为生活世界（即在我们的具体的世界生活中不断作为实际的东西给予我们的世界）量体裁一件理念的衣服，即所谓客观科学的真理的衣服……正是这件理念的衣服使得我们把只是一种方法的东西当作真正的存有"①。

结果是"自然科学经历一场多方面的转变，它的意义被掩盖起来"②。随即，胡塞尔指出："生活世界是自然科学的被遗忘了的意义基础。"③ 对这个意义基础的遗忘，科学技术以及透过它所理解的自然就成为一种意识形态的构造物，这一构造以"客观性"名之，而忘记了这个构造（客观态度）本身是人类生存的世界关系的一个旨趣向度。④ 在胡塞尔眼中，真正实在的世界并非仅如科学展示给我们的"客观的"世界，而是"通过知觉实际地被给予的、被经验到并能被经验到的世界，即我们的日常生活世界"⑤。物理主义的自然观导致了思维的客观主义迷失，自然科学失去了反思能力。科学的历史源头和根本目的存在于前科学的生活中，并且必定跟它的生活世界相关联。可以说，胡塞尔对自然科学的这种"危机意识"是非常敏锐的，对生活世界的意义基础的诉求也极为强烈地体现了某种认识论"语境还原"

---

① 〔德〕胡塞尔《胡塞尔选集》下卷，倪梁康选编，上海三联书店1997年版，第1030页。

② 〔德〕胡塞尔《胡塞尔选集》下卷，倪梁康选编，上海三联书店1997年版，第1026页。

③ 〔德〕胡塞尔《胡塞尔选集》下卷，倪梁康选编，上海三联书店1997年版，第1027页。

④ 参见〔德〕哈贝马斯《认识与兴趣》，郭官义、李黎译，学林出版社1999年版。

⑤ 〔德〕胡塞尔《胡塞尔选集》下卷，倪梁康选编，上海三联书店1997年版，第1027页。

的意向。

那么，胡塞尔是怎样呈现生活世界本身的呢？他仍然坚守现象学的立场，通过主体意识分析来彻底探求我们的主体间性的社会生活世界。胡塞尔指出："我们处处想把'原初的直观'提到首位，也即想把本身包括一切实际生活的（其中也包括科学的思想生活），和作为源泉滋养技术意义形成的，前于科学的和处于科学的生活世界提到首位。"① 很显然，在胡塞尔的现象学基本观念中，现实生活和生活世界都包含于作为事实本身的"原初的直观"之中，对之进行现象学的反思和描述是回到并开启生活世界的"彻底"路径："通过一种高于生活的朴素性的反思，正确地向生活的朴素性回归，是唯一可能的一条克服那种处于传统的、客观的哲学的所谓'科学性'之中的哲学的素朴性的道路。"② 显而易见，胡塞尔的"反思"仍与"朴素"生活不同，仍然处于一种超验立场上，这是一条由笛卡尔和康德开创的思想道路，在这条道路上：'现存生活世界的存有意义是主体的构造，是经验的，前科学的生活的结果……至于'客观真的'世界，科学的世界，是在较高层次上的构成物，是用前科学的经验和思想为基础的，或者说，是以它的对意义和存有的认定的成果为基础的……只有彻底地追问这种主体性，我们才能理解客观真理和弄清楚世界最终的存有意义。"③ 显然，在主体意识中进

---

① 〔德〕胡塞尔《胡塞尔选集》下卷，倪梁康选编，上海三联书店 1997 年版，第 1037 页。
② 〔德〕胡塞尔《胡塞尔选集》下卷，倪梁康选编，上海三联书店 1997 年版，第 1038 页。
③ 〔德〕胡塞尔《胡塞尔选集》下卷，倪梁康选编，上海三联书店 1997 年版，第 1048 页。

行分析、描述或反思，胡塞尔试图揭示日常生活世界，而且这是一种带有"朝向事情本身"的绝对而彻底的方法，因而，现象学也就呈现为先验哲学的某种意义上的终极形态。①

那么，胡塞尔向自己提出的任务能够以他的"先验现象学"的方式完成吗？正如施皮格伯格观察到的那样，至此，整个"现象学运动"的今后发展都与后期胡塞尔的两个主题相关，即"生活世界"和主体间性。②当然，胡塞尔自己并非要发展出一种社会哲学，但人的实际生存现实即生活世界必然要与主体间性的社会互动内在相关，所以，对包括科学在内的人的现实生存活动的意义基础的真正揭示，必然会引导哲学走向一种社会历史理论。

（二）社会现象学的局限

在谈到生活世界概念的特征时，伽达默尔③指出："生活世界这一概念是与一切客观主义相对立的。这本质上是一个历史性概念……即我们在其中作为历史存在物生存着的整体。"而且，我们的历史性生存具有一种共在的主体间性结构："显然，生活世界总同时是一个共同的世界，并且包括其他人的共在。"④ 这

---

① 胡塞尔认为现象学的终极目标是对源于古希腊的整个欧洲文明的再奠基，"它旨在自我理解我们真正作为人的存在，作为历史的存在所寻求的东西。"同上，第1051页。

② 〔德〕施皮格伯格《现象学运动》，王炳文译，商务印书馆2011年版，第216页。

③ 伽达默尔说："毋庸置疑，边缘域（Horizont，或译"境域"）概念和现象对于胡塞尔现象学研究具有重要的意义。"这个判断为我们理解胡塞尔对生活世界的现象学揭示指出了一个切入点，参见〔德〕伽达默尔《真理与方法》上卷，洪汉鼎译，上海译文出版社1999年版，第316页。

④ 〔德〕伽达默尔《真理与方法》上卷，洪汉鼎译，上海译文出版社1999年版，第319页。

样,生活世界总是被呈现为"基于习性化的境域性"①。然而问题在于,如果对生活世界的探究想要成为一种真正的科学,那么,怎样才能使非主题化(境遇化)的意义领域不会重新落入客观主义理解的对象陷阱?更进一步的问题是我们如何才能真正进入生活世界的内在领域(因为这是我们日常生活所固有的)从而对这个领域的符号性背景意义进行理论认识,而不会走上建构超验物以及神秘物的背离之路。黑尔德认为要避免上述困难,就必须采用"发生现象学"的方法,力求在时间性(历史性)的框架中保有习性的维度,这样,"历史性的世界就进入了我们的思考境域内。但这个世界却具有一个彻底交互主体性的特征。它与其诸境域一起,构成诸如种族、民族或者文化的共同习性的关联物"②。

这样,对主体间共享的生活世界的理解就自然会被引向某种社会理论的方向,这是理论的内在逻辑使然。或许,胡塞尔"生活世界"概念给我们最重要的启示就是要求我们回到那未被某种特殊的先入之见(如客观主义)构型的社会实在上来,回到人类生存的现实领域。③ 这是一些解释学对象,是通过行为者之间的社会互动而形成的社会事实,许茨(Alfred. Schutz)认为能够通过现象学的方式把握这些事实,他把胡塞尔的"生活世

---

① 〔德〕胡塞尔《生活世界现象学》,黑尔德编,倪梁康、张廷国译,上海译文出版社2002年版,第64页。
② 〔德〕胡塞尔《生活世界现象学》,黑尔德编,倪梁康、张廷国译,上海译文出版社2002年版,第68页。
③ 从理论史而言,自从马克思提出感性生活现实的概念后,理论目标就开始注重这一现实领域但往往走上迷途,而胡塞尔"生活世界"概念及其彻底还原的旨趣,却第一次以专题的方式把问题本身呈现了出来。

界"进一步界定为"社会生活世界"或"日常生活世界"概念,他认为:"严格说来,根本不存在这些作为纯粹而又简单的事实的事物。所有事实都从一开始即是由我们的心灵活动在普遍的脉络中选择出来的事实。因此,它们总是经过解释的事实。"① 而后,许茨进一步确立了日常生活世界的概念,并区分对这一世界的常识构造和社会科学构造,而这世界本身则被当成"主体间性的文化世界",这是一个由我们共同参与,通过我们的相互行动建构的世界,其中体现出的"意义结构"就是所谓的"文化"。而社会科学家在对此建构理论模型时,按许茨的看法,就要引入所谓"理性行动"概念模型,一般而言,"理性行动却以下面这一点为前提,即行动者对各种目的、手段以及次要的结果具有清晰确定的真知灼见"②。理性行动遵循一些"理想的理性互动条件",第一类理性条件制约着韦伯所说的"目的合理性行动",而另一类型则是"价值合理性行动",行动者在相互作用的行动中要遵守某些共同的标准,并按此标准调整他们的行动。"这些标准是由包含他们的内群体当作为举止规则从社会的角度认可的:各种规范,各种良好的行为模式,各种风俗习惯,社会为这种特殊的分工形式提供的组织框架,国际象棋游戏的各种规则等。"③ 许茨所说的这些"合理性"规范无疑是存在的,它们作为社会秩序原则,规约和引导人们的行动。

---

① 〔德〕许茨《社会实在问题》,霍桂桓、索昕译,华夏出版社2001年版,第31页。
② 〔德〕许茨《社会实在问题》,霍桂桓、索昕译,华夏出版社2001年版,第55页。
③ 〔德〕许茨《社会实在问题》,霍桂桓、索昕译,华夏出版社2001年版,第60页。

作为"社会现象学"的代表人物,许茨当然认为现象学的分析方法是重新了解这些合理性规范事实的有效路径,而这些对象以前被当成理所当然的存在者。① 他认为胡塞尔提出的生活世界概念开始了真正的对社会事实的研究,然而,对胡塞尔式的意识研究方法,许茨本人也表示了某种疑虑:"从先验主体性的活动出发构造这个世界的尝试,绝对不可避免地导致唯我论吗?"② 这个疑虑显然是存在的。

哈贝马斯曾在其《后形而上学思想》一书中讨论了20世纪西方哲学"语言学转向"的"动机"问题,其中之一是自弗雷格以来,逻辑学和形式语义学对从意识哲学理论策略而来的对象理论的沉重打击,"具有判断、行为和经验能力的主体的行动所能面向的对象,胡塞尔称之为意向性对象。但是,这种意向对象的概念并不能够表现所意味和所陈述的事态的命题结构"③。因而,"事情本身"的意义仍未得到澄清,因此,"不论是想依赖内在经验或知性直观,还是直接的自明性,对于观念空间或体验大潮中出现的实体的描述都摆脱不了纯粹主观性的特征"④。

哈贝马斯研究专家麦卡锡在讨论"建构一个批判理论的方法论"问题时,曾就社会领域之独特的交往行为者之主体间性

---

① 〔德〕许茨《社会实在问题》,霍桂桓、索昕译,华夏出版社2001年版,第173页。
② 〔德〕许茨《社会实在问题》,霍桂桓、索昕译,华夏出版社2001年版,第175页。
③ 〔德〕哈贝马斯《后形而上学思想》,曹卫东、付德根译,译林出版社2001年版,第43页。
④ 〔德〕哈贝马斯《后形而上学思想》,曹卫东、付德根译,译林出版社2001年版,第44页。

及相互理解这类基本性质,针对现象学方法提出质疑:"从胡塞尔的先验现象学,通过许茨的'社会世界的现象学',到当代现象学社会学和种族现象学这样一脉相承的传统中,关于理解的社会基础已经以生活世界的形式进行了阐发。"① 然而,"胡塞尔先验现象学的'独白的'方法使得他无法对主体间的基础做出满意的解释。'他者'、主体间共享的生活世界以及建立在生活世界中间的客观世界,始终仅仅被建构为具有'独一无二的哲学孤独'之个体单子的构成。"② 当然,许茨在他的社会现象学中,在他对生活世界及其合理性结构的解说中,最终也未能避免那种个体单子的独白性,他始终坚守主体的意向性的重要性。主体意向诚然是行动的必要构成,因为意向体现着行为者的自我意义和动机,但我们无法仅从主体意识出发来理解主体间的互动行为,因为在共在的社会世界里,行为者的行动的经验制约因素受到更加广泛的社会规范的制约,它超出了个体的主观世界。个体意向结构的先验分析无论如何"超越"与"还原",始终囿于"自我"的范围内,始终无法解释清楚在社会化的过程中自我同一性是如何形成的,社会的规范秩序是如何基于互动成为可能的,更何况无法说明现代世界观内含的意识结构基础是怎样经由"解神秘化"而得以"启蒙"的。

哈贝马斯曾经谈到 20 世纪以来的"现代哲学"的特有的

---

① 〔美〕麦卡锡《哈贝马斯的批判理论》,王江涛译,华东师范大学出版社 2010 年版,第 198 页。
② 〔美〕麦卡锡《哈贝马斯的批判理论》,王江涛译,华东师范大学出版社 2010 年版,第 200 页。

"四种现代思想主题"①，其中之一就是曾被人们广泛谈论的"语言学转向"，即从意识哲学向语言哲学的范式转换，"语言与世界以及命题与事态之间的关系取代了主客体关系。建构世界的重任从先验主体性头上转移到语法结构身上。语言学家的重建工作代替了难以检验的反思"②。当然，这种"重建科学"的方法论并非仅由语言学家的语法分析可以完成，甚至分析哲学的形式语义学也无法真正获得日常语言实践中言语行为的真正的意义内涵。但无论如何，集中关注语言及其实际运用以期找到一条通往理解现实社会内在秩序基础的路径，已是人们寄予厚望的现实。

（三）以交往合理性为基础的社会概念

为了给社会批判理论奠定内在的规范基础，哈贝马斯在20世纪60年代末出版了《知识与兴趣》，希望以认识论的"反思意识"概念进行这项工作，但并不成功。于是他转向语言哲学，③提出"普遍语用学"概念，后来又称为"形式语用学"。④

在社会行为理论中，交往行为，即主体间以"达到理解"

---

① 〔德〕哈贝马斯《后形而上学思想》，曹卫东、付德根译，译林出版社2001年版，第6页。
② 〔德〕哈贝马斯《后形而上学思想》，曹卫东、付德根译，译林出版社2001年版，第7页。
③ "粗略地说，因为言语是在人的层面上独特的、具有穿透力的生活媒介，所以交往理论是人文科学的基础性研究，它揭示了社会文化生活的普遍结构。"〔美〕麦卡锡《哈贝马斯的批判理论》，王江涛译，华东师范大学出版社2010年版，第353页。
④ 下文论述主要以《什么是普遍语用学》（1976年）（见〔德〕哈贝马斯《交往与社会进化》，张博树译，重庆出版社1989年版）和《论行为、言语行为、以语言为中介的互动以及生活世界》（1988年）、《意义理论批判》（1988年）（见〔德〕哈贝马斯《后形而上学思想》，曹卫东、付德根译，译林出版社2001年版）等文章为文本依据。

为目的的行为,"是最根本的东西"①,其他行为类型只是其衍生物。而"普遍(形式)语用学"则是对"交往行为的一般假设前提"进行的重建,阿佩尔称之为"可能理解之规范条件",基本而典型的互动媒介是"言语行为"。我们看到,作为一种"重建性科学",其方法论原则并非一目了然,因为言语行为的这些前提条件并非如经验事实那样具有直接的现实性,但也不能从内在意识结构中通过思辨获得。它大至可用赖尔"know-How"和"know-That"的概念区分加以理解,并把交往前提条件从潜在的背景知识转化为主题化的认识对象(比如皮亚杰发生认识论的结构主义重建方法)。

确定的分析对象是在通常的人类行为中区分出来的"言语行为","言说者是用它来和其他人就世界中的事物达成共识的"。与之相对的非言语行为则是一种"目的行为","借助这种行为,行为者进入世界,目的是通过选择和使用恰当的手段来实现预定的目标"②。对言语行为如何理解?即如何确定其真实意义?这是语用学重建的关键。我们无法从第三人称的"观察者视角",而只能从第二人称的"参与者视角"才能进入言语行为的主体间性空间,作为"听者"不仅能理解言语的陈述性内容,而且可以依据对"言语者"如何使用语言,对其言语中的"以言行事力量"(首先由奥斯汀区分出来)进行语用学评估,从而全面把握和理解其实际意义并做出相应的反应。两种典型的行为类型都有其内在的有效性条件,这些条件构成行为的"合理性"

---

① 〔德〕哈贝马斯《交往与社会进化》,张博树译,重庆出版社1989年版,第1页。
② 〔德〕哈贝马斯《后形而上学思想》,曹卫东、付德根译,译林出版社2001年版,第53页。

因素:"如果我们从目的行为对命题知识的非交往性运用出发,我们就会遇到目的合理性概念……如果我们从言语行为对命题知识的交往性运用出发,我们就会遇到交往理性概念,意义理论可以根据言语行为的可接受性对交往理性概念做出解释。"① 这样,言语行为的交往合理性就能通过其有效性前提,即提出和兑现有效性要求加以衡量。

言语行为中的理性即交往理性,体现在分化的世界概念和各种相应的带有"准先验"性质的"有效性要求"中,成为特定文化解释系统(内核是决定不同世界观的意识结构)的"形式因素",成为一种"程序合理性",而"程序合理性无法继续保证多元现象的先验同一性"。由于科学、道德和艺术各自的自律发展和分化,理性就变成了形式合理性,成为"多元声音中的理性同一性"②。

形式语用学所论证的交往合理性概念虽然是一种"元理论"层面的基础性研究,但这些合理性内核正是实际存在并体现在我们日常的生活实践当中的。在以语言为中介的社会相互作用中,可以区分出目的行为(策略行为)和交往行为这两种"互动类

---

① 〔德〕哈贝马斯《后形而上学思想》,曹卫东、付德根译,译林出版社2001年版,第57页。

② 哈贝马斯对理性说了如下一番话:"在语言理解的可能性当中,我们可以看出一种稳定的理性概念,它的声音存在于既依赖语境又具有先验意义的有效性要求中:'这种理性既是内在的(在具体的语言游戏和制度之外是找不到的),又是先验的(一种我们用以批判所有活动和制度所依赖的规范性观念)。'(普特南语)用我自己的话来说,命题和规范所要求的有效性超越了时间和空间,但是,有效性又都是在具体的时间和空间范围内,在具体的语境中提出来的,接受或拒绝这种有效性要求会带来现实的行为后果。"参见〔德〕哈贝马斯《后形而上学思想》,曹卫东、付德根译,译林出版社2001年版,第162页。

型",这是由"行为的协调机制"来加以区分的。交往互动类型是言语行为的"以言行事力量"充当了协调行为的角色:"在交往行为中,语言理解的共识力量,亦即语言自身的约束力能够把行为协调起来,而在策略行为中,协调效果取决于行为者通过非语言行为对行为语境以及行为者之间所施加的影响。"① 在交往性互动中,协调机制是由言语行为在实施时提出的"可以批判检验并且以主体间承认为基础的有效性要求"。这样,这种交往互动就内含某种合理性或"规范有效性",这与权力命令区分开来,它是一种"非强制的强制力量","这种交往理性表现在交往共识的前提当中"。②

在上述概念区分的基础上,我们可对哈贝马斯的"生活世界"概念有更为充分的理解,他是在社会行动理论的语境中讨论"社会秩序何以可能"这一基础性问题时引入"生活世界"概念的。哈贝马斯认为,交往互动中内含的交往合理性是"在更高层次上结合并固定下来的生活世界的背景层面"。它提供了社会秩序稳固的基础。主体的行为如何产生一个超越主体的社会公共空间,即社会秩序如何在社会行为理论中得到理解并加以合理阐释,这个所谓"霍布斯式的问题"(帕森斯语)一直是个难题。目前学者们普遍持有的基础共识是,社会秩序规范是在主体间的互动中产生的,不同的互动机制决定不同的互动类型并具有

---

① 〔德〕哈贝马斯《后形而上学思想》,曹卫东、付德根译,译林出版社2001年版,第59页。
② 当然,在交往互动中协调的是各主体本身的目的行为,不是取消而是协调目的行为,这样,"使得以自我为中心的行为者的行为计划和行为进程处于主体间共有的语言结构的约束之下。"〔德〕哈贝马斯《后形而上学思想》,曹卫东、付德根译,译林出版社2001年版,第61页。

不同结果。在理论史上，人们提出了各不相同的理论范式来解释一定历史时期占统治地位的社会主导机制的形成，比如，媒介理论就认为货币即一种制约行为者的媒介，马克思揭示了市场交换中的"资本增值逻辑"，在这种秩序中，货币媒介成为资本，成为捍卫自身持存的主体，从而使得整体上的社会实践具有一种"物化"性质。而卢曼等人的社会系统理论则放弃从行为理论的角度来阐释社会秩序，对这种理论路径哈贝马斯有这样的批评："系统功能主义切断了自身与生活世界及其成员的直觉知识之间的联系。"因而付出了"客观主义的代价"①。

社会秩序是由主体间的互动形成的，所以必须考虑行为者的行动，而行动之发生则是由行为者的行为动机所内在推动的，行为者在其个体社会化（个体与社会的关系过程）过程中形成自我同一性。由此促使我们进入社会世界的内在空间，考察行为者互动实践中必然包含的"理解"机制和过程，哈贝马斯指出：如果"试图从内部对社会文化的生活关系加以解释，他就必须把一种能够依赖互动参与者的行为视角和解释活动的社会概念当作出发点"②。对这种社会世界概念的理解核心是互动的"交往类型"，这是一种由"达致理解"为机制的类型，而理解之可能是有一些前提的，这些合理性前提成为生活世界的背景知识基础。

于是，哈贝马斯引入"生活世界"概念，使之成为交往行

---

① 〔德〕哈贝马斯《后形而上学思想》，曹卫东、付德根译，译林出版社2001年版，第71页。

② 〔德〕哈贝马斯《后形而上学思想》，曹卫东、付德根译，译林出版社2001年版，第72页。

为的必要的相关概念。对社会秩序的解释并不是以日常实际的具体交往实践来进行的，因为每一次具体实施的交往实践必然会伴随"双重偶然性"的异议风险，实际上大量发生的情形是"中断交往或转向策略行为"①。不是具体而直接达成的理解共识，而是包含在其中、作为交往前提的深层背景知识储备成为秩序的基础，这是交往中的"深层自明性中的前理解、确切性和肯定性"②。这就是生活世界，哈贝马斯指出："在我看来，交往行为也是包含在生活世界当中的，而生活世界主要是通过吸收风险，回过头来揭示大量的背景共识。"③哈贝马斯接受了胡塞尔生活世界的基本观念但并没有采用现象学的论证方法。生活世界观念指向人们的日常生活实践和世界经验的内在背景知识领域，即胡塞尔所谓的前谓语和前概念领域，这是一些在科学客观主义世界理解中被遗忘的意义基础领域。

形式语用学是要重建性地揭示交往互动中的形式前提，这就是日常言语行为中展现的关涉三重世界的有效性要求，这些前提凝结成非主题知识，成为判定主题知识是否被理解和接受的标准。主题知识体现在断言命题中的陈述内容上，而在言语行为中使用的"完成行为式命题"中，除了陈述内容以外，言语的实际意义则要在使用中根据所涉及的有效性要求来断定。"随着这些有效性要求的提出，先验前提（当然是在准先验意义上——

---

① 〔德〕哈贝马斯《后形而上学思想》，曹卫东、付德根译，译林出版社2001年版，第72页。
② 〔德〕哈贝马斯《后形而上学思想》，曹卫东、付德根译，译林出版社2001年版，第73页。
③ 〔德〕哈贝马斯《后形而上学思想》，曹卫东、付德根译，译林出版社2001年版，第73页。

第七章　哈贝马斯对批判理论之规范基础的重建

引注）与经验事实之间的张力关系也就渗透到了生活世界自身的现实处境当中。"① 从而使得生活世界本身具有一种随社会进化而来的动态结构。② 就非主题知识而言，哈贝马斯进一步加以分析和区分，目的在于获得一个更加准确而严格的生活世界概念。在日常运用的非主题知识中，首先可以指认的是一些"伴随主题"的"表层知识"，这是一些涉及情境的视界知识（Horizontwissen）和依赖主题的语境知识（Kontextwissen），这就与某种"深层的非主题知识"区分开来了，显然，"这里指的是生活世界的背景知识，它是表层非主题知识的基础"③。作为"深层的非主题知识"的生活世界于是有如下的特征：首先是一种绝对的明确性（unvermittelte gewissheit）。其次，使其具有总体化力量（totalisierende kraft）以及相应的整体论（Holismus）性质。生活世界"就像文本和语境一样相互渗透，相互重叠，直到相互构成网络"④。我们应该注意到，这样的生活世界概念，绝不能被理解成某种浪漫主义或伦理或审美的构造物，也不是任何更加源始的神秘存在，对之的理解和重建也就不能根据从现象学传统而来的所谓"存在之思"来进行。下面我们将看到，形式语用学的生活世界概念是由符号建构起来的日常行为基础网

---

① 〔德〕哈贝马斯《后形而上学思想》，曹卫东、付德根译，译林出版社 2001 年版，第 75 页。
② 由此引出对社会进化的内在逻辑（参见哈贝马斯《交往与社会进化》第三章）、世界观的合理化（参见哈贝马斯《交往行动理论》第一卷第二章）等论题的进一步阐发。
③ 〔德〕哈贝马斯《后形而上学思想》，曹卫东、付德根译，译林出版社 2001 年版，第 77 页。
④ 〔德〕哈贝马斯《后形而上学思想》，曹卫东、付德根译，译林出版社 2001 年版，第 79 页。

络，它是可以呈现出来，可以变化，可以用日常语言交流的，生活世界本身也具有合理化的结构。

由此，我们进入一种由生活世界加以解释的社会概念。我们在世界中生存，我们遇到和处理不同的事物的方式构成不同的经验，在世界观解神秘化的过程中，我们的世界经验分化开来，"如果经验同言语行为和生活世界背景知识的三分法观念是联系在一起的，那么，经验分类也就体现了生活世界的结构"①。世界不再神秘，社会不再自成一体，而个体也不再本质性孤独，"在交往行为的循环过程中，行为者不再是始作俑者，而是自身传统的产物，是所属协同群体的产物，是被抛入社会化过程和学习过程的产物"②。这是一个通过交往互动，"由符号建构起来的生活世界"的社会。

由交往行为和生活世界基本概念解释的现实社会观念，使得社会秩序即主体间相互承认的规范原则得以重建性理解，在生活世界的基础上，社会得以整合，生活世界本身也区分为不同的部分而获得内在结构，如文化价值系统、合法制度以及个体自我等。随着交往实践的推进，生活世界也被不断地再生产出来，与交往形成互为因果的关系。这样的理论视角使我们对帕森斯对社会结构的著名区分可以有更好的理解，"日常交往实践的网络同在社会空间和历史时间范围内一样，远远超出了符号内涵的语用

---

① 〔德〕哈贝马斯《后形而上学思想》，曹卫东、付德根译，译林出版社2001年版，第81页。
② 〔德〕哈贝马斯《后形而上学思想》，曹卫东、付德根译，译林出版社2001年版，第81页。

学领域,并构成了文化、社会以及个性结构的形成与再生的媒介"①。首先,文化是一些储存起来的知识,它趋越了某种语言共同体的界限。其次,社会由合法的秩序构成,形成特定的社会群体并使群体成员的行为协调起来。最后,具有严格时空界限的个体的个性结构,则使得主体能够言说从而决定着其动机和能力。生活世界的这些"结构性构成物"不能被理解成"相互构成周围环境的系统",当然,从生活世界的背景网络中也会生长出诸如资本和权力这样一些"操纵媒介",作为异化的自我持存力量,它们是具有自身逻辑的系统,发挥着"生活世界殖民化"的系统功能。

经由对日常言语交往式运用的语用学解释的生活世界社会概念,就把社会内部的实践与学习过程结合了起来,在社会世界内部重建起它本身所具有的某种规范原则,这就是形式化的交往合理性。其一,它是现实的,是因为"内部世界的实践通过先验的意义理解所建立起来的世界观结构,不仅依靠创造诗意来对自己加以革新,它们还对所促成的学习过程做出反应,学习过程的直接结果就是世界观结构的转型"②。这样,对人类社会生存整体性而言,就不能单向性地把某方面抽象化独立出来作为与系统对抗的另一种系统性力量,如浪漫派那样诗意地呼唤"将来之神"③,或者像海德格尔和福科那样,"认为语言世界观的创造性

---

① 〔德〕哈贝马斯《后形而上学思想》,曹卫东、付德根译,译林出版社2001年版,第82页。
② 〔德〕哈贝马斯《后形而上学思想》,曹卫东、付德根译,译林出版社2001年版,第88页。
③ 参见〔德〕弗兰克《浪漫派的将来之神》,李双志译,华东师范大学出版社2011年版。

革新是本体论或知识形式的远古历史"①。其二，它是规范的。由此，我们要把生活世界的世界观结构的形成和变化当作理解和批判现实社会内部实践的规范性准则。马克思揭示的生产方式变革的历史观作为一种动力系统与生活世界规范结构的重建解释相互映衬，共同呈现为一种社会批判理论的新前景。

哈贝马斯总结了经合理化进程而产生的现代生活世界（凝结在文化传统中）的"形式特征"：（1）文化传统必须区分不同的形式世界，从而依据相应的有效性要求而采取不同的、可以批判检验的立场。（2）文化传统必须与自身保持一种反思性关系，以使自身的演化走在一条可以理性论辩的道路上。（3）文化传统的理性自我批判的认识能力，必须能够在社会层面制度化，以便在各种文化亚系统中能够持续保持和更新这种学习能力。（4）文化传统还应该在生活世界中，为解决某些局部性问题而引入目的行为的社会机制，从而形成以金钱和权力为操控媒介的社会亚系统。韦伯分别把上述由价值领域分化而来的社会亚系统的形成称为"现代文化合理化"和"现代社会合理化"。当然，这种社会亚系统的运行原则很有可能取代整个社会的规范性交往原则，从而使"生活世界殖民化"，这也是社会批判理论的揭示目标。

这里体现着现代生活世界内含的解中心化的"现代世界观"的意识结构，凝结着作为"最低限度"的交往合理性。渊源于马克思市民社会的政治经济学批判、始于法兰克福学派的社会批判理论，在阿多诺对"非同一性"不太成功的美学论证之后，

---

① 〔德〕哈贝马斯《后形而上学思想》，曹卫东、付德根译，译林出版社2001年版，第98页。

哈贝马斯基于主体间性视域而对生活世界及其交往合理性等概念的形式语用学重建，可望为社会批判理论之理论范式的更新奠定更具说服力的规范基础。

第八章　阿佩尔：作为意识形态批判的先验语用学

一　当代哲学的解释学重构

如何确定和论证一种哲学的和批判性的社会科学的目标？依照阿佩尔《哲学的改造》"英文版前言"所述，他的工作整体而言是"一种对当代哲学中出现的改造进程的解释学重构"，具体而言就是"依循语言先验解释学或先验语用学的线索制定出来的（先验）哲学改造方案"。① 基本内容是依循所谓英美语言分析哲学的论证传统，对其先验语用学进行了"最初勾画"，虽然1973年以后有"更详尽的阐述"，但其基本的论证思路和观点已然清楚。质言之，我们把阿佩尔的"先验解释学"或"先验语用学"理解为一种理论思路，它可以为社会批判理论的理性规范观念提供一种主体间性的强意义上的论证策略。在这个视角

---

① 〔德〕阿佩尔《哲学的改造》，孙周兴、陆兴华译，上海译文出版社1997年版，第1页。这个方案在1973年同名的两卷本德文文集中得到系统呈现，而英文和依据英文版而来的中文版是其选译，主要以德文本第二卷为基础，主要表达了以先验解释学或先验语用学为名的先验哲学的改造方案。

第八章 阿佩尔：作为意识形态批判的先验语用学

下，阿佩尔与哈贝马斯具有基本的共同性，两人虽有争论，① 但在"家族相似"的某种共同背景下，他们都致力于论证和重建主体间的公共合理性，这种合理性可望作为批判的真理性准则而发挥现实的规范作用。

在"科学理论"的概念下，自然科学和人文科学的争论由来已久，阿佩尔在此提出了一种方法论上的"三分法"，科学理论可以分别表述为：科学学、解释学和意识形态批判。他特别论证了一种科学学和解释学的互补关系，以此来反对新实证主义（或逻辑实证主义、逻辑经验主义）关于"统一科学"的观念，这个观念已形成一些关于经验实证科学的教条，并以之作为所有被称为"科学"的理论类型统一的基础。这种科学理论观念继承了康德的思路，企图论述经验的一些必要的可能性条件（先验逻辑条件），即形式逻辑条件。但它没有继承康德关于经验构造的范畴综合问题，它把知识还原到经验材料那里（可证实原则），"以这种方式，一切科学都将被证明是无旨趣的，是对事实的纯粹理论处理，是认知操作，它们原则上服从于相同的方法论，即一种统一的'科学逻辑'的方法论"②。它们倾向于消除科学的所谓"先验"条件的问题，或把这些问题归于心理学、

---

① 关于阿佩尔和哈贝马斯对理性规范的论证策略的差异，哈贝马斯曾经简要概括为："他采取先验的路径，而我则进行了去先验化。"〔德〕哈贝马斯《在自然主义与宗教之间》，郁喆隽译，上海人民出版社2013年版，第58页。哈贝马斯认为阿佩尔方案的主要问题在于"他还是倾向于一种基要主义的哲学观"，这样使得"先验语用学论证——其作用是'最终理据'——在真理中具有一种假定的坚定不移的，但在对话中无法证实的确定化的地位"。同上，第72页。

② 〔德〕阿佩尔《哲学的改造》，孙周兴、陆兴华译，上海译文出版社1997年版，第61页。

社会学或解释学，科学是对事实的说明，而不是理解，"只有从因果假设出发对可证实的观察陈述的演绎，也即在某种程度上的预测检验，才具有'说明'的科学性"[①]。科学应该仅仅是说明的，它的逻辑本身排斥理解及人文科学。

然而阿佩尔认为，这种关于科学之统一性的观念是一种极端的抽象，没有把握知识与科学真正的可能性条件。因为事实本身也是被构造的，所以，科学和科学活动本身是人类介入世界的一种方式，这里更重要的是首先在哲学上把握人类"在世"的普遍先行条件。这也是阿佩尔所谓"认知人类学"的方法论视角，他指出："我们的认知人类学已经使得经验材料的构造不仅仅依赖于人类理性本身（一如康德所说的）的一种综合成就，而且也依赖于一种介入性的世界理解，即依赖于一种具有意义构造作用的认知旨趣，那么，上述那种对知识之前提条件问题的特殊还原问题的意义就真相大白了。"[②] 在此阿佩尔提出了一种具有生存论意味的前提领域，这与海德格尔的"基础存在论"是相关的，而且他还追踪了早期的解释学传统（施莱尔马赫、狄尔泰），最终主要运用分析哲学的概念框架，发展成他所谓的"先验解释学"或"先验语用学"。所谓"先验"或"准先验"的说法，旨在表明人类生存的这些前提性条件的领域。比如，自然科学家并不能作为一个真正"孤独自我"进行工作，他必定是以某种主体间性的解释共同体的成员出现，而这就意味着："这

[①] 〔德〕阿佩尔《哲学的改造》，孙周兴、陆兴华译，上海译文出版社1997年版，第63页。

[②] 〔德〕阿佩尔《哲学的改造》，孙周兴、陆兴华译，上海译文出版社1997年版，第60页。

第八章 阿佩尔：作为意识形态批判的先验语用学

种主体间性水平上的沟通不能由某种客观科学的方法论程序来取代，原因就在于这种沟通是客观科学之可能性的条件。"① 这是"说明性科学纲领"的"绝对界限"（认知人类学界限），由此阿佩尔认为，这种主体间沟通的解释学与客观科学构成一种"互补关系"。② 这种解释学的对象，不能由说明性的主体－客体结构来进行"描述"。

在两者关系问题上，与哈贝马斯类似，阿佩尔把它们归结为两种不同的人类认知旨趣的类型："（1）由一种以自然规律之洞见为基础的技术实践的必然性所决定的认知旨趣；（2）由具有伦理意义的社会实践之必然性决定的认知旨趣。"解释学的认知旨趣的目标是对"……一种有意义的人类'在世界中存在'之可能性和规范的沟通——它也已然是技术实践的前提"③。而且，这种主体间性的沟通成就和方式也是历史性的，用哈贝马斯的话说就是"现代意识结构的历史性形成"或"生活世界的合理化"。

这种解释学哲学的基础问题在于如何确立或论证主体间表达的意义，即理解的真理性或有效性。如何避免主体间语境的不同立场的相对主义从而达到一种共识的确证，这成为哲学解释学的核心基础问题，它为人文科学进行一种建基。与实证主义相反，解释学的问题是如何克服某种历史主义的相对主义，在不同的历

---

① 〔德〕阿佩尔《哲学的变造》，孙周兴、陆兴华译，上海译文出版社1997年版，第71页。
② 当然，两者是互补的平行关系，还是主体间性作为"意义基础"为客观科学奠基？这是有争论的。
③ 〔德〕阿佩尔《哲学的改造》，孙周兴、陆兴华译，上海译文出版社1997年版，第71页。

史语境的解释学情境中,如何达到主体间理解的客观性和普遍性。当然,这里的客观性并不能被还原为某种宗教和形而上学的实质性观念。这样,阿佩尔的科学观念就进一步推进到一种"意识形态批判"的方法上,它是对"历史主义问题的哲学解决",历史主义一方面表现为相对主义,另一方面表现为某种意识形态的教条化。在这种意识形态批判的观念中,阿佩尔发展出一种关于先验解释学的伦理观念,它建立在"无限交往共同体的先验语言游戏"① 之中,这是一种先验反思性观念,"意识形态批判自始就要求先验语言游戏的综合统一体,从而假定这一统一体原则上能够从每一个语言游戏出发通过对实际规则包括'规范'的反思性自我超越而得到实现"②。这是一种"强意义"上的真理共识观念,它强调的是真理或理性的客观性和普遍性。只不过这种客观普遍性不是由经验科学的可证实性原则保证的,为此,阿佩尔设想了一种"理想的先验共同体",以及一种先验的理想的语言游戏,并以之为标准进行批判性的实践,这是一种"解释学的启蒙",它不是肯定性的"任一切如其所是",而是批判性的真理追求。

二 主体间性的先验维度

在主体间性范式中,共同体范畴必须得到确认,而且这种共同体的组织原则是由主体间的交往关系确立的。这里就产生了一

---

① 〔德〕阿佩尔《哲学的改造》,孙周兴、陆兴华译,上海译文出版社1997年版,第187页。
② 〔德〕阿佩尔《哲学的改造》,孙周兴、陆兴华译,上海译文出版社1997年版,第203页。

第八章　阿佩尔：作为意识形态批判的先验语用学

个基本问题，即如何确立一种理性而规范的交往原则？通过怎样的理论论证策略来确立这样一种交往合理性概念？这是一个现代性问题，因为启蒙意识已经把理性作为认识和行为的基础了，这里的理性观念包含着自由和平等的现代价值理念。

这也就是知识（科学的认识）的先验维度，它保证了科学认识的必然可靠性即真理性。康德发展了一种"意识哲学"的论证方案，通过意识或自我意识的先验逻辑分析来阐明科学的客观有效性，"康德提出了他的先天综合法则，即关于诸如直观、想象、知性和理性等心理能力的功能法则，以取代休谟的心理学联想法则"[①]。阿佩尔追索了现代哲学不同范式对这个问题的论证线索及其理论范式的演变，其中最为显著的转变是所谓"语言学转向"，言语分析取代了意识分析。言语哲学最初的基本形式是关于科学语言的逻辑句法和逻辑语义学，它保证了科学理论的逻辑一致性和可证实性，这种语言哲学因而被称为逻辑实证主义或逻辑经验主义。

然而，逻辑语义学也遇到了自身的限度和困难。就意义理论而言，形式语言的句法逻辑所表达的意义只是日常语言表达的意义整体的一种抽象，也就是说它缺失了语言的语用维度，而正是"指号解释"的使用维度使得语言是可以被人们在主体间意义上可理解。在这样的分析背景上，一个主体间性的解释共同体（无论对语言还是事实的解释）就被先行设立起来，以之取代康德"先验统觉"之类的基础概念。这样一个先行的解释共同体

---

① 〔德〕阿佩尔《哲学的改造》，孙周兴、陆兴华译，上海译文出版社1997年版，第88页。

在"总是已经被先行设立"意义上被认为是"先验的",阿佩尔认为皮尔士的贡献就在于对这一先验共同体进行了论证,"我们可以把皮尔士的哲学探究理解为对康德先验逻辑的一个指号学改造",这一改造是确立了一种无限共同体的"终极观点",它冲破了康德那种"方法论唯我论"而指向一种主体间性的客观性。[1] 皮尔士、后期维特根斯坦以及言语行为理论等,代表着语言分析哲学的一种发展趋势,这就是"在分析哲学的发展进程中,科学哲学的兴趣重点逐渐从句法学转移到意义学,进而转移到语用学"[2]。这个发展线索可以视为是对语言表达的整体意义不断探索的持续努力,是分析哲学的所谓"语用学转向"。这也意味着纯粹形式化的逻辑推演是不可能彻底解决语言(知识)的意义和真理问题的,罗素和前期维特根斯坦所谓的逻辑主义被认为是一种新莱布尼兹主义－柏拉图主义的形而上学乌托邦。这个转向希望考虑意义理解的整体,涉及的是一个完整的符号表达的意义整体性。哈贝马斯也研究了言语者就某事与他人达致理解这样一种言语交往活动,他特别关注这一主体间言语交往的合理性基础和前提,称之为"形式语用学"。[3] 由于在言语活动中,参与者达成理解必须共同遵守一系列的有效性要求,这些有效性要求作为交往或论辩活动的合理性因素是必须的,在这个意义上阿佩尔称这种语用学为"先验语用学"。这种语用学的言语概念

---

[1] 〔德〕阿佩尔《哲学的改造》,孙周兴、陆兴华译,上海译文出版社1997年版,第92、101页。

[2] 〔德〕阿佩尔《哲学的改造》,孙周兴、陆兴华译,上海译文出版社1997年版,第108页。

[3] 参见哈贝马斯《后形而上学思想》,曹卫东、付根德译,译林出版社2001年版,第90页。

第八章 阿佩尔：作为意识形态批判的先验语用学

也是解释知识和认识的前提，它是不能忽视的语境基础，它是我们的经验和理论认识得以可能的、在"总是已经"意义上的实际前提。如果用主体性概念来表达这一前提，那么它就是一种非实体性的、主体间结构性的"共同体"，在不被还原到经验个体和实质集体意义上，它是"先验的"。①

阿佩尔认为，这个语用学转向首先体现在皮尔士那里，因为他特别设定了一个解释共同体的存在，它保证了知识的客观一致性，它取代了康德的先验意识概念。共同体的原则是规范性的、理想性的或者（用阿佩尔的话说）是先验的。在这个规范必须得到合理遵守的意义上，它也具有一种现代性的伦理意义。"这个主体无疑也不是康德（甚至胡塞尔）古典先验哲学所见的纯粹意识本身，而是一个实在的实验和解释共同体，在其中，一个理想的、无限的共同体作为一个终极目的（Telos）也同时被设定起来了。"② 但它本身并不是一个可经验的客体，而是一些解释学中介，"作为传统中介化的主体间性沟通乃是一切客观知识（包括前科学知识）之可能性和有效性的先验解释学条件"③。阿

---

① 这个概念与哈贝马斯"生活世界"或后期维特根斯坦"生活形式"概念处于同样的知识论层面上。
② 〔德〕阿佩尔《哲学的改造》，孙周兴、陆兴华译，上海译文出版社1997年版，第131页。
③ 阿佩尔认为海德格尔在《存在与时间》中，基于此在的生存论分析即生存的"展开状态"的不同形式，分析了"说明"和"理解"共同的生存论基础。但海德格尔的这一分析"仍然落入一种方法论唯我论的生存论本体论变种中了"，也就是说海德格尔是从此在"在世界中存在"的展开状态的"属我性"出发点，而并没有进入到"共在"的主体间性维度中。〔德〕阿佩尔《哲学的改造》，孙周兴、陆兴华译，上海译文出版社1997年版　第135页注释。伽达默尔同样把这一解释学主体作一种生存论理解，只是这种理解考虑到了生存的历史性以及意义揭示活动。〔德〕阿佩尔《哲学的改造》，孙周兴、陆兴华译，上海译文出版社1997年版，第140页。

佩尔认为，这里的问题在于如何确定交往活动规范准则的合理性，互动本身的理性基础是什么？这是对伽达默尔生存论解释学（德国解释学的后黑格尔主义传统）的一个批判性追问，因为这种解释学仅仅追踪到阐释性生存历史性的"效果历史意识"那里，这容易产生依情境而来的相对主义。阿佩尔问道："难道解释者在这种情境中不是需要一个具有方法论意义的规整原则，以便把他的解释活动与一种无限的可能进步联系起来，也即根本上与一个绝对解释真理的理想极限值联系起来？"① 这是非常重要的一个规范维度，一个交往和理解的合理性维度。

三 伦理共同体的"先验奠基"

在《交往共同体的先天性与伦理学的基础：科学时代伦理学的合理性基础问题》一文中，阿佩尔对上述观念进行了较为系统的进一步阐发。他论述了这一合理性基础的必然性问题，及一种批判的理论的规范性基础问题。他提出问题的语境是"现代全球性工业社会"，其中产生了"全球性问题"，这类问题不是局部的、只关涉某部分社会人群（阶级、阶层），而是全人类生死攸关的整体问题，这导致一种普遍的伦理学的需要，"即对某种能约束整个人类社会的伦理学的需要"②。

然而问题是，这种主体间的全球伦理是否可能？应该如何建立？它具有这样的性质？它是非理性的主观领域（新实证主义

---

① 〔德〕阿佩尔《哲学的改造》，孙周兴、陆兴华译，上海译文出版社1997年版，第150页。
② 〔德〕阿佩尔《哲学的改造》，孙周兴、陆兴华译，上海译文出版社1997年版，第257页。

第八章 阿佩尔：作为意识形态批判的先验语用学

的方法论必然得出这个结论）还是可以具有某种客观有效性？等等这些问题都是必须解决的。阿佩尔认为马克思主义是一种解决方案，这种方案在方法论意义上是通过对古典本体论作历史辩证法改造而获得的。但与黑格尔观念论不同的是，马克思强调行动主体的创造性实践，这种实践的辩证展开被认为是一种遵循客观规律的"自然历史过程"。这样，"对历史的必然进程的辩证分析和综合，似乎一开始就扬弃了休谟在事实和应该之间的区分，代之以被解释为合理的现实整体"①。也就是说在某种类型的马克思主义那里，主体间性的伦理学奠基问题已成为不必要，因为由客观规律保证的真正的"人类历史"开始了。这种阐释方案当然会受到当代后形而上学的批判性质疑，因为在客观规律的保证之下，它强调实体性理念主体的自我实现，卢卡奇揭示的无产阶级的阶级意识保证了整个过程的真理性。总之，这是一种首先由黑格尔论证的"整体中介化"方案，"这里，由黑格尔在后设思辨性反思意义上设定起来的主观性和客观性之间的整体中介化，是以一种科学的和客观的分析的结果之面目出现的"②。

另一方面，西方世界中的新实证主义③和实用-工具主义则完全排除了终极目标的理性选择问题，或者把目标评价的伦理学问题归结为非理性的主观决断领域，认为这是存在主义分析的个人生存领域。这里出现了分裂，公共领域的"价值中立性"和

---

① 〔德〕阿佩尔《哲学的改造》，孙周兴、陆兴华译，上海译文出版社1997年版，第263页。
② 〔德〕阿佩尔《哲学的改造》，孙周兴、陆兴华译，上海译文出版社1997年版，第265页。
③ 阿佩尔认为其哲学基础是由维特根斯坦《逻辑哲学论》奠定的。

个人良知的非理性。在这种情况下，如何设想一种把个人协调起来，使之能够为社会实践承担共同责任，即如何设定一种主体间的伦理规范原则，就成为当前情境中的重大人类问题。而且，这种约束性规范并不能仅仅通过契约论意义上的约定而达成，因为约定本身是以目的行为的合理性为本质的。所以，如何对主体间的道德规范进行有效的理性论证就成为一个基本问题。

阿佩尔的论证策略是通过对分析哲学（广义的自然科学的合理性）的限度的质疑而展开，这里无需重构其论证的具体过程，但他的结论是明确的，逻辑也是有力的。他通过对康德先验哲学的解释学改造实现这一点，即对主体间规范有效性进行彻底的先验论证。哲学理论话语本身要求一种先验的主体间有效性，这是一种理论话语的权威，是一种理智的行为要求，一种"先验语言游戏"的要求。私人语言的不可能性得到澄清以后，必须设想一种理想的、先验的交往共同体的观念，它保证了主体间之理解的规范性和合理性。这是人类活动本身内在要求的，同时也构成了科学理性本身的要求和前提。正因为我们已然处于启蒙的科学时代，这样一种主体间的道德规范的基础论证就是必须的，它正是启蒙智慧的先验反思的必然要求。逻辑合理性（以及科学合理性）本身并不蕴含伦理意义（它是工具性的），但它的成立必然预设一种伦理的规范性。阿佩尔指出："如果没有在原则上先行假定一个能够进行主体间沟通并达成共识的思想家共同体，那么论辩的逻辑有效性就不可能得到检验。"① 这是从后

---

① 〔德〕阿佩尔《哲学的改造》，孙周兴、陆兴华译，上海译文出版社1997年版，第301页。

第八章　阿佩尔：作为意识形态批判的先验语用学

期维特根斯坦的"私人语言批判"出发而获得的一种启发性洞见。进一步而言,"如果我们根据'言语行为'理论把人类话语的完成行为部分与记述部分区分开来,那么上面这一点就能得到进一步的澄清","由此,任何事实陈述,作为必须在逻辑上加以辩护的陈述,在语言的深层结构中都是以一种完成行为式的补充为前提的"。① 这也可以这样来理解,一切事实陈述,在实际的使用的言语活动中都以一种完成行为式的方式关涉主体间的论辩规范。这是语言表达之意义的语用学因素,而这个因素不可能被简单地（如奥斯汀本人）被归结到非理性。这样,在对话式的语用维度上,必然预设一种伦理的规范前提,对此前提之"必然性"的确立,在阿佩尔那里表述为"伦理学之终极基础论证"。② 这种规范伦理学的确立是从对"方法论唯我论"的克服中必然得出的,这是一种理想的交往共同体的道德,是某种"先验"观念的当代翻版,是一种"意义批判"上的理性准则,是一种"希望原则"。

阿佩尔认为,这种伦理学的"终极基础论证"的逻辑,不可能在逻辑句法的语义学层面上得到解释,它必须在一种"先验语用学"意义上获得确立。也就是说,这里的"基础论证"不是在公理演绎系统中进行的,这不是一个演绎逻辑的意义学问题。阿佩尔提出一个康德式的观念,即"先验反思",这是一种特定的哲学方法,它不能唯一地被归结为逻辑语义系统,"换言

---

① 〔德〕阿佩尔《哲学的改造》,孙周兴、陆兴华译,上海译文出版社1997年版,第303页。
② 〔德〕阿佩尔《哲学的改造》,孙周兴、陆兴华译,上海译文出版社1997年版,第304页注释3。

之，恰恰当我们确认在一个句法－语义学模型中论辩之可能性的主观条件的不可客观化时，论辩的先验语用主体的自我反思性知识才被表达出来"①。由此，阿佩尔得出一种"先验语用学"必然性的结论，"在这种'先验的语言语用学'中，论辩主体能够对总是已经被先行假定为言语情境（以及作为内在化的言语情境的思想情境）之前提的论辩的可能性和有效性条件做出反思"②。当然，这里的先验反思并不是在孤独自我中进行的，也不是在意识领域中发现的，而是在主体间的交往共同体意义上进行"重构"的。关于阿佩尔对哲学反思"先验性"的用法，我们更应该倾向于把它理解为人类实际的言语和行为的理性论辩中"总是已经"意义上的必然要求，所以，不应该对他如下说法有什么误解："我把我的这一探究理解为对先验哲学作意义批判的改造。它是以那种先天的论辩事实为基础的，并以之作为一个不可回避的准笛卡尔式的出发点。"③

阿佩尔认为，他的这种"理想"方案与波普尔的"批判理性主义"具有相似性，因为波普尔的批判框架也设立了一个"理想"，而且包含伦理（以及政治）意蕴，"开放社会"的观念就具有这种意义。但波普尔的方案放弃了对"理想"进行"终极基础论证"，从而使之具有某种相对主义的特征。波普尔认为所谓理想只是关涉"信仰行为"，是一种"非理性的，道德

---

① 〔德〕阿佩尔《哲学的改造》，孙周兴、陆兴华译，上海译文出版社1997年版，第311页。
② 〔德〕阿佩尔《哲学的改造》，孙周兴、陆兴华译，上海译文出版社1997年版，第312页。
③ 〔德〕阿佩尔《哲学的改造》，孙周兴、陆兴华译，上海译文出版社1997年版，第315页。

第八章 阿佩尔：作为意识形态批判的先验语用学

上的决断"，他否认这种伦理性的"意志的决断"可以被合理地论证。阿佩尔指出："放弃对那种'批判框架'之选择的合理性基础论证——从而按我们的论题来说，即放弃对道德基本规范的合理性基础论证——是不足取的。"① 不能把"合理的论证"仅仅等同于"演绎"，理性的意志并非"自由"选择的结果，"而是一种唯一可能的决断"。这就是所谓启蒙的解释学反思，这种合理性是论辩（主体间交往的根本活动）得以可能的必然前提。

阿佩尔论证策略的基本思路是：如果我们实际上正在进行的是理性的批判性论辩，那么，我们已然进入了一个理想的交往共同体中，必然已经遵守这个共同体的主体间的交往合理性规则。那种"方法论唯我论"的视角是不会真正进入主体间的论辩活动的，阿佩尔把这种主体间语言游戏的必然性用先验（或准先验）这样的术语来表示，不管容易引发什么误解，但其反思性意向是明确的，我们已然是论辩共同体的产物和参与者，总是已经遵循主体间的合理性规范，他把这种先验必然性称为"对基本伦理规范的承认"。由此，阿佩尔指出："只要我们承认，我们的基础问题讨论应该无条件地（也即不考虑经验条件）具有意义，那么，我们因而就可以把蕴含在论辩意志中的基本道德规范称为无条件的或绝对的。"② 这是康德意义上"理性事实"的"绝对命令"，虽然这种基础论证本身并不能依照康德的方式（这种方式把规范的遵守还原于某种事实性）进行，而是应该在

---

① 〔德〕阿佩尔《哲学的改造》，孙周兴、陆兴华译，上海译文出版社1997年版，第316页。
② 〔德〕阿佩尔《哲学的改造》，孙周兴、陆兴华译，上海译文出版社1997年版，第319页。

基本观念上把它理解为一种"先验的自我沉思"的结果，它是一种"论辩性理性的不可避免的先行决断"，它具有海德格尔在《存在与时间》中提到的某种"先天完成式"特征。这是对康德"理性事实"的先验重构，① 是一种超越形式语义学②的语用学，一种先验语用学。

阿佩尔也意识到这种"理想"交往共同体的伦理学不能与某种实际承认的事实性混为一谈，也就是说它阐明的是现实社会内含的一些理想而又必须的规范原则，他说："我迄今为止所阐发出来的对一门交往伦理学的基础论证是从一些被理想化了的前提出发的。"③ 这样，这种基础论证就具有一种"长远的决策性取向所具有的意义"，即"理想性"的意义。维尔默的批评所针对的正是这种未来性的理想，他认为理性并不能被看成是一种有待实现的作为目标的理想，理性是在现实的具体生活情境中的某种内在的张力因素。阿佩尔的这一先天的、理想的规范原则实际上存在于何处？论辩成员总是已经是一个现实共同体的成员，而且潜在地总是已经预设了某种理想的交往原则，这里存在一种矛盾或者说辩证法，就此而言，维尔默关于理性总是在历史情境中体现和成长的观点是有启发性的。理想并不是有待去实现的目标，它就存在于实际生活中，存在于现实的认识、行为和言语中。

---

① 阿佩尔在其他地方把这种重构视角称为"认知人类学"，也就是哈贝马斯关于"认识旨趣"的视角。

② "逻辑语义学不再把一种对理性的蕴含的先行决断的先验反思看做哲学语言游戏中合法的一步。"〔德〕阿佩尔《哲学的改造》，孙周兴、陆兴华译，上海译文出版社1997年版，第327页。

③ 〔德〕阿佩尔《哲学的改造》，孙周兴、陆兴华译，上海译文出版社1997年版，第332页。

四 作为规范基础的理性奠基

继《哲学的改造》之后，阿佩尔继续关注并进一步探讨了主体间性的理性基础问题。这种理性是由交往理解的论辩活动产生的，所以它也是"伦理－规范"的，他把这项问题探讨的任务明确表述为："反思性的先验语用学的最终奠基问题，抑或伦理学之奠基合理性问题。"① 这个方案的理论策略与哈贝马斯有共同之处（哈贝马斯称之为"形式语用学的重建"），但阿佩尔把这个方案的方法论原则表述得尤为清晰。

阿佩尔首先反对两种关于"理性奠基"错误理论方案的"先入之见"："第一种是遵循无可置疑的形式逻辑的想法，即哲学的奠基必然是从他物推导出被奠基之物，第二种是这样（与形式逻辑的奠基思想内在结合在一起）的想法，即伦理学的合理性必然能够回溯到其他基本要素，即单个行为者行动的手段－目的－合理性上去。"② 所以，哲学的合理性奠基的方法只能是对合理行为本身的"以言行事"（performative）力量本身进行"反思性的回溯"（这也是哈贝马斯所谓"重建科学"的方法），这种方法在阿佩尔那里就是对合理性的先验语用学奠基。通过对不同的合理性类型的区分，我们已然可以对合理性的不同运用进行批判性的反思，以避免合理性的某种极端化和绝对化。这种普遍奠基观念承续着康德关于道德原则普遍性奠基的基本思路，它

---

① 〔德〕阿佩尔《对话与责任》，钟汉川、安靖译，浙江大学出版社 2018 年版，第 1 页。
② 〔德〕阿佩尔《对话与责任》，钟汉川、安靖译，浙江大学出版社 2018 年版，第 1 页。

被认作是后传统社会必须确立的类型规范，也是全球化时代的普遍人类要求，这是一种关乎全人类生存利益普遍的"责任伦理学"。对此，阿佩尔提出的基本理论问题是："对这样一门伦理学进行主体间有效的理性奠基的可能性如何呢？"①

这就是阿佩尔的基本问题，他希望对一种主体间的"共契责任伦理"进行彻底的理性（先验）奠基。他的方法论思路首先是批判关于理性奠基的通常观念，这种观念的结果是否认了主体间具有理性联系的可能性。相反，他注重的则是主体之间交往沟通本身的可能性条件，这些条件作为达成某种理性共识之必然的前提条件，内在地相关于规范的理性奠基。在言语行为理论中，言语（主体间的互动中介）的"以言行事力量"的事实性得到了重视，这种力量所遵循的论辩原则必须假定一种"理想的交往共同体"（哈贝马斯也称之为"理想的言语情境"）观念，这个观念要求进入论辩的主体必须遵循一些原则，"在这种共同体之中真理诉求的意义理解和共识构成在原则上是可能的"②。

---

① 〔德〕阿佩尔《对话与责任》，钟汉川、安靖译，浙江大学出版社2018年版，第9页。马克思理论的方法论建构承续的是黑格尔的思路而不是康德的，通过一种关于历史存在的（作为人类生存的现实展开）辩证运动，超越或解决了存在与应然、事实与规范的二元论。阿佩尔指出："在这种运动之中对持存的某种否定在如实可见地对存在进行必然的深入发展的意义上，取代了伦理学上的应然要求。"同上，第15页。在这里，过程的内在必然性的展开被认为就是理性的，就是现实，就是趋向具体的总体的真理性过程。至于现实的劳动（异化劳动）怎样通过自身的否定（阶级斗争只是这种否定的动力和方式），从而建构一种规范的、真正出于人类本质的劳动组织形式（即市民社会本身的规范秩序的建构），实践哲学仅仅给出了观念性的原则。换句话说，伦理总体性（黑格尔）的原则如何以制度的形式、如何以理性可确证的形式得到实现，仍然是一个基本课题和任务。

② 〔德〕阿佩尔《对话与责任》，钟汉川、安靖译，浙江大学出版社2018年版，第17页。

第八章　阿佩尔：作为意识形态批判的先验语用学

这是一种"先天必然"的假设，既成为互动论辩的理想视界，也为规范共识奠定基础。不同于康德以个体的心向责任为指向的形式伦理，这是一种主体间的、处于公共空间的交往共同体的责任伦理学。阿佩尔反复强调了这种理想性对于人类"在世生存"的必然性①，这是一种"先验逻辑的必然性"。由这种在世先天性之在世事实中得出规范条件不会导致所谓"自然主义的谬误"，这也是康德所说的"理性事实"。对这些先验条件的重构被称为解释学的反思：先验解释学或先验语用学。这既不同于实证主义，也不同于存在主义，在某种意义上，这是一门重构以后的先验哲学，是建立在人的在世交往互动之必然性基础之上的科学。这门科学也是对人类理性和伦理的规范性进行重新奠基的必然要求。

谈到重构这种先验解释学的理论史动因，阿佩尔指出这是对康德二元论的克服。但这种克服必须在吸取黑格尔的理性现实性（过程中的、指向未来的规范引导）观念基础上，进行一种"后黑格尔式"的转化，即消解其实体性的理性观念，代之以主体间必然具有的、起规范引导的"理想交往共同体"的理性规范概念。这首先体现在交往的论辩（言语行为）活动本身的"有效性要求"之中，任何有效的说理都必然自反性地假设了语用学的有效性条件，通过对交往活动"反思性的自身奠基"，重建的解释学就获得了"先验性"，而这不能等同于任何意义上的形而上学。具体而言，它是通过对言语行为的反思得到的，"得到转化的先验哲学将会具有先验符号学的地位，这种符号学作为言

---

① 海德格尔此在之在世的"前建构"意义上的"实际性"。

413

语行为理论的基础包含了一种先验语用学，作为诠释的'精神科学'之基础涵盖了一种先验诠释学"①。这种方案不同于康德的地方首先在于重构的对象任务：不是探求"客观有效的认识的意义条件"，而是关注"说理对话的主体间有效性的条件"。就此而言，这样一种主体间性的条件在方法论意义上成为认识条件的基础，这是一种对先验哲学的主体间性转化，并且成为应该普遍遵守的语用学规范。②

在某种意义上，先验语用学的必要性可以理解为理论理性和实践理性的统一，它也是对概念论"方法论唯我论"（思辨）的克服，阿佩尔认为这将导向对伦理规范的先验哲学奠基，也就是说，这也是"必然被承认的伦理学基本原则"，③最终它是一种关于理想交往共同体之对话条件的反事实的规范要求。④对这种"总是已经"存在于我们交往对话的严格要求中的先行条件，只能以一种后传统的先验语用学加以重建，而作为对话共同体的成员，我们必须遵守这些程序性的言语规范，在这个意义上，它也就成为一种"对话伦理学"。它要求的是更为根基性的形式－程序合理性原则，阿佩尔指出："就此而言，对话伦理学不是任何

---

① 〔德〕阿佩尔《对话与责任》，钟汉川、安靖译，浙江大学出版社2018年版，第60页。
② "语用学上转化的先验哲学，与其更彻底的方法论起源相符合的是，对话的主体间有效性的可能性条件必须被明确地理解为规范条件，比如理解为在对话之中履行有效性诉求的普遍－语用学规则。"〔德〕阿佩尔《对话与责任》，钟汉川、安靖译，浙江大学出版社2018年版，第60页。
③ 这种语用学原则也是黑格尔主体间的承认原则，康德把它作为"理性事实"直接确立起来。
④ 〔德〕阿佩尔《对话与责任》，钟汉川、安靖译，浙江大学出版社2018年版，第73页。

第八章 阿佩尔：作为意识形态批判的先验语用学

直接规范奠基的一阶伦理学，而是一种对内容规范的共识－交往奠基作最终形式－程序奠基的二阶伦理学。"① 因此，它不是一种实质性理性的理想，而是理性（有效）对话之必然条件。它是向历史、情境和多元开放的。它不是黑格尔意义上的"实体德性"，而是一种将康德的先验观念进行解释学转化后的形式普遍性原则。② 它是一种调节性的"理念"，阿佩尔提请人们注意的是，不能把这一启发－调节理念混淆和误解为"在一种能够将实在设定为事实的意义上的柏拉图主义－形而上学的理念假设，或者一种完全通过虚构的乌托邦而想象到的、理想的经验世界"③。这一调节性理念旨在反对对基本规范的语境主义的相对化理解，它坚守的是一种启蒙的理性化的后传统－后形而上学观念。

总体看来，阿佩尔的工作强调了对一种规范伦理学的基础论证的必要性，对于一种批判理论或批判的社会科学而言，它关涉对一种"批判尺度"的自觉，这个"规范基础"是需要论证和理性奠基的。它不是通过诉诸某种实体性立场就"先天地"保证了一种解放事业的真理性，立场的真理性是需要论证的，不是可以通过诉诸某种以真理的名义存在的意识形态而被取消。一种社会批判理论或"批判－解放的社会科学"必须明确具有关于

---

① 〔德〕阿佩尔《对话与责任》，钟汉川、安靖译，浙江大学出版社 2018 年版，第 76 页。
② 这也就是哈贝马斯所谓"U 原则"，当然，这个普遍原则有一个"在历史关联上的应用问题"。参见〔德〕阿佩尔《对话与责任》，钟汉川、安靖译，浙江大学出版社 2018 年版，第 81 页。
③ 〔德〕阿佩尔《对话与责任》，钟汉川、安靖译，浙江大学出版社 2018 年版，第 82 页。

理想规范的理性意识,这种自觉是从人类的"反思性自我理解"中激发出来的,没有一个人或某个群体"先天地"就能够成为这一解放事业的实际承担者。

第九章　韦尔默：主体间性的内部辩论

人的生存、人的世界以及人的历史，有没有一个理想或希望？此即"规范"问题，而基于自由理念为现代人的生存进行理论奠基则是现代批判理论的核心。这样一种理论或哲学要能够合理地建构起来，需要理论话语的合理论证，这是理论话语自身的内在逻辑要求，论证意味着理论话语的"认知内涵"。也就是说，我们注重的不仅仅是观念意义上的规范价值自身的丰富性和正当性，更要注重包含和表达这些观念的理论本身的建构逻辑是否合理。批判理论的新一代（韦尔默、霍耐特、本哈比等）接受了哈贝马斯的基本思路，对马克思以降的批判理论传统进行了方法论的反思，阐释了各阶段不同理论范式的得失。时代精神所呈现的现实问题和批判理论内在的理论问题构成了理论发展的动力，决定着不同理论建构策略的推进和困难。

韦尔默（Albrecht. Wellmer）认为："马克思和批判理论都企图用一种关于解放社会的规范基础观念来分析现代社会。但双方都未能在其现代社会的分析与其理论的乌托邦向度间建立有效的联系。……马克思对工具理性持一种非批判的坚信，而批判理论则持一种抽象的否定。"① 他更多的是关注双方的概念策略（框架）问题以及问题的深层逻辑，所以，概念策略的转换对拯救伟大理论的真理内容是必须的。

一 传统范式批判

韦尔默在《理性、乌托邦与启蒙辩证法》②一文中，从理论的问题意识和理论的建构策略角度考察了社会批判理论的历史。他认为马克思承续的是黑格尔早期著作中一种"伦理共同体"的理想，只不过马克思以历史唯物主义的名义称之为"共产主义"。马克思质疑的只是实现这种理想的黑格尔方案，认为这个方案只是在"解释世界"意义上的理论解决，而问题在于实践性的、通过"物质力量"改变世界从而真正实现这个理想。于是对马克思而言，怎样为这种改变世界的革命行动（无产阶级的阶级斗争和自我解放）提供理论基础就是一个不能回避的基本问题，换句话说，他必须对这种解放实践进行论证。在马克思早期思想以及《大纲》中，论证的基本思路是黑格尔的辩证逻辑，这种逻辑虽然是人类社会历史存在和发展的必然展现（经过黑格尔洗礼的马克思始终没有放弃这种逻辑），但马克思又怀疑这只是无结果的思辨：他希望为这种辩证逻辑提供更为可靠的

---

① Albrecht Wellmer, "*Reason, Utopia, and the Dialectic of Enlightenment*" in *Habermas and Modernity*. Richard J. Bernstein ed., Polity Press, 1985, p. 50.
② 〔德〕韦尔默《后形而上学现代性》，应奇、罗亚玲编译，上海译文出版社2007年版，第62页。

（实证科学的）基础。① 在韦尔默看来，马克思的理论没有形成可以让他阐述在现代工业社会条件下的个人的自由联合观念的范畴，这种范畴是不同于劳动以及生产关系的"相互作用"的社会关系，这个"社会互动"的维度在马克思那里是缺失的。马克思抛弃了现代性条件下的自由的建制化这个黑格尔式问题。②这个自由的建制化是以道德和法律的制度中介实现的，而马克思认为这些"上层建筑"现象只是资本主义经济剥削制度的意识形态伴生物，马克思没有充分认识到现代社会的功能分化和系统复杂性。所以，马克思的理论模式对现代工业社会的解释力是不充分的。后来的新马克思主义者们则注意到了韦伯对现代社会的一种与马克思进步主义不同的理性化的现代理论。

韦伯所谓理性化（rationalization）即是合理性（rationality）的提高，根据帕森斯结构功能主义的理论框架，可以在文化、社会和个性三个维度理解。至于这个合理化过程所导致的结果或后果，韦伯一定程度上持一种悲观的看法，因为实现了的合理化是一种独特的合理性形式，即目的合理性，这与理性的整体实现不

---

① 这个科学的历史理论认为，社会进程是通过生产劳动（刚性的物质生活的生产方式）实现和推动的，这是一种现实的、能动的活动。后来恩格斯用唯物主义历史观加以命名，马克思以"自然历史过程"刻画了劳动的历史进程。在《德意志意识形态》中，他们强调这种历史观具有"实证科学"的方法论意义。

② 〔德〕韦尔默《后形而上学现代性》，应奇、罗亚玲编译，上海译文出版社2007年版，第66页。

是一回事。① 韦伯的意义在于，他破除了不加反思地乐观信任劳动和生产力的传统观念。规范基础或完整的理性概念再也无法无反思地落实在劳动能力上，而这种能力曾经是被马克思的解放叙事指认为是人的类本质力量加以追求的。韦伯以现代化的合理化概念重新描述了马克思类本质的解放过程，这种目的理性必然导向工具理性的单向度。对合理性的这种绝对的批判性理解也给批判理论带来了内在的逻辑困境，② 所以，按照韦尔默的理解，不应该太过狭窄地理解合理化范畴本身。换句话说，韦伯的合理化概念也是有规范内涵的，因为一方面它的确描述了以目的合理性为原则（计算的原则）的社会过程，"另一方面，对韦伯来说，'合理化'概念仍然具有一种规范内涵。根据他的用法，合理化的概念仍然是由一种欧洲的传统确定的，按照这种传统，'合理的'指的是人之所以为人的一个基本条件和任务"③。所以，合理性始终是一个具有规范内涵的基础概念，④ 它始终应该成为批判理论规范基础的核心要素。

对于韦伯描述的这种合理化的现实历史进程，在批判理论内

---

① 哈贝马斯较为系统地研究了合理化理论对西方马克思主义的意义，从韦伯理论中提取出的"意义丧失"和"自由丧失"这两个主题意味着某种批判性。参见〔德〕哈贝马斯《交往行为理论》第一卷，曹卫东译，上海人民出版社 2018 年版，第 430 页。这种批判性在卢卡奇的"物化"、马尔库塞的"单向度"这些批判概念中都有回响。

② 参见〔德〕哈贝马斯《现代性的哲学话语》，曹卫东译，第 122 页。

③ 〔德〕韦尔默《后形而上学现代性》，应奇、罗亚玲编译，上海译文出版社 2007 年版，第 69 页。

④ 现代化的实际过程当然同时是一个启蒙的"进步"过程，它带来了"世界的祛魅"，哈贝马斯认为合理化过程也带来了世界观的"现代意识结构"，这对于"解放叙事"是非常重要的。参见〔德〕哈贝马斯《交往行为理论》第一卷，曹卫东译，上海人民出版社 2018 年版，第 241 页。

部有不同的评价。这导致对合理性的规范内涵的理论论证呈现出不同的面貌，不同的论证路径也决定着理论的解释力度和内在限度。马克思对理性化持有肯定的乐观态度，由于他把这个过程解释为劳动能力的增长，所以，生产力的持续发展最终将导致本质力量的复归。马克思批判的矛头针对的是阻碍本质力量增长的特定的生产方式。卢卡奇对韦伯的合理化提出的问题进行了一种马克思主义回答，资本主义生产方式形成的商品结构成为塑造整个社会的物化形式，而无产阶级革命的目标正是劳动的总体解放，劳动是社会存在的本体论基础。阿多诺基于本雅明的悲观意识把资本主义批判推向极端，理性化的启蒙全面走向其反面，他在根本上拒绝了这种合理化的解放意义，他只能在这个社会的否定力量（比如现代艺术）中寻求理性的真理性内核，这种寻求是矛盾的、困难的。哈贝马斯没有在上述两个极端中进行选择，原因是他认为两者的理论范式都基于主体哲学，这必将产生理论的内在困境。他转而采取主体间性范式，由此消解了主体哲学或实践哲学的整体运动逻辑。他区分了工具理性和交往理性，在批判工具理性的同时，基于现实重建了一个主体间的、处于生活世界中的交往理性的领域。这个领域既是现实的理性启蒙的成就，也是容易"被殖民化"的。所以，现在的问题成为——超越绝对的乐观或悲观——怎样在现实的生活世界中把握和重建这一理性的规范基础。至于这个主体间性的合理性应该加以怎样的理解，那是"哈贝马斯派"的内部争论，比如韦尔默、霍耐特等人对哈贝马斯的批评。无论如何，批判理论规范基础问题的解决思路已经改变了，从对一个大写的主体（它体现或丧失理性）的寻求，转向现实社会的主体间的交往合理性之上。这种形式化的合理性在生活世界的各种结构层面上体现出来，并且把各种系统纳入规范，而系统以往总是被极端看待的。

就批判理论规范立场的具体性而言，理性的观念主要表现在认识论和道德两方面。在认识论方面，哈贝马斯分析了人类的"认识旨趣"以及启蒙世界观的"现代意识结构"，而就道德层面，他也提出了一种"商谈伦理学"，其规范内涵基于交往论辩中的认知意义。这种认知内涵奠基于交往的语言学（形式语用学）前提中，通过商谈（D原则）寻求其道德上的普遍性（U原则）。现代世界观预设了达至共识的有效性前提，这些前提或要求在理性意识中相互区分开来，正如韦尔默阐述的那样："在这种分化过程的基础上，启蒙的或合理化的过程使人们意识到以符号为媒介的人类实践是意义和有效性的唯一可能的来源，并因此是主体间的有效性要求的唯一可能的参照系。没有了意义或有效性的外在保障，每一种信念都成了除非通过论证就不可能得到主体间兑现的潜在的有效性要求。"[①] 这就产生了一种"现代认知结构"，"它们能够为一种独特的现代合理性观念提供支持，并为现代科学的出现，基于"合法性"与"合道德性"分离的法律的合理化，以及艺术从宗教和实践关切的语境中解放出来提供基础"[②]。这是一个"祛魅"的合理化过程，在这个过程中批判理论家们看到了各种问题，进行了各种批判，但是，批判之可

---

① 〔德〕韦尔默《后形而上学现代性》，应奇、罗亚玲编译，上海译文出版社2007年版，第70页。
② 〔德〕韦尔默《后形而上学现代性》，应奇、罗亚玲编译，上海译文出版社2007年版，第70页。

第九章　韦尔默：主体间性的内部辩论

能的前提正是一种"强有力的理性观念",① 它成为合理化过程本身的内在价值理念,也是现代性批判得以可能的规范基础,这种批判最终成为一种"内在批判"。

韦尔默认为,韦伯对批判理论的影响就在于使他们认识到,再到生产系统、政治组织系统中去寻找合理化力量是不可能了,②《启蒙辩证法》就代表着一种对合理化的现实形式的彻底否定。③ 这样一来,就会产生一种新的乌托邦的危险,因为解放的希望或真正的理性并不能从一个进步的、合理化的现实社会中得到理解和实现。尽管他们仍然坚持一种好的肯定的理性观,并"……把这种理性观用作——虽然常常只是隐含地——他们分析当代社会的规范标准"④。但最终的结果仍然是由于这种理性概念远离现实而成为乌托邦,相应地其理论成为悲观的。⑤ 这种进步的启蒙辩证法的最终结果甚至清除了合理性的一切异质的东

---

① "这种强有力的理性观念包含自由、正义和幸福的观念,并从而可以提供一个有利的角度,批判20世纪的合理化社会是'不合理的',是根本违背社会内在组织中的合理性观念的。"〔德〕韦尔默《后形而上学现代性》,应奇、罗亚玲编译,上海译文出版社2007年版,第72页。

② "与韦伯相反,由于坚持马克思关于一个解放的、合理组织的无阶级社会的观点,这些哲学家不得不重新思考进步和革命的历史辩证法;或者毋宁说,他们必须把进步的辩证法与革命性变革的观点分离开来。"〔德〕韦尔默《后形而上学现代性》,应奇、罗亚玲编译,上海译文出版社2007年版,第72页。

③ "人们可以说,这种形式的批判理论不再试图确定指向解放的后资本主义社会之出现的'客观的'历史社会趋势和机制。"〔德〕韦尔默《后形而上学现代性》,应奇、罗亚玲编译,上海译文出版社2007年版,第73页。

④ 〔德〕韦尔默《后形而上学现代性》,应奇、罗亚玲编译,上海译文出版社2007年版,第74页。

⑤ "除了前卫艺术这种边缘现象,理性的观念以及对它的记忆已经从现代社会的再生产过程中被清除出去了。"〔德〕韦尔默《后形而上学现代性》,应奇、罗亚玲编译,上海译文出版社2007年版,第75页。

西：否定性思维已经不可能，世界完全单向度化。这是一种悲观的情绪和立场，在阿多诺晚期著作中表现得尤为明显。①

但是，韦尔默在阿多诺的审美综合中也发现了某种合理生活秩序的意味，这似乎是在观念内涵的类比意义上接受阿多诺的思想资源的。把部分整合到整体中去的审美整合是否可以成为交往秩序的一种模型？② 阿多诺的审美合理性对交往合理性概念的正确理解可以有什么贡献？③ 可以说，韦尔默接受的是阿多诺审美综合的旨趣和意向，以之用来改造或缓和哈贝马斯商谈伦理学的认知主义的硬核，使得交往合理性更加名副其实。阿多诺审美综合的理论框架本身是主体哲学的，这种模式并没有开启一种主体间性的对话维度，对此韦尔默十分清楚，他明确认为："审美综合并不是摆脱压迫的社会状态的可能模式。"④ 在阿多诺那里，审美代表了一种超人类（超现实）的状态，只是一种对抗现实的乌托邦形式，而现实本身只是工具合理性的表现。⑤ 这种理解

---

① 阿多诺"……试图捍卫一种严格说来不再能够通过推论思维得到辩护的理性观念……对于阿多诺来说，艺术作品，即本真的、前卫的艺术作品，事实上成了一个合理化世界中的理性的最后残余。"〔德〕韦尔默《后形而上学现代性》，应奇、罗亚玲编译，上海译文出版社2007年版，第76页。

② "如果美是幸福的诺言，是与我们的内在和外在本性的调和，那么艺术作品就是这种超越性体验的媒介，而并不就是调和的模式本身。"〔德〕韦尔默《后形而上学现代性》，应奇、罗亚玲编译，上海译文出版社2007年版，第77页。

③ "艺术作品的审美综合只能作为对话关系的"道德"综合的中介而不能把后者呈现出来。"〔德〕韦尔默《后形而上学现代性》，应奇、罗亚玲编译，上海译文出版社2007年版，第77页。

④ 〔德〕韦尔默《后形而上学现代性》，应奇、罗亚玲编译，上海译文出版社2007年版，第78页。

⑤ "欧洲现代性的功能的、系统的和认知的分化过程就只能被理解成总体上是适合于工具合理化的过程。"〔德〕韦尔默《后形而上学现代性》，应奇、罗亚玲编译，上海译文出版社2007年版，第78页。

方式表明，完全不可能在现实的合理性过程中寻找到真正的合理性了。

至此，韦尔默考察了批判理论的传统模式和法兰克福学派，总体上他认为两者都不能从对现实的分析中得出解放的真实前景。前者基于对生产方式辩证法的理解，其结果是劳动的解放，马克思认为这就是真正的解放。但韦伯之后，劳动看来也只是人类活动的一个方面，虽然是物质基础的方面，但是这个方面（生产力的提高）并不能直接等同于全面的解放。① 而批判理论则否定地看待这个资本主义的合理化过程，他们必须在现实之外寻求解放的可能性，结果就是艺术乌托邦。韦尔默总结道："马克思和批判理论（家）都试图根据一种解放社会的规范基础的观念分析现代社会。但是他们都没有成功地在他们对现代社会的分析与他们的理论的乌托邦视界之间建立一种合理的联系。"② 这里的"规范基础"概念表达了一种未来的理想，它包含认识和道德两个方面，后者表现的是现代性的自由、公正、幸福这样的价值理念，而认识的方面则要考虑这些规范的理论论证。质言之，一种全面的理性概念如何得到论证和现实呈现，这是现代性批判理论本身不可回避的"元理论问题"。

二 范式转变的必要性

理论范式（理论策略）必须转变，"以拯救伟大理论的真理

---

① 马克思的劳动综合理论对劳动进行了扩大地理解，乐观地建立一个劳动乌托邦，具体的实践就是计划经济体制。
② 〔德〕韦尔默《后形而上学现代性》，应奇、罗亚玲编译，上海译文出版社2007年版，第78页。

内容"①。韦尔默认为这种转变是从哈贝马斯开始的,他指出:"哈贝马斯的成就在于他已经在批判理论内部提出了概念上的修正,这种修正使得有可能避免我迄今已指出的马克思主义和批判理论的理论困境。"② 整体而言,哈贝马斯施行了整个理论范式的转变,即从主体哲学向主体间交往范式的转型。韦尔默认为新范式的核心之点在于工具行为(工具理性)与交往行为(交往理性)的区分。有了这样的区分,就能够不再把规范理念建立在以劳动为典型形式的工具行为之上,相反,基于交往行为的规范背景,目的合理性行为就能够得到中肯地评价,它能够作为生活世界(交往行为的成就)合理化的一个要素得到肯定。

交往理性是体现在现代民主体制中的合理性潜能,在现代普遍主义道德和法律的观念和制度中得到凝聚。于是,规范价值在现代制度内部得到奠基。它与工具理性不同,并不是单靠劳动的增长就能够实现;也不因为工具理性的扩展而被取消。韦尔默认识到哈贝马斯理论的关键是对交往合理性的论证,这个基本概念是现代社会规范观念的内核,他指出:"哈贝马斯的主张是,交往合理性的概念是隐含在人类言语的结构本身之中的,而且它代表至少是现代社会中的合格的说话人共享的合理性的基本标准。"③ 我们应该注意到,这种语用学的合理性概念是基础性的,处于元理论层面,构成所谓高阶的道德和法律规范的基础。但是

---

① 〔德〕韦尔默《后形而上学现代性》,应奇、罗亚玲编译,上海译文出版社2007年版,第79页。
② 〔德〕韦尔默《后形而上学现代性》,应奇、罗亚玲编译,上海译文出版社2007年版,第79页。
③ 〔德〕韦尔默《后形而上学现代性》,应奇、罗亚玲编译,上海译文出版社2007年版,第80页。

第九章　韦尔默：主体间性的内部辩论

值得强调的是，交往理性这种形式特征不能仅在"最低限度"（比如形式逻辑）意义上被理解，它仍然具有规范内涵，最明显的特征是它体现了"无强制的强制性"，这成为现代性规范价值的基础和生长点。关于交往合理性的规范意义，韦尔默指出："这意味着交往合理性既代表不同个体之间的一种特定的相互承认关系，又代表个体对他人和对他们自己的一种特定的（合理）态度。"① 这也同时意味着它是在随启蒙而来的现代意识结构中产生出来的，反映了现代的认知水平和道德洞见，它具有"现代的"规范意义。② 这种合理性依据的是交往理解本身的内在有效性要求，合理性内涵是由交往所要求的合理论证支撑的，而传统的"一致"是靠某种外在权威保障的，比如宗教或形而上学。

社会整合与系统整合（建基于法律之上）③ 相互补充，这是现代社会的要求。无论怎样的整合方式（经济的、政治的）都要以合法的法律本身为基础，而具有合法性的法律本身又建基于以论辩为核心的交往合理性。这样，基于有效性要求的论辩的认知活动就具有了一种承认（非强制的强制力量）的共识力量，这也就是说，内在地具有规范性力量，这种规范性是以自由和公

---

① 〔德〕韦尔默《后形而上学现代性》，应奇、罗亚玲编译，上海译文出版社2007年版，第81页。

② "无论如何，只要交往行动和论证的形式取代了其他行动协调、社会整合或'符号再生产'机制，哈贝马斯就开始谈论交往的合理化（或生活世界的合理化）。"〔德〕韦尔默《后形而上学现代性》，应奇、罗亚玲编译，上海译文出版社2007年版，第82页。

③ 现代法律的合理化功能减轻了交往的负担，这是一种具有效用的现实整合机制，但这种机制的合法性仍然扎根于论证与商谈。可以说，具有合法性力量的法律施行的合法律性，就成为一种合法的强制力量。这也是社会整合的可靠、可欲求的方式。

正为价值指向的。韦尔默指出:"系统整合需要被建制化并从而被锚定在生活世界之中:它预设了社会整合形式以及基本的法律和制度的合法性。"① 这是现代社会本身的两种实际存在并相互交织的整合方式,它是一个并非先天平衡的动态过程。在哈贝马斯那里,这种不平衡被批判性地描述为系统对生活世界的"殖民化",这表明系统整合原则超越并取代了生活世界的交往原则。这种诊断继承了批判理论的旨趣,但又没有把这种殖民化的趋势(虽然在现实中是强势的)极端化,在哈贝马斯那里,仍然有生活世界反抗的可能性,生活世界仍然是民主法制国的认识和规范的源泉,这些规范力量已随生活世界合理化的现实展开而得到了部分体现。这些规范合理性因素并不是韦伯认为的那样是一些"非理性生活力量的残余",它是主体间交往的合理性的实际体现。这样理解的后传统社会才能重新解释马克思的解放论题,不是劳动生产力(合理性的一个因素)的极大增长,而是更为全面的生活世界合理化的规范建制,使得个人的自由联合成为可能。②

根据韦尔默的看法,"虽然'理想生活世界'的观念详细说明了内在于交往合理性观念中的乌托邦视野,它并不是用来回答

---

① 〔德〕韦尔默《后形而上学现代性》,应奇、罗亚玲编译,上海译文出版社2007年版,第83页。

② 在马克思的理论框架中,由于现实是由生产方式的系统整合决定的,所以,解放的逻辑只能是改造系统整合机制本身,以此实现"天国"与"尘世"的统一。但问题是,现代化过程中的系统机制是否可以被抛弃?如果不能,那么,在哈贝马斯的框架中就只能指望生活世界(规范整合)对它加以规约。批判理论的逻辑和后果发生了很大的变化。〔德〕韦尔默《后形而上学现代性》,应奇、罗亚玲编译,上海译文出版社2007年版,第86页。

在后资本主义社会中自由的建制化如何可能这一问题的"①。哈贝马斯在《在事实与规范之间》对这种建制化尝试进行了论证，问题的核心在于，现代的法律事实的建制化如何体现自由民主的规范原则。而交往合理性这一规范性概念是一种"范导性"概念，是一种理想性。至于社会的实际进程和具体建制如何体现、实现或违反了交往理性，这是一个实践问题，但又并非一种实践哲学的革命问题。

三 家族的内部争论

交往合理性概念对于批判理论的范式转向具有重大的理论意义，②但韦尔默同时也对交往理性是否真的可以为现代社会的自由建制提供源泉抱有疑虑。问题的核心在于，自由的建制是否有一种理性的（具有认知内涵）解决方式？交往理性的认识论基础是否是一种真理共识论？具体而言，我们普遍应该接受的价值、规范和制度是否可以在哈贝马斯的一般的理性共识基础上达成？如果这种理性共识并不必然归结为真理共识论的话。哈贝马斯本人是把这种共识奠基于一种论辩逻辑的认知内涵之上，如果韦尔默对这种理性的论辩程序是否可以充分保证交往理性的达成持保留态度的话，那他并不对交往理性本身持怀疑态度。质言之，他怀疑对交往理性的哈贝马斯论证方案，他认为这个方案是

---

① 〔德〕韦尔默《后形而上学现代性》，应奇、罗亚玲编译，上海译文出版社 2007 年版，第 86 页。

② "谈到概念策略，我认为哈贝马斯对批判理论重构的一个巨大成就是他以一种比批判理论的更老版本更成功的方式调和了黑格尔、马克思和韦伯的理论视野。"〔德〕韦尔默《后形而上学现代性》，应奇、罗亚玲编译，上海译文出版社 2007 年版，第 87 页。

不充分的，并不能真正揭示交往理性的规范内涵。韦尔默指出："根本说来，也就是这样一个问题：在双方同意下成立的行动协调的（成功适用的）原则是否只是一种民主共识的许多可能内容之一。"①

在《主体间性与理性》一文中，② 韦尔默基于哈贝马斯主体间性范式，对交往理性提出了一种阐释。他从康德《判断力批判》切入问题，在那里康德提出了所谓"一般人类知性"的三条准则，即（1）自己思维（自主性原则）；（2）从每个别人的立场上思维（主体间性原则）；（3）任何时候都与自己一致地思维（形式逻辑原则）。这表达了康德"规范的理性观"，这似乎是对理性（知性）思维一般形式的表达，但又不限于形式逻辑的范围和要求，它表达了人类理性思维的整体要求。韦尔默指出："所谓规范的理性观，我不但是指康德意义上的实践理性，而且是指关于存在物借以断定自己是有理性能力的，亦即是康德意义上的理性存在物的那些要求的一种观点。这三条准则是关于理性能力在其适用的任何可能领域中的正确运用的准则。它们表达了理性思维的最普遍的标准，而且由于思想与行动之间的内在联系，它们也表达了一般理性行为的最普遍标准。"③ 韦尔默主要探讨的是第二条准则，康德也把它称作"扩展的思维方式"或"扩展的精神"，这是"反思判断"的准则，保证我们的思

---

① 〔德〕韦尔默《后形而上学现代性》，应奇、罗亚玲编译，上海译文出版社2007年版，第90页。
② 〔德〕韦尔默《后形而上学现代性》，应奇、罗亚玲编译，上海译文出版社2007年版，第96页。
③ 〔德〕韦尔默《后形而上学现代性》，应奇、罗亚玲编译，上海译文出版社2007年版，第96页。

维、思想的主体间有效性,"把这种有效性保持在'共通感'的界限之内"。在康德那里这是一种审美判断力的准则,因为通感而使人们具有普遍的审美判断。而且,在康德看来这种反思性判断是从"人类的集体理性"(康德语)中生发出来的,它具有客观有效性。然而,对这种理性能力的阐释却是从先验主体(我思主体)出发的,而"从概念上说,康德的先验主体是按照单称的模式来理解的"。① 这种纯粹自我主体是观念论意识哲学的基础,这是一个孤独的思想者和言说者。他不是语言共同体中的言说者,他不是在主体间的交往框架中建立其自我同一性,他是一个超验的观念论构造,他言说的是维特根斯坦意义上的"私人语言"。所以,这种绝对的、孤独的个体不可能是一个实际生活世界中的言说者,② 他必须被理解为某种共同体的成员。韦尔默对此的论证采取了这样一种方式,"我将通过捍卫私人语言论证的一种克里普克式的版本诊证戴维森的论题,虽然这样说有点误导"③。戴维森的主旨是,对语言意义的确定,只能在一个客观的公共语境中才有可能,韦尔默进一步认为这种"意义确定"不是简单地可以诉诸命题的真值条件得到完成,真值语义学本身对意义的理解和确定是有限度的。克里普克的主要观点是,"私

---

① 〔德〕韦尔默《后形而上学现代性》,应奇、罗亚玲编译,上海译文出版社2007年版,第98页。
② "我们关于意义、理解和真理的概念不可能适用于他,因此,我们的语言概念也不可能适用于他,这是因为,他自己缺乏相应的概念,而要获得这些概念,他就必须习得'我们的'语言(即我们的语言中的一种)。"〔德〕韦尔默《后形而上学现代性》,应奇、罗亚玲编译,上海译文出版社2007年版,第100页。
③ 〔德〕韦尔默《后形而上学现代性》,应奇、罗亚玲编译,上海译文出版社2007年版,第100页。

人语言论证真正否定的是所谓遵循规则的'私人模式',按照这种模式,一个人遵循一种给定规则这一观念只需根据与规则遵循者有关的事实和规则遵循者本人来分析,而无需参照他在一个更加广泛共同体中的成员身份"①。也就是说,孤独个体(私人)是不可能真正遵循规则的,因为规则本身是主体间有效的,是在共同体语境中制定的,这是一种语言游戏的"共同体观"。②

对孤独言说者观念的批评,同时也意味着对观念论认知主体的批判。与哈贝马斯类似,韦尔默同样认可后期维特根斯坦意义应用理论的概念框架,认为主体间的交往实践是语言意义的基础。意向主义意义理论是以孤独的言说者观念(即意识哲学的前提)为前提的,而这种意义理论被认为是片面的,③ 这种意义理论(包括形式语义学)缺乏对语言实际使用(语言应用)的语用学维度。这样一来,传统的意识哲学的自我和主体概念就很成问题了,韦尔默说;"在我看来,康德的先验主体概念和早期维特根斯坦的'形而上学'主体概念差不多都可以作如是观。"④ 这种主体概念是一种极端的抽象,它没有考虑其自身可能的主体间性的生成条件。基于上述考虑,韦尔默认为不同的语言对世界

---

① 转引自〔德〕韦尔默《后形而上学现代性》,应奇、罗亚玲编译,上海译文出版社2007年版,第101页。

② "在我们对诸如'理解'、'意义'等词的'第三人称用法'中,我们并不是在谈论孤立的个人,而是在谈论我们的语言共同体的实际或潜在的成员,换言之,我们把他们纳入我们的共同体中了。"〔德〕韦尔默《后形而上学现代性》,应奇、罗亚玲编译,上海译文出版社2007年版,第102页。

③ 对已有几种意义理论的批判,参见〔德〕哈贝马斯《后形而上学思想》,曹卫东、付根德译,译林出版社2001年版,第90页。

④ 〔德〕韦尔默《后形而上学现代性》,应奇、罗亚玲编译,上海译文出版社2007年版,第112页。

有不同的解释，但不同语言中并没有一种共同的真值条件，不同的语言表达的只是不同的概念框架，这些概念框架"都必须为了真理而加以修正"，而且，"即使在一种共同语言的框架内部，也可能有不可通约的谈论方式"。① 这也就意味着，在一种共同的语言使用中，也会产生或经常产生论辩。但是，进入论辩，就有"对与错"的分别，这就引向了主体间性的"合理性"这样一个交往理性问题。就公共交往而言，怎样达成一种理解和共识，既是一个合理性的认知问题，也是共识之合理形成的规范问题。合理性成为主体间的一种交往理性。

问题是主体间性的交往理性"何以可能"？主体间的合理性就是康德所谓的"别人的立场"吗？当然，哈贝马斯给出了一种回答，即形式语用学针对有效性要求的论辩，韦尔默对这个问题的思考语境显然也是在哈贝马斯意义上展开的。然而，韦尔默反对一种主体间共识真理论的强的理解：主体间的同意是真理的标准（肯定的太多了）。因为，仅仅一种同意的共识还不能保证其基础就是奠基于公共理性之上的，公共理性本身是客观的，然而也是历史的。这也是一种程序性的合理性概念，因为我们在解决分歧的论辩过程中遵循的原则是一些程序，而这些程序被现代文化认为是合理的。② 但韦尔默认为，把主体间的合理性完全进行一种形式的、程序合理性的理解也是成问题的，当然，完全不承认主体间有合理的理性论证就更为不妥。总之，主体间的理性

---

① 〔德〕韦尔默《后形而上学现代性》，应奇、罗亚玲编译，上海译文出版社2007年版，第119页。

② "某类共同的标准、论据或有效性的标准、典型的例子等等。"〔德〕韦尔默《后形而上学现代性》，应奇、罗亚玲编译，上海译文出版社2007年版，第124页。

是有的，但不能仅在程序意义上加以理解，他追求的是一种"更为广泛的"合理性观念。某种话语体系虽有其自身的逻辑（针对不同的"世界"的不同的问题），在这个意义上它们具有某种"不可通约性"，但这并不构成某种"鸿沟"使得理性和非理性可以明确区分开来，每种话语都有理性，是理性的不同的方面。问题在此就成为：如何理解理性的"更广泛"的意义？哈贝马斯认为，只能在形式语用学意义上加以理解，韦尔默能同意吗？如何理解不同话语之间的理性同一性？韦尔默用"通情达理"的人来表达那种更广泛的规范的理性观："因此我认为，通情达理的人意识到了一个人自身的概念体系的局限，并准备超越它们，他们公正地对待他人的不同观点，并努力沟通不可通约的鸿沟。"[1] 因此，韦尔默强调了论证（即主体间性的实际商谈）的丰富性、全面性和创新性，这在本质意义上是"理性的"可通约。

在主体间性的合理性问题上，在与哈贝马斯的关系上，两人显然是有同异的，相同是他们都认为理性是存在于主体间性的交往和商谈之中，但韦尔默并不认同关于真理的共识观念，这种观念似乎认为，遵循了合理性的论辩程序而达到的共识就是真理，他的基本看法是："真理不可能根据一种理性共识来定义，尽管真理在某种意义上蕴含着理性共识的可能性。"[2] 也就是说，共识是一种结果，真理的主体间有效性是要靠参与其中的每个主体

---

[1] 〔德〕韦尔默《后形而上学现代性》，应奇、罗亚玲编译，上海译文出版社2007年版，第128页。

[2] 〔德〕韦尔默《后形而上学现代性》，应奇、罗亚玲编译，上海译文出版社2007年版，第130页。

第九章　韦尔默：主体间性的内部辩论

的论辩商谈实践来呈现的，在这个过程中，个体的自主性和独立性是不可以被取消的，共识是无限的，辩证过程总是向未来开放的。

在这样一种关于真理、关于主体间的论辩商谈的"开放"的理解背景下，韦尔默反对阿佩尔和哈贝马斯，认为他们"……提出的真理共识理论试图再次确立一种主体间有效性的终极标准"[①]。韦尔默之所以提及真理共识论的一种"强标准版本"（主要是阿佩尔版本），是为了指认这种"终极"的标准是不存在的："这表明共识理论和合理内核只不过是对真理、理性与主体间性的关系的一种阐释，这种阐释不可能赋予我们真理或合理性的任何终极标准。"[②] 这种"终极"观念在韦尔默看来只是一种基础主义的误认或幻觉，在哈贝马斯那里这种基础主义与一种程序合理性概念联系在一起，因为论证的合理程序本身不能确保有效性要求的正当性，有效性要求本身是现代生活世界的合理化的历史产物，即一种现代意识结构的表现，我们现在当然应该维护它，并以一种带有认知内涵的程序的、论证的合理性来呈现它。但韦尔默质疑的是论证程序本身是否能保证真理，即真理的共识（依靠程序）是否是真理本身的保证。

然而，共识论的一种非基础主义解释（哈贝马斯）在一定程度上是可接受的。而且，这种解释可以说是依照主体间性的基

[①] 〔德〕韦尔默《后形而上学现代性》，应奇、罗亚玲编译，上海译文出版社2007年版，第131页。

[②] "没有合理性和真理的终极标准，理性的观念就失去了它的根基，这种预期只不过是表述一种未被完全克服的基础主义。"〔德〕韦尔默《后形而上学现代性》，应奇、罗亚玲编译，上海译文出版社2007年版，第132页。

本论证框架的："我们能够展开论证的地方，就总是包含某种真理要求；而且还有一个前提，即我们能够而且确定就——例如——道德、审美或解释学问题展开论证。"① 这种论证的方式，即怎样体现一种全面的理性观念（韦尔默称之为规范的理性观）才是核心的论题。在这方面，韦尔默通过批判性地考察哈贝马斯道德普遍主义的真理性论证集中地体现出来。他指出："道德的真理要求的性质不能只根据它们的主体间有效性要求得到说明。"② 换句话说，道德的真理性不能仅仅在主体间的共识中成立。韦尔默的基本异见（针对哈贝马斯）是："我并不认为这种'形式语用学'的区分能够导致'有效性领域'——即科学的领域、道德的领域和艺术的领域——以及相应的论证模式之间的区分。"③ 也就是说，比如科学、道德和审美的领域，其各自的内在逻辑的实质性把握，并不能仅仅根据形式语用学区分的、语言内部预设的真实性、正确性和真诚性要求来加以实行。或者说，这些要求不足以把握这些分化的文化领域：它们太形式化了，从而不足以说明理性的规范性，特别在道德领域和审美领域。然而，"这丝毫不意味着在道德（或审美）问题上，我们就无法谈论'真理'（主体间有效性）；我想说的只是，道德（或审美）

---

① 〔德〕韦尔默《后形而上学现代性》，应奇、罗亚玲编译，上海译文出版社2007年版，第134页。
② 〔德〕韦尔默《后形而上学现代性》，应奇、罗亚玲编译，上海译文出版社2007年版，第135页。
③ 〔德〕韦尔默《后形而上学现代性》，应奇、罗亚玲编译，上海译文出版社2007年版，第135页。

第九章　韦尔默：主体间性的内部辩论

有效性要求的含义必须在一种不同的基础上得到说明"①。

韦尔默"规范的理性观念"来源于"交往理性"概念，因为这种理性总是在主体间性的交往空间和现实之生活世界中实现的，但它是丰富的、多维的，并不能归结为有效性要求的形式条件。但是，韦尔默考虑的仍然是主体间性的理性不同维度各自的合理性，即各自的真理性要求。在《法兰克福学派的当今意义：五个提纲》②中，韦尔默谈到了他对批判理论传统的基本看法，特别是已有理论策略的基本走向，这可以使我们了解他的合理性观念的理论来源。关于批判理论的价值和意义，韦尔默指出："批判理论是战后德国能够想象的与法西斯主义彻底决裂，而又不必与德国的文化传统，也就是一个人自身的文化传统类似地彻底决裂的唯一理论立场。"③ 这对于德国文化传统的自我反思有重大意义。特别是阿多诺，但他发展的那套否定性的哲学过于悲观，他必须诉诸现实之外的力量，无论是审美力量还是别的什么。总之，他的理论倾向于理论之外的拯救力量。对这种非现实的、非理论的力量的说明也反讽地证实阿多诺的理论和哲学，《最低限度的道德》最后的格言"知识并无光明，救赎照耀大地"很好地表明了这点。韦尔默认为，这是一种元理论层面上的单维性的结果，只是马克思理论单维性的反面。而哈贝马斯则在重建元理论的基础上，重新开启了历史视野，更准确地说是启

---

① 〔德〕韦尔默《后形而上学现代性》，应奇、罗亚玲编译，上海译文出版社2007年版，第135页。

② 〔德〕韦尔默《后形而上学现代性》，应奇、罗亚玲编译，上海译文出版社2007年版，第288页。

③ 〔德〕韦尔默《后形而上学现代性》，应奇、罗亚玲编译，上海译文出版社2007年版，第291页。

蒙的历史视野。就哈贝马斯的理论来源或理论要素而言，韦尔默指出："我说的是康德的道德普遍主义，黑格尔的社会实在论以及韦伯的后形而上学的经验论……而且已经找到了在批判理论中把它们结合在一起的新方式。"① 但他也指认了阿多诺对他的"持续的影响"。在阿多诺那里，"我发现了不能直截了当地包含在按照语言哲学加以修正的批判理论形式中的思维方式的明显例子"②，韦尔默把这种思维方式称为"微逻辑方法"，这是具体而细致的辩证法，即"渗透在对象之中而不是滑行在对象之上"的分析方法。它们超出了阿多诺的元哲学思路，应该把阿多诺的这种哲学（辩证分析）从其否定的元哲学那里拯救出来："在阿多诺那里有一种隐含的语言哲学或合理性理论。但是不管我们把它叫作什么，我怀疑根据语用学对批判理论的重新表达是否足以代替阿多诺的这种隐含哲学。"③ 韦尔默认为《否定的辩证法》中很好地体现了阿多诺的隐含哲学。依对象本身而来的思想的逻辑，这也是所谓"客体优先"或"回到事情本身"的思路，当然这也是黑格尔具体的辩证法，虽然在阿多诺看来，这种具体并非作为总体之一部分的具体。④

由此，韦尔默认为阿多诺的分析方式以及辩证观念对于交往

---

① 〔德〕韦尔默《后形而上学现代性》，应奇、罗亚玲编译，上海译文出版社2007年版，第294页。
② 〔德〕韦尔默《后形而上学现代性》，应奇、罗亚玲编译，上海译文出版社2007年版，第296页。
③ 〔德〕韦尔默《后形而上学现代性》，应奇、罗亚玲编译，上海译文出版社2007年版，第296页。
④ "这种哲学不再用来表征封闭体系的统一性，而是用来表征超越这种体系的统一性。"〔德〕韦尔默《后形而上学现代性》，应奇、罗亚玲编译，上海译文出版社2007年版，第297页。

第九章 韦尔默：主体间性的内部辩论

的合理性（以及交往的论证）可以提供另外的思路，这种思路是针对哈贝马斯的真理共识论的，因为韦尔默怀疑形式语用学的论证版本是否能够充分地阐发交往理性的丰富内涵。这种丰富内涵韦尔默认为在阿多诺、维特根斯坦和海德格尔对于语言和体系的批判中已经体现了出来。这是这样的意识："理性并没有确定的基础可以依靠，但也并不是完全令人绝望；理性并没有终极基础，也没有最终的调和可言，但正因为如此，它也避免了阿多诺所谓'认同强制'……〔关键〕在于揭示阿多诺的合理性概念的那些既不是与工具的合理性也不是与交往的合理性有关，而是与——用传统的说法——作为一个认识论问题和语言批判问题的特殊与普遍的辩证法有关的特征。"[①] 在另一篇名为《处于没落时刻的形而上学》的文章中[②]，韦尔默继续考察了阿多诺在《否定的辩证法》中试图表达的这种非形而上学思维方式。但是，韦尔默认为在阿多诺那里这"依然是个难题"。在《否定的辩证法》最后一章"形而上学的沉思"中阿多诺进行了这种超越形而上学思维方式的尝试，或者说，怎样才能以超越形而上学的方式挽救形而上学的真理？韦尔默认为"阿多诺在形而上学的向着绝对超越一切单纯存在的冲动中看到了它的真理内容"[③]。形而上学的超越冲动是思想的内在特征。"超越冲动的目标并不是一个超越历史世界的领域，而是世界本身的一种改变的状态……

[①] 〔德〕韦尔默《后形而上学现代性》，应奇、罗亚玲编译，上海译文出版社2007年版，第299页。

[②] 〔德〕韦尔默《后形而上学现代性》，应奇、罗亚玲编译，上海译文出版社2007年版，第300页。

[③] 〔德〕韦尔默《后形而上学现代性》，应奇、罗亚玲编译，上海译文出版社2007年版，第304页。

在这种世界状态中，不仅要消除现存的痛苦，而且要清理一去不复返的痛苦。"① 形而上学的超越就是思想在现实的范围内对现实的批判和否定，韦尔默认为阿多诺发展了一种"经过唯物主义修正的超验概念，一种经过唯物主义修正的调和希望的可理解性"②。然而，这仍然是一种关于和解的规范观念，仍然是一种思辨，阿多诺"试图把它想象成一种尚未存在的绝对，也就是通过历史实在的美化实现的一种救世主的希望"③。这在理论上和现实中仍然是冲突和矛盾的，"这就是为什么他最终只能把不可思议的调和的思想拱手交给审美经验"。而这种审美经验的真理性仍然要靠哲学以理论（概念）的方式加以揭示。尼采否定了形而上学中的真理概念，因为它是一个"理性的迷梦"。当然，尼采建造了一个非形而上学的形而上学概念，而阿多诺想拯救形而上学中的真理概念，他仍然想用理性来把握真理概念，这是他与尼采的联系与区别。"但是，只要我们坚信真理，我们真的无法逃避形而上学吗？"④ 韦尔默问道，能在理论语言和命题中论证真理吗？

韦尔默认为阿佩尔和哈贝马斯试图发展一种主体间交往商谈的真理概念，使之超越形而上学理解。但德里达却认为真理观念

---

① 〔德〕韦尔默《后形而上学现代性》，应奇、罗亚玲编译，上海译文出版社2007年版，第306页。
② 〔德〕韦尔默《后形而上学现代性》，应奇、罗亚玲编译，上海译文出版社2007年版，第307页。
③ 〔德〕韦尔默《后形而上学现代性》，应奇、罗亚玲编译，上海译文出版社2007年版，第309页。
④ 〔德〕韦尔默《后形而上学现代性》，应奇、罗亚玲编译，上海译文出版社2007年版，第312页。

第九章 韦尔默：主体间性的内部辩论

本身是不合适的，虽然它与"意义"等概念总是被植入语言的语法结构之中。① 德里达的解构性批判涉及"真理"概念本身，但这些概念是不能被任意取消的，我们的现代性文化是要建立在这些基本概念之上的，我们要做的，并不是无政府主义式的试图消解这些概念或观念。如果是那样，这无异于某种借解构之名的"语言的嬉戏"，而是要在后形而上学的语境中重建这些概念，这就是阿多诺和哈贝马斯的意义。

主体间的交往合理性是一种基于有效性要求的论辩的合理性，这并非绝对主义地指向一种理想的交往情境。这是一种合理的论辩程序，其共识被认为是真理。韦尔默疑虑的是，这会指向一种集体的先验主体的唯一忹吗？这是一种按照语用学重构的先验哲学吗？② 这里重要的是对于真理概念哲学上的理解：人们把真理看成什么？德里达认为传统哲学或形而上学的理解是把真理看成一种观念论的和客观主义的含义，这种含义指向某种超验的（脱离人的历史性生存）东西。这种"超"验，难道不是一种理性的幻觉吗？把真理与合理忹落实在语言哲学的语法－逻辑结构

---

① 韦尔默认为德里达的"意义理论"很重要，与晚期维特根斯坦批判早期《逻辑哲学论》类似。维特根斯坦揭示了意义奠基于日常生活的生活形式之中。而德里达认为，有的只是不同文本的无限延续的关联，而企图用"意义"这类概念来表达这一连续统是不可能的，这类语义学和解释学的术语和概念是形而上学的"真正坚硬的内核"。我们的理论理性的概念系统设定了一种"在场"的形而上学，而我们的语言和存在是"差异"（difference）的。参见〔德〕韦尔默《后形而上学现代性》，应奇、罗亚玲编译，上海译文出版社2007年版，第313页。那么，剩下的还有什么？不能用理论概念表达哲学的"哲学"还能是什么？哈贝马斯认为这只能是一种"文学评论"，它本身已经变成一种文学了，但是，文学与哲学的文笔是有区别的。

② 在《主体间性和理性》一文中，韦尔默对此有批判。参见〔德〕韦尔默《后形而上学现代性》，应奇、罗亚玲编译，上海译文出版社2007年版，第96页。

上的这种"后形而上学"范式,韦尔默深表怀疑,他甚至认为这是一种科学时代的"神话",他明确指出:"我并不想否认这些神话是深深植根于当代的科学文化中的。"① 但韦尔默并不认为这应该是推论性的理论话语(哲学话语)本身固有的,他自认为与阿多诺和哈贝马斯共有一个目标:即超越客观主义与相对主义。他反对各种形式的"终极论证",哪怕这种论证是经语用学改造过的,"理性和现代性的批判的自我肯定"这一现代性的自我确证问题仍在途中。

在《真理、偶然性与现代性》②中,韦尔默对上述真理概念的哲学性质进行了解说。具体而言,他涉及了不同领域的有效性要求,这构成不同领域的合理性以及真理概念的基础。道德的、审美的有效性要求到底是什么?如何理解道德和审美的合理性?用黑格尔的话说,如何理解它们的概念本质。核心问题由韦尔默概括为:这里的二律背反。意思是说,真理是客观绝对的(但这种绝对性暗含形而上学假设)还是因语言、文化之故而是相对的。这是最近几十年来哲学的重要争论的核心:"尽管普特南、阿佩尔和哈贝马斯指责罗蒂是一个相对主义者,罗蒂却指责他们三位是残余的形而上学。"③ 这里,韦尔默试图提供一种不同于双方的解决办法,这就是对真理的"必要的理想化"的一种"弱"的理解。理想只是一种范导性观念,在阿佩尔那里却

---

① 〔德〕韦尔默《后形而上学现代性》,应奇、罗亚玲编译,上海译文出版社2007年版,第320页。
② 〔德〕韦尔默《后形而上学现代性》,应奇、罗亚玲编译,上海译文出版社2007年版,第321页。
③ 〔德〕韦尔默《后形而上学现代性》,应奇、罗亚玲编译,上海译文出版社2007年版,第322页。

成为理想交往共同体内部的最终共识,而这涉及认知、道德和语言上的理想条件,更不用说审美的理想了。这样一来,"这种理想的交往共同体的观念在德里达的意义上恰恰是形而上学的"①。这种理想化的可能性条件被否定了,因为它"超越"了现实的交往实践的条件,它蕴含着对人类有限性的否定。对真理包含的理想化,阿佩尔和德里达作了完全相反的评价。这是两个极端,韦尔默认为都不可取,应该对必要的理想化作不同的理解:既不是绝对的,也并非完全是逻各斯中心主义的形而上学。这种弱意义上的理解就是:"我们认为我们的真理要求是有恰当基础的,我们的论证是恰当的论证,我们的证据是明确的证据。"② 它是我们当下认可的,它具有历史的现实性,但我们也认为它是可靠的,具有可靠的理想性。"如果我们打算把这称作一种理想化,那么,它既可以说是一种'施为的'(performative)理想化,这种理想化就在于,我们相信我们的理由或证据是恰当的或有说服力的。"③ 为了避免绝对化,我们对我们实行的交往或商谈会进行反思,"关于我们的真理要求的可错性的这种反思意识于是就被理解成这样一种意识,我们当作'认识论上理想的条件'有可能被证明根本不是理想的条件"④。这样,"如果我们在这种施

---

① 〔德〕韦尔默《后形而上学现代性》,应奇、罗亚玲编译,上海译文出版社2007年版,第325页。
② 〔德〕韦尔默《后形而上学现代性》,应奇、罗亚玲编译,上海译文出版社2007年版,第327页。
③ 〔德〕韦尔默《后形而上学现代性》,应奇、罗亚玲编译,上海译文出版社2007年版,第327页。
④ 〔德〕韦尔默《后形而上学现代性》,应奇、罗亚玲编译,上海译文出版社2007年版,第27页。

为的意义上来理解提出真理要求时所包含的'必要的理想化',那么这些理想化并不蕴含理想的极限,并不蕴涵关于要在未来实现(或被接近)的知识或交往的理想条件的总体观点"①。

韦尔默这里论证的关键概念是:施为的理想化,即在实际交往中的理想化,不可以把这种理想化绝对化地加以理解,不然就会产生"客观主义误解"。因此,这里的"理想化"并不是字面引申的某种绝对标准意义上的基础含义,而是我们施为性认可的标准。这就导向了罗蒂式的情境主义,即对偶然性的承认,而基础主义和客观主义,正是各种独断论、原教旨主义、不宽容和狂热主义文化的智识基础。②反之(这与自由主义文化有联系),自由民主文化内部是有一些原则的,其施为性表现为批判性(内在批判),可以对现实的社会进行批判,这些原则本身构成了一种施为性的理想化,它是"现代意识结构"进化的体现和要求。但我们要特别警惕,不能把这些原则和要求作客观主义的、整体的、外部的,总之,一种元叙事(形而上学)的理想化理解。这是韦尔默特别强调的,他特别提到哈贝马斯《多元声音中的理性同一性》③中表达的"……真理取向的言说和论证实践中包含的内在于情境和超越情况的辩证法命题"④。对偶然

---

① 〔德〕韦尔默《后形而上学现代性》,应奇、罗亚玲编译,上海译文出版社2007年版,第328页。
② 〔德〕韦尔默《后形而上学现代性》,应奇、罗亚玲编译,上海译文出版社2007年版,第331页。
③ 参见〔德〕哈贝马斯《后形而上学思想》,曹卫东、付德根译,译林出版社2001年版,第137页。
④ 〔德〕韦尔默《后形而上学现代性》,应奇、罗亚玲编译,上海译文出版社2007年版,第335页。

第九章　韦尔默：主体间性的内部辩论

性的承认本身可以看成是对民主自由的论证，哪怕是一种"消极"的论证。对话达成的共识"……是'程序上的'而非实质性的……而且是因为对话的'程序上的'价值是与自由、团结和争议的实质性价值联系在一起的"①。

韦尔默在《迈向解释学理性的批判》（文集的最后一篇文章）一文中，他用"解释学反思"概念来描述20世纪以来随语言学转向等变化而带给哲学的影响。② 作者是从意义理论切入的，他关注语言意义的存在模式，而这种模式以往是客观主义理解的。在韦尔默看来，意义的存在模式即是理解的模式："一种不确定的主体间性、历史性，以及一种与真理的关联，构成了语言意义的存在模式；只有从参与到语言交往过程中，并因此而沉浸于语言交往中有争议的实质性关切和有效性问题中的那些人的施为的视野，才能把握语言意义的这种存在。"③ 基本观点是认为语言的意义存在于言语使用活动中。韦尔默特别引证伽达默尔《真理与方法》中有关"理解"与交往的联系的观点。比如："对历史文本的解释就是从一个人自己当前的视界内部对它们的真理要求的解释，因此也就是一种把这些文本重新纳入当前视界的行为。"④ 而当前的视界本身也是变化的，视界构成具有历史

---

① 〔德〕韦尔默《后形而上学现代性》，应奇、罗亚玲编译，上海译文出版社2007年版，第339页。
② 这也是哈贝马斯在《后形而上学思想》中探讨的：现代哲学思潮的主题。参见〔德〕哈贝马斯《后形而上学思想》，曹卫东、付德根译，译林出版社2001年版，第27页。
③ 〔德〕韦尔默《后形而上学现代性》，应奇、罗亚玲编译，上海译文出版社2007年版，第355页。
④ 〔德〕韦尔默《后形而上学现代性》，应奇、罗亚玲编译，上海译文出版社2007年版，第355页。

性。韦尔默认为,"伽达默尔的核心洞见是,表现在所有理解的'视界性'中的有限性和历史性条件既限制了所有的理解,又使它们成为可能"①。结论是:并没有文本的意义本身,文本的意义是在对文本的理解中生成的,但在这个理解的过程中,意义也不是随解释者的视界任意变化的,而这也是伽达默尔所谓"真理"的问题,所谓"真理"是"视界融合"的结果,即某种共识的结果。这样的一种理解也是所谓哲学语言学转向的实质变化:"解释学反思用总是已经把说话者与听者、作者与解释者联系在一起的真理关联取代超越所有特定视界的'意义本身'。"②这里的问题或有争议的问题就是"真理"或"理解中的真理性"该如何理解?仅是一种视界融合的产物,还是理解中基于有效性要求的论辩的共识结果。但这个解释、理解,即交往的过程是没有终点的,这是理解的历史性和有限性本身决定的。

但是,有更好的理解吗?如果不把这种"更好"(真理)与传统(伽达默尔)或理想的交往共同体(阿佩尔)挂上钩的话。韦尔默谈到了理解过程中的两种并非绝对可以区分开来的情形:内在理解和外在理解,两者都与真理(正确理解)有关。前者是融入文本本身之中,而后者是由解释者视界为基础的创新,先理解文本,再创造性地解释文本。然而,"内在的理解的内在危险是丧失批判的距离;外在的理解的内在危险是一种受偏见指导的解释的独断论……如果这是正确的,那么恰当的理解就是对纯

---

① 〔德〕韦尔默《后形而上学现代性》,应奇、罗亚玲编译,上海译文出版社2007年版,第356页。

② 〔德〕韦尔默《后形而上学现代性》,应奇、罗亚玲编译,上海译文出版社2007年版,第357页。

粹内在的理解与纯粹外在的理解之间的张力的恰当解决"①。这意味着伽达默尔的"视界融合"。这能成功吗？真得有意义吗？为此，韦尔默主张两者都要向对方保持开放："我们可以在这里看到解释学反思中的一种'后解释学转向'。在这种转向中，解释学反思与理解的建设性的和创新的条件相遭遇。"② 而且，解释学反思还具有一种启蒙的规范内涵，③ 这是启蒙的激进化，也是后形而上学思维方式，它破除的是（语言意义）客观主义幻觉，由此，解释学反思内部就有一种现代性的标准，这是"……一种否定性的、批判的标准：它衡量过去的文本和当前的意识形态的尺度是它们的解释学意识的程度"④。在理解的实践中，解释学反思意识使我们意识到理解来源于理解的实践（交往、对话），而这种实践是未来取向的，可变和开放的；也是增长的、趋向进步。韦尔默认为阿佩尔由此却错误地设定了一种理想的交往共同体概念来保证这个进步。

四　后理性主义的理性观念

韦尔默持续地跟踪哈贝马斯的思想进展，特别是《知识与兴趣》之后的所谓批判理论的"语言学转向"后的交往理论。

---

① 〔德〕韦尔默《后形而上学现代性》，应奇、罗亚玲编译，上海译文出版社2007年版，第365页。
② 〔德〕韦尔默《后形而上学现代性》，应奇、罗亚玲编译，上海译文出版社2007年版，第369页。
③ "解释学反思是一种属于启蒙运动自身启蒙的语境中的特别现代的反思形式。"〔德〕韦尔默《后形而上学现代性》，应奇、罗亚玲编译，上海译文出版社2007年版，第370页。
④ 〔德〕韦尔默《后形而上学现代性》，应奇、罗亚玲编译，上海译文出版社2007年版，第370页。

我们在此关注韦尔默对哈贝马斯批判性考察的要点，即从概念策略角度的批判性考察，以期了解他对交往、理解、理性、解放等观念的基本想法，即对批判理论规范基础的想法。20世纪70年代（1976年），韦尔默就注意到了批判理论的所谓"语言学转向"，[①]他追踪了始自马克思的批判理论的历史，这是从不同阶段批判理论之理论建构策略角度的考察。

马克思在《巴黎手稿》中对黑格尔的批判的结果是确立了一种关于历史的"唯物主义"观念，而这是以劳动作为存在论基础的理论，"这种解释把世界历史当作人通过劳动的自我创造。"[②]《巴黎手稿》的"劳动"和《关于费尔巴哈的提纲》的"实践"是一致的，都是一个具有人类学和认识论意义的哲学概念，[③] 而《资本论》中更加把劳动倾向于一个经济学范畴。[④] 韦尔默认为，马克思以劳动为基础的实践哲学具有还原论倾向（所谓"生产范式"），在认识论和政治上都有体现。劳动和符号性关系的生产这两个向度被马克思以还原论的方式整合在一起，"在他的人类学的和元理论的思考中，马克思试图把符号的功能整合到生产的功能中，而这是为了保留'物质生产'范畴在人类学上的首要性"。而其认识论的意义则是突显了科学-技术的

[①] 参见《交往与解放：批判理论中的语言学转向的反思》一文，见〔德〕韦尔默《伦理学与对话》，罗亚玲、应奇译，上海译文出版社2013年版，第182页。

[②] 〔德〕韦尔默《伦理学与对话》，罗亚玲、应奇译，上海译文出版社2013年版，第182页。

[③] "由于他对黑格尔的唯物主义再解释的内在逻辑，反而是作为物质生产的劳动为马克思提供了分析作为人的本质力量之外化的实践的基本范式。"〔德〕韦尔默《伦理学与对话》，罗亚玲、应奇译，上海译文出版社2013年版，第184页。

[④] 韦尔默认为哈贝马斯早在《理论与实践》（1963年）中的《劳动与相互作用》一文就考察了上述理论关系。

第九章 韦尔默：主体间性的内部辩论

典范意义。① 质言之，"马克思的理论包含着一阵内在的未解决的紧张：一方面是历史唯物主义理论和政治经济学批判的辩证特性，另一方面是他基本的人类学和认识论假设的准还原论特征"②。这种理论的内在张力引起了各种争论，比如马克思理论的统一性问题、早－晚期马克思之争、辩证唯物主义和实践哲学之争，以及西方马克思主义人文学派和科学学派之争，等等。

这种张力的一个维度表现或引申为恩格斯论述的"辩证唯物主义"。③ 到了20世纪20年代，由于韦伯的理性化理论的影响（韦伯似乎确立了一种马克思理论的反题），马克思传统的批判理论家们开始整合韦伯与马克思，即开始进行对科学技术的意识形态批判，而卢卡奇'……是把韦伯对'理性化'的历史过程的分析批判地整合到马克思理论中的首次尝试"④。也就是说，卢卡奇试图对"韦伯的挑战"给予一种马克思主义的回答，这种回答只能以恢复马克思政治经济学批判的哲学维度的名义，采纳黑格尔的总体辩证法来实现。"理性化"被阐释为"物化"这样一个批判性概念，它在政治经济学批判的框架中成为一种资本

---

① "显然，马克思自己的资本主义理论，也就是他的政治经济学批判，并不符合这种认识论标准。他的理论本质上是一种'批判的'理论。"〔德〕韦尔默《伦理学与对话》，罗亚玲、应奇译，上海译文出版社2013年版，第185页。
② 〔德〕韦尔默《伦理学与对话》，罗亚玲、应奇译，上海译文出版社2013年版，第186页。
③ 而"辩证唯物主义退化成了一种自然主义的形而上学。而且，这种唯物'辩证法'倒退回一种朴素实在论的也就是前辩证法的认识论——列宁后来就在他的《唯物主义和经验批判主义》中把这种认识论解释成一种知识的图像－理论。"〔德〕韦尔默《伦理学与对话》，罗亚玲、应奇译，上海译文出版社2013年版，第185页。
④ 〔德〕韦尔默《伦理学与对话》，罗亚玲、应奇译，上海译文出版社2013年版，第193页。

主义的"对象性形式"和"主体性形式",而随着总体辩证法对它的克服(哲学上的黑格尔辩证法,实践上表现为作为主客统一的总体的无产阶级的存在),马克思的乌托邦理想仍然得以实现。

而后来的法兰克福理论家们则意识到现实资本主义的变化,大体而言,他们认为,随着自由资本主义向组织化资本主义的变化,后者使解放的现实性消失了,因为解放的否定意识在现实的物质力量(无产阶级)那里已经不可能产生。与哈贝马斯类似,韦尔默认为,他们都把工具理性作了绝对的(还原论)理解,① 这就是说,要么肯定工具理性,要么否定工具理性,这种两难困境是由一种还原论的思维倾向导致的。

哈贝马斯"重建历史唯物主义"的关键步骤是对生产力和生产关系进行了范畴区分,而不理解成还原论关系。韦尔默认为"引入这种区分就意味着把马克思的'感性活动'概念分割为不能相互还原的两种成分"②。哈贝马斯在《认识与兴趣》中首先从认识论上进行了这种区分。在区分的基础上,重要的是对康德"实践理性"概念的重构,这在19世纪末发展的新康德主义那里有起源。特别是在阐释历史科学的认识论框架时,狄尔泰已经开始发展一种解释学理论(这时李凯尔特仍坚持先验哲学立场),认为不能把康德主体哲学的解释架构(自然科学的对象是

---

① "因为在这里,'工具理性'成了这样一个范畴,文明的世界历史进程的两个方面——外在自然的改造(技术、工业化、对自然的支配)和内在自然的改造(个体化、抑制、社会支配的形式)——都是根据这个范畴来理解的。"〔德〕韦尔默《伦理学与对话》,罗亚玲、应奇译,上海译文出版社2013年版,第198页。

② 〔德〕韦尔默《伦理学与对话》,罗亚玲、应奇译,上海译文出版社2013年版,第199页。

第九章　韦尔默：主体间性的内部辩论

由先验主体构成的）直接推广到历史科学上，它的对象不是被先验主体构成的（胡塞尔后来仍试图论述"生活世界"的先验构成）。总之，这种意识哲学的框架是："一种唯我论的先验意识及其作用能够为知识批判提供最终的基础。"然而，"先验主体是作为经验主体间性的一个要素，而不是根据而被呈现的"①。

于是，对这个历史科学的解释框架就应该加以重构。韦尔默提到哈贝马斯的工作："历史理性批判于是就必须根据一种日常语言理论来发展"②，这种理论突显出日常实践的交往的结构。哈贝马斯以普遍语用学进行的社会进化的研究，被看成是一种"重建历史唯物主义"的工作，这是为历史唯物主义提供了认识论基础，这也可以被看成是一种"唯物主义的精神现象学"。③这样重构的历史唯物主义受到解放旨趣的引导，"这表明物质的需要和旨趣一旦成了用符号解释的需要的旨趣，就必然处于与真理、自由和正义观念的内在关系中。历史唯物主义受这种对解放的旨趣的引导"④。

到了1979年，在哈贝马斯主要著作《交往行动理论》出版

---

① 〔德〕韦尔默《伦理学与对话》，罗亚玲、应奇译，上海译文出版社2013年版，第204页。海德格尔在《现象学基本问题》等早期著作中，对康德的先验主体进行了存在论改造。
② 〔德〕韦尔默《伦理学与对话》，罗亚玲、应奇译，上海译文出版社2013年版，第205页。
③ 〔德〕韦尔默《伦理学与对话》，罗亚玲、应奇译，上海译文出版社2013年版，第216页。
④ 〔德〕韦尔默《伦理学与对话》，罗亚玲、应奇译，上海译文出版社2013年版，第217页。

之前，韦尔默对其工作又进行了总结。① 韦尔默首先认为马克思的历史唯物主义本质上是对黑格尔辩证法的"自然主义颠倒"，它承袭辩证法的思辨，认为由资本主义向自由的人类历史过渡具有必然性，而且马克思试图把这种必然性放在实证科学的意义上加以论证，他把人类的生存过程看成是一种"自然历史过程"。法兰克福第一代批判理论家（接受韦伯的诊断）认为向自由的过渡不是必然的，相反，现实的启蒙的结果是退到了神话，这种工具理性原则成为现实原则，政治经济学批判的方案（消灭资本主义制度）本身并不能打破物化和工具理性。马克思和韦伯可以说是对于工具理性的对立的理解，这种不同导致其历史哲学从乐观主义转向某种悲观。

韦尔默认为哈贝马斯的理论可被理解为扬弃上述对立的尝试。他重建的历史唯物主义"……本质上是一种张扬法和道德的普遍主义类型的理论"②。关于解放和社会进化，不再是以生产力（工具理性的劳动）为重心，而是以社会规范为重心，因为不再如经典马克思那样认为规范只是一种"生产"的关系，它有自身的逻辑。在《知识与兴趣》中，哈贝马斯采用精神分析的概念框架，认为自我反思是一种解放潜能。后来在重建历史唯物主义时，他关注规范的"社会进化"，根据的则是皮亚杰的发生认识论，以此描述规范（个体的和人类整体的）的结构性

---

① 参见《理性、解放和乌托邦——论批判社会理论的交往理论奠基》（《伦理学与对话》附录1）一文，〔德〕韦尔默《伦理学与对话》，罗亚玲、应奇译，上海译文出版社2013年版，第139页。

② 〔德〕韦尔默《伦理学与对话》，罗亚玲、应奇译，上海译文出版社2013年版，第144页。

进化，所谓"组织原则"的内在发展的逻辑。这种发展是理性的过程，是学习的启蒙过程。

我们应该注意到，韦尔默论述这些理论构想的视角是着眼于其理论逻辑和概念策略，即"在出发点上"阐明"在现代条件下理性的社会如何设想的问题"。① 这里的关键在于：理性本身是如何设想的？它有怎样的性质和存在形式？韦尔默认为马克思和哈贝马斯关于解放社会之理性基础的论证是有问题的，即都企图对理性进行一种绝对的论证，这是一种"理性主义的理性概念和自由概念"。② 这类概念太强了，这种理性理想的概念和标准太确定了，这样也就近于乌托邦而远离了现实。

这样也就来到了韦尔默企图追寻的一种理性概念，他称之为"后理性主义的理性概念'。③ 虽然他对哈贝马斯不同时期的理论进行了持续的批评，但韦尔默对理性概念的"重建"无疑也是在后形而上学的主体间性范式上进行的。他谈到哈贝马斯70年代中后期的理论，"有一个'去中心化的'理性和理性的同一性概念，这一概念能够引导我们走出前面阐述的'黑格尔主义'或'马克思主义'的'合理社会'构想的非此即彼的处境"④。这是一种不诉诸只有未来才能实现的"理性的"社会概念。跟

---

① 〔德〕韦尔默《伦理学与对话》，罗亚玲、应奇译，上海译文出版社2013年版，第157页。
② 〔德〕韦尔默《伦理学与对话》，罗亚玲、应奇译，上海译文出版社2013年版，第160页。
③ 〔德〕韦尔默《伦理学与对话》，罗亚玲、应奇译，上海译文出版社2013年版，第161页。
④ 〔德〕韦尔默《伦理学与对话》，罗亚玲、应奇译，上海译文出版社2013年版，第163页。

随哈贝马斯，韦尔默指出："我把对话合理性原则理解为对待主体间有效性要求的原则"，但这并不是"一个完全合理化的生活形式的理想"。① 而是一种原则："集体同一性的反思形式。"② 但不存在关于"完美的"解放了的社会的可想象的终点。这只是一种"形式化的合理性结构"，"所以，对于我们所谓的'好的生活'而言，形式的合理性结构只是必要条件而不是充分条件"。③

基于上述考虑，韦尔默批评哈贝马斯基于"理想言谈情境"的"合理性"概念和"真理"的共识概念，因为后者的概念企图"彻底"论证合理性和真理。这里的关键在于"理想的言谈情境"概念，这一概念被哈贝马斯用来表明交往商谈（言谈）的合理性特征。但韦尔默认为这种概念"包含了一个不可消解的辩证假象"，因为"它既是合理的沟通努力的形式结构的可能性条件，作为理性的共识，它又是这种努力的结果"。"从这一理想化中推导出关于完全透明的交往的理念或完全自明的个人的理念，我就是把一个不可避免的'理想化'假设实体化为有关交往情境的自发结构的可能性的假设。"④ 结论是："我们无法建构'完美'或'理想'的理性生活形式（同时又是有限的人的

---

① 〔德〕韦尔默《伦理学与对话》，罗亚玲、应奇译，上海译文出版社2013年版，第164页。
② 〔德〕韦尔默《伦理学与对话》，罗亚玲、应奇译，上海译文出版社2013年版，第169页。
③ 〔德〕韦尔默《伦理学与对话》，罗亚玲、应奇译，上海译文出版社2013年版，第169页。
④ 〔德〕韦尔默《伦理学与对话》，罗亚玲、应奇译，上海译文出版社2013年版，第180页。

主体间性的形式）概念，正如我们无法建构完美的或理想的、与神经病相对的健康概念。"① 韦尔默认为哈贝马斯这种论证思路是一种基础主义的残余，因为并没有一种强的理性条件的理想保证，哪怕它是形式上的，我们只能拥有一种"消极"的程序。这样，韦尔默对哈贝马斯康德实践理性的语用学重建的方案，从内部再次加以"软化"，"我们不能企求意义的完整，而只能排除无意义，我们不能想象个人之间完全无强制的关系，也不能想象完整的合理性，但我们可以试着消除事实上可体验的强制和障阻，克服不合理性"②。

五　伦理学的认知内涵

在《伦理学与对话》正文中，韦尔默首先讨论了所谓对西方启蒙运动的哲学上的反应的正面立场，他称之为"革命的人道主义"，哲学上的课题即（普遍主义的）伦理学。这主要区分为康德的形式伦理学和哈贝马斯和阿佩尔发展的对话伦理学。两者都是"普遍主义的理性伦理学"或哈贝马斯所谓"认知主义的"伦理学，"这两种立场的特色在于，它们都在一种形式原则中寻求伦理学的基础，形式原则的形式性表明它们同时也是一种普遍主义原则"③。

---

① "而在涉及实质性的理性生活的可能性和理性的同一性的可能性时，并不存在形式结构上可描述的理想极限值。"〔德〕韦尔默《伦理学与对话》，罗亚玲、应奇译，上海译文出版社2013年版，第180页。
② 〔德〕韦尔默《伦理学与对话》，罗亚玲、应奇译，上海译文出版社2013年版，第180页。
③ 〔德〕韦尔默《伦理学与对话》，罗亚玲、应奇译，上海译文出版社2013年版，第2页。

虽有不同，但两者都试图对道德原则进行一种"终极奠基"，也就是寻求一种"理性"的基础。就"共识论"而言，韦尔默概述了其理论策略的"动机"："共识理论的理想形式的概念构造，以及不诉诸道德意识历史的中介而直接从理性的普遍结构中推出一种普遍主义伦理学的尝试，都是康德式的，并且是有问题的。"① 终极奠基具有一种绝对主义倾向。其次，商谈伦理学未能在道德和法律间作出明确的区分，韦尔默在这一点上认为哈贝马斯"不够康德"，因为康德"把规范的合法性的问题与道德上正当行动的问题区分了开来"②。关键的问题在于，韦尔默质疑"真理共识论"的假设。虽然如此，韦尔默仍然自认在理论传统的意义上是站在哈贝马斯一边的，因为哈氏的理论范式已经超越了康德，这是与主体间性和语言哲学的交往范式联系在一起的。他希望把对话伦理学的直觉（范式的转换）进行重新表述，而这种重建汲取了康德伦理学中"……那些可以作为一种按对话模式理解的伦理普遍主义之出发点的观点"③。进一步，更一般性而言，韦尔默在启蒙的理性主义和革命的人道主义前提下，试图寻求更好的理性概念。

就主体间性的理性或社会秩序之理性建构原则而言，道德和法律是其理性的两种机制，韦尔默分别称之为道德的正当性问题和规范的正义问题。（他认为由于真理的共识论，哈贝马斯把两

---

① 〔德〕韦尔默《伦理学与对话》，罗亚玲、应奇译，上海译文出版社2013年版，第4页。
② 〔德〕韦尔默《伦理学与对话》，罗亚玲、应奇译，上海译文出版社2013年版，第5页。
③ 〔德〕韦尔默《伦理学与对话》，罗亚玲、应奇译，上海译文出版社2013年版，第5页。

者混淆了起来）两者的合理性问题是不同的。

首先，法律规范是与"当下有效"的实定法律相关的，而道德规范"则是独立于任何有可能使它们有效的行为而成立的"。虽然道德规范也有可能进入法律的规范，"只是因为道德和法律有效性并不是分析地等同的，我们才能提出我们在何种程度上有道德义务去遵守事实上有效的法律规范的问题"①。其次，法律"……对于一种特定的实践通常是构成性的，因此，法律成为一种体系和制度的构成（实践的体系）……道德规范并没有这种体系特征"②。最后，"法律规范通常是与外部制裁的威胁联系在一起的"③。道德规范不能进行外部制裁的意思是不能外部强制地提倡它和惩罚它。

但是法律与道德还是相关的，比如，"在法律有效性的概念中，承认的要素与可强制性的要素是以一种复杂的方式相互联系在一起的"④。法律的合法性何在？现代性过程中，发展出一种"程序的、民主的合法性概念"，这与道德的"去俗成化"有关，道德本身在丧失了宗教和形而上学根基的过程中程序化了，民主

---

① 这从法律角度而言，这种区分是否就是法律的合法律性与合法性之间的区分？〔德〕韦尔默《伦理学与对话》，罗亚玲、应奇译，上海译文出版社2013年版，第89页。
② 〔德〕韦尔默《伦理学与对话》，罗亚玲、应奇译，上海译文出版社2013年版，第91页。
③ "只要我们牢记一种行为是否道德上可谴责的问题是与它是否应该被惩罚的问题完全不同，道德规范与相应的法律规范的一种分析性的区分的必要性就变得特别清楚了。"〔德〕韦尔默《伦理学与对话》，罗亚玲、应奇译，上海译文出版社2013年版，第91页。
④ 〔德〕韦尔默《伦理学与对话》，罗亚玲、应奇译，上海译文出版社2013年版，第92页。

作为一种道德的程序性规范,这被认为是对自然法传统的一种程序性的重建。总之,一种民主的观念成为法律合法性基础。韦尔默认为,哈贝马斯未能充分区分道德规范和法律规范,即哈氏是在规范正义性的法律的论证层面上展开道德的有效性论证的,换句话说,哈氏并未真正地把握住道德的有效性问题。① 法律的合法性不能仅仅在其本身的程序层面(民主、平等的论证层面)进行论证,它应该有更为基础的道德的有效性为其奠基,传统的自然法理论观念就以此为视角。

那么,在后俗成社会中,道德有效性如果失去了自然法观念的基础,那么,它又会表现为什么?看起来,韦尔默还是一如既往地反对一种绝对主义奠基:为道德有效性奠基。这种奠基"在康德那里是目的王国,在阿佩尔和哈贝马斯那里是一种交往的理想情境"②。也就是说,阿佩尔和哈贝马斯是继承了康德思路或动机的:"康德伦理学的形式主义和严格主义是直接与以永恒的形式,亦即从目的的王国的观点为伦理学奠基的企图联系在一起的。"③ "但是只是随着在特殊物和普遍物之间实现调解的问题,真正的道德问题才开始出现,至少就此而言,黑格尔是正确的。现在对话伦理学处理的正好是这个问题,但它不能解决这个问题,因为在一个核心方面,它仍然坚持康德式的建筑术:对话

---

① 〔德〕韦尔默《伦理学与对话》,罗亚玲、应奇译,上海译文出版社2013年版,第95页。
② 〔德〕韦尔默《伦理学与对话》,罗亚玲、应奇译,上海译文出版社2013年版,第96页。
③ 〔德〕韦尔默《伦理学与对话》,罗亚玲、应奇译,上海译文出版社2013年版,第96页。

伦理学也以永恒的形式摭述道德。"① 韦尔默认为，标准和基础也即理性是需要的，但不能以康德的方式进行论证，这个理性的标准应该是以主体间对话的方式达成的，但它是可错论的，而不是绝对的终极奠基。

韦尔默的意见是，一个道德判断或道德论证要结合具体的情境，或者说，在具体的情境中才能确定一个道德判断："我们是否合理地能够意愿一种行为方式成为普遍方式的问题，首先是一个关于我们是否已经恰当地理解了行为在其中发生的具体情境的问题"②。这实际上说在实际的道德论证的情形下，我们只能根据实际情境才能作出合理的道德判断。但韦尔默"情境伦理学"仍是在商谈的概念框架中运行的，他指出："我相信，我在这里提出的道德论证的解释将增强对话伦理学的基本理念的合理性。"③ 总之，韦尔默这里处理的是道德规范的应用问题，而哈贝马斯则把应用问题与辩护问题明确加以区分。而韦尔默指出："在不太精确的意义上，我们可以说，我们在道德奠基的过程中所处理的问题就是应用问题，而被'应用'的就是道德原则本身。"④ 这样，理性就成为交往商谈即"应用"的一种可以变化的普遍主义内核，"但是，不可能通过一种语用学的语言哲学为

---

① 〔德〕韦尔默《伦理学与对话》，罗亚玲、应奇译，上海译文出版社 2013 年版，第 96 页。
② 〔德〕韦尔默《伦理学与对话》，罗亚玲、应奇译，上海译文出版社 2013 年版，第 103 页。
③ 〔德〕韦尔默《伦理学与对话》，罗亚玲、应奇译，上海译文出版社 2013 年版，第 105 页。
④ 〔德〕韦尔默《伦理学与对话》，罗亚玲、应奇译，上海译文出版社 2013 年版，第 106 页。

道德进行原始的奠基"①。理性的道德意识在道德商谈中使交谈双方相互承认，康德的绝对应当被扬弃在内在的强制中，这是一种被启蒙的、理性化的道德意识形式。韦尔默反对对这种理性的道德意识进行根本性奠基的方式，因为这种方式（无论是俗成化的实体还是后俗成的形式）无论如何具有导向绝对化的危险。他认为哈贝马斯对道德的类似于真值判断的认知主义论证是这种绝对化，"哈贝马斯试图就这样通过把应当解释成普遍的有效性要求的三种类型之一，从而以认知主义的方式解决道德应当的问题"②。他忘却了道德有效性要求只能在特殊的因而现实的语境（情境）中才能提出。

因此在韦尔默看来，普遍语用学的有效性奠基的一般性应当规范论证，并不能直接等同于对道德规范的奠基，进而言之，我们应该对合理性概念持一种更加多元的和开放的态度。"这种概念，既不依赖于根本的奠基，也不寻求最终的调和。"③ 这种理解的理性概念，"更为传统"，即在欧洲哲学的历史上，与康德的实践理性相关的道德应当的有效性问题"更难理解"（与真理的有效性相比）。韦尔默这里也有一种破除以科学主义为典型的"逻各斯中心主义"的意思，"道德论证的有效性仍然依赖于不

---

① 〔德〕韦尔默《伦理学与对话》，罗亚玲、应奇译，上海译文出版社2013年版，第110页。
② 〔德〕韦尔默《伦理学与对话》，罗亚玲、应奇译，上海译文出版社2013年版，第113页。
③ 〔德〕韦尔默《伦理学与对话》，罗亚玲、应奇译，上海译文出版社2013年版，第127页。

但是认知性的而且是情感性的前提条件"①。

六 哈贝马斯的一种回应

哈贝马斯后来在《道德认知内涵的谱系学考察》一文②中再次论述了道德规范的理性（认知）内涵的意义。（在《事实与规范之间》中已有详述）他一开始就在宽泛的意义上指出："道德命题或道德表述如果可以论证的话，它们就具有了一种认知内涵。"当然，这里的"论证"意味着什么？这是一个关键，对此，哈贝马斯有一个界定："我所说的'道德论证'，主要是指日常生活世界互动语境中基本的论证实践。"③ 论证是主体间用某种理由来支持，这可以协调行为和平息争论，但前提是参与者都承认这种论证。所以，论证的认知内涵的意义就是主体间其他协调方式不可取代的。在道德商谈中，论证的认知内涵当然也包含或者说转化为情感因素，即道德义务感。这种义务感涉及"应然有效性"的本质特征，这种情感也表达了判断或立场，这也就是"评价"。

哈贝马斯所谓谱系学考察是从传统世界观（即天主教世界观）的崩溃开始的，这时就出现了这样一个问题："抛弃了上帝的人的主观自由和实践理性能否为规范和价值的约束力提供有力证明。"④ 在传统世俗社会中，上帝是道德规范的源泉，但是，

---

① 〔德〕韦尔默《伦理学与对话》，罗亚玲、应奇译，上海译文出版社2013年版，第130页。
② 〔德〕哈贝马斯《包容他者》，曹卫东译，上海人民出版社2018年版，第37页。
③ 〔德〕哈贝马斯《包容他者》，曹卫东译，上海人民出版社2018年版，第37页。
④ 〔德〕哈贝马斯《包容他者》，曹卫东译，上海人民出版社2018年版，第42页。

"只有把道德律令解释成为绝对公正、绝对善良而又无所不知的上帝的意志的表达，规范有效性才会获得认知意义"[1]。即要求论证为什么有义务遵循这些规范和律令，规范的应然有效性是需要论证的，这就是其认知内涵。神学本体论的创世秩序和救世神学的救赎历史为神圣的律令提供了认知的论证，以便使之成为规范有效的。"这样，道德法则的合理内涵便从作为一个整体的一切存在者的理性秩序那里获得了本体论的公正。"[2] 这里产生了一种伦理学的自然法观念（天道？），而且，道德律令还凝结成了一种典范性的生活方式，或以圣人为榜样的修为功夫。

随着现代社会的产生，上述与上帝相关的论证失去了效用，"后形而上学论证水平"需要对道德的规范有效性重新加以论证。"宗教的有效性基础崩塌之后，道德语言游戏的认知内涵就只能依靠其参与者的意志和理性加以重建。"[3] 哈贝马斯首先考察的是经验主义的重建，这个重建分为两条路径：（1）苏格兰的道德哲学。（2）契约论的自由主义。但两者都遇到了同样的难题，即认知内涵的合法性基础维系在单个主体（理性经济人？）的利益考量的主体动机之上。第一种类型的基础是"情感"，其目的是"团结"，"在这种情感立场的基础上，可以建立起一种相互信任的关系，并发挥出社会一体化的力量"[4]。但这是诸如家庭、社区邻里的场合的伦理观念（黑格尔在《法哲学原理》中，将其定位在伦理的初步阶段）。这是一种有限的应用

---

[1] 〔德〕哈贝马斯《包容他者》，曹卫东译，上海人民出版社2018年版，第43页。
[2] 〔德〕哈贝马斯《包容他者》，曹卫东译，上海人民出版社2018年版，第43页。
[3] 〔德〕哈贝马斯《包容他者》，曹卫东译，上海人民出版社2018年版，第47页。
[4] 〔德〕哈贝马斯《包容他者》，曹卫东译，上海人民出版社2018年版，第49页。

范围，这就标明了应将道德原则扩大到普遍的、更加广阔的社会生活中。这时，"情感"就不可能单纯地自我维系了，这就产生了契约论，它构成了黑格尔意义上的伦理的第二阶段即市民社会的伦理原则，从个体权利出发建立公平的一般规范，目的是合理地（公平地）追求个体的利益（黑格尔"需要的体系"、市民社会的原则），"主观权利从法律上确保主体拥有一定的活动空间，自主地追逐各自的利益"①。在一种个体需要遵守的公平秩序（市场原则、看不见的手）中，契约论的道德与法律规范具有认知内涵，追求个人利益的公平秩序。但这个原则也是有问题的，现实运作中也产生了各种社会问题。"因为契约双方的商榷是以利益为主导的，充其量只会形成一种外在的社会行为约束，而无法产生一种共同的甚至是普遍主义的善的强制观念。"②

于是，哈贝马斯提出了他的思路："在宗教和形而上学之后，沟通条件成了论证同等尊重每一个人的道德的唯一资源。"这就是说，（当然这里是在讨论图根哈特）"理性道德的有效性基础是一个普遍化的原则，它不能用符合各自自身利益的视角或自身的善的概念来加以证明。我们只能通过对公正判断形成的必要条件加以反思，才能把这个普遍化的原则确定下来"③。在超越了康德的绝对自我观念以后，哈贝马斯指出："这样，绝对命令就获得了一种话语理论的解释。取而代之的就是一种话语原则

---

① 〔德〕哈贝马斯《包容他者》，曹卫东译，上海人民出版社2018年版，第50页。
② 〔德〕哈贝马斯《包容他者》，曹卫东译，上海人民出版社2018年版，第59页。
③ 哈贝马斯区分了伦理和道德，伦理是与个人和集体的价值取向相关的自我理解，而道德则关涉义务、规范和律令的普遍意义。〔德〕哈贝马斯《包容他者》，曹卫东译，上海人民出版社2013年版，第61~62页。

'D',根据这个原则,只有那些得到话语实践参与者认可的规范才可能具有有效性。"① 这就是说,康德是从自我来设想他人的,这样的自我是一种理想的主体性,而哈贝马斯认为只能在主体间的语言交往中,才能真正确定一种道德原则的普遍有效性。这种认知主义重建表现在对话的程序中,是道德规范有效性的内核,它构成了道德合理性的基础:"道德规范(乃至一般规范命题)的正确性和单个的律令可以看作是类似于断言命题的真实性。两种有效性概念的一致之处在于用话语兑现相应有效性要求的程序,区别在于一个涉及社会世界,另一个则涉及客观世界。"② 这就是说:"如果共同实践过程中的交往形式自身能够促使所有参与者对道德规范都作出令人信服的论证,那么,我们就可以为规范共识的传统论证内容提供一种等价物。失去的'先验的善',只能用话语实践当中的'内在性'来加以补偿。"③

于是,在这里的关键问题就是如何看待交往中的论证,即"话语原则 D"。这个原则被认为是在后世俗社会中,道德有效性的唯一来源。这个原则的合理性内涵意味着什么?哈贝马斯用"话语伦理学"的概念来表达这个道德合理性的论证模式:"话语伦理学的论证观念在于,普遍化原则'U'与话语原则'D'当中所表达的规范论证观念是联系在一起的,而且可以从一般论证前提的潜在内涵当中推导出来。"④ 的确,其中的合理性的核心观念是由一种论证理论给出的。但是在这里可以提出的问题

---

① 〔德〕哈贝马斯《包容他者》,曹卫东译,上海人民出版社 2018 年版,第 71 页。
② 〔德〕哈贝马斯《包容他者》,曹卫东译,上海人民出版社 2018 年版,第 75 页。
③ 〔德〕哈贝马斯《包容他者》,曹卫东译,上海人民出版社 2018 年版,第 78 页。
④ 〔德〕哈贝马斯《包容他者》,曹卫东译,上海人民出版社 2018 年版,第 81 页。

是，论证自身的固有特征是什么？论证本身何以保证普遍性，即"D"原则如何就能通向"U"原则？为了解决这个关键问题，哈贝马斯对论证需要某种特别的"设定"，这导向一种"理想的交往情境"的观念，而正是这种观念被韦尔默批评为一种绝对化和基础主义，不能把它理解为一种努力达到的理想状态，因为这种理想状态是不可能存在于现实中的。但是，对于论证原则的这种理想前提，哈贝马斯提醒并不能把它们直接理解为道德原则本身，论证的原则"……是指论证的义务和论证权利，而绝不是指道德义务和道德权利，同样，'无强制性'涉及的是论证过程本身，而不是论证实践之外的人际关系。……它们所具有的是可以证明命题的认知意义，而不是直接推动行为的实践意义"①。这在一定程度上可应了韦尔默的批评。②

随着现代意识结构的出现（表现之一是规范命题与经验命题的区分），规范命题是否还具有认知内涵？如何论证规范命题的合理性？这些是现代实践哲学（以康德的实践理性概念为基础）的基本问题。现在要论证的是，实践理性所要求的合理性

---

① 〔德〕哈贝马斯《包容他者》，曹卫东译，上海人民出版社2018年版，第82页。
② 后来，哈贝马斯对"真理共识论"也进行了反思，比如《真理与辩护》。在2001年于巴黎的一次讲座中哈贝马斯也说道："直到不久以前，我还试图用理想的可辩护性解释真理。后来我明白了，这种同化是不可能运作的，因而我重新检视了我所依据的并非错误而是不完善的真理的话语概念，追求真理的话语的建立导向合理的接受性，并不是真理……我们还是不应该把这种可接受性与真理混淆起来。"载〔德〕哈贝马斯《对话伦理学与真理的问题》，沈清楷译，中国人民大学出版社2005年版，第52页。相关讨论参见《哈贝马斯论真理与证成》，载《世界哲学》2020年第5期。以及刘钢《真理的话语理论基础：从达米特、布兰顿到哈贝马斯》，人民出版社2015年版；〔美〕苏珊·哈克《新老实用主义》，见《意义、真理与行动——实用主义经典文选》，东方出版社2007年版。

即道德规范的认知内涵到底落实在哪里？从霍布斯到康德，对这个问题的回答形成了一个理论传统。因为实践话语与理论话语区分开来了，所以，经验科学的实证合理性就不能直接充当实践话语的认知内涵。虽然不同于实证科学，但实践话语也并非非理性的，问题是怎样理解实践话语的合理性？这对于实践（道德、规范）话语就成了一个问题。实践问题本身具有一种道德视角，也就是一种主体间性视角，这就要求规范应该具有一种应然有效性，参与者都共同承认从而使之团结起来，这里的问题归结为如何理解或确定道德应然命题（不同于断然命题）的认知内涵？在哈贝马斯看来，"一种建立在实用主义基础上的论证理论就是一条很好的途径，可以让我们建立起一种实践理性概念，它既不同于工具理性，也不同于理论理性"[①]。如果断然命题之有效性是基于真实性的要求，那么规范命题的应然有效性（哈贝马斯称为规范正确性）的要求如何得以满足和获得，即是实践理性的特殊的论证问题，哈贝马斯的基本看法是，"道德命题的正确性和断言命题的真实性一样，也可以用有效性要求的话语兑现概念来加以阐明（两者都不足以充分揭示形而上学真理的意义）"[②]。我们特别应该注意到哈贝马斯对这种合理性或真理性概念的性质的说明，这是一种形式的、程序的"后形而上学"理

[①]〔德〕哈贝马斯《包容他者》，曹卫东译，上海人民出版社2018年版，第128页。
[②]〔德〕哈贝马斯《包容他者》，曹卫东译，上海人民出版社2018年版，第146页。

性概念。① 而且，这里的道德问题与伦理问题也有区分："伦理意见带有一种有效性要求，它既不同于真实性，又不同于道德的正确性。衡量它们的标准，是个人或集体的自我理解的本真性。"② 这里自我的本真性是在不同的生活历史语境或主体间共同拥有的传统语境中逐步形成的。形式与内容在现代意识结构的形成过程中逐步区分开来，当然，它们都来源于生活世界，是生活世界的合理化带来了这些区分，而生活世界就是马克思所谓的实际生活的过程。

---

① "实践理性体现在程序当中，而非内容当中，如果它所具有的是一种后形而上学的权威，而且没有依靠世界观，那么，它所起到的就不是什么专断的作用。"〔德〕哈贝马斯《包容他者》，曹卫东译，上海人民出版社2018年版，第143页。

② 〔德〕哈贝马斯《包容他者》，曹卫东译，上海人民出版社2018年版，第146页。

第十章　霍耐特承认理论：主体间性的内容拓展

在新一代批判理论家中，霍耐特（Axel. Honnth）是非常注重规范基础问题的一位。以哈贝马斯所谓"解放旨趣"为引导的理性的规范意义及其论证，日益成为理论建构的基础。在其早期著作《权力的批判——批判社会理论反思的几个阶段》的"后记"中，霍耐特写道："只有人们能在社会生活情景内部发现批判理论同样以之作为指导的那种解放的兴趣时，批判理论自身才可能有理由被作为社会发展的一种反思的因素理解。"① 当然，规范基础不能随意设定，它要求对存在于现实生活世界中的理性原则的重建性论证，这是批判理论方法论的逻辑要求。霍耐特指出："因此，如今批判社会理论的一个关键问题是这样一个问题，即人们应该怎样建立起一种不仅能把握社会统治的结构，而且能把握在实践中超越这种结构所需的社会资源的分析的范畴框架。"②

---

① 〔德〕霍耐特《权力的批判》，童建挺译，上海人民出版社2012年版，第306页。
② 〔德〕霍耐特《权力的批判》，童建挺译，上海人民出版社2012年版，第306页。

第十章 霍耐特承认理论：主体间性的内容拓展

一 既有理论范式批判

霍耐特的"权力理论"也被认为是批判理论的所谓"政治伦理转向"的标志，① 当然，其理论的基本框架仍然是在主体间性范式中建构的。因此，为了理解这个转向的理论实质，我们首先需要考察霍耐特对批判理论已有主要范式的批判，包括对哈贝马斯的批评。

霍耐特揭示了《启蒙辩证法》的理论局限，认为该书表达的是一种历史哲学的简化论，是历史唯物主义乐观主义的反面变体。整个启蒙的历史被认为完全由一种对自然、社会和个体的工具理性为原则的统治关系所制约，社会自身的主体间性的共识性整合的空间在概念上完全被封闭起来了。霍耐特认为，历史唯物论和启蒙辩证法在理论上的共同之处在于："因此在两个版本中，人类社会的历史都被一以贯之地纯粹从人类支配自然的动力来理解。"② 不同之处只是前者论证劳动的解放方面（比如《巴黎手稿》），虽然也批判劳动的异化，但最终的解放目标仍然是回复到劳动；而另一个是论证其统治的方面，而且，通过赋予劳动（工具理性活动）以原罪，从根基上确立了启蒙作为统治的恒常性。

在霍耐特眼中，"启蒙辩证法"的逻辑是一种总体性的历史哲学，其核心思想是人类的历史就是一种人类主体对客体的统治的历史，无论对自然还是对社会，都是如此。这是一种人类无法

---

① 参见王凤才《蔑视与反抗》，重庆出版社2008年版。
② 〔德〕霍耐特《权力的批判》，童建挺译，上海人民出版社2012年版，第52页。

摆脱的生存方式，一种历史性的宿命，现实的人类存在是一个巨大的错误。在这种基本的历史逻辑背景下，"即使不无矛盾心理，阿多诺在战后资本主义改变了的条件下仍然坚持那些支配自然批判的基本信念"[①]。这种信念在理论上构成一种基本的批判框架，不是某种资本主义的物化的总体性，而是人类现实生存本身的总体性的对象性形式（卢卡奇语）成为批判的对象。这是一种否定的历史观念，按照哈贝马斯的说法它是启蒙的第二次反思，总体化的意识形态批判其特征就是绝对化和整体化，而这种绝对理性批判已威胁到其自身，因而存在内在悖论。[②]

　　哈贝马斯已经分析了阿多诺总体批判的哲学根源，即意识哲学中的主－客体对立的二元结构。在这种结构中只能出现主体控制客体，而主体自身也被反思性地包含在客体之中。这样的主体就是自启蒙现代性以来，哲学话语构想出的一种人类中心主义的基础。依霍耐特之见，这种绝对批判的框架在《启蒙辩证法》那里就有预告，在其"前言"中，作者们预告将放弃早年的综合性、跨学科的"科学"研究，因为"科学"本身已不过是控制的一种合理方式。霍克海默和阿多诺的研究重心有一种转移，即有一种超越性的提升或抽象，由此，科学的内部差异（自然的、社会和人文的）无关紧要，重要的是科学本身现已成了问题。霍耐特认为这是对科学的本质方法论的误解，把科学的某种技术性的和管理性的"控制功能"等同于科学本身，于是他们就构想出了控制的科学这样一个上位观念，"从总体上把科学解

---

　　① 〔德〕霍耐特《权力的批判》，童建挺译，上海人民出版社 2012 年版，第 56 页。
　　② 参见〔德〕哈贝马斯《现代性的哲学话语》，曹卫东等译，译林出版社 2004 年版，第 134 页。

第十章 霍耐特承认理论：主体间性的内容拓展

释为技术或社会支配的一种工具"①。结果之一是理论的构造摆脱了论证形式，而论证正是科学或哲学话语的特征。于是，哲学在阿多诺那里就成为一种批判的观念或姿态。

这种方法论上的哲学观念（通过概念来超越概念）在《否定的辩证法》中有意识地展开，这可以说是这种二难框架的演示，哈贝马斯认为阿多诺展示了思想的矛盾，是有道理的。主体哲学架构的困难在于主体的自我持存，而解决之道相应地在于放弃这种持存，即阿多诺说的"客体优先"也就是"模仿"的结构，最终必然走向"审美主义"。根据霍耐特的考察，"但直到《启蒙辩证法》，艺术知觉才从历史哲学上得到解释，这种解释系统地承认了它相对于其他认知方式的优先地位……它是自我持存的那种支配实践的一个替代选项"②。在早期的批判理论家之中，霍耐特提到五位学者，霍克海默、阿多诺、洛文塔尔、本雅明以及马尔库塞，他们在一定程度上都诉诸审美以对抗工具理性或科学式概念思维的认知模式。"最终，批判理论看来已经放弃了去检验社会群体是否和在多大的程度上主动参与社会整合的那种理论上的可能性。"③ 总之，主体哲学的理论逻辑阻碍了对社会的内部关系的洞察。这样，第一代批判理论结束了，但批判理论本身需要超越的重建。在重建的道路上，福柯和哈贝马斯代表了两条道路，两者都力图接手马克思主义和批判理论的理论目标，即揭示晚期资本主义的统治方式和社会整合模式。

霍耐特认为福柯与阿多诺一样："两位理论家都把这些社会

---

① 〔德〕霍耐特《权力的批判》，童建挺译，上海人民出版社2012年版，第59页。
② 〔德〕霍耐特《权力的批判》，童建挺译，上海人民出版社2012年版，第64页。
③ 〔德〕霍耐特《权力的批判》，童建挺译，上海人民出版社2012年版，第96页。

的稳定作为那些极其完善地组织起来的行政管理机构的纯粹单方面的统治活动的作用结果来把握。"① 社会的整合是纯粹权力统治的结果："阿多诺认为这些控制成就是由一个中央集权的行政机关通过控制和操纵活动取得的，相反，福柯认为稳定所必需的那些成就是由控制和规训的程序来保障的，而这些程式由学校、监狱或工厂等制度上相互连接成网格的组织制定。"② 在探究现代社会的宰制关系时两者的理论框架是不同的，阿多诺设想的是一个取自控制自然的综合性的生存统治模式，其中包括社会生产、社会统治和个性心理等向度，这是一种哲学上的否定性的生存论；而福柯探讨的只是社会统治的一种客观技术进程，即行政管理能力的提高，这是一种策略合理性模式而不是统治自然的模式。阿多诺的那种悲观主义的批判精神，在福柯那里变成社会权力增强的一种客观进程。这种"科学式"的研究，取代了"哲学式的"批判，类似于早期马克思的人本学批判与晚期政治经济学批判的关系。但在整体上看，霍耐特仍然不认为二人的理论是分析晚期资本主义社会整合合适的理论工具。而哈贝马斯的理论则开启了社会互动的行为领域的研究，它探究现代社会究竟是怎样整合的，其社会秩序的形成如何实现？出现了什么问题？

当然，哈贝马斯关于交往互动领域的建构在理论策略上也经历了不同的阶段，比如早期关于认识兴趣理论的认识人类学途径。《知识和兴趣》主要是一部认识论著作，它主要探求科学的

---

① 〔德〕霍耐特《权力的批判》，童建挺译，上海人民出版社2012年版，第193页。
② 〔德〕霍耐特《权力的批判》，童建挺译，上海人民出版社2012年版，第194页。

第十章 霍耐特承认理论：主体间性的内容拓展

认识或真理性认识的根基问题。胡塞尔在论欧洲科学危机时意识到了这点，他提出了生活世界的观念。然而，胡塞尔仍执着于希腊式的理论观念，他以超验的方式来理解生活世界，因而仍未能真正在理论的建构策略中实现理性的"语境还原"。于是，"由于现象学在对科学的那种生活世界的构建关联作先验反思的过程中同样摆脱了这种语境，它本身重现了在科学的客观主义的自我限制的路途中遗失了的那种规范的和实践的因素"①。所以，哈贝马斯想恢复认识的真正的前科学性根基的向度，这就是他的"认识兴趣"理论。霍耐特认为，"哈贝马斯坚信，胡塞尔在引用内审式的认识理想时错误地忽略了它原来置身于其中的那种兴趣背景"②。结果是"他不过是在更高的阶段上又一次重复了他恰恰在自己所作的批评中所指出的那种对现代科学的客观主义误解"③。总之，胡塞尔和哈贝马斯都认识到，④ 实证科学和现有哲学的根本错误在于都把自己理解成兴趣中立的认识形式，这也和霍克海默批评"传统的理论"的旨趣是一致的。

在哈贝马斯对认识进行三种兴趣还原中，对批判理论而言，最为关键的是第三种即"解放"的兴趣，而这和兴趣的结构指向是未来取向的，针对现在的批判。关键问题就在于：批判的前

---

① 〔德〕霍耐特《权力的批判》，童建挺译，上海人民出版社2012年版，第199页。
② 〔德〕霍耐特《权力的批判》，童建挺译，上海人民出版社2012年版，第200页。
③ 〔德〕霍耐特《权力的批判》，童建挺译，上海人民出版社2012年版，第201页。
④ "二者都确信，任何一种形式的科学认识都不可分割地与前科学的兴趣状况联系在一起。"〔德〕霍耐特《权力的批判》，童建挺译，上海人民出版社2012年版，第202页。

提是什么？这样一种批判理论的规范基础问题始终是关键的。在《认识与旨趣》中，哈贝马斯诉诸"反思的力量"。虽然这时他开启了主体间性的理解的向度，但尚未对这一向度形成有效的理论，尚未形成交往行动及交往理性的概念。这时的哈贝马斯是在个体自我认同过程中不断进行的自我反思中探求规范意义的，这种活动中包含着第三种即"解放"的兴趣。这样，精神分析就成为解放兴趣之批判精神的典范。

20世纪80年代初哈贝马斯发表巨著《交往行动理论》，主体间性范式转向取得重大进展。通过霍耐特的观察，在哈贝马斯的综合理论中，"社会劳动被放进一个具有决定性意义的社会相互作用的框架中，因为只有在这个框架内，社会成员才能相互之间就有约束力的规范达成理解，而这些规范能够从总体上对社会生活的组织进行调节，并因此也能对劳动过程加以调节"[①]。这样就突破了马克思以来的实践哲学在生产范式上的理论困境。"在交往行动的概念中，哈贝马斯把主体间的相互理解过程放到了中心的位置，相互理解占据了社会劳动在可追溯到马克思的社会理论中的那种中心地位。"[②] 霍耐特认为，在交往行动理论中，社会理论的基本概念策略是在范畴上区分目的理性行为和交往理性行为，并且，"把这两种行动类型具体化地套用在社会再生产的具体领域中"[③]。这样就形成一种二元论的社会分析框架。霍

[①]〔德〕霍耐特《权力的批判》，童建挺译，上海人民出版社2012年版，第236页。

[②]〔德〕霍耐特《权力的批判》，童建挺译，上海人民出版社2012年版，第236页。

[③]〔德〕霍耐特《权力的批判》，童建挺译，上海人民出版社2012年版，第246页。

第十章 霍耐特承认理论：主体间性的内容拓展

耐特的疑虑在于：能够把社会劳动和政治统治领域看成是纯粹的"目的合理的行动的子系统"吗？在规范基础层面，哈贝马斯诉诸交往共识，而霍耐特进一步提出的问题是交往共识何以可能以及如何可能。他的回答是：为承认而斗争。共识是斗争的结果。于是，这里的理论框架发生了变化：不是目的理性系统对相互作用的规范领域的冲突，而是相互作用领域内部的承认斗争成为社会理论的解释框架，分析的对象集中到社会的现实领域上来。整体而言，霍耐特把哈贝马斯的社会理论看成是《启蒙辩证法》的一种交往理论的转型："现在，交往的过程不再被简单地当作目的合理的行动的反面，而是被理解为一个相互理解的过程，人类的行动合理性的各个方面都作为内部的基准点包含在这个过程之中。"① 但是，系统和生活世界的二元论仍然成为现代社会的基本解释框架，它也是批判性的来源。②

社会批判理论的对象始终是现代社会，它关注现代社会的制度结构和运行机制。阿多诺和福柯直接把这种结构和机制认作是统治原则的体现；而哈贝马斯则以系统和生活世界的二元对立来批判现代社会，在现实的系统机制外部预设了规范领域的生活世界；霍耐特则认为哈贝马斯的诊断仍然误解了现代社会的现实运行机制，这种二元论的外部对立仍是抽象的。对于霍耐特而言，

---

① 〔德〕霍耐特《权力的批判》，童建挺译，上海人民出版社2012年版，第277页。
② 霍耐特指出："正如阿多诺在组织与个人的二元论内，福柯在权力机构与人的肉体的二元论内察觉现代的发展趋势一样，哈贝马斯从时代批评出发，在系统和生活世界的二元论内觉察现代的发展趋势；于他而言，种种系统的调节形式侵入至今完好无损的日常交往实践的领域是我们社会的病理。"〔德〕霍耐特《权力的批判》，童建挺译，上海人民出版社2012年版，第291页。

具体的做法只能在现实的制度（哈贝马斯称作"系统的领域"）内部提供批判性的机制，即认为现实系统本身也是内在含有规范前提的。它诚然有异化的可能，但也有自我修复的可能和途径，这就是"为承认而斗争"，在内部的机制本身那里进行改造。把由哈贝马斯分化出去的规范领域（生活世界）重新纳入现实系统并以之作为批判的规范前提，于是承认理论的任务就成为在现实的领域中为符合这些规范前提而斗争。但是这里的规范问题仍然存在，制度内部的规范前提是什么的问题尚需追问。①

霍耐特注重的是现实批判的实际可能性，而这种可能性是在对规范基础作出充分估计的前提下提出的。他的这种思考希望超越哈贝马斯，不仅能够揭示社会的统治结构和机制，而且试图在制度层面实际地改变它，这使人们联想到马克思"改变世界"的格言。这是一种"内在重建"的理论策略，受到尼采－福柯影响，霍耐特指出："我坚信，对社会统治的批判现在能够再一次借助反思在这种生活实践中确立其尺度。"② 他希望把阿多诺在艺术中寻求的那些理想通过社会制度形式体现出来，当然，阿多诺本人对社会现实根本不抱任何希望。霍耐特就这样重新回到了社会实践，他明确指出："于是，我们不得不把制度框架的改变，也就是被我们认作交往合理化的因素，作为一个阶级斗争的

---

① 在《自由的权利》中，霍耐特似乎讨论了这个问题，他试图把规范内涵与制度建构结合起来。参见〔德〕霍耐特《自由的权利》，王旭译，社会科学文献出版社 2013 年版。实际上，哈贝马斯本人在 20 世纪 90 年代初发表的法哲学著作《在事实与规范之间》已经系统地研究了规范的制度化的可能性方案，他提供了一种关于民主法制国的商谈理论。

② 〔德〕霍耐特《权力的批判》，童建挺译，上海人民出版社 2012 年版，第 308 页。

运动，作为一个压迫和解放的过程来把握。"① 主体间的斗争成为相互理解的形式，这形成一种新的阐释框架：对包括目的合理性与系统在内的所有人类行动领域都有解释力，因而成为"为承认而斗争"的批判理论模式。

二 "为承认而斗争"：批判理论的"伦理转向"

概而言之，可以把社会批判理论指认为"现代性的历史性自我意识"，其批判的基本着眼点针对的是现代性现实层面的工具理性原则。然而，各种批判理论的理论建构策略又存在很大的差异，如阿多诺从重建主体范式着眼，而赫勒（Agnes Heller）与霍耐特则从主体间性入手。但不管怎样，批判理论的新近发展大部分是围绕哈贝马斯的争论展开的②，哈贝马斯的重要性在于明确提出了批判理论的"规范基础"问题，并对比展示了一个系统的主体间性解决框架，核心内容是交往理性概念的形式语用学建构，因此，他更新了批判理论的方法论工具，实现了范式转型。

然而，正是哈贝马斯理论规范向度的语言哲学概念受到了批判理论传统内部韦尔默、本哈比（Seyla Benhabib）及霍耐特等人的批评，③ 而他们则被认为是批判理论（或法兰克福学派）第

---

① 〔德〕霍耐特《权力的批判》，童建挺译，上海人民出版社2012年版，第261页。

② 参见 Dieter Freundlieb, Wayne Hudson, and John Rundell eds., *Critica Theory After Habermas*, Brill, 2004.

③ 比如霍耐特《权力批判》的最后部分就对哈贝马斯模式集中进行了批判性考察，参见 Honneth, *The Critique of Power*, MIT Press, 1991. 在一次访谈中，霍耐特谈到自己实际上从来没有放弃德国的哲学人类学传统，因而对哈贝马斯的语言学转向并非毫无保留的赞成，参见 Peter Osborne ed, *A critical sense: interviews with intellectuals*, ROUTLEDGE, 1996, p. 9.

三代代表人物，似乎已经超越了哈贝马斯。我们通过对霍耐特"承认理论"的初步考察，① 试图指出"超越"的说法颇为含混至少是令人误解的，因为哈贝马斯这些弟子或同事们依然是在主体间性框架内进行理论运作的，依然注重于规范向度的论证，在这个本质意义上他们依然是哈贝马斯派（Habermasian）的。② 霍耐特本人也曾意味深长地说过："如果我们能够提供一种比阿多诺和霍克海默更强的资本主义批判观念，一种整体上超越哈贝马斯的资本主义批判框架的话，那么，才能够谈及'第三代'。"③

（一）动机和思路

霍耐特在《为承认而斗争》"导言"开篇指出：该书的"目的是要根据黑格尔的'为承认而斗争'模式，阐明一种具有规范内容的社会理论"④。在哈贝马斯之后重新提到社会批判理论的"规范基础"问题，问题意识敏锐。社会理论必须是批判的（所谓社会理论的批判转向），而带有批判旨趣的社会理论必须对其"规范基础"先行澄清。这样的理论要求和问题意识，自哈贝马斯以来，就成为批判理论后学们共有的理论自觉。

亚里士多德把对人类行为领域的探究确定为实践哲学，而把

---

① 本文解读的文本主要是霍耐特发表于 1992 年，作为其"教授资格论文"修订本的《为承认而斗争》，中译本为：〔德〕霍耐特《为承认而斗争》，胡继华译，上海人民出版社 2005 年版。

② 哈贝马斯本人也不认为承认理论是对交往理论的根本转变，参见 J. Habermas, *The Inclusion of the other*, *Studies in Political Theory*, MIT Press, p. 208.

③ Peter Osborne ed., *A critical sense: interviews with intellectuals*, ROUTLEDGE. 1996, p. 97.

④ 〔德〕霍耐特《为承认而斗争》，胡继华译，上海人民出版社 2005 年版，第 5 页。

第十章 霍耐特承认理论：主体间性的内容拓展

这一领域的现代概念（包括学科概念）确定为社会理论或社会哲学，是由马基雅维利开创，霍布斯继承的。① 在理论建构策略的原则上，社会哲学首先要对现实的社会行为进行反思，给出一套概念，然后在基本的价值引导下，提出带有某种乌托邦展望的建议。这些基本的价值，在古希腊是"善"和"正义"，现代性开始以来则有"自由"、"民主"以及"平等"等。这些价值作为"终极目标"（Telos），引领着理论建构的指向和历史过程的期望，成为一种为含目的论原则的历史哲学。当然，后来在进化论产生后，一种自然主义的社会历史理论也产生了。

实践哲学的转向是由马克思开始的，实质性的转变是从概念原则上确立了取自黑格尔的"市民社会"的基础地位。在思辨中止的地方，马克思开创的是一种意在直指真实的现实生活的理论旨趣。于是，对这样一个"真实的社会存在领域"的反思就不断地在社会哲学中展开。在哈贝马斯那里，取自晚期胡塞尔的"生活世界"概念被明确看成是一种主体间性的人类生存的现实领域，并在社会批判理论的语言哲学转向的语境中，进行了生活世界的形式语用学重建，提出交往理性取代古典的实践理性，核心的诉求是为批判理论奠定后形而上学的规范基础。

霍耐特虽然继承了哈贝马斯主体间交往理论框架，但也看出哈氏理论的基本"不足"，即交往理性概念的某种空泛性，从而导致理论的规范层面与现实的历史经验层面的某种"脱节"。人类的社会性生存应该是"为承认而斗争"的实践领域，社会批

---

① 对此，霍耐特指出："当社会生活作为基本概念，被描述成一种自我持存的斗争关系时，现代社会哲学就在思想史中登堂入室了。"〔德〕霍耐特《为承认而斗争》，胡继华译，上海人民出版社2005年版，第11页。

判理论的规范基础应从这一"现实"领域出发,生发出一种"善的形式概念",即在承认的主体间性关系中达成的"自我实现"。这种关于规范基础的"哲学人类学"概念较之于其"语言哲学"概念,更现实、更宽广、更有内容。于是,霍耐特开始构想新的理论策略,期望在主体间性的交往框架中,通过个体(主体)同一性建构的理论化,以说明一种"具有规范内容的社会理论"。我们由此可以看清霍耐特的理论定位:在哈贝马斯的基本理论框架中,为主体间性的现实社会生活给出一种批判的理论阐释。其特征一方面(与哈贝马斯一样)原则上抛弃了霍布斯到马克思的行为理论传统,① 因为社会生活是主体间的实践领域,有其自身的交往的独特逻辑;② 另一方面则与哈贝马斯不同,霍耐特力求把握交往逻辑的独特性,这种"独特性"不应该用太过形式化的语言哲学来表达,而是应该在承认的框架中找到交往有效性要求的伦理基础。

霍耐特力求回到亚里士多德的实践伦理传统,当然,这时的实践哲学的伦理内涵已经是在现代性价值中展开了。康德的实践哲学是建立在主体形而上学基础之上的,理论发展的范式转换必然要求在后形而上学思想平台上实现。这样,对于霍耐特来说,既要保持主体间性架构(哈贝马斯及黑格尔耶拿框架),又要注重实践哲学内在要求的规范性伦理内涵(这与马克思区分开

---

① 哈贝马斯更认为韦伯、霍克海默和阿多诺与马克思一样,共同具有一种目的-策略的行动概念。参见〔德〕哈贝马斯《交往行为理论》第一卷,曹卫东译,世纪出版集团,上海人民出版社,2004,第142页。

② 哈贝马斯早在1967年《劳动与相互作用——评黑格尔耶拿时期的〈精神哲学〉》一文中,就预示了批判理论范式的"主体间性转向"。参见〔德〕哈贝马斯《作为"意识形态"的技术与科学》,李黎、郭官义译,学林出版社1999年版,第3页。

来),而且,规范论证还不能脱离历史经验(又与哈贝马斯语言策略区分开来)。这就使他重新回到早期黑格尔的理论意图那里,运用米德(George Herbert Mead)的社会心理学对黑格尔加以"翻新",这就是霍耐特"承认理论"的基本动机和建构策略。有人称之为社会批判理论继"语言学转向"之后的"伦理转向"(Ethical Turns),[①]但是要把这一转向直接定性为是对哈贝马斯的完全超越是令人怀疑的,虽然通常把他称为法兰克福学派第三代。

霍耐特理论的核心想法是揭示主体间的承认关系"内部所固有的规范要求",即哈贝马斯意义上达成共识的有效性要求,主体间性的"承认"仍是某种主体间达成的"共识"。哈贝马斯寻求的是达成共识所需的交往理性原则,霍耐特寻求的则是指向承认的自我实现的"善的形式概念"。这里仍然采取规范论证的方法论原则,因为一种社会哲学,"只有在它的规范参照点得以明确之后,才能被发展为一种批判框架,用来解释历史发展过程"[②]。

(二)伦理共同体

霍耐特认为,黑格尔耶拿时期在批判康德主体形而上学实践理性概念基础上,提出了一套主体间"为承认而斗争"的社会

[①] 参见 Nikolas Kompridis, "From Reason to Self-Realisation? Axel Honneth and the 'Ethical Turn' in Critical Theory" in, *Contemporary Perspectives in Critical and Social Philosophy*, eds., John Rundell, Danielle Petherbridge, Jan Bryant, John Hewitt & Jeremy Smith, Leiden, Brill, 2004, p. 323. 国内也有学者称之为"政治伦理转向",参见王凤才《蔑视与反抗》,重庆出版社2008年版。

[②] 〔德〕霍耐特,《为承认而斗争》,胡继华译,上海人民出版社2005年版,第6页。

政治哲学。① 霍耐特写道:"个体要求其认同在主体之间得到承认,从一开始就作为一种道德紧张关系扎根在社会生活之中,并且超越了现有的一切社会进步制度标准,不断冲突和不断否定,渐渐地通向一种自由交往的境界。"② 黑格尔的模式是对马基雅维利和霍布斯社会哲学中的"社会斗争"模式的理论转型:即从目的理性的自我持存转向道德动机之上。

目的-策略性行为概念,核心在于人类个体的自我持存(或利益)。这既是现代社会哲学的起点,又是对古典政治哲学的转变。③ 霍耐特诉诸黑格尔是有理由的,④ 因为黑格尔要反对的,就是现代社会哲学把国家行为还原为目的理性的权力运用,理论起点是反对"康德道德理论的个人主义前提","克服原子论的迷误加给整个现代自然法传统的桎梏"。⑤

---

① 霍耐特考察黑格尔早期的实践哲学主要涉及两个文本:《伦理体系》(1802年)和《实在哲学》(1803—1804年),发现它们展示了两条不同的理论方向,对此他评说道:"两个文本都把为承认而斗争看作是一种社会过程,在个体的意识形式中去中心化的意义上,这一社会过程是向共同体逐渐整合。但只有早期文本,即《伦理体系》,才把同时作为个体化、增进自我能力的媒介这一更加重要的意义赋予了斗争。"〔德〕霍耐特《为承认而斗争》,胡继华译,上海人民出版社2005年版,第32页。黑格尔后来转向了意识哲学框架,代价是放弃了主体间性维度,那是后话。霍耐特的任务也就是要在主体间性框架中,建构个体自我同一性的不同形式和途径。
② 〔德〕霍耐特《为承认而斗争》,胡继华译,上海人民出版社2005年版,第9页。
③ 对此问题的思想史考查参见哈贝马斯《古典政治学说与社会哲学的关系》一文,见哈贝马斯《理论与实践》。
④ 霍耐特曾经明确谈到回到青年黑格尔的理论动机就是对资本主义现代性现实的批判意识,参见 Peter Osborne eds., *A critical sense: interviews with intellectuals*, London; New York: ROUTLEDGE. 1996, p. 98.
⑤ 〔德〕霍耐特《为承认而斗争》,胡继华译,上海人民出版社2005年版,第17页。

具体而言，在黑格尔眼中，近代自然法研究中虽然区分了"经验"和"形式"两种路向，但两者都是个人主义的，区别在于，前者是以一种人类学定义出发，后者是以一种先验的实践理性概念为开端。总之，两者的共同点或共同缺点在于："彼此孤立的主体存在被设定为人的社会化的自然基础。但是，从这种自然定性当中再也无法有机地发展出一种伦理一体化的状态，而是必须作为'另类的他者的'从外部加在上面。"① 与之不同，黑格尔构想的是一种"所有人的伦理一体性模式"，即人类伦理共同体的总体状态。这个基本观念是他早期与谢林、荷尔德林共同设定的，被称为"德国唯心主义的最早纲领"。他们的思想动机，照哈贝马斯的看法当然是现代的，即为现代性奠定新的规范，但这种规范的原则怎样设定，就成为紧要的问题。他们最初的方案是设想一种伦理共同体，因为，一个和解的社会只能被理解为一个自由公民组成的伦理共同体。

霍耐特分析了这种共同体的如下特征：

（1）人的社会存在的本体论特性类似于一种"有机体"，个人和社会是有机相关的统一体，而不是外在的个体的机械组合。

（2）共同体内部交往和整合的媒介是风俗和习惯，而不是国家的成文法或孤立主体的道德信息。

（3）这种"伦理共同体"是现代性的，因为其制度组织结构中包含"财产和权利体系"。这就与古希腊区分开来。这一"现代"领域构成后来的"市民社会"，但对伦理总体仍具有构

---

① 〔德〕霍耐特《为承认而斗争》，胡继华译，上海人民出版社2005年版，第17页。

成意义。

于是，黑格尔的任务就是设想一套论证这一现代伦理共同体的理论。霍耐特敏锐地看到，黑格尔的问题和任务是需要找到一套论证的"概念工具"，以解决理论建构的"体系性难题"。黑格尔首先是确定人类社会生存的一种主体间性（社会性）状态，在反对原子论的前提下，这种状态被认为是人类社会化的一种自然基础。然后，第二步就是在社会进化的历史语境中，说明从这种社会性的自然状态，上升到一个共同体的有机体。这样，与各种自然法理论不同，黑格尔不需要再论述人类社会性（主体间性）生存的发生，对他而言，这已经是一种社会存在的本体论事实，需要阐释的是共同体内含的伦理精神，以及经历或必然经历的内在的逻辑发展过程。前提性问题是规范基础的奠定，这个基础要能够很有效地说明：在以后的发展中，既导致共同体联系的加强，又带来个体自由的增长。正是在这里，霍耐特从黑格尔的思路中准确抓住了基本问题，从中产生了他自己理论的基本动机：即既要说明主体间性结构的规范建构，又要说明个体自由（自我认同）的建构，而且，这两个向度是在同一个社会实践领域被设想的，在理论上形成互动关系。重要的是要看到，黑格尔及霍耐特注重的是主体间性中体现出的一种"社会伦理关系"的实践形式，"只要'伦理'的世界历史过程可以被看作是社会化与个体化的互动过程，我们就可以设想有因而生的社会形式的有机凝聚力量就在于主体间互相承认所有个体的特殊性"[①]。这

[①] 〔德〕霍耐特《为承认而斗争》，胡继华译，上海人民出版社2005年版，第21页。

第十章 霍耐特承认理论：主体间性的内容拓展

样，"相互承认"就形成了规范建构的主体间性框架，其规范原则就是为达成"承认"（主体间共识的一种）所必需的"有效性要求"。作为过程的道德潜能的呈现开始获得社会性质，既突破了人类学的目的论或类本质的概念，也重建了霍布斯的斗争学说，这样一种为承认而斗争的伦理行为理论就获得了具有建构意义的内在张力，从而可说明社会进化。

我们应该关注批判理论主体间性转向的思想史资源，而这也是理解转向动机形成的切入点，这就是哈贝马斯与霍耐特共同关注的黑格尔耶拿时期哲学中的社会理论。据此，他们都拓展了社会理论的构架，突破主体意识哲学，把理论建构在主体间性框架上，从而寻求理解人的社会性存在的"独特逻辑"，以此当作规范论证的着眼点。霍耐特的思路是寻找主体间承认关系中的伦理基础，即承认关系得以确立的伦理有效性要求，在这一关系结构中，通过"为承认而斗争"的行动，主体同时也形成了自我同一性，即社会化了。在承认的结构中，在自我同一性的建构中，霍耐特认为被黑格尔不太重视的"爱"是一个起点，是承认关系的起始类型。因为通过爱（爱与被爱的互动关系），"一个人特殊冲动的自然性质得到了根本上的承认和肯定，只有这种情感才允许他发展基本的自信，让他具有平等的权利，能够介入政治意志的形成过程"[①]。也就是说，爱是通过承认而获得自我同一性的必要前提，这就是个体把自己看作"充满活力的主体性"。爱所体现的"是原始承认关系的成熟形式，是它构成了同一性

---

① 〔德〕霍耐特《为承认而斗争》，胡继华译，上海人民出版社2005年版，第45页。

持续发展的必要前提"①。

然而，家庭关系（爱的典型表现形式）还不够，还不足以建构个体的社会权利关系。在进入社会领域后，黑格尔对霍布斯自然法理论进行了批判，这个批判首先要求"社会本体论参照框架"在理论上延伸开来，即需要拓展为以"承认"为指向的主体间性关系。黑格尔指出："作为承认行为，人本身就是运动，这种运动本身同时也取代了其自然状态：他就是承认。"②因而，所谓"自然状态"本身就获得了更多的内涵，即具有"相互承认的义务"，而这已经是社会性存在事实了，并非纯粹的自然状态。换句话说，所谓"自然状态"本身已是"社会性状态"了。这种思路又重新回到了亚里士多德实践哲学传统上来，"政治动物"观念在黑格尔那里得到了回响，主体间性状态作为人类的一种基本生存论的存在样态在海德格尔"共在"概念中确定下来。但黑格尔意义上的主体间性已不同于霍布斯，斗争的基础已不是为了自我持存的利益，而是建基于伦理动机之上的承认。这里的伦理动机是一种"规范期待"，对此，霍耐特指出："就是这种期待或假定被融合为人类交往的结构。"③

然而，黑格尔主体间性概念框架并未坚持始终，在耶拿后期他已转向了意识哲学，意识哲学的建构依照同一性原则，在此原则指导下，黑格尔把整个伦理领域看作是精神自我反思的客观化

---

① 〔德〕霍耐特《为承认而斗争》，胡继华译，上海人民出版社2005年版，第46页。

② 转引自〔德〕霍耐特《为承认而斗争》，胡继华译，上海人民出版社2005年版，第49页。

③ 〔德〕霍耐特《为承认而斗争》，胡继华译，上海人民出版社2005年版，第50页。

形式，以致主体间关系的地位自始至终都被主体和它的外化环节之间的关系所取代。而在霍耐特看来，应该把国家伦理领域理解为一种主体间性关系，也就是说，"用承认理论来构想伦理生活，其前提在于，只有当社会一体化从社会成员那里得到文化习惯的支持，而文化习惯又与他们互相交往的方式紧密相关，政治共同体的社会一体化才能取得成功。因此，用以描述共同体构成前提的基本概念，就必须适合交往关系的基本特征。就此而言，'承认'概念是一种特别合适的工具，因为它可以系统地区分与承认所引起的互相尊重模型相关的社会互动模式。"①

总之，黑格尔固然非常强调主体间性关系，只是他的意识哲学的同一性框架不再适合主体间性内容。于是，霍耐特理论的动机和出发点也就清楚了，这在他评论黑格尔时透露了出来："如果他（指黑格尔——引者注）前后一致，把这一过程的逻辑贯彻到伦理共同体的结构当中，那就可能开创出社会互动的形式，使每一个具有独特性的个人都会重视一种以团结为基础的承认情感。"②

（三）主体间承认

霍耐特的工作是把黑格尔早期承认理论在主体间性框架中"再现出来"，这样做之所以必要和可行，是因为变化了的"当代思想的理论条件"，而这就是哈贝马斯所说的"后形而上学思想"平台，显然，霍耐特是在哈贝马斯首倡的主体间性框架中

---

① 〔德〕霍耐特《为承认而斗争》，胡继华译，上海人民出版社2005年版，第64页。
② 〔德〕霍耐特《为承认而斗争》，胡继华译，上海人民出版社2005年版，第67页。

进行其承认理论重建的。

从思想史而言,黑格尔之后的第一代思想家的任务,① 就是要消除其观念论的理论前提,正如霍耐特所说:"为了发展以经验为基础、解除了先验意味的理论概念,就要消除德国唯心主义的理论前提。"② 霍耐特基本的思想史思路是:黑格尔开启了承认理论的先河,而历史唯物主义提供了一种阐释冲突和斗争的理论,那么,接下来应该做的就是奠定斗争的道德基础。在进行主体间性的规范伦理重建时,需要借米德的社会心理学来进行范式更新。霍耐特认为米德的理论可以把黑格尔的主体间性理论转化为后形而上学的理论语言。③ 米德提供了一种人类自我意识的主体间性概念,个体获得自我同一性的解释框架是主体间的交往互动,这意味着既不从第一人称的主观视角,也不从第三人称的观察视角,而是从第二人称的互动参与者的视角,来解释"认知自我"和"道德实践自我"的形成。霍耐特认为,米德的思想代表了一种对黑格尔伦理学问题的后传统回答,可以把米德对实践同一性构成的重建理解为青年黑格尔承认理论的社会心理学翻版。

在思想史考察的基础上,霍耐特对自己的理论策略作了这样

---

① 这里提到的是费尔巴哈、马克思和克尔凯郭尔。参见〔德〕洛维特《从黑格尔到尼采》,李秋零译,生活·读书·新知 三联书店2006年版。〔德〕哈贝马斯《后形而上学思想》,曹卫东、付德根译,译林出版社2001年版。
② 〔德〕霍耐特《为承认而斗争》,胡继华译,上海人民出版社2005年版,第72页。
③ 这个看法实际上来源于哈贝马斯,参见哈贝马斯《个体化与社会化:论米德的主体性理论》一文,见〔德〕哈贝马斯《后形而上学思想》,曹卫东、付德根译,译林出版社2001年版。

的说明:"利用米德的社会心理学资源,我们就可以把耶拿时期黑格尔以天才的创造性所构想的萌芽思想,作为具有规范内容的社会理论的主导线索。这样做的目的在于,结合相互承认关系结构内部的规范要求,来解释社会变革的过程。"[1] 霍耐特采取一种具有现象学取向的类型学方式,把主体间承认(以及承认的否定等价物,即蔑视)的形式分为三种,分别是情感依附、权利赋予和共有的价值取向。

1. 关于"爱"的情感依附

爱的关系是一种本源关系,体现为少数人之间的强烈情感依恋,存在于友谊关系、父(母)子(女)关系和情侣之间的爱欲关系模式之中,精神分析对此有特别研究,比如通过文尼柯特(Donald Winnicott)的工作可以推想:通过爱,"每一个人的生命都开始于一个未分化的主体间阶段,即共生阶段。文尼柯特认为,这包含着比弗洛伊德理论在'原始自恋'名称下所描述的东西具有更多的内涵"[2]。爱作为一种特殊的相互承认关系经验有助于产生情感信赖的基本层面,它们不仅在需要与情感的经验中,而且在这种经验的表达中,都构成了一切自尊态度进一步发展的前提条件。

2. 关于"权利"关系

通过采取"普遍化他者"的立场,我们承认共同体的其他成员也是权利的承担者,我们也才能在确信自己的具体要求会得

---

[1] 〔德〕霍耐特《为承认而斗争》,胡继华译,上海人民出版社 2005 年版,第 100 页。

[2] 〔德〕霍耐特《为承认而斗争》,胡继华译,上海人民出版社 2005 年版,第 106 页。

到满足的意义上把自己理解为法人。这种承认关系以法律的形式存在和表现,但其独特内涵是什么?当然,霍耐特关注的是后传统法律关系的意义,在这个语境中,法律关系与后传统的普遍主义道德原则融为一体,体现了现代性的普遍主义道德原则的法律观念成为承认的基础。按照这种现代法理观念,仅当法律规范在原则上承认互动主体是自由和平等的存在,才有可能期待他们具有一种服从法律规范的自觉意志。法律承认的基础就是在承认关系中得到建构的权利主体,"这些法律主体至少都具有独立进行合理道德决断的能力。……在这个意义上,因为合法性依赖于权利平等的个体理性共识,每个基于现代法律的共同体赖以建立的假设前提是共同体成员具有道德上的责任能力"[1]。

在现代法律承认关系中达成的共识,是一种历史形成的、不断扩大的权利范畴,通常包括:人权、政治参与权以及公平获取社会财富的社会权利。"在法律上被承认的同时,不仅个人面对道德规范自我导向的抽象能力得到了尊重,而且个人为占有必要社会生活水平而应当具备的具体人性特征也得到了尊重。"[2] 其结果是,在法律(公共普遍性)中认可的权利可以促进被"尊重"的个体意识,以至于他们普遍地作为道德责任个人而相互承认。

3. 关于"团结"的承认形式

这是一种较之于"法律承认"更进一步的旨在寻求"社会

---

[1] 〔德〕霍耐特《为承认而斗争》,胡继华译,上海人民出版社2005年版,第120页。
[2] 〔德〕霍耐特《为承认而斗争》,胡继华译,上海人民出版社2005年版,第123页。

重视"的承认模式,其特征在于社会重视的目标是指向刻画了不同个人特征的特殊性。这种特殊性源于"一个社会在文化上自我理解的价值与目标"。当然,这些价值目标的"伦理构想"是开放而多元的,是随社会的现代性转型而变化的,"按照概念史来说,是由荣誉概念向社会'地位'或社会'声望'范畴过渡来标明的"①。

下表较为系统地展示了霍耐特对主体间性承认关系结构的基本归纳:

承认关系结构

承认方式	情感与支持	认识上尊重	交往中重视
人格维度	需要与情感	道德义务	特性与能力
承认形式	爱与友谊（原始关系）	权利（法律关系）	团结（价值共同体）
发展潜能	……	普遍化	个性化、平等化
实践自我关系	基本自信	自尊	自重
蔑视形式	虐待、强奸	剥夺权利	诽谤、伤害
被威胁的个人人格构成	肉体完整	社会完美	"荣誉"、尊严

(四)"承认模式"的理论意义

霍耐特努力提出一种批判性的社会哲学,社会冲突被理解为源于主体的被蔑视的经验而来的反抗,其内在动力在于主体间共有的道德力量。从思想史而言,社会理论的冲突模式在马克思、

---

① 〔德〕霍耐特《为承认而斗争》,胡继华译,上海人民出版社2005年版,第128页。

索雷尔和萨特那里都有发展,但依霍耐特的判断,他们都没有全面揭示冲突内含的各种不同的伦理动机。所以,霍耐特的任务就是:"努力地简要地解释社会斗争的道德逻辑,以便说明社会斗争代表着社会进步的现实动力源泉。"① 最后就要提出一种社会批判理论,其中特别重要的方法论向度是提出一种伦理的形式概念来对规范向度进行论证,这意味着:通过主体间诸种伦理形式前提,个体的自我实现成为善的一个目标,社会斗争或冲突都可以根据内含的伦理动机得到解释。

霍耐特对马克思理论有一基本判定:"在他的阶级斗争学说中,引导青年黑格尔的道德观念便与功利主义思潮被综合到了一起,这是一种充满张力又高度矛盾的综合。"② 在《巴黎手稿》中,马克思参考的是黑格尔《精神现象学》而不是更早的《实在哲学》,这就使得他在讨论承认观念时,只是以"主奴关系"为模式,"结果,在他理论创作的起点,马克思就沉湎于一种值得怀疑的倾向之中,这就是将承认要求的丰富光谱还原为通过劳动而自我实现的维度"③。马克思以劳动为核心的人类学具有一种规范内涵,在哈贝马斯之后,霍耐特也认为:"马克思的劳动

---

① 〔德〕霍耐特《为承认而斗争》,胡继华译,上海人民出版社2005年版,第150页。
② 〔德〕霍耐特《为承认而斗争》,胡继华译,上海人民出版社2005年版,第151页。
③ 〔德〕霍耐特《为承认而斗争》,胡继华译,上海人民出版社2005年版,第152页。实际上,对马克思实践哲学的这一判断已成为哈贝马斯派批判理论家们的共识,关于对马克思理论的典型判定可参见哈贝马斯《马克思对黑格尔的批判的批判:通过社会劳动的综合》(见〔德〕哈贝马斯《认识与兴趣》,郭官义、李黎译,学林出版社1999年版)和《论过时的生产范式》(见〔德〕哈贝马斯《现代性的哲学话语》,曹卫东译,译林出版社2004年版)。

概念是根据手工劳动模式或艺术活动模式建构起来的。"在同期的《穆勒笔记》中，劳动就成为对人的双重肯定的规范概念。而资本主义异化劳动组织模式的功能，是摧毁了以劳动为中介的社会承认结构，随之而来的阶级斗争也就被理解成"为承认而斗争"。

霍耐特认为，处于19世纪思想氛围的马克思实践哲学糅合了浪漫派的表现人类学，费尔巴哈的爱和英国的政治经济学，是通过本质力量的对象化而表现的劳动自我实现模式。这种模式虽然注意了主体间的关系，但却不能有效地把主体间性关系的独特内涵呈现出来，这也是哈贝马斯批评"生产范式"的核心之点。霍耐特准确地指出："由于他的冲突模式具有片面的生产美学特征，所以，这就妨碍了他把他所诊断的异化劳动放到复杂的主体间性承认关系当中，以便能够揭示异化劳动在社会斗争当中的道德意义。"[①] 后来，当马克思逐渐摆脱了早期历史哲学前提（实际上这些前提仍隐蔽地起作用），把劳动定于政治经济学批判时，马克思的批判所持的道德前提就开始走向功利主义。[②] 当然，霍耐特也看到，马克思除了政治经济学批判，还写了很多历史和政治著作，这在马克思成熟著作中是两种并立的倾向，但两者之间并没有任何联系的中介。即使在政治历史著作中，"马克思从来都没有以系统的方式，把社会阶级的冲突（这可是构成

---

① 〔德〕霍耐特《为承认而斗争》，胡继华译，上海人民出版社2005年版，第154页。
② "结构稳定的利益竞争，突然取代了因相互承认关系的破坏而产生的道德冲突。"〔德〕霍耐特《为承认而斗争》，胡继华译，上海人民出版社2005年版，第155页。

他的理论核心的）理解为一种具有道德动机的冲突形式"①。这就造成在马克思那里，规范目标通过"阶级斗争"来实现的策略怎样得以论证就成了问题。

换句话说，马克思的例子表明，在主流冲突论社会理论中，社会斗争运动的道德基础并未在理论平台上得到规范的考察和奠基，而规范向度则是任何批判性社会理论首先需要加以澄清的前提。于是，理论重建的任务就是："今天，谁如果为了获取规范社会理论的基础，而努力地重建黑格尔对应模式的断裂的效果历史，那么，他就首先要依靠社会斗争概念，以此而不是以前定的利益作为道德不公感受的出发点。"具体而言，就是"重建在黑格尔和米德之间所选择的理论范式的本质特征"。②

对于"社会斗争"这一概念，霍耐特提出了一种解释模式："和所有功利主义模式不同，这种解释模式提出了这么一种看法：（1）社会反抗和社会叛乱的动机形成于道德经验语境，而道德经验又源于内心期望的承认遭到破坏。（2）这些期望与个人同一性的发展有着内在联系，因为它们显示了社会承认模式使主体自我认识到在社会文化环境中他们既是自主的存在，又是个体化的存在。……（3）但是，仅当主体能够在主体间解释框架内表达对伤害的感受，并把它作为整个团体的表征时，这种对伤害的感受才能成为集体反抗的基本动机。"③ 然而，历史经验表

---

① 〔德〕霍耐特《为承认而斗争》，胡继华译，上海人民出版社2005年版，第157页。

② 〔德〕霍耐特《为承认而斗争》，胡继华译，上海人民出版社2005年版，第168页。

③ 〔德〕霍耐特《为承认而斗争》，胡继华译，上海人民出版社2005年版，第170页。

明,为利益目的而斗争也是事实,所以,霍耐特又作了如下声明:承认理论的冲突模式不应该取代,而应当仅仅补充第一种功利主义的冲突模式。一种社会冲突在什么程度上服从利益追求的逻辑,又在什么程度上服从道德反应的逻辑,永远是个经验问题。照此看来,霍耐特论述的冲突理论模式对于以往模式,起着某种"扩展"和"矫正"的作用。

另一方面,除了能够解释"社会斗争"的道德动机而外,霍耐特还希望他的理论模式能解释"道德发展进程",而这即是肯定性道德规范的历史性建构。通过上文我们知道,爱、法律和团结这三种承认形式构成了人类主体发展出肯定的自我观念的条件。这一理想的规范情境的设定是社会批判理论本身所要求的,构成了批判理论的乌托邦向度。在哈贝马斯之后,规范基础的自觉建构虽然不足为奇但极端重要,霍耐特认为,这一理想的伦理情境是社会斗争的目标,形成社会进化的现代性道路,沿着这条道路,各种斗争就能够释放出现代法律与社会重视的规范潜能。总之,与哈贝马斯"未被扭曲的理想交往情境"类似,这里有一种"未被歪曲的承认形式"。

(五)简要评论

自从马克思开始社会理论的"实践哲学转向"后,现实的社会生活就成为哲学探求的领域,形而上学转变成了批判性的社会哲学。对这种理论范式转变的定位,哈贝马斯作了很好的阐释,这就是"介于科学和哲学之间"。但从理论策略而言,这带来了一个至关重要的方法论问题,它植根于"笛卡尔式焦虑"的基本动机之中,质言之,在突破德国观念论范式之后,如何保证社会理论中对超验旨趣的满足?理论如何运作于一个可靠的平台之上？这一"规范论证"动机对于批判性的社会理论而言特别重要，因为一个可靠的规范基础的建构是进行有说服力的现实批判的前提。

马克思诉诸"物质性的社会生活"，在把社会实践建立在劳动这一基础领域之上时，所付出的代价是哈贝马斯所批评的"生产范式"；哈贝马斯则运用语言哲学视角，企图突现社会存在的独特逻辑，为此，他阐释了"交往理性"这一较强的社会理性概念。但这种程序主义的社会合理性概念，虽然很有效地框定了后形而上学社会哲学的交往范式框架，但代价是牺牲了历史经验的现实内容。于是，理论逻辑的发展到了霍耐特这里，就成为如何在关注现实经验的同时，提供一种带有规范内涵的社会理论。其理论建构的一般动机可被认为是米德与黑格尔的结合，为了这一目的，他把社会理论的规范向度建立在伦理的基础上，既能修正或补充哈贝马斯的语言概念的形式特征，又能保留理论的规范向度。

但这里的规范论证的方法论已超出了康德但不是反康德的，"承认理论正好居于康德传统的道德理论和社群主义伦理学的中间。与前者一致的地方在于关注最普遍的规范，而这个规范被认为是特殊可能性的条件；与后者一致的地方则是那种以人的自我实现为目的的取向"[①]。这是一种"形式伦理"概念，旨在涵盖可能被揭示为个体自我实现之必要前提的全部主体间条件。规范的超验向度不是奠基在个人主体的实践理性概念之上，而是现实

---

① 〔德〕霍耐特《为承认而斗争》，胡继华译，上海人民出版社2005年版，第179页。

第十章 霍耐特承认理论：主体间性的内容拓展

主体和社会发展过程中（被认为是主体间为承认而斗争），主体间交往活动的形式前提，个人自我同一性的建构具有主体间结构。更重要的在于，主体间性结构具有主体自我认同所要求的"必要形式条件"，霍耐特认为，"一种否定的证明方法却提供了基本的论证形式：除非假设某种程度的自信、法律保障的自主和个人能力的可靠价值，否则，就难以想象一种成功的自我实现，如果自我实现被理解为无强制地实现个人自己选择的生活目标的过程"①。这种主体间性条件就成为伦理形式概念的"所指"，它们并非现存制度的代表，而是理想的、规范的普遍行为模式。当然，这一规范模式本身则是随后传统的现代性转型而历史性建构起来的。

霍耐特关于人类社会性生存的观念，认为是社会生活的再生产服从于相互承认的律令，主体通过互动伙伴的规范视角把自己看作是社会的接受者，从而确立一种实践的自我关系。实际上，哈贝马斯在谈到个体同一性的建构时，也注意到了道德向度，但他的方法是借用皮亚杰发生认识论的观念，把它解释为一种学习过程。② 但霍耐特显然更愿意把它看成是一种基于伦理动机之上的"为承认而斗争"的过程，其中同时呈现出两方面内涵：其一是个体同一性的独特建构（主体的自由、解放即"自我实现"）；其二是社会群体在规范意义上建立相互承认的制度和文化。这是一种冲突论的社会理论，主体间性框架是后形而上学思

---

① 〔德〕霍耐特《为承认而斗争》，胡继华译，上海人民出版社 2005 年版，第 180 页。
② 参见《道德发展与自我同一性》一文，见〔德〕哈贝马斯《交往与社会进化》，张博树译，重庆出版社 1989 年版。

想平台共有的理论特征，承认理论与共识理论共同属于这个平台，在这个基本的方法论意义上，霍耐特的"承认理论"并未"超越"哈贝马斯的"交往理论"。但两者又并非平行对等，交往理论的"元理论"层面展示了更加广阔的三重世界关系，承认理论则更专注于个体自我认同和社会进化的多重伦理基础，比如，相较于哈贝马斯以程序正义原则"为民主法制国奠定商谈论基础"，霍耐特则以更具历史经验意义的人类学概念来论证自我实现的伦理基础，两者关系复杂，尚须另文清理。

  霍耐特的方案当然也引起了一些争论，最为重要的仍然是规范向度的论证问题。在霍耐特的理论模式中，哈贝马斯在形式语用学中找到的交往理性概念似乎丢失了，占据主体间承认的"本体论"位置的是三种为承认所需的哲学人类学概念，它们怎样能够以及是否能够承担起规范基础的理性方面，尚不明朗。而且，三种承认方式在何种意义上被看成是伦理的形式概念，也需进一步论证。这就意味着在规范向度和社会历史向度间仍然存在有待清理的内部张力。

尾声　批判理论的规范基础与理性的重建

启蒙现代性指向一系列基本的价值理念，这些理念以理性为基础导向自由。理性主义具有普遍主义内涵，作为世界观解中心化的结果，它意味着世界观的合理化。启蒙理性作为现代意识结构的根基，使文明及其历史成为人类自为生存的解放进程。文化现代性伴随着社会现代化，现实历史的发展和进步伴随苦难和罪恶，这是一个向未来开放的、充满风险的进程。

然而，现代化也不是一个自然进化的过程，作为人的历史，它需要清醒的理性意识，使得历史演进始终内含自觉的反馈机制，显然，这就是马尔库塞所说的否定维度。单向度的肯定使我们盲目，这是一种失去类本质的现成的存在状态。这就是批判的社会理论存在的意义，法兰克福学派的理论家们对哲学的社会功能有着清楚的自觉，他们的理论批判作为一种内在的能动机制参与着人道主义的实践进程。

一　现代性的理性主义奠基

我们这里限于对批判理论本身的考察，不同的理论范式不仅具有内在理论建构策略的问题，更有实践的现实后果。批判理论的理论建构的核心问题就是规范基础问题，它不仅构成批判的前提，也指向未来的展望。一般而言，规范基础就是理性。启蒙理性在康德那里首先获得了批判性的自觉，人的认识、行为和语言在三重世界关系上都有各自的内在逻辑，文化现代性的理性内涵在现代科技、现代法理和道德以及自主的艺术中得到体现，并且通过生活世界的合理化在制度层面上得到落实。现代的合理性概念应该建基于后形而上学的思想平台之上，通过理性概念的语境还原，它获得了形式和程序性特征；并且理性也不能通过主体哲学范式得到构想，这种范式并不能符合逻辑地呈现出理性各种丰富的面向。它不能再被构想成一种实体：通过这个实体的自主活动理性的真理得到实现；它也不能被还原到某一个理性的维度上，哪怕这个维度对于抵抗异化多么重要和感人，基要主义的还原本身就是异化的一种症候。

现代性的自我确证的核心任务是确立理性作为社会的一体化力量，在批判理论语境中表现为理性的规范基础问题。基于启蒙理性去批判现代社会本身，这就是所谓"内在批判"（immanent critique）。霍克海默在《批判理论》"序言"（1967 年）中对此有一说明："用自由世界的概念本身去判断自由世界，对这个世界采取一种批判的态度然而又坚决地捍卫它的理想，保卫它不受法西斯主义、斯大林主义、希特勒主义及其他东西的侵害，就成为每一个有思想的人的权利和义务。"[①] 所以，批判理论是现代性本身的"内在批判"。一般而言，现代性的"哲学话语"指的是把西方现代社会历史以"现代性"为中心概念加以主题化的反思批判。所谓哲学探究，对现代性而言，即"自我理解""自

[①] 〔德〕霍克海默《批判理论》，李小兵译，重庆出版社 1989 年版，第 5 页。

我确证"的问题,要求确立既不同于古典也不同于神学的规范。18世纪末,这个问题才"十分突出",并由黑格尔加以主题化,从而使之达到"反思性的自我意识"。①

实际上,现代性的自我确证在近代哲学(从后期经院哲学直到康德)中就已开始,这即是西方近代确立的理性主义传统,这一传统以主体性的本体论奠基为基础,现代性规范体现为主体性原则,表现为笛卡尔抽象的我思主体和康德的先验自我意识。康德虽然成功地界分了现代的不同知识领域,现代科学技术、道德法律以及自律的艺术的确构成现代文化形态的划分,但在黑格尔眼中,分离就意味着分裂,就意味着异化。而这正是黑格尔面对的境况:康德意义上的主体性原则及其内在自我意识的结构是否能够作为确定规范的源泉?答案是否定的。因为,"这条原则尽管绝对能够塑造出自己的主体和进行反思,并削弱迄今为止宗教所发挥的绝对的一体化力量,但它并不能利用理性来复兴宗教的一体化力量"②。于是,现代性的真正一体化力量来源于何处,现代性规范如何奠定,就成为现代性的首要问题。由于启蒙理性最初是建立在主体性之上的,而主体性的弘扬又导致分裂,所以,对现代性第一个哲学家黑格尔而言,③ 对唯心主义主体性理

---

① 在哈贝马斯看来,"黑格尔是使现代脱离外在于它的历史的规范影响这个过程并升格为哲学问题的第一人。"〔德〕哈贝马斯《现代性的哲学话语》,曹卫东译,译林出版社2004年版,第19页。

② 〔德〕哈贝马斯《现代性的哲学话语》,曹卫东译,译林出版社2004年版,第24页。

③ "黑格尔不是第一位现代性哲学家,但他是第一位意识到现代性问题的哲学家。"〔德〕哈贝马斯《现代性的哲学话语》,曹卫东译,译林出版社2004年版,第51页。

性批判就成为前提，而现代性的理性规范重建就成为哲学的时代课题。黑格尔以降，围绕着理性批判和理性重建就成为现代哲学的基本"论域"，也成为基于规范基础层面理解批判理论不同范式的基本视角。

现代性的哲学确证在黑格尔那里获得了反思性，也就是说在黑格尔看来，已有的哲学特别是康德的先验哲学，在主体性原则基础上奠定现代性规范的方案是有缺陷的，因为在知性思维框架中，理性必然产生内部分裂。于是，必须批判对理性的主观唯心主义的有限的知性理解，必须重建现代性的"绝对"理性规范，从而使之取代宗教充当现代性整合的一体化力量。黑格尔首先发现，主体性乃是现代的原则，它体现在宗教生活、国家和社会以及科学、道德和艺术等方面。历史而言，主体性原则体现于宗教改革、启蒙运动和法国大革命，现代世界的原则就是主体性的自由。而主体性原则在哲学中表现为笛卡尔"我思故我在"中的抽象主体性和康德哲学中绝对的自我意识。康德通过理论理性、实践理性和审美判断力分别确立了人类三重世界关系的合理性基础及其价值目标，并划分出不同的文化价值领域。在康德那里，纯粹的自我意识作为反思性关系，成为认识论的基点，以此解决三大《批判》各自的奠基问题，先验反思成为主体性原则在哲学认识论中奠基的方式。

开启现代性反思性哲学话语的契机是对主体意识哲学的批判，这产生了黑格尔的一种问题意识，即主体性原则及其内在自我意识的结构是否能够作为确定规范的源泉？哈贝马斯认为，对黑格尔来说，主体性原则"尽管绝对能够塑造出自由的主体和进行反思，并削弱迄今为止宗教所发挥的绝对的一体化力量，但它并不能利用理性来复兴宗教的一体化力量"①。具体说来是因为,"在康德和费希特那里达到高潮的启蒙时代,不过是建构起了一个理性的偶像。它错误地把知性或反思放在了理性的位置上,并进而将有限上升为绝对"。② 问题于是变得很清楚,现代性自我确证的意识哲学论证策略归于失败。于是,对黑格尔而言必须假设一个真正的、绝对的一体化力量,作为理性的真正体现者。黑格尔的最终方法就是超越康德绝对自我意识的主观性,取而代之的是一种具有绝对力量的客观理性观念。《精神现象学》提出了一个黑格尔哲学的根本命题"实体即是主体",实体性的主体(作为现代性规范)保证了其绝对性;作为主体,实体的自我确证表现为辩证的展开,实体在展开的过程中得到实现。理念在绝对的自我运动的过程中解决了现代性的规范论证问题,用主体哲学的手段扬弃了以主体为中心的理性。艺术、宗教以及一切文化建构就以被扬弃的环节的形式包含在绝对精神之中。

　　黑格尔构造了一座现代性的完整思想大厦,然而是用理性概念建构的,本质上是一种"解释世界"(马克思语)的肯定性哲学话语系统,它一经建构完成,就立刻呈现出封闭性的实证特征。绝对理性的哲学一旦自我实现成为体系,就会使自己实证化即片面化,从而耗尽内部辩证法的批判动力,"所以,黑格尔的哲学满足了现代性自我证明的要求,但付出的代价是贬低了哲学

---

　　① 〔德〕哈贝马斯《现代性的哲学话语》,曹卫东译,译林出版社2004年版,第24页。
　　② 〔德〕哈贝马斯《现代性的哲学话语》,曹卫东译,译林出版社2004年版,第28页。

的现实意义，弱化了哲学的批判意义"①。

二 主体哲学"内在批判"的困境

1841年，卢格在《德意志年鉴》中写道："黑格尔哲学，虽然表现为思想，但不会永远都是思想——而是必定转化为实践。"② 于是，青年黑格尔派就想要扬弃哲学，比如马克思认为如果要实现哲学就必须"消灭哲学"。虽然马克思理论中潜藏着一种"实践哲学"，但它在马克思"成熟"著作或在世已发表文本中并非显而易见。后来，卢卡奇、柯尔施以及早期法兰克福学派批判理论家们，借助韦伯理性化理论，从《资本论》中提取出一种物化批判理论。这样，第一代西方马克思主义者以青年黑格尔派为起点，把现代性理论转变成一种关于资本主义的"批判话语"，马克思的政治经济学批判重新获得了哲学意义。

虽然黑格尔提出了一套最为宏大的现代性哲学话语，然而，其理论论证语境仍是反思哲学框架，也就是说是在反思哲学内部来克服反思哲学的知性形而上学，采取的方式是"……根据一种启蒙原则自身内部的辩证法再去阐释现代的批判概念"③。对马克思而言，人类的类本质历史性地展开于其生存方式过程中，人们生产和再生产其物质生活本身采取劳动的形式，人的世界、人的历史都是物质实践的产物，人的存在是自由自觉的活动。马

---

① 〔德〕哈贝马斯《现代性的哲学话语》，曹卫东译，译林出版社2004年版，第49页。
② 转引自〔德〕哈贝马斯《现代性的哲学话语》，曹卫东译，译林出版社2004年版，第60页。
③ 〔德〕哈贝马斯《现代性的哲学话语》，曹卫东译，译林出版社2004年版，第26页。

克思哲学是实践哲学，生产劳动成为社会现代化的动力和规范。这种实践是以黑格尔的方式辩证展开的，虽然马克思竭力论证其客观规律性。倒是《历史与阶级意识》忠实于实践哲学的黑格尔根源，卢卡奇在思辨的主体哲学范式中论证了无产阶级作为主－客体统一的总体性。然而，劳动作为一个哲学概念在马克思那里包含着扩大了的内涵，作为一种工具理性活动如何能够获得整体上的类本质意义，这是实践哲学范式的根本问题。

法兰克福学派第一代理论家们并未明确提出批判的规范基础问题，然而，这并不意味着他们对现代性的批判本身没有基础，批判或否定的前提仍然是某种理性概念。与20世纪20年代的卢卡奇相比，批判理论家们面临的历史事变更为复杂多样，欧洲工人运动的几次失败、法西斯主义的猖獗、斯大林主义的极权以及战后发达工业社会的新变化等，都为他们的批判提供了主题，而其批判范式也多经变化。马丁·杰伊指出："如果说研究所早期主要关心对资产阶级社会的社会－经济结构的分析，那么1930年后它就转向对文化等上层结构的分析。"[①] 其原因在于"放弃了许多马克思主义理论的目标：工人阶级的革命潜能，阶级斗争作为历史的动力，经济基础作为任何社会分析的中心"[②] 等观念。针对卢卡奇，霍克海默写道："即使无产阶级在这个社会中的状况，也不是正确认识的保证……对无产阶级意识内容的系统

[①] 〔美〕马丁·杰伊《法兰克福学派史》，单世联译，广东人民出版社1996年版，第28页。
[②] 〔美〕马丁·杰伊《法兰克福学派史》，单世联译，广东人民出版社1996年版，第335页。

描述，也不能提供无产阶级存在和利益的真实图像。"① 于是，经典马克思主义的乐观情绪逐渐消失，无产阶级的变化以及劳动的工具理性本质，诸如此类的情况都意味着必须另外寻找批判的规范基础。

霍克海默在1937年对传统理论和批判理论的区分中，虽然仍有政治经济学批判的回响，对传统理论仍采用意识形态批判策略，但在其《哲学的社会功能》，特别是在马尔库塞的《哲学与批判理论》《理性和革命》等著作中，批判理论已开始对西方哲学理性主义进行重估。② 尤其是《启蒙辩证法》和《否定的辩证法》，更成为全面的绝对理性批判的经典文献，以启蒙理性为基础的批判理论产生了内在困难。为了使批判得以持续，理性基础不得不呈现为各种不同的面相，传统理性、爱欲本能甚至宗教都用以充任规范的重任；特别是艺术和审美，更是抵抗物化和工具理性化的重要力量。

的确，就批判之所以可能的规范基础而言，理性始终是一个不可或缺的基础概念。尽管批判理论家们对形而上学理性深表疑虑，特别是"工具理性批判"后加重了这种疑虑，但正如马丁·杰伊指出的那样："在研究所的全部著作中，其标准总是一个理性社会，'理性'是根据德国传统哲学理解的意义来使用的，它是批判理论赖以建立的主要基础，当代社会的非理性总是

---

① 〔德〕霍克海默《批判理论》，李小兵译，重庆出版社1989年版，第204~205页。
② 〔美〕沃林《文化批评的观念》，张国清译，商务印书馆2000年版，第67页。

受到真正合理选择的'否定'的可能性的挑战。"① 诉诸理性潜能在马尔库塞那里堪称典范,那时,霍克海默已在重提"哲学的社会功能",马尔库塞在《哲学与批判理论》(1937年)中,以批判理论家们罕有的方式写道:"理性,是哲学思维的根本范畴,是哲学与人类命运联系的唯一方式。哲学试图去发现存在的最终极和最普遍的根基。哲学以理性的名义,领悟到本真的存在观念;在这种本真的存在观念中,一切重大的对立(主体与客体、本质与现象、思维与存在)都和谐一致。与这种观念相伴随的是这样一种信念:现存的一切并非自然而然地是或已经是合理的,相反,现存的一切必须被带到理性面前……所有相悖于理性的东西或不合理的东西皆被设定为某种必须破除的东西。理性被建构为一个批判的法庭。"② 随后,马尔库塞更细致地考察了黑格尔理性概念内含的批判力量,以及作为主体能力的理性自由价值,并把理性的批判意义与马克思联系起来,阐明了马克思批判理论的哲学基础的黑格尔根源,这便是"黑格尔式马克思主义"名著《理性和革命》。

然而,在马克思、韦伯以后,特别是经过《启蒙辩证法》和"工具理性批判"以后,把批判的规范基础直接奠定在德国传统理性概念之上,从批判方法论策略而言会产生内在矛盾。而且,对于理性到底是什么,并没有一个细致的论证和系统地展开,在某种程度上只是把理性概念本身当作一个乌托邦理想加以

---

① 〔美〕马丁·杰伊《法兰克福学派史》,单世联译,广东人民出版社1996年版,第73页。
② 《现代文明与人的困境——马尔库塞文集》,李小兵译,上海三联书店1995年版,第175~176页。

预设。特别是马尔库塞,直到《爱欲与文明》他还写道:"西方哲学以理念始,也以理念终。无论在其开端(亚里士多德)还是在其终端(黑格尔)那里,最高形式的存在、最高形式的理性和自由,都表现为奴斯,表现为精神……被压抑的解放在理念和理想中得到了提倡。"① 然而,理性的实现形式和现实后果却不那么乐观,于是,马尔库塞和弗洛姆等人开始到弗洛伊德精神分析理论中去寻求批判理论的新的基础。在《爱欲与文明》中,马尔库塞通过对弗洛伊德理论的"哲学和社会学意义"的揭示,以及对马克思劳动本质论及异化劳动批判主题的心理学重建的双重工作,以"非压抑性升华"这一关键概念,表明了批判的解放目标:爱欲本能遵循生命快乐原则的现实实现。强调爱欲也就是强调感性,而感性是审美的领域。马尔库塞通过对席勒美学的"破坏性"激进意义的强调,表达了审美的政治目的,"即把人从非人的生存状态中解放出来"②。当然,阿多诺晚年的《美学理论》更是"审美之维"的系统阐发,通过阐释现代艺术内含的"真理性内容",对自然的模仿以非同一性的星丛形式铭记着理性的理想。马尔库塞也时常意识到要避免单纯的"审美主义",希望协调感性与理性、艺术自律与现实干预、乌托邦维度与实践改造等关系,但终究在阿多诺和马尔库塞的艺术审美概念中包含了太多的实质要素。马尔库塞坚持认为:"作为艺术的艺

---

① 〔美〕马尔库塞《爱欲与文明》,黄勇、薛民译,上海译文出版社1987年版,第84页。
② 〔美〕马尔库塞《爱欲与文明》,黄勇、薛民译,上海译文出版社1987年版,第137页。

术应当去表现真理、经验和必然性。"① 认知理性和实践理性最终归于审美之维,"审美的天地是一个生活世界,依靠它,自由的需求和潜能,找寻着自身的解放"②。然而,规范基础的"审美范式"如同"生产范式",同样是"过于狭窄了",单纯的审美本身不足以担当社会批判理论的规范概念。在主体哲学范式中,审美充当了权力的反题。

第一代批判理论家们更多地看到的是理性的工具化压抑本质而不是解放的自由潜能。实际上,正是由于在韦伯"目的合理性"框架中,把理性等同于工具理性,这关键一步的迈出,在批判策略上最终堵死了对作为规范基础的理性进行规范论证的路子。这关键一步是在霍克海默和阿多诺合著的《启蒙辩证法》(1947年)中开始迈出的。然而,批判理论的理性批判的最激进的形式却是阿多诺的《否定的辩证法》(1966年)。阿多诺把批判平台直接放在西方形而上学历史上,在批判理性同一性本质时,特别指出了黑格尔总体性辩证法对矛盾的非同一性的遮蔽和遗忘,批判了海德格尔、胡塞尔以及柯尔施等人理论逻辑的同一性本质。阿多诺的批判范式仍是在主体哲学的主-客体矛盾的辩证法框架中展开的,"否定的辩证法"必然逻辑地指向对非同一性的肯定。他在"序言"中说得很清楚:《否定的辩证法》"试图靠逻辑一致性手段、用那种不被同一性所控制的事物的观念来代替同一性原则,代替居最上位概念的至上性。运用主体的力量

---

① 〔美〕马尔库塞《审美之维》,李小兵译,广西师范大学出版社2001年版,第192页。
② 〔美〕马尔库塞《审美之维》,李小兵译,广西师范大学出版社2001年版,第104页。

来冲破根本的主观性谬见"①。其结果正如沃林所说:"由于没有能力把进步的解放趋势置于历史现实中,批判理论家们被迫到审美领域去查找否定力量的替代性源泉。"② 这在马尔库塞和阿多诺那里尤为典型。在阿多诺最后的著作《美学理论》中,"自然美"被指认为"非同一性"的住所,特别是现代主义的"艺术美"构成了压迫性的理论理性和实践理性的反题。③ 通过表象性的"模仿","艺术美"既体现着"真实"又意味着"和解",阿多诺在审美领域中批判着一切又寄托着一切,这一切"继承了作为弥赛亚启示的犹太传统的乌托邦方面"④。在阿多诺的批判策略中,艺术承担了它本身无力承担的沉重负担。

哲学的"内在批判"从方法论上在《否定的辩证法》中走到了终点,批判得以可能的规范基础的理性内涵被彻底抽空,批判不得不到哲学之外的审美艺术中去寻求理性的替代物。通过把现代艺术设定为理性的"他者"(other),艺术的纯粹性可望与现实保持某种批判性张力,以"整体批判"的方式导向对现实的绝对否定。以某种非哲学的方式拯救批判,审美主义体现的只是一种"批判的批判"的姿态。无论是对"天—地—人—神"源始存在的诗性追思,还是对现代艺术的特异化、陌生性的诉求,都仅仅保留了社会批判理论的一个方面即对自由的乌托邦式

---

① 〔德〕阿多诺《否定的辩证法》,张锋译,重庆出版社1993年版,第2页。
② 〔美〕沃林《文化批评的观念》,张国清译,商务印书馆2000年版,第113页。
③ 黑格尔早期的和解观念是在一种伦理总体性中展现的,而阿多诺《美学理论》的和解观念是在破碎的审美断裂处激发出来的。因为时代的绝望状况已不允许阿多诺如黑格尔那样构想一种同一性的肯定辩证法,而是以非同一性为基点来展望某种和解的希望,任何一体化的肯定力量均被判定为是非法的。
④ 〔美〕沃林《文化批评的观念》,张国清译,商务印书馆2000年版,第110页。

尾声　批判理论的规范基础与理性的重建

怀想。1980年，作为第一代批判理论家成员的洛文塔尔在以"乌托邦主旨的中止"为题的谈话中说："毕竟，一个人不可能只是生活在某个虚无缥缈的乌托邦希望之中，一个人的希望只有在可能的王国里才能得到实现。"① 对现代性内含的理性潜能进行规范论证的遗忘最终会取消批判理论本身。

三　主体间性范式与规范基础的重建

对哈贝马斯而言，现代性理论必须是"批判的"，因而，现代性的理性一体化力量也就是批判理论的规范基础。当今，现代性批判理论是否仍然可能？这不仅是从传统批判理论的理论困境中生发出来的难题，更是各种后现代话语的极端理性批判的挑战。韦尔默指出："或许还要再一次破除阿多诺和解观念的神话，并将其带入理性概念中。这里设想的不是通过审美理性对工具理性的超越，而是形成一个形形色色的理性话语兼收并蓄的开放局面，扬弃某种单一理性，促成多种理性之间的互动……但是为了将这一想法清楚地表述出来，我们就必须超越阿多诺。"②

超越阿多诺的任务落在了从批判理论传统中走出来的哈贝马斯身上。哈贝马斯敏锐地指出："我坚持认为，早期批判理论纲领的失败并非偶然，而是由于意识哲学的范式已经衰竭。"③ 这种范式由笛卡尔"我思主体"为其奠基，主体哲学采用主－客

---

①　转引自〔美〕沃林《文化批评的观念》，张国清译，商务印书馆2000年版，第110页。

②　〔德〕维尔默《论现代性和后现代性的辩证法》，钦文译，商务印书馆2003年版，第182页。

③　〔德〕哈贝马斯《交往行为理论》第一卷，曹卫东译，上海人民出版社2004年版，第369页。

体关系模式，从中体现出工具理性的权力功能。而"工具理性批判坚持的依然还是主体哲学的前提，它表现为一种缺憾，对此，它自身是无法解释的，因为它缺少足够灵活的概念来归纳被工具理性摧毁的一切"①。于是，对哈贝马斯而言，重建批判理论的首要任务就成为："它需要一种实质性的基础，并把自己从意识哲学的概念框架所产生的'瓶颈'中引导出来，在此过程中，不需要抛弃西方马克思主义的意图即可克服生产规范。"② 这一"实质性的基础"首先在于对传统理性的交往式批判性重建，因为目前而言，理性的辩护只能通过理性的批判才有可能。交往理性是对传统理性概念的转型式重建。

　　这里无法展示哈贝马斯庞大的重建计划，而且他本人也经历了复杂的思想转变过程。比如，《知识与旨趣》（1968年）出版后，面对各方批评，他自己也意识到，依康德框架划分三种准先验旨趣，仍未摆脱主体意识哲学范式，特别是以精神分析为范型的"自我反思"概念，是不足以为批判理论奠定基础的。在20世纪70年代以后，他通过深入研究语言分析哲学，认为必须把着眼点转到人们社会相互作用的语言交往上。正如麦卡锡所说，对哈贝马斯而言，批判理论的规范—理论性基础必须到人类水平上的、有特色的、到处渗透着的生活中介那里去寻求，这就是语言。从这时开始，哈贝马斯渐渐发展出一套庞大的、以语言理论为基础的交往理性和现代性社会批判理论，通常认为这标志着批

---

　　① 〔德〕哈贝马斯《交往行为理论》第一卷，曹卫东译，上海人民出版社2004年版，第373页。
　　② 《现代性的地平线——哈贝马斯访谈录》，李安东、段怀清译，上海人民出版社1997年版，第145页。

判理论的"语言学转向"。

哈贝马斯扩展了马克思、韦伯等传统社会行动概念，重新划分了社会互动的不同类型，提出一种以"达到理解"为目标的"交往行动"概念。由于交往行动的一般特点是社会化个体间符号性的相互作用，于是，哈贝马斯给自己确定的任务就是，"确定并重建关于可能理解的普遍条件"，这成为"普遍（形式）语用学"。哈贝马斯认为，具有交往资质的言说者在言说一个句子时，总是同时与三个现实层面发生关联：（1）已被假定是事物现存状态的外在现实。（2）言说者愿意在公开场合作为自己的意向而表达的内在现实。（3）作为合法的人际关系而获得主体间承认的规范现实。三方面的关系各自遵循不同的逻辑，具有各自的"有效性要求"。而言说活动在主体之间要达至共识性理解，就必须遵循这些要求，"交往理性"也就体现在这里，这是一种"非强制的强制力量"。在交往互动的主体间性框架中揭示认知内涵，作为一种形式合理性成为批判的规范基础。阿佩尔以"先验解释学"或"先验语用学"试图为主体间的理性交往进行"终极奠基"。虽然这种强意义上的奠基方式未必能够成功，但是充分意识到社会存在的解释学意义，并且充分估计互动中认知内涵的规范价值，却是后形而上学理性奠基的"家族相似"。哈贝马斯指出："这样一种模式引起了一场超越主体哲学语言学转向的交往理论转型。"即："交往理性所涉及到的不是一个自我捍卫的主体——该主体通过想象和行为而与客体发生联系，也不是一个与周围环境隔离开来的永久的系统，而是一种由符号构成的生活世界，其核心是其成员所做出的解释，而且只有通过交往行为才能得到再生产。"①

生活世界取代了客体世界，交往共同体取代了先验主体，交往合理性取代了实质理性。这里没有主—客体操作化的分离，人与世界构成解释学意义上的互动，"在作为交往行为源泉的生活世界和作为该行为结果的生活世界之间，形成了一个循环过程"②。交往理性的论证使批判理论的规范基础在当代西方哲学的后形而上学思想平台上得以重建，一方面超越了先验理性范式，另一方面也抵制了后现代的虚无主义。哈贝马斯以此为基础，不仅以"生活世界的殖民化"概念为现代性提供了一种"病理学诊断"，而且通过对"实践理性"的语用学改造为基于"宪政"之上的民主法治国提供了一种商谈理论。在关于"现代性仍是一项未完成的计划"的声言中，保持了传统批判理论固有的乌托邦之维，即"带有调和和自由色彩的乌托邦视角扎根于个体交往社会化的前提之中，并且已经包含在类的语言再生产机制当中"③。

哈贝马斯的现代性重建理论在后形而上学思想平台上是一份非常值得注重的思想资料，正因如此，当然也会受到各方面的质疑。韦尔默批评真理共识论，特别是阿佩尔的终极奠基版本；霍耐特也认为，规范基础的语言理论仍然过于形式化、太狭窄，提议为批判理论重新提供一种"哲学人类学基础"。但是，他们的批评依然是在主体间性理论范式中进行的，他们的工作可以被看

---

① 〔德〕哈贝马斯《交往行为理论》第一卷，曹卫东译，上海人民出版社 2004 年版，第 380 页。
② 〔德〕哈贝马斯《后形而上学思想》，曹卫东、付德根译，译林出版社 2001 年版，第 42 页。
③ 〔德〕哈贝马斯《交往行为理论》第一卷，曹卫东译，上海人民出版社 2004 年版，第 380 页。

成是对理性概念进一步的"语境还原",在后形而上学的思想平台上希望理性具有现实的根基。

批判理论的底色仍然是启蒙现代性,哈贝马斯认为现代性仍然是我们时代尚未完成且应该继续完成的计划,我们应该从与现代性方案相伴生的那些错乱中去学习,从诸种关于扬弃的浮夸设想的失误中去学习,而不是放弃现代性和它的方案。

2022 年 8 月 31 日

陈波于清霞 · 见山居

图书在版编目（CIP）数据

批判理论的规范基础研究 / 陈波著． — 成都：四川大学出版社，2023.3
（思问文库）
ISBN 978-7-5690-6082-9

Ⅰ．①批… Ⅱ．①陈… Ⅲ．①辩证批判理论 Ⅳ．①B085

中国国家版本馆CIP数据核字（2023）第066643号

书　　名：	批判理论的规范基础研究
	Pipan Lilun de Guifan Jichu Yanjiu
著　　者：	陈　波
丛 书 名：	思问文库

出 版 人：侯宏虹
总 策 划：张宏辉
丛书策划：张宏辉　张宇琛
选题策划：张宇琛　曹学敏
责任编辑：张宇琛
责任校对：毛张琳
封面设计：周伟伟
责任印制：王　炜

出版发行：四川大学出版社有限责任公司
　　　　　地　址：成都市一环路南一段24号（610065）
　　　　　电　话：（028）85408311（发行部）、85400276（总编室）
　　　　　电子邮箱：scupress@vip.163.com
　　　　　网　址：https://press.scu.edu.cn
印前制作：四川胜翔数码印务设计有限公司
印刷装订：四川盛图彩色印刷有限公司

成品尺寸：145 mm×210 mm
印　　张：16.5
插　　页：2
字　　数：467千字

版　　次：2023年5月 第1版
印　　次：2023年5月 第1次印刷
定　　价：78.00元

本社图书如有印装质量问题，请联系发行部调换

版权所有　◆　侵权必究

扫码获取数字资源

四川大学出版社
微信公众号